Anonymus

Geschichte der Musik in Italien, Deutschland und Frankreich

Anonymus

Geschichte der Musik in Italien, Deutschland und Frankreich

ISBN/EAN: 9783742850980

Manufactured in Europe, USA, Canada, Australia, Japa

Cover: Foto ©Angelika Wolter / pixelio.de

Manufactured and distributed by brebook publishing software (www.brebook.com)

Anonymus

Geschichte der Musik in Italien, Deutschland und Frankreich

Aus den Vorreden
zur zweiten, dritten und vierten Auflage.

Was die Grundsätze betrifft, welche ich bei dem vorliegenden Werke als die leitenden festhalten zu müssen glaubte, so ist das Wichtigste in der Einleitung zur ersten Vorlesung erwähnt. Eine besondere Aufmerksamkeit habe ich auf die *Schichtung des Materials*, die *Gruppirung des Stoffs* verwendet. Darauf schien es mir vor Allem anzukommen, wenn vor den Augen des Lesers ein deutliches Bild der bisherigen Entwicklung wirklich aufgestellt werden sollte. Die Gruppirung des Stoffs in den meisten der vorhandenen Werke war nicht übersichtlich. Ich glaube, mit der meinigen, in der Hauptsache wenigstens, das Richtige getroffen zu haben, ohne damit in Abrede zu stellen, dass bei weiteren Fortschritten Umstellungen nothwendig sein werden.

Ein zweiter, eben so wichtiger Zweck war für mich eine annähernde Feststellung der *allgemeinsten Gesichtspuncte*, der *Kategorien*, unter denen die Hauptepochen und die Haupterscheinungen zu begreifen sind. Diesen Schritt zu thun, schien mir vorzugsweise an der Zeit, um der Willkür oder Einseitigkeit in der Auffassung, der Zersplitterung und Vereinzelung in den Ansichten entgegenzutreten. Natürlich konnte nicht zugleich und in demselben Grade auch die entgegengesetzte Seite, der Reichthum der Detailschilderung, berücksichtigt werden. Ich musste mich zu Gunsten der einen Seite auf Kosten der anderen entscheiden, wenn ich nicht eine ganz unverhältnissmässig grössere Ausdehnung in Anspruch nehmen wollte.

Weiter habe ich versucht, die *Geschichte der Musik mit den wichtigsten*

Erscheinungen des allgemeinen Geisteslebens in *Verbindung zu bringen* Natürlich konnten hier nur erst die nächsten, annäherungsweisen Bestimmungen gegeben werden, und ausserordentlich viel bleibt noch zu thun übrig. Vergleicht man indess mit dem Gegebenen die frühere Betrachtungsweise der Erscheinungen auf musikalischem Gebiet, so wird man finden, dass ich damit überhaupt den Anfang gemacht habe. Jetzt ist vieles von dem, was ich zuerst aussprach, schon in das Leben übergegangen. Das zuletzt Gesagte gilt überhaupt von vielen in dem Buche ausgesprochenen Anschauungen. Es ist dasselbe nicht — wie man vielleicht vermuthen könnte — unter den Einflüssen des Umschwungs der letzten Jahre entstanden, meine Ansichten im Gegentheil waren festgestellt, bevor an den letzteren gedacht wurde. Der gegenwärtige Umschwung war die Erfüllung dessen, was ich geahnt hatte, keineswegs das meine Richtung neu Bestimmende. Nur in Folge der inneren Verwandtschaft meiner Bestrebungen ergriff ich Partei für R. W a g n e r.

Endlich war für mich ein Hauptziel meines Strebens der Wunsch der *Wiedererweckung der Meisterwerke der verflossenen Jahrhunderte*. Ich habe, soweit nur irgend dazu Gelegenheit geboten war, stets mich bestrebt, auf diese Schätze aufmerksam zu machen, und wenn man die gegenwärtigen Zustände mit denen vergleicht, die noch vor dreissig Jahren die herrschenden waren, wenn man die zahlreichen Aufführungen älterer Werke, die vielen erneuten Ausgaben derselben ins Auge fasst, so darf ich wol hieran einen Antheil mir beimessen. Wenn ich indess die ältere Kunst dem Leben der Gegenwart nahe zu bringen bemüht war, so geschah dies, im Unterschied von anderen Freunden der Vorzeit, nicht mit jener bei diesen beliebten einseitigen Vorliebe für das Alte, es geschah immer mit vorzüglichster Berücksichtigung der Gegenwart, so dass diese nicht als die Zeit des Verfalls erschien, nicht als etwas Untergeordnetes, im Gegentheil als die Hauptsache zur Geltung kam. Es ist dies das Unterscheidende meiner Auffassung von der Anderer, welche ausschliesslich die ältere Kunst wollen gelten lassen. Ich strebte nach unparteiischer Beurtheilung aller Epochen und suchte mich eben so weit von dem entgegengesetzten Fehler einer ausschliesslichen Anerkennung der Neuzeit fern zu halten.

Das geschichtliche Material habe ich aus den grösseren vorhandenen Werken nur aufgenommen. Die Aufstellung der Kategorien galt mir als die Hauptsache und das Thatsächliche zog ich mehr nur zur Erfüllung und Belebung in die Darstellung herein. Meine Schrift soll daher keineswegs an die Stelle anderer grösserer Werke treten, diese überflüssig machen, *sie soll zu ihnen hinführen* und die oft etwas abschreckende Lecture derselben durch eine vorausgegangene Orientirung erleichtern, zugleich aber soll sie in den Stand setzen, eine bestimmte Ansicht, welche aus meinem Ueberblick gewonnen wurde, mitzubringen, damit der mit dem Gegenstand noch nicht vertraute Leser die grosse principielle Einseitigkeit, der die meisten dieser Schriften unterliegen vermeiden lernt.

In eine erschöpfende Darstellung der Geschichte der Musik gehört auch eine ausführliche und vollständige Berücksichtigung der technischen Seite, des gesammten Materials und der Umbildungen, die im Gebrauche desselben erfolgt sind; in gleicher Weise eine Geschichte der musikalischen Formengestaltung. Sollen derartige Angaben aber mehr sein als eine ganz äusserliche, geistlose Beschreibung, so muss man zuvor zur Vergeistigung der Erscheinungen, zur Erfassung des die Formen schaffenden und umgestaltenden schöpferischen Princips durchgedrungen sein, um seinen Ausgangspunct von dieser Seite nehmen zu können. Um zu diesem Resultat zu gelangen, war das, was ich gegeben habe, der erste nothwendige Schritt. Nur auf diesem Wege wird man demnach in der Folgezeit weiter zu gelangen vermögen, nicht allein von Seite der empirischen Forschung mit Umgehung desselben.

So hoffe ich, dass man mir Gerechtigkeit widerfahren lassen werde, selbst wenn die Zukunft längst über das, was ich gegeben habe, hinausgegangen ist, hinausgegangen darüber sowol durch ein reicheres, immer neu herzugebrachtes thatsächliches Material und durch Aufklärung über viele dunkle, jetzt noch wenig bearbeitete Partien, als auch durch Vermittlung einer weiter ausgebildeten Aesthetik und einer fortgeschrittenen Kritik. Denn wie die Geschichte der Kritik und Aesthetik vorarbeitet, so wird die erstere wieder eine ausserordentliche Förderung erhalten, wenn die letztgenannten beiden Fächer weiter gediehen sind.

Dr. F. Brendel.

Vorwort
zur fünften und sechsten Auflage.

Als der Unterzeichnete von der Verlagshandlung die Aufforderung erhielt, die fünfte Auflage der Brendel'schen Geschichte der Musik vorzubereiten, war es zugleich eine innere Verpflichtung, welche ihn bestimmte, diese Aufgabe zu übernehmen. Mehrere Jahre hindurch hatte er mit dem verewigten Verfasser des vorliegenden Werkes in nahem persönlichen Verkehr gestanden und eine Fülle geistiger Anregungen von ihm empfangen. Eine in sich harmonische Natur, wie Brendel war, im Besitz einer selbstständig errungenen durchgebildeten Weltanschauung, die sein ganzes Wesen lebendig durchdrang, voll geistiger Regsamkeit, mit gleicher Energie die Interessen des Lebens wie der Kunst und der Wissenschaft erfassend, begeistert für die Ideale der Zukunft, wie sie durch das Ringen und Streben der Gegenwart hindurch dämmern, den Blick schaffensfreudig vorwärts gerichtet, musste er, wie jede wahrhaft productive Erscheinung, namentlich auf Jüngere, die, empfänglich, ihm näher traten, allseitig belebend wirken. Mit innigem Danke gegen den Verstorbenen bekenne ich es, dass Brendel's Persönlichkeit auf meine Entwicklung von entscheidendem Einflusse gewesen ist. Es war somit auch nur eine Pflicht der Pietät, dass ich seine geistige Hinterlassenschaft antrat, gewissenhaft bestrebt, das von ihm Empfangene wiederum zum Nutzen derselben zu verwerthen.

Brendel's Geschichte der Musik, sein Hauptwerk, welches gewissermaassen den Kern seiner Gesammtleistungen, die Summe seiner der Kunstwissenschaft gegebenen Anregungen enthält, ist unstreitig von epochemachender Bedeutung gewesen. Die gesammte gegenwärtige Kritik steht, bewusst oder unbewusst, unter dem Einflusse der in ihr niedergelegten Anschauungen und erscheint von ihnen genährt. Zum ersten Male war hier in das bisher nur in äusserlicher Zusammenstellung vorliegende Material Zusammenhang gebracht, die Geschichte der Musik als ein grosses, gesetzmässig sich entwickelndes Ganzes gefasst und das Urtheil über ihre einzelnen Erscheinungen objectiv, nach wissenschaftlichen Gesichtspuncten festgestellt, waren die verschiedenen Epochen sowol, wie die grossen Träger derselben in dem Mittelpunct, in der Eigenthümlichkeit und Fülle ihres Lebens, in ihren innersten Zusammenhängen unter sich, wie mit der allgemeinen Geistesentwicklung erfasst. Zu solchen Resultaten war freilich nur zu gelangen durch eine Vereinigung von philosophischem Tiefblick mit dem Vermögen künstlerischer Intuition, wie sie Brendel eigen war. Ihr verdanken wir u. A. jene in jeder Beziehung meisterhaft ausgeführten Charakteristiken unserer drei Classiker Haydn, Mozart und Beethoven, Charakteristiken, welche eine tiefere, treuere und umfassendere Anschauung von dem Wesen derselben, ihrer Entwicklung und ihrem Verhältniss zu einander geben, als es alle bestgemeinten Analysen ihrer Werke, wie sie bisher meist üblich waren, alle specifisch musikalischen Erörterungen zu gewähren vermögen. Jene Objectivität der Anschauung, der freie und weite Blick, die Einsicht in das Walten und die Ziele des in der geschichtlichen Entwicklung der Kunst sich offenbarenden Geistes ist es auch gewesen, welche ihn mit voller Begeisterung und Entschiedenheit für die drei Meister eintreten liess, welche an der Spitze der gegenwärtigen Epoche stehen, für Berlioz, Wagner, Liszt. Mit einer Sicherheit, welche namentlich Berlioz und Liszt gegenüber, die erst in neuester Zeit eine entsprechende Würdigung zu finden beginnen, überraschen muss, erkannte Brendel ihre Bedeutung, erfasste er den Kernpunct der durch ihre Erscheinung angeregten Fragen und fixirte er die Grundzüge für ihre Beurtheilung. Die Verdienste, welche sich Brendel um die Förderung der Anerkennung dieser Männer erworben hat, werden mit deren Namen untrennbar verknüpft bleiben.

Die Tendenz der Brendel'schen Musikgeschichte, nach welcher dieselbe dem Leser in grossen Zügen ein deutliches Bild der gesammten Entwicklung der Musik vor Augen stellen und hauptsächlich die geistigen Bezüge in den Erscheinungen zur Anschauung bringen sollte, machte es nöthig, bei der Aufnahme des geschichtlichen Materials mit einer gewissen Beschränkung zu verfahren. Brendel hat sich hierüber ausdrücklich erklärt, und es war demnach nicht am Platze, wenn man ihm aus dem Mangel der historischen Detailschilderung und der Quellenforschung einen Vorwurf machte, und einen Tadel gegen ihn aussprach, dass er Etwas nicht leistete, was zu leisten gar nicht seine Absicht war. Dass es nach Feststellung der allgemeinen Gesichtspuncte die weitere Aufgabe sei, von ihnen aus mehr und mehr wieder zum Concreten herabzusteigen, dessen war sich Brendel sehr wohl bewusst, und hat er ebenfalls ausdrücklich bemerkt. Da der Unterzeichnete mit der Erweiterung des Werkes in dem bezeichneten Sinne noch nicht zum Abschluss gelangt ist, hat er sich bei der Bearbeitung der vorliegenden sechsten Auflage darauf beschränkt, das Thatsächliche genau nach den neuesten Forschungen festzustellen — der eben erst erschienene 4. Band von Ambros' Musikgeschichte konnte hierbei nicht mehr benutzt werden —, die biographischen Daten und die Chronologie zu berichtigen, hie und da die Angaben über neu sich entwickelnde Formen präciser zu fassen und in der Darstellung der neuesten Zeit die in der jüngsten Gegenwart aufgetretenen Tonsetzer und ausführenden Künstler nachzutragen, sowie die Urtheile über die bereits besprochen gewesenen Lebenden, wo es nöthig erschien, zu ergänzen.

Leipzig, im September 1878.

F. Stade.

Inhalts-Verzeichniss.

Erste Vorlesung.

Einleitung. Erste Anfänge der christlichen Musik. Ambrosius. Gregor. Weitere Fortschritte im Mittelalter. Hucbaldus. Guido von Arezzo. Franco von Köln. Marchettus. Johannes de Muris. Die weltliche Musik dieser Zeit. Troubadours und Minnesänger. Thibaut. Erste Versuche auf musikalischdramatischem Gebiet. Adam de la Hale. 1

Zweite Vorlesung.

Die Geschichte der Musik bei den Niederländern: Dufay. Ockenheim. — Der Zustand des Orgelspiels: Antonio degli Organi und Bernhard der Deutsche. — Notendruck: Petrucci. — Josquin. Deutsche und italienische Tonsetzer. Willaert. Orlandus Lassus. — Eintheilung der Geschichte der Musik, die allgemeine Entwicklung des Geistes in der Geschichte, die Stufenfolge der Künste und die weltgeschichtliche Stellung der Tonkunst 20

Dritte Vorlesung.

Geschichte der Musik in Italien: Römische Schule. Palestrina. Nanini. Allegri. Vittoria. Baj 40

Vierte Vorlesung.

Die weltliche Musik dieser Zeit in Italien. — Allgemeiner Umschwung des Geistes. — Erste Anfänge der Oper. Caccini. Bardi, Graf von Vernio. Galilei. Peri. Corsi. Rinuccini. E. del Cavaliere. — Das Oratorium. — Wesen und geschichtliche Bedeutung der neuen Erfindungen 58

Fünfte Vorlesung.

Zustand der Instrumentalmusik. — Fortgang der Oper: Giacobbi. Quagliati. Marco da Gagliano. — Tonsetzer im Stile Palestrina's: Benevoli und Bernabei. — Spätere Meister: Viadana und Carissimi; Cavalli und Cesti. — Neapolitanische Schule: A. Scarlatti. Durante. Leo. Greco. Astorga. Spätere Tonsetzer: Jomelli. Teradeglias. Pergolese 77

Sechste Vorlesung.

Die Gesangskunst in Italien: Ferri. Farinelli. Porpora. Pistocchi. Bernacchi. — Erste Ausbildung der Kunst des Violinspiels: Corelli. Tartini. Locatelli. — Pianoforte und Orgel: Dom. Scarlatti. Frescobaldi. Die venetianische Schule: A. und G. Gabrieli. Lotti. Marcello. Caldara. — Die bolognesische Schule: Colonna. Clari 97

Siebente Vorlesung.

Die Hauptepochen der Kunst. Charakteristik der italienischen und deutschen Musik. Blick auf die Hauptentwicklungsstufen der letzteren . . 116

Achte Vorlesung.

Erste Anfänge der deutschen Musik. Luther. Der evangelische Gemeindegesang. Quellen desselben. Walther. Senfl. Allgemeine Eintheilung 132

Neunte Vorlesung.

Fortgang nach Luther's Tode. Osiander. Johannes Eccard. M. Prätorius. Schütz. Orgel- und Klaviermusik: M. Prätorius. Scheidt. Pachelbel. Ammerbach. Die Suite und die Sonate. Kuhnau. Die Laute 150

Zehnte Vorlesung.

Der weltliche Gesang. Albert. Verpflanzung der Oper nach Deutschland. H. Schütz. Die Oper in Hamburg. Keiser. Mattheson. Händel. Telemann. Händel und Sebastian Bach. Charakteristik Beider von Rochlitz 171

Elfte Vorlesung.

Händel und Sebastian Bach. Charakteristik Beider. Allgemeine Betrachtungen über das richtige Verständniss insbesondere Bach's und die moderne Ueberarbeitung älterer Werke. Der Wendepunct in der Geschichte der deutschen Musik 208

Zwölfte Vorlesung.

Erste Anfänge der französischen Musik: die französische Oper. Cambert. Lully. Weiterer Fortgang: Gluck und Piccini 227

Dreizehnte Vorlesung.

Die italienische Oper in Deutschland: Hasse. Naumann. Graun. Die deutsche, insbesondere komische Oper, die Operette und das Melodram: G. Benda. Schweitzer. Hiller. Dittersdorf. Reichardt. Wenzel Müller. Erster Aufschwung der Instrumentalmusik: Emanuel Bach. Friedemann Bach. J. Haydn 260

Vierzehnte Vorlesung.

Mozart und Beethoven. Biographien und Charakteristik derselben . . 281

Fünfzehnte Vorlesung.

Allgemeine Charakteristik Haydn's, Mozart's und Beethoven's . . . . Seite 306

Sechszehnte Vorlesung.

Die Schule Mozart's in Deutschland, Frankreich und Italien. Die Kirchenmusik in Deutschland. Allgemeine Entwicklung des religiösen Geistes. Folgerungen hieraus bezüglich der Zustände der Kirchenmusik 328

Siebzehnte Vorlesung.

Die Kirchenmusik des letzten Jahrhunderts: Emanuel und Friedemann Bach. Stöltzel. Graun. Rolle. Homilius. Doles. Hiller. Naumann. Fasch. Fux. Gassmann. Tuma. Czernohorsky. Brixi. Zach. Stadler. Eybler. Ett. Tomaschek. Cherubini. Schneider. Löwe. Klein. Mendelssohn. Hauptmann. Franz. Kiel. Beethoven. Wagner. Schumann. Berlioz. Liszt. Orgelmusik und Orgelvirtuosen: Rinck. Fischer. Ritter. Hesse. Haupt. Schneider. Becker. Schellenberg. Stade. Thiele. Merkel. Faisst. Krejci. Brosig. Fischer. Thomas. Töpfer. Winterberger. Körner. Engel. Liszt. Choralgesang: Hiller. Ritter. Das Oratorium: Schneider. Mendelssohn. Schumann. Marx., Hiller. Reissiger. Rubinstein. Leonhard. Reinthaler. Engel. Markull. Mangold. Meinardus. Kiel. Liszt 346

Achtzehnte Vorlesung.

Die Oper. Entwicklung derselben in Deutschland nach Mozart. Zumsteeg. Winter. Weigl. Gallus. Gyrowetz. Himmel. Kreutzer. Hummel. Beethoven. Spohr. C. M. v. Weber. Marschner 374

Neunzehnte Vorlesung.

Die Oper. Entwicklung derselben in Italien. Piccini. Traetta. Paesiello. Cimarosa. Martin. Mayer. Zingarelli. Rossini. Charakteristik der italienischen Oper. Fortgang auf dem Gebiete der Oper in Frankreich. Die komische Oper, das Vaudeville. Rameau. Rousseau. Monsigny. Philidor. d'Alayrac. Isouard. Boieldieu. Hérold. Halévy. Adam. Die grosse Oper daselbst. Salieri. Cherubini. Méhul. Spontini. Die neueste Epoche der Oper seit 1830 in Frankreich. Auber. Meyerbeer. Die italienische Oper der neuesten Zeit. Bellini. Donizetti. Verdi 401

Zwanzigste Vorlesung.

Die neuere Epoche der Oper in Deutschland seit dem Jahre 1830. Betrachtungen darüber und Charakteristik der Zustände. Die Ursachen des Verfalls. Beispielsweise Erwähnung mehrerer Tonsetzer: Ries. Wolfram. Chélard. Lindpaintner. Kreutzer. Reissiger. Lortzing. Dramatische Sänger und Sängerinnen. Die Mozart'sche Schule der Instrumentalmusik. Rosetti. Pleyel. Gyrowetz. Wranitzky. Hoffmeister. F. E. Fesca. A. Romberg. G. Onslow. L. Spohr. Die Mozart'sche Schule der Pianofortemusik. Hummel. Moscheles. C. Czerny. Wölfl. Steibelt. A. E. Müller. J. W. Tomaschek. A. Schmitt. C. M. v. Weber. Clementi. Cramer. Berger. A. Klengel.

Field. Prinz Louis Ferdinand. Dussek. C. Mayer. Kalkbrenner. H. Herz. Pollini. Virtuosen auf der Violine und anderen Orchesterinstrumenten. Betrachtungen über die Stellung und Bedeutung der ausführenden im Gegensatz zur schaffenden Kunst 430

Einundzwanzigste Vorlesung.

Der erneute Aufschwung der deutschen Musik in den 30er und 40er Jahren. Concert-, Kammer- und Hausmusik als Mittelpunct der Entwicklung. F. Ries. F. Schubert. C. Löwe. F. Mendelssohn-Bartholdy. R. Schumann. F. Chopin. Stephen Heller. 461

Zweiundzwanzigste Vorlesung.

H. Berlioz. R. Franz. Die Instrumental-, insbesondere Pianofortevirtuosität und der erneute Aufschwung derselben: F. Liszt. F. Mendelssohn. Clara Schumann. A. Henselt. F. Hiller. S. Thalberg u. A. Virtuosen auf den Orchesterinstrumenten: N. Paganini. Ernst Vieuxtemps u. A. Parish-Alvars. Die Schulen Mendelssohn's und Schumann's: N. W. Gade. F. Hiller. St. Bennett. J. J. H. Verhulst. J. Rietz. C. Reinecke. H. Hirschbach. Aeltere, noch in dieser Epoche thätige Tonsetzer, sowie jüngere, welche eine mehr vereinzelte Stellung einnehmen: L. Spohr. H. Marschner. C. G. Reissiger. W. H. Veit. J. W. Kalliwoda. F. Lachner u. A. Die Kritik: F. Rochlitz. E. T. A. Hoffmann. G. W. Fink. L. Rellstab. A. B. Marx. G. Weber. R. Schumann 501

Dreiundzwanzigste Vorlesung.

Die Zeit des Ueberganges und der neueste Aufschwung. R. Wagner . 549

Vierundzwanzigste Vorlesung.

Die Theorie R. Wagner's. Die Musik als Sonderkunst dem Wagner'schen musikalischen Drama gegenüber. Franz Liszt in seiner zweiten Epoche. Die Schulen Wagner's und Liszt's. Raff. v. Bülow. Sobolewski. v. Bronsart. Seifriz. Draeseke. Lassen. Cornelius. Weissheimer. Damrosch. Götze. Ritter. J. Reubke. Schulz-Beuthen. Riemenschneider. Sucher. Stör. Klughardt. Huber. Lohmann. Andere hervorragende Talente dieser Zeit. Volkmann. Rubinstein. Die Schulen Mendelssohn's und Schumann's. Brahms. Joachim. Bargiel. Kirchner. Jensen. Grimm u. A. Tonsetzer mit minder bestimmt ausgeprägter Physiognomie. Nachträgliche Erwähnung mehrerer Namen. Virtuosen der neuesten Zeit 565

Fünfundzwanzigste Vorlesung.

Schlussbetrachtung. Rückblick auf den durchlaufenen Weg. Der bisherige Standpunct der Tonkunst. Der Umschwung der neuesten Zeit und die Aufgaben für Gegenwart und Zukunft 606

Erste Vorlesung.

Einleitung. Erste Anfänge der christlichen Musik. Ambrosius. Gregor. Weitere Fortschritte im Mittelalter. Hucbaldus. Guido von Arezzo. Franco von Köln. Marchettus von Padua. Johannes de Muris. Die weltliche Musik dieser Zeit. Troubadours und Minnesänger. Thibaut. Erste Versuche auf musikalisch-dramatischem Gebiet. Adam de la Hale.

Indem ich es unternehme, in dem nachfolgenden Cursus vor Ihnen die Geschichte der Musik zu behandeln, muss ich mich zunächst sowohl über die Gründe, welche mich zu der Wahl dieses Gegenstandes bestimmten, als auch über die Gesichtspuncte, unter welchen ich eine Behandlung desselben für angemessen erachte, aussprechen.

Die Musik ist die herrschende Kunst der Gegenwart; nicht nur, dass dieselbe in den weitesten Kreisen Eingang gewonnen hat, man erkennt in ihr zugleich einen wichtigen Theil der Erziehung, und ein erhöhtes und gründlicheres Interesse an der Tonkunst gilt als eine nicht abzuweisende Forderung für den Gebildeten. Dies rechtfertigt im Allgemeinen die Wahl meines Gegenstandes, wenn ich vor einem Publicum, welches nicht allein aus Künstlern und Künstlerinnen besteht, denselben zur Behandlung wähle. Man kann jetzt fast durchweg, wenn auch nicht eigene Kenntniss und Uebung, so doch gesteigerte Empfänglichkeit und Bekanntschaft mit den Hauptwerken der Tonkunst bei dem Publicum voraussetzen. Es lag jedoch in den bisherigen Verhältnissen, wenn trotz dieses gesteigerten Interesses, trotz aller Vertrautheit mit den Werken der Tonkunst, ein tieferes Verständniss nach verschiedenen Seiten hin oft noch immer vermisst wurde. Die gewöhnliche Einführung bildete bisher in der Regel Pianofortespiel und Gesang, und in Fällen, wo diese Uebung in der Jugend nicht gewonnen wurde, eine durch häufigen Concertbesuch vermittelte Bekanntschaft mit den Meisterwerken, wenigstens der neueren Zeit. Gründlicheres Verständniss, eine umfassendere, bewusstere Anschauung mangelte. Die Theorie liegt dem Kunstfreunde zu fern; die musikalische Kritik setzt eine specielle Vertrautheit voraus; so ist dem Publicum, auch bei dem besten Willen, wenig oder gar keine Gelegenheit geboten, sich ein tieferes Verständniss zu erwerben. In diesem Uebelstande liegt der zweite Grund für die Wahl meines Gegenstandes. Die Geschichte der Kunst ist die beste Lehrmeisterin; die Bekanntschaft mit ihr ist das, was dem Kunstfreunde, und mit ihm auch einem grossen Theile der Dilettanten und Künstler, bisher mangelte; sie ist, indem sie das allmähliche Werden, die Entstehung und Weiterbildung bis zu dem Puncte der Vollendung, eben so sehr den Rückgang und den Verfall zeigt, mehr als jedes andere Gebiet musikalischen Wissens geeignet, eine genauere Einsicht, ein gründlicheres Verständniss insbesondere auch der Gegenwart und ihrer Erscheinungen vorzubereiten. Nicht antiquarische Gelehrsamkeit will ich daher durch meine Behandlung des Gegenstandes fördern. Es ist zwar meine Absicht, Ihnen eine Anschauung der gesammten Kunst zu gewähren und auch die Grössen der Vergangenheit näher zu rücken; vorzugsweise aber wünsche ich auf Ihre Betheiligung an der Kunst unmittelbar einzuwirken und Sie zu einem bewussteren Verständniss der Hauptwerke der Tonkunst und ihrer Meister zu führen.

Die Gesichtspuncte für meine Behandlung des Gegenstandes ergeben sich zum Theil hieraus, zum Theil aus dem Standpuncte der Geschichtschreibung der Musik in der Gegenwart. Ich spreche nicht allein und ausschliesslich zu Künstlern und Künstlerinnen, ich richte meine Worte an Gebildete überhaupt, an ein Publicum, wie es Fr. Rochlitz vor Augen hatte, als er „Für Freunde der Tonkunst" schrieb. Es ist demnach das, was nur den Musiker interessiren kann, entschieden auszuschliessen. Es ist ferner nicht das erste Mal, dass ich diesen Gegenstand vor einem grösseren Publicum behandle. Oeftere Wiederholungen haben mir gezeigt, welche Ausdehnung als die zweckmässigste zu betrachten, sie haben mir gelehrt, dass es durchaus falsch ist, Namen und Thatsachen zu häufen, weil bei der geringen Vertrautheit der Meisten mit unserem Gegenstande dadurch nur Verwirrung hervorgerufen wird; im Gegentheil liegt gerade in möglichster Beschränkung das unter den gegenwärtigen Verhältnissen und unter meinen Gesichtspuncten, nach meinem Dafürhalten, einzig Richtige; nur dadurch kann die Geschichte der Musik dem Kunstfreunde näher gebracht, das Abschreckende beseitigt werden.

Was die bisherige Behandlung des Gegenstandes betrifft, so wird eine kurze Uebersicht über das Geleistete meine Aufgabe in dieser Beziehung sogleich feststellen. Die Geschichte der Musik hat in neuester

Zeit grössere Beachtung und eine über die früher gemachten Anfänge hinausgehende Bearbeitung gefunden. Nachdem man im vorigen Jahrhundert in England, Deutschland und Italien begonnen hatte, in grösseren Geschichtswerken freilich noch sehr rohe und ungeordnete Materialiensammlungen zu veranstalten, ist erst seit 40 bis 50 Jahren weiter Förderndes, zum Theil Grosses, geleistet worden. Ich nenne unter diesen Förderern zunächst den berühmten heidelberger Juristen Thibaut, der in seiner geistvollen Schrift: „Ueber Reinheit der Tonkunst", einer der Ersten in den 20er Jahren dieses Jahrhunderts, auf die unbeachteten Schätze der Vergangenheit aufmerksam machte, und für das Studium der älteren Musik eine nachdrückliche Anregung gab. Der k. k. Hofrath R. G. Kiesewetter, Edler von Wiesenbrunn in Wien hat später in seiner „Geschichte der europäisch-abendländischen oder unserer heutigen Musik" (Leipzig, Breitkopf und Härtel) ein umfassendes Lehrbuch gegeben, worin das Material wohl geordnet und kritisch gesichtet aufgestellt ist, ausserdem in mehreren anderen Werken, so namentlich in seiner in derselben Verlagshandlung erschienenen Schrift: „Schicksale und Beschaffenheit des weltlichen Gesanges etc." einzelne Partien der Geschichte der Musik ausführlicher behandelt. Um dieselbe Zeit, d. h. in den 40er Jahren, wurde von dem preussischen Geheimrath C. von Winterfeld in Berlin die grosse Epoche der deutschen Musik von Luther bis auf Seb. Bach und Händel in einem höchst gründlichen, ausgezeichneten Werke behandelt, welches unter dem Titel: „Der evangelische Kirchengesang" gleichfalls von der genannten Handlung veröffentlicht worden ist, nachdem schon früher in ähnlicher Weise die Geschichte der venetianischen Musikschule von demselben Verfasser bearbeitet worden war. Eine vortreffliche Monographie über den grössten italienischen Tonsetzer G. P. da Palestrina hat der päpstliche Kapellmeister G. Baini: „Ueber das Leben und die Werke des G. P. da Palestrina", deutsch von F. S. Kandler (Leipzig, Breitkopf und Härtel 1834), gegeben. Verdienste, insbesondere was die Hülfsmittel zum Studium der Musik betrifft, erwarb sich auch der Leipziger Organist C. F. Becker: ich nenne beispielsweise nur seine Schrift: „Die Tonwerke des 16. und 17. Jahrhunderts" (Leipzig, Fleischer 1847). In seiner „Geschichte der Hausmusik" (Leipzig, Fest'sche Verlagsbuchh. 1840) hat derselbe einen bis dahin ganz unbeachteten Gegenstand zum ersten Male bearbeitet. Eine geistvolle Zusammenstellung, der erste Versuch einer pragmatischen Geschichte unter höheren, allgemeinen kunstgeschichtlichen Gesichtspuncten, findet sich in der Biographie Mozart's von dem Russen A. Ulibischeff, obschon dem Werke grosse

Einseitigkeit und Befangenheit in Bezug auf alle neueren Erscheinungen zum Vorwurf gemacht werden muss. Eine Auswahl von Musikstücken aus den verschiedensten Epochen mit kurzen Erläuterungen hat Fr. Rochlitz in seinem grossen Werke: „Sammlung vorzüglicher Gesangsstücke vom Ursprung gesetzmässiger Harmonie etc." (Mainz, Schott) gegeben. Vortreffliches leistete A. B. Marx in einzelnen Aufsätzen und Biographien in Schilling's „Universallexikon der Tonkunst" und an mehreren anderen Orten. In seiner „Kunst des Gesanges" hat derselbe ziemlich zuerst den Versuch gemacht, das Chaos früher ungeordneter Vorstellungen zu lichten und in Bezug auf einige Hauptpuncte zum Princip vorzudringen. Ich nenne ferner unter Denen, die sich Verdienste erworben haben, sowohl durch Schriften, wie durch Herausgabe alter Werke: Dehn, Commer, Proske, Frhr. von Tucher. Ausgezeichnetes endlich ist namentlich in allerneuester Zeit vielfach geleistet worden. Unter den der Quellenforschung angehörigen Werken erwähne ich: A. Schmid's Schrift über Gluck: „Christoph Willibald Ritter von Gluck. Dessen Leben und tonkünstlerisches Wirken" (Leipzig, Fleischer 1854). In diesem Buche ist zum ersten Male eine umfassende Darstellung des Thatsächlichen gegeben, so wenig dasselbe auch genügt, was das ästhetische Urtheil betrifft. Ich nenne ferner in diesem Zusammenhange Otto Jahn's Werk über Mozart, das von Friedrich Chrysander über Händel, die im ersten Bande vorliegende Biographie Seb. Bach's von Spitta (sämmtliche drei Werke bei Breitkopf und Härtel), Haydn's von C. F. Pohl (I. Band), C. M. v. Weber's von Max Maria v. Weber, sowie das Buch „C. M. v. Weber in seinen Werken" von Jähns, ferner die Biographien Beethoven's von Nohl und Thayer, Franz Schubert's von H. Kreissle v. Hellborn, die Monographie von Rudhardt über die Oper in München, von Fürstenau über frühere Dresdner Musikzustände. A. B. Marx behandelte in umfangreichen Schriften „Gluck und die Oper", sowie Beethoven als Tondichter. Einige Jahre früher veröffentlichte derselbe Autor eine Schrift: „Die Musik des 19. Jahrhunderts und ihre Pflege", die ebenfalls hier angeführt werden muss, um so mehr, als darin der Verfasser der Richtung, die ich bisher verfolgt habe, im Wesentlichen beistimmt. Ausserdem hat derselbe in seinen „Erinnerungen", Mittheilungen aus seinem Leben enthaltend, Beiträge zur Zeitgeschichte geliefert. Ueberhaupt hat sich in den letzten Jahren der Reichthum der Publicationen noch mehr gesteigert. Kataloge, Briefwechsel, zum Theil höchst dankenswerther Art, sind vielfach erschienen. Ich hebe unter diesen den Mozart-Katalog von L. v. Köchel, die von demselben herausgegebenen Briefe Beethoven's an den Erzherzog Rudolph, und die von L. Nohl veröffentlichten Briefe des genannten Meisters, sowie die zwei Bände umfassende Briefsammlung von Mendelssohn hervor. In Bezug auf geistvolle Auffassung und tiefes Verständniss sind R. Wagner's gegenwärtig in einer Gesammtausgabe (Leipzig, E. W. Fritzsch) vorliegenden Schriften, namentlich „Oper und Drama", sowie F. Liszt's Aufsätze in der „Neuen Zeitschrift für Musik" (in den Bänden 40, 41 und weiter) von höchster Bedeutung geworden. Eine grosse Anzahl von Monographien, kleineren Schriften überhaupt über einzelne Tonsetzer oder einzelne Richtungen der Tonkunst wäre schliesslich noch anzuführen, wenn hier der Ort sein könnte, ein ganz specielles Verzeichniss zu geben. Auch die Geschichte der Musik selbst, als zusammenhängendes Ganzes, erhielt durch das umfangreiche, bis zum vierten Bande vorgeschrittene Werk von A. W. Ambros eine in hohem Grade dankenswerthe Bereicherung. Von grösster Bedeutung ist ferner, was Eduard Schelle in einzelnen Arbeiten, namentlich über frühere Zeitabschnitte, in der „Neuen Zeitschrift für Musik" niedergelegt hat, und hierbei ist noch nicht einmal dessen, was ausländische, namentlich französische Schriftsteller geleistet haben, gedacht. Allerdings sind auch Erscheinungen aufgetaucht, welche, ohne allen Beruf, und ohne nach irgend einer Seite, sei es nach der der historischen Forschung oder der wissenschaftlichen Betrachtung, Selbstständiges zu bieten, lediglich den günstigen Moment zu benutzen und auszubeuten suchen.

Sie entnehmen aus diesen Angaben, wie die Thätigkeit auf dem Gebiete, welches wir zu durchlaufen haben, in neuerer Zeit mehr und mehr sich gesteigert hat. Ein ganz ausserordentlicher Reichthum des Stoffes ist bereits aufgespeichert. Viele Abschnitte der Geschichte der Musik sind in der That beinahe schon erschöpfend und mit grosser Meisterschaft behandelt, andere freilich erscheinen zur Zeit noch immer vernachlässigt. Natürlich haben wir in dieser unserer gegenwärtigen Darstellung von diesem Reichthum fast abzusehen. In dem engen Rahmen, in den ich das Ganze zusammenfassen muss, würde es eine Unmöglichkeit sein, denselben zu bewältigen. Uns kommt es darauf an, in leichtfasslicher, möglichst übersichtlicher Darstellung einen Blick auf das Ganze der Entwicklung zu eröffnen, den Strom der Erscheinungen, die gegenseitige Beziehung sowie die Aufeinanderfolge derselben, den Zusammenhang darin vor Augen zu stellen. Auch geschieht es leicht, dass bei der Vertiefung in einen besonderen Gegenstand von Seiten der Autoren gewisse subjective Sympathien und Antipathien sich erzeugen, welche vor einer umfassenden Betrachtung nicht Stich halten. Solcher Einseitigkeit gegenüber muss es unser Bestreben sein, mit freiem Blick das Gesammtgebiet zu beherrschen, mit Unbefangenheit den Werth auch des Verschiedenartigsten abzuwägen, um auf diese Weise uns zu einer möglichst allgemeingültigen Anschauungsweise zu erheben. Im engsten Zusammenhange ferner mit dieser Aufgabe, — mit einer zu gewinnenden umfassenden Uebersicht über den Gang der Erscheinungen — steht die andere: eine tiefere Einsicht in die innere Gesetzmässigkeit zu gewinnen, in Bezug auf das Ganze des Stoffs zum Princip vorzudringen. Die Geschichte der Kunst ist mehr als nur ein bunter Wechsel zufälliger Persönlichkeiten und Erscheinungen. Auf die Erfassung dieser tiefer liegenden Gesetzmässigkeit kommt es daher weiterhin hauptsächlich an, und dies um so mehr, als diese Aufgabe im Ganzen nur erst selten gestellt und eine Lösung derselben versucht worden ist. Ihr werden wir daher eine besondere Aufmerksamkeit zu widmen haben. Eine solche Betrachtung ist zugleich die Grundlage für jede höhere Kritik, geeignet, eine objective Würdigung der verschiedenen Kunsterscheinungen, an der es zur Zeit noch so sehr fehlt, anzubahnen. Es ist ferner mein Zweck, die Tonkunst in ihren Beziehungen zur allgemeinen geistigen Entwicklung erkennen zu lassen, ihren Zusammenhang mit den allgemeinen, weltbewegenden Mächten, soweit dies gegenwärtig, bei der fast gänzlichen Mangel aller Vorarbeiten, möglich, darzuthun. Wenn ich endlich den tiefen geistigen Inhalt, der in den Werken der grossen Tonmeister zur Erscheinung gekommen ist, darzulegen bemüht bin, resultirt daraus die Weltanschauung der verschiedenen Künstler und ihrer Epochen. Wir haben auf diese Weise, wie ich glaube, ein eigenthümliches Gebiet abgegrenzt, innerhalb dessen wir uns bewegen werden. Dabei soll meine Darstellung die Lecture jener vorhin genannten Schriften keineswegs überflüssig machen, im Gegentheil zu denselben und zu einer ausführlicheren Beschäftigung damit hinleiten. Was darin hin und wieder Einseitiges vorkommt, werden Sie, vorbereitet durch das hier Gegebene, dann mit grösserer Sicherheit beurtheilen können, und schliesslich an seinen Ort zu stellen wissen. Am stiefmütterlichsten ist bisher immer die Neuzeit behandelt worden. Sie ist daher auch vorzugsweise zu betonen und am ausführlichsten zu behandeln. Es gilt die Gesichtspuncte für Erfassung derselben aufzufinden, es gilt die Gegenwart zu begreifen, um den grossen Schritt zur nächsten Kunststufe vorzubereiten, es wird nothwendig, Abrechnung mit der Vergangenheit zu halten, um sodann mit um so grösserer Bestimmtheit der Zukunft entgegentreten zu können: alles dies frei von jedweder Parteilichkeit, von aller Voreingenommenheit. Wer die Geschichte entsprechend behandeln will, muss über den Parteien stehen.

Ich kann mich nach diesen einleitenden Bemerkungen sogleich zur Sache selbst wenden, und gebe Ihnen in der heutigen und in der nächsten Vorlesung einen Ueberblick über die Vorgeschichte unserer Kunst im Mittelalter bis zur Zeit des höhern Aufschwunges derselben im 16. Jahrhundert. Ich beschränke mich hier auf das Nothwendigste; es ist eine kurze Uebersicht der Hauptpuncte, die ich Ihnen gebe. Kiesewetter hat gerade diesen Abschnitt in seinem Geschichtsabriss sehr ausführlich dargestellt, so dass derselbe in seiner Schrift fast die grössere Hälfte derselben einnimmt. Diesem Autor folge ich hier in meiner Erzählung. Allerdings hat Schelle in den vorhin bereits erwähnten Artikeln gegen viele der bisher üblichen Ansichten und somit auch gegen die von Kiesewetter mitgetheilten Resultate seiner Forschungen Einspruch erhoben und bezeichnet gar Manches als völlig unzulässig. Schelle hat indess noch keine ausführliche selbstständige Darstellung aller dieser Vorgänge, aus der es möglich würde, eine zusammenhängende Mittheilung zu entlehnen, gegeben, und ich werde mich daher darauf beschränken, an den betreffenden Stellen auf dessen abweichende Auffassung hinzuweisen.

Es war eine weit verbreitete, tief eingewurzelte Meinung, dass unsere heutige Musik aus der der alten Griechen entsprungen, gewissermaassen nur eine Fortsetzung derselben sei, und die Schriftsteller sprachen deshalb auch häufig von einem Wiederaufleben der griechischen Musik im Mittelalter. Kiesewetter, in seinem zuerst genannten Werke, ist dieser Ansicht mit Bestimmtheit entgegengetreten, indem er zu Anfang desselben sagt: „Allerdings gab es eine Zeit, in welcher die christliche Musik des europäischen Occidents sich bei jener Raths erholte und lange — sehr lange — wurden die Aussprüche der griechischen Schriftsteller als die Quelle aller musikalischen Theorie angesehen: die Wahrheit aber ist, dass die neue Musik nur in dem Maasse gedieh, als sie sich von den ihr aufgedrungenen griechischen Systemen zu entfernen anfing, und dass sie einen bedeutenden Grad von Vollkommenheit erst dann erreichte, als es ihr gelang, sich auch noch der letzten Ueberbleibsel altgriechischer Musik vollends zu entledigen. Mit dieser hatte sie schon sehr lange, ich möchte sagen von jeher, kaum mehr als das Substrat — Ton und Klang — gemein. Aus der altgriechischen Musik wäre, wenn Alt-Hellas ungestört noch durch zwei Jahrtausende fortgeblüht hätte, eine Musik, der unsrigen ähnlich, nimmermehr hervorgegangen; in den Systemen, in welchen sie dort durch die Autorität seiner Weltweisen, durch das Herkommen, ja selbst durch bürgerliche Gesetze, im eigentlichsten Sinne festgebannt war, lag das unübersteigliche Hinderniss ihres Wachsthums. Sollte die schöne Kunst der Töne sich dereinst noch zu jener Vollkommenheit entfalten, deren Keim wol überall in ihr lag, so musste sie dort untergehen, und anderwärts, ein anderes Wesen, neu geboren werden. Die altgriechische Musik starb in ihrer Kindheit; ein liebenswürdiges Kind, aber unfähig je zur Reife zu gelangen. Für die Menschheit war ihr Untergang kein Verlust". Durch die hier ausgesprochene Ansicht ist für unsere Betrachtung ein bestimmter Anfangspunct gegeben; wir beschäftigen uns hier mit der Geschichte der christlichen Musik, in dem doppelten Sinne, dass nicht blos die Tonkunst der vorchristlichen, sondern auch die der späteren nichtchristlichen Völker ausgeschlossen ist. Was die letzteren betrifft, so können, wie natürlich, die Leistungen dieser auch nicht entfernt in Vergleich kommen mit der hohen Vollendung der christlichen Kunst; hier allein erscheint die Tonkunst zur Würde einer wahrhaften Kunst entwickelt. Die glücklich begabten, feinen, scharfsinnigen Griechen aber besassen zwar eine sehr ausgebildete Musik; nicht Ungeschick, Talentlosigkeit waren die Ursache der geringen Erfolge; die Musik indess befand sich dort in einem Boden, der überhaupt nicht für sie der geeignete war. Die Tonkunst ist die Kunst des Gemüths, sie spricht als solche die innersten Tiefen der Seele aus; die innere Welt ist aber erst durch das Christenthum erschlossen worden. Bei den Griechen war der Sinn nach aussen gewendet, das Plastische vorherrschend. Auch die gesammte äussere Beschaffenheit ihrer Musik war eine durchaus verschiedene, Melodie und Harmonie in unserem Sinne den Griechen gänzlich unbekannt. Das Christenthum und die Folgen desselben vernichteten daher mit Recht die griechischen Tonweisen und die griechische Theorie, obschon erst nach langen, mühseligen Kämpfen, nach vielfältigen, oft wiederholten Versuchen und erst nachdem ein Jahrtausend hindurch die griechische Musik das Aufkeimen der christlichen oftmals erschwert und gehemmt hatte. Es ist dies — die Einwirkung des Griechischen auf das Christliche — ein bemerkenswerther Umstand, obschon er hier noch nicht in seiner ganzen Bedeutung hervortritt. Ich mache jetzt im Vorübergehen auf diese Erscheinung nur aufmerksam, indem ich später näher darauf zurückkommen muss.

Die neue Musik, wenn man sie in ihren ersten Anfängen schon so nennen will, war unbeachtet in niederen Hütten, ja in verborgenen Höhlen entstanden. Kiesewetter erzählt, wie in den Versammlungen der ersten Christen, meist armer, schlichter, mit der sehr schwierigen Theorie der griechischen Musik ganz unbekannter Leute, ein höchst einfacher, kunst- und regelloser Naturgesang entstanden sei, der einstimmig, tactlos, die Bewegung nur von der Länge und Kürze der Textsylben entnehmend, allmählich gewisse Accente, gewisse Betonungen für die Dauer erhalten und in dieser Gestalt durch öfteres Anhören in den Gemeinden sich festgestellt und fortgepflanzt habe.

Bei gänzlichem Mangel einer Regel jedoch musste in dem Maasse, als die Gemeinden zahlreicher wurden, die nöthige Gleichheit und Uebereinstimmung in den Melodien immer schwieriger und endlich unmöglich werden. Im 4. Jahrhundert, als schon Kirchsprengel und Oberhirten entstanden waren, und Männer von wissenschaftlicher Bildung das Christenthum angenommen hatten, unternahmen es daher einige gelehrte Bischöfe, den Gesang zu ordnen und festzustellen. Dies konnte nur mittelst einer geregelten Tonleiter bewerkstelligt werden. Es war natürlich, dass man in dem Nachlasse der griechischen, damals bekannten musikalischen Schriftsteller Rath suchte. Man fand hier eine sehr schwierige, kunstvoll ausgebildete Theorie, unendlich Vieles, was man nicht gebrauchen konnte und womit man Nichts anzufangen wusste, Tonreihen, die das sehr geübte Ohr kaum am Monochord erkennt und die die menschliche Stimme bei aller Uebung nicht vernehmlich angeben kann u. s. w. Man fand aber auch hier und da Anfänge, von denen sich mit Aenderungen Einiges gebrauchen und zur Feststellung eines so einfachen Gesanges, wie der christliche war, in Anwendung bringen liess.

Der heilige **Ambrosius** ist es, der unter diesen Verbesserern des Kirchengesanges zuerst und mit besonderer Anerkennung erwähnt wird. Geboren im Jahre 333, studirte Ambrosius zu Rom, zeichnete sich dort zunächst als Redner und Philosoph aus, wurde sodann 369 zum Statthalter über mehrere Provinzen ernannt und endlich im Jahre 374 einstimmig, aber so sehr gegen seinen Willen, dass er anfangs mehrere Grausamkeiten beging, um die Leute von der Wahl abzuhalten, zum Bischof von Mailand erwählt. Dem regen Eifer dieses Mannes, der Thätigkeit, die derselbe, als er einmal die Bischofswürde angenommen hatte, bald entfaltete, verdankt die Kirche, verdankt die Tonkunst die nachhaltigste Förderung. Ambrosius war es nämlich, der dem Kirchengesang eine feste tonale Grundlage gab, indem er 4 Tonreihen auswählte, denen er mit Beseitigung der schwerfälligen griechischen Namen die Bezeichnung des 1., 2., 3. und 4. Tones gab. Es waren dies die Tonreihen: d e f g a h c d — e f g a h c d e — f g a h c d e f — g a h c d e f g. Auf diese begründete sich von nun an der Kirchengesang.

Ambrosius war es sodann, der jene Melodien, welche sich bei den gottesdienstlichen Uebungen der ersten Christen gebildet hatten, diese aus der ersten Gluth der Begeisterung hervorgegangenen und noch von Neueren hochgerühmten Gesänge regelte und so zu ihrer Erhaltung wesentlich beitrug. Zum Beweise, wie sehr die Verbesserungen dieses Mannes die damalige Zeit überraschen mochten, führe ich eine Stelle aus den Bekenntnissen des heil. Augustinus an: „Die Stimmen", sagt dieser, als er in der Kirche zu Mailand jene Gesänge zuerst vernommen hatte, „flossen in meine Ohren, Wahrheit wurde in mein Herz geträufelt, und das Gefühl der Andacht strömte in süssen Thränen der Freude über". Es sind dies Worte, die nur ein Solcher spricht, den ein bis dahin nicht Gekanntes überwältigt und die innersten Tiefen der Seele erschüttert. Ambrosius' Bestimmungen fanden überall die bereitwilligste Aufnahme, und es war auf diese Weise schon ein wichtiger Schritt zur Bildung, zur Feststellung der neuen Musik geschehen.

Dem heiligen **Gregor dem Grossen,** der in den Jahren 590 bis 604 die christliche Kirche regierte, war es vorbehalten, auf dieser Grundlage fortzubauen und das eigentliche Fundament für das ganze spätere Gebäude zu legen. Gregor sammelte die bereits vorhandenen Melodien, verbesserte dieselben, vermehrte sie durch neue und führte das auf diese Weise Gewonnene in der ganzen christlichen Kirche ein, als eine Norm, von der nicht abgewichen werden durfte. Ein Exemplar dieses Melodien-Buches wurde an dem Altar St. Peter's in Rom niedergelegt und mit einer Kette befestigt, um im Laufe der Zeiten entstehende Abweichungen nach demselben zu berichtigen. Er behielt ferner die bereits vorhandenen ambrosianischen vier Kirchentöne bei, fügte aber diesen noch vier neue, von der Unterquarte einer jeden der vorhandenen ausgehende Tonreihen hinzu, die Tonreihen a h c d e f g a — h c d e f g a h — c d e f g a h c — d e f g a h c d. Diese letzteren wurden, dies beiläufig erwähnt, die plagalischen genannt, zum Unterschiede von den älteren, welche den Namen der authentischen erhielten. Der Unterschied dieser Tonreihen von unsern heutigen Tonleitern springt sogleich in die Augen: während die unsrigen nichts weiter sind als Transpositionen einer und derselben Tonart, waren jene selbstständige Octavengattungen, in deren jeder der halbe Ton eine andere Stelle einnahm. Das von Ambrosius Begonnene war so zur ersten Stufe der Vollendung gebracht und dadurch der erste bedeutende Grund für die spätere Tonkunst gelegt. Er war es endlich, der an die Stelle der ausserordentlich schwerfälligen griechischen Benennungen die ersten Buchstaben des lateinischen Alphabets als Namen der Töne setzte. Alles dies aber war, nach Kiesewetter's Bemerkung, schon im Ursprunge mehr, als die in ihre Systeme eingezwängten Griechen jemals kannten oder nur ahnten. Im Vorübergehen sei erwähnt, wie der Umstand, dass Gregor diese Buchstaben an die Stelle der früheren Namen setzte, nicht auf die Vermuthung bringen darf, als ob er auch schon eine, wenn auch unvollständige Kenntniss unserer Notirungsweise besessen habe, denn dies war keineswegs der Fall. Die letztere ist, wie ich nachher noch erwähnen werde, eine viel spätere Erfindung, und kein Schriftsteller vor dem 14. Jahrhundert hat von derselben Gebrauch gemacht*).

Nach diesen bedeutenden Anfängen hätte nun wohl ein unmittelbarer Fortgang stattfinden können. Doch das sollte erst nach Jahrhunderten geschehen. Die Unbilden der späteren Zeit brachten Gregor's System bald in Verfall und in Vergessenheit, seine Gesänge selbst waren in Gefahr, völlig auszuarten und verloren zu gehen. Unter diesen Umständen nahmen sich einige gelehrte Geistliche des verfallenen Kirchengesanges an, aber ihr Unstern wollte, dass sie, statt der von Gregor gebrochenen Bahn zu folgen, von der Autorität Griechenlands nicht loszukommen vermochten, dort Vorbild und Regel suchten und demgemäss, statt das Neue zu fördern, es nur in seiner Fortbildung hemmten. Glücklicher Weise indess gelang es ihnen nicht, ihren Bestrebungen den Sieg zu verschaffen; die widerstrebenden Elemente des christlichen Glaubens und der christlichen Musik waren doch zu sehr ausgebreitet und zu tief eingedrungen, als dass mehr denn blosse langjährige Hemmung das Resultat ihres Strebens hätte sein können. Insbesondere aber, als Karl der Grosse, einkehrend in sich selbst und sich abwendend von den Zerstreuungen des Kriegslebens, dem Gottesdienst, der Kunst und Wissenschaft seine Aufmerksamkeit zuwendete, erblicken wir auch den Kirchengesang wieder gehoben und wesentlich gefördert. Vorzugsweise war das Interesse des Genannten von Einfluss, als nun auch in den übrigen Ländern seiner Herrschaft durch ihn kräftige Anregungen gegeben wurden. —

Mit diesen Bemerkungen kann ich die erste Epoche der Geschichte unserer Musik, die Zeit der ersten Entstehung und Begründung derselben, beschliessen. Der Grund für das spätere Gebäude war durch

---

*) Schelle (Band 60 der Neuen Zeitschrift für Musik, Jahrgang 1864, Nr. 10, S. 78) bestreitet die oben angeführten Verdienste dieser Männer. Er sagt u. A., dass noch nicht einmal im 8. Jahrhundert eine systematische Scheidung der authentischen und plagalischen Tonarten bestanden habe. Im weiteren Verlaufe erklärt er, dass es falsch sei, die Melodie als eine Erfindung der neueren Kunstperiode hinzustellen, und sich von der ältesten Melodie die „absurde Vorstellung zu machen, dass sie nur eine syllabische Gesangsweise, ein unorganisches Conglomerat von gleichartigen Noten nach Art des *Cantus firmus*" gewesen sei.

Ambrosius und Gregor gelegt worden. Dies ist im Auge zu behalten; dies ist das Wesentliche. Wir treten unserem Gegenstande jetzt schon näher, indem wir die Versuche, welche in den Jahrhunderten des Mittelalters gemacht wurden, betrachten.

Ich erwähnte vorhin, wie ein wesentlicher Mangel der griechischen Musik in dem Mangel der Harmonie bestanden habe; das Eigenthümliche, Charakteristische der modernen Musik sehen wir darum zuerst da bestimmter hervortreten, wo wir den ersten Anfängen der späteren Harmonie begegnen. Die ersten harmonischen Versuche, sowie die weiteren Fortschritte darin sind es daher zunächst, auf die ich Ihre Aufmerksamkeit lenke.

Ueber die ersten Anfänge der Harmonie im frühen Mittelalter, bemerkt Kiesewetter, hat es von jeher verschiedene Meinungen und Sagen gegeben, so dass es schwer ist, hierüber etwas ganz Bestimmtes festzustellen. Der erste Versuch, wie es scheint, einer Harmonie, einer Verbindung mehrerer gleichzeitig auf verschiedenen Tonstufen erklingender Stimmen, zeigt sich in einer von dem Mönch **Hucbaldus**, auch **Uchubald, Hubald** genannt, hinterlassenen Schrift. Dieser war ein sehr gelehrter Mönch aus Flandern, welcher nach einem in thätiger Bearbeitung der musikalischen Theorie verbrachten Leben in sehr hohem Alter im Jahre 930 gestorben ist. Hucbald scheint die Mehrstimmigkeit, da er von ihr als von einer bekannten Sache spricht, nicht selbst erfunden, sondern nur zuerst theoretisch begründet zu haben. Er nimmt in seinem Tractat das griechische System zum Ausgangspunct. Die Griechen kannten nur den einstimmigen Gesang und die Begleitung desselben durch die Octave. Diese, sowie die Quinte und Quarte galten ihnen allein als Consonanzen, während sie die Terz und Sexte, die Hauptbestandtheile unserer consonirenden Accorde, für dissonirend hielten, und der mathematischen Construction ihrer Tonleiter gemäss für dissonirend halten mussten. Diese Bestimmungen überträgt nun Hucbald auch auf die Verbindung mehrerer Töne zu gleichzeitigem Erklingen und empfiehlt demnach das Fortschreiten zweier oder mehrerer Stimmen in Consonanzen. Er bezeichnet eine solche Verbindung von Stimmen mit dem Namen „Organum", der dann auch später der gewöhnliche und herrschende wurde. Zwei Arten des Organum sind es, welche Hucbald erklärt. Die erste Art besteht in der Verbindung einer Hauptstimme mit zwei oder mehr anderen Stimmen, die mit dieser in Quinten oder Quarten und Octaven einhergehen. Bei der zweiten Art setzt er über eine Principalstimme zwischen Consonanzen auch andere nicht consonirende Intervalle, die Secunde und die von ihm für dissonirend gehaltene Terz in verschiedener Bewegung.

Dies sind die ersten Versuche einer gleichzeitigen Verbindung von Tönen, das erste Wagniss einer Harmonie. Die Hauptsache ist, dass dasselbe unternommen wurde; die Versuche selbst sind noch ganz roh. Um eine jetzt ganz unbedeutend scheinende Erfindung zu machen, mussten im Mittelalter Jahrhunderte vorübergehen. Es lag dies in den bekannten Verhältnissen desselben, deren ich hier nicht weiter zu gedenken nöthig habe. Die meisten Erfindungen blieben auf die Orte ihrer Entstehung, auf die Klöster, beschränkt und mussten daher wiederholt gemacht werden. Erst im 11. Jahrhundert tritt uns wieder eine Erscheinung entgegen, welche nähere Aufmerksamkeit in Anspruch nimmt. Ein Benedictiner-Mönch aus dem Kloster zu Pomposa in der Nähe von Ravenna und Ferrara war es, **Guido von Arezzo**, ums Jahr 1020 lebend, welcher in diesem Jahrhundert die Tonkunst wesentlich förderte und einen so grossen Ruf erlangte, dass noch jetzt sein Name unter denen der Musiker des Mittelalters der bekannteste, oder vielmehr unter den Musikfreunden einzig gekannte ist. Guido sah ein, wie wenig durch den vor und zu seiner Zeit üblichen Unterricht geleistet werden könne, und wendete deshalb seine Sorgfalt vorzüglich auf Verbesserung des Praktischen. Eine vernünftige praktische Lehrmethode aufzustellen, war sein Hauptbestreben. Er war so glücklich, mehreres seinen Wünschen Entsprechende zu ersinnen. Seine Erfolge erregten in seiner nächsten Umgebung einiges Aufsehen, so dass er, verleumdet, auf Befehl des Oberen das Kloster verlassen und sich einige Zeit in der Fremde umhertreiben musste. Theodald, Bischof von Arezzo, nahm ihn endlich bei sich auf, und unter dessen Schutze setzte er seine Bestrebungen fort. Sein Ruf verbreitete sich, drang zu dem damaligen Papst Johann XIX., der ihn zu sich kommen liess und lebhaft aufmunterte. Später kehrte er in sein Kloster zurück, da der Obere desselben sein früheres Benehmen schon längst bereut hatte. — Guido's grösstes und wesentlichstes Verdienst bestand in der Verbesserung und zweckmässigeren Anordnung der Tonschrift. Er kennt zwar noch keineswegs die spätere Notenschrift; schon vorhin erwähnte ich, dass diese eine weit spätere Erfindung sei. Die frühere Notirungsweise, die *nota romana*, die sogenannten Neumen, bestanden in kleinen Puncten, Häkchen, Strichelchen in verschiedenen Richtungen, Gestalten und Farben, welche, über den Text gesetzt, dem Sänger durch ihre Stellung die Tonhöhe versinnlichten, auch ganze Tongruppen bezeichneten, nur dass man, um etwas mehr Ordnung in solche Bezeichnung zu bringen, später eine, auch zwei Linien quer über den Text zog. Guido nahm seinen Ausgangspunct davon, fügte aber den vorgefundenen früher üblichen zwei Linien noch zwei andere bei, und lehrte nicht allein die Linien, sondern auch die Zwischenräume benutzen, so dass er dadurch der späteren Tonschrift wesentlich vorgearbeitet hat. — Wie durch **Hucbald** der erste Anstoss zur Harmonie gegeben wurde, so sehen wir hier einen zweiten Fortschritt angebahnt, eine bessere Notirungsweise, die für die fortschreitende Kunst ein wesentliches Erforderniss war, und es offenbart sich uns schon hier, indem wir sehen, wie ein Stein nach dem anderen zu dem grossen Gebäude herzugebracht wird, jene Gesetzmässigkeit des Ganges, jene innere Nothwendigkeit der Entwicklung, von welcher die gesammte nachfolgende Zeit ein immer sprechenderes Zeugniss ablegt. Ein so wüstes Durcheinander beim ersten Blick jene Bestrebungen des Mittelalters zeigen, so entdecken wir bei näherer Betrachtung doch bald die Idee, welche das Zerstreute verknüpft, die Idee, welche alle diese Erscheinungen hervorruft, und dies ist das Interessante bei diesen zunächst minder interessanten geschichtlichen Thatsachen. Wir gewahren ein stetes, unablässiges Ringen, und wenn wir die Schwierigkeiten bedenken, mit denen die Tonkunst mehr als die anderen Künste zu kämpfen hatte, indem sie ihr Vorbild weder in der Natur noch in grossen Mustern des Alterthums fand, so erscheint uns die beim ersten Blick mühselige und langsame Entwicklung in der That rasch und erfolgreich. — Was Guido's Leistungen im Harmonischen betrifft, so hat er darin keine Fortschritte gemacht. Es findet sich bei ihm genau dasselbe wieder wie bei **Hucbald**, obschon er dessen Schriften nicht gekannt zu haben scheint. Auch er macht seine Sätze durch Verdoppelung drei- und vierstimmig; wir haben dieselben Folgen von Quarten und Quinten in gerader Bewegung. Beiläufig sei erwähnt, dass er die bekannten beim Gesange üblichen Namen: *ut, re, mi,* etc. zuerst angewendet hat, indem er die Anfangssylben einer lateinischen Ode auf den heiligen **Johannes** dazu wählte. Noch mehrere andere Erfindungen werden ihm zugeschrieben, doch ist es wahrscheinlich, dass dieselben erst von seinen Schülern und Nachfolgern ihm beigelegt worden sind. Ich übergehe dieselben als nicht hierher gehörig, um so mehr, als in Kürze sich doch kaum ein deutliches Bild von denselben würde geben lassen.

    Eine Erweiterung der Lehre von der Harmonie brachte erst, mit noch mehreren wichtigen Entdeckungen, das 12. Jahrhundert, obschon Näheres hierüber zur Zeit noch nicht bekannt ist. Die Leistungen des folgenden Jahrhunderts aber zeigen, dass man in diesem Zeitabschnitt einen wichtigen Fortschritt zu Stande gebracht haben muss. Es müssen damals schon glücklichere Versuche in der Harmonie, ja schon in etwas mannigfaltigeren, zusammengesetzten Tonverbindungen gemacht worden sein; auf dem Wege praktischer Untersuchungen musste man bald dahinter kommen, dass die von den Griechen als Dissonanzen verrufenen grossen und kleinen Terzen, grossen und kleinen Sexten durchaus nichts Widriges besassen; es muss in dieses Jahrhundert die Erfindung und erste Ausbildung der Note fallen, es muss endlich die Eintheilung der Noten hinsichtlich ihrer Zeitdauer, damals Mensur genannt, erfunden worden sein. Was das Letztere betrifft, so leuchtet ein, dass mit mannigfaltigeren Tonverbindungen die Nothwendigkeit, Noten verschiedener Geltung zu besitzen, gegeben war. Eigentlichen Tact hatte man nicht; man mass die Noten der Figur nach durch beständiges Zählen.

Diese Erfindungen zu pflegen und zur Reife zu bringen, war nunmehr die Aufgabe des nachfolgenden, des 13. Jahrhunderts. Es traten jetzt bedeutende Lehrer auf, welche im Stande waren, schon eine etwas ausgearbeitete Theorie aufzustellen. Einer dieser Männer, von welchem auch eine Schrift auf uns gekommen ist, war **Franco von Köln**, in den ersten Jahrzehnten des 13. Jahrhunderts, der schon vollkommene, unvollkommene und mittlere Consonanzen unterscheidet, sowie vollkommene und unvollkommene Dissonanzen. Was Frankreich betrifft, so beweisen die aus dem 12. und 13. Jahrhundert uns überlieferten mehrstimmigen Tonsätze, dass man auch dort einen Anfang im Harmonischen gemacht hatte. In England erblicken wir ebenfalls verwandte Bestrebungen. Gegen Ende des 13. und zu Anfang des 14. Jahrhunderts begegnen uns zwei Schriftsteller, welche grosse Fortschritte bewirkt, nicht nur die Lehre von der Mensur weiter ausgebildet, sondern auch, was Harmonie betrifft, zuerst befriedigende Regeln gegeben haben, Regeln von solcher Beschaffenheit, dass nach denselben, auch nach unsern heutigen Begriffen, zum ersten Male reine Accorde und reine Harmoniefolgen gebildet werden konnten. Zum ersten Male erscheint jetzt das Gesetz, dass zwei vollkommene Consonanzen, Quinten und Octaven, nicht in gerader Bewegung auf einander folgen sollen; zum ersten Male erkennt man schon etwas genauer das Wesen der Dissonanzen und die Nothwendigkeit, dieselben in die nächstfolgende Consonanz aufzulösen. **Marchettus von Padua** und **Johannes de Muris**, ein französischer Geistlicher und Dr. der Sorbonne zu Paris, sind die Männer, denen diese Fortschritte auf theoretischem Gebiete zu danken, wennschon hinsichtlich der praktischen Anwendung ihrer Grundsätze immer noch viel zu wünschen übrig blieb.

Das bisher Erwähnte betrifft insbesondere die eine Hauptseite der Musik, die **Harmonie**, und deren allmähliche Ausbildung; anders verhielt es sich mit dem zweiten, wichtigsten Bestandtheile, der **Melodie**. Während die erstere Gegenstand der sorgfältigsten Forschung war und insbesondere von den Gelehrten, den Geistlichen, cultivirt wurde, erblicken wir die letztere vernachlässigt und in ihrem Rechte durchaus nicht anerkannt, so dass sie nur als etwas Beiläufiges und Untergeordnetes nebenher geht. Gehört die Harmonie in den Kreis der Schule, so wurde die Melodie dem Leben, und ihre Ausbildung dem natürlichen Gefühl der Laien überlassen. Bemerkenswerth ist indess, dass man, nach einer Bemerkung v. Winterfeld's, auf diesem vernachlässigten Gebiete früher zu befriedigenden Leistungen und zur Ahnung des den Tönen innewohnenden Geistes gelangte, als in jener Sphäre, wo der künstlerische Sinn unterdrückt wurde.

Seit dem 12. und 13. Jahrhundert hatten die höheren Stände zuerst in der Provence angefangen, sich mit Poesie und Gesang zu beschäftigen. Bald verbreitete sich die Liebe dafür auch bei uns in Deutschland, wo, so wie dort die __Troubadours__, welche vorzugsweise als die Beförderer jener Richtung zu bezeichnen sind, die __Minnesänger__ genannt werden müssen. Die Zahl dieser Dichter und Sänger vermehrte sich ausserordentlich, und wir erblicken in den Reihen derselben Könige und Fürsten. So wird unter Anderen als einer der berühmtesten Troubadours **Thibaut**, König von Navarra (geb. 1201, gest. 1254) genannt, von welchem auch Melodien aufgefunden worden sind. Unglücklicher Liebhaber der Königin Blanca von Kastilien, der Mutter des heil. Ludwig, wurde ihm gerathen, zur Besänftigung seiner heftigen, hoffnungslosen Leidenschaft sich dem Studium der Poesie und Musik zu widmen; er that dies mit solchem Glück, dass er die schönsten Lieder und Melodien, die man je gehört hatte, hervorbrachte. Vergleichen wir diese Melodien, von denen uns Kiesewetter Proben mittheilt, mit jenen steifen, unerquicklichen, harmonischen Versuchen derselben Zeit, so bemerken wir bald, wie jenen Troubadours ganz dieselbe Bedeutung, die sie für das Leben überhaupt gewannen, auch in Bezug auf die Tonkunst beizulegen ist. „Sie waren es", sagt in der ersteren Beziehung ein französischer Schriftsteller, „welche scholastische Zänkereien und üble Erziehung verbannten, das Betragen verfeinerten, die Regeln der Artigkeit einführten, die Unterhaltung belebten und die Galanterie der Einwohner läuterten. Die Höflichkeit, welche die Franzosen vor den Völkern anderer Länder auszeichnet, war die Frucht ihrer Lieder, und wenn wir auch nicht unsere Tugenden von ihnen herleiten, so lehrten sie uns wenigstens, dieselben liebenswürdig zu machen." So schufen sie auch in Bezug auf Musik freiere Bewegungen und gefälligere Wendungen; an die Stelle der Berechnung und einer blos verständigen Kunst, wie in jenen harmonischen Versuchen, trat bei ihnen Seele, Ausdruck, und wir sehen daher an diesen lebendig hervorsprossenden Naturerzeugnissen Gefühl für die Seele der Tonweisen früher in das Bewusstsein gerufen, als an jenem Grauen, Starren. Von der um diese Zeit erfundenen Mensur haben diese Sänger noch keinen Gebrauch gemacht; sie waren, im engeren Sinne, musikalisch nicht sehr unterrichtet und folgten nur der Eingebung ihres Talents. Bemerkenswerth ist, dass sich in diesen Melodien schon ziemlich der Charakter der später so sehr beliebten französischen Chanson zeigt; auch das ist zu erwähnen, dass dieselben schon weit entschiedener, als die damalige harmonische Musik, unsere modernen Dur- und Molltonleitern, unsere modernen Ausweichungen erkennen lassen. Der gesunde Sinn jener Naturalisten hatte schneller das Richtige getroffen, als der Scharfsinn der gelehrten Häupter.

Ich beschliesse diese Skizze mit einer Hindeutung auf das, was auf dramatischem Gebiet geschah. Auch die dramatischen und theatralischen Versuche des Mittelalters waren nicht ganz ohne Musik, und namentlich die Melodie fand hier ein Gebiet, wo sie unumschränkte Geltung genoss und welches ihr zugleich Gelegenheit zu weiterer Ausbildung darbot. Diese Darstellungen waren anfangs so roh und pöbelhaft, dass wir ihrer hier nur Erwähnung thun, um anzudeuten, wie der Sinn für das Scenische früh erwacht war. G. W. Fink in seiner „Geschichte der Oper" spricht des Längeren und Breiteren über diese den Musikfreund der Gegenwart wenig interessirenden Dinge, während er, wie dies so oft in älteren Werken der Fall war, die Neuzeit sehr kurz und nur ganz obenhin behandelt. Wer sich demnach über jene Erscheinungen genauer unterrichten will, darf nur jene ausführliche Darstellung nachlesen. Bei steigender Cultur bildeten sich aus diesen rohesten Anfängen reifere und geschmackvollere Erzeugnisse hervor. Sie erhielten den Namen Misterien und bestanden aus einer anständigeren, etwas gebildeteren Darstellung religiöser Begebenheiten. Seit dem 12. und 13. Jahrhundert insbesondere verbreiteten sich solche Spiele ausserordentlich, und im Jahre 1313 erbaute man in Paris ein eigenes Theater dafür. In den Gesängen zu diesen geistlichen Schauspielen herrschte anfangs der kirchlich-rituale, choralartige Ton vor; später nahm, je mehr die Aufführungen aus den Händen der Geistlichen in die der Laien übergingen, auch die Musik eine volksmässigere Haltung an. An dem heiteren, kunstliebenden Hofe der Provence finden wir den Troubadour **Adam de la Hale** (1240—1286) als Verfasser mehrerer sehr hübscher Liederspiele mit weltlichem Inhalt wieder. Das Charakteristische und Wesentliche der späteren Oper fehlte jenen frühesten Versuchen noch gänzlich, aber im weiteren Sinne als Vorstufen für die später so mächtige Kunstgattung sind dieselben zu beachten, indem der Sinn für das Dramatische dadurch geweckt und gesteigert wurde. Die Handlung ist noch ausserordentlich einfach, aber wir bemerken eine Gewandtheit, Rundung und Eleganz, die man einer so frühen Zeit kaum zutrauen möchte. Der Dialog, bemerkt Kiesewetter, sei naiv und lebendig und sprudle von ungesuchtem und treffendem Witz. Eines dieser Stücke führt den Titel: „Robin und Marion". Ich will den Gang desselben in Kürze mittheilen, um Ihnen eine Anschauung davon zu geben: Marion tritt auf und singt ein Liedchen, in welchem sie ihre Liebe zu Robin ausspricht. Junker Aubert, eben vom Turnierplatz kommend, erscheint, einen Falken auf der Faust. Er sagt Marion Schmeicheleien, sie antwortet, sie liebe Robin, und bittet den jungen Herrn, sie in Ruhe zu lassen. Aber die Leidenschaft Aubert's erwacht darum um so heftiger; er stürmt fort mit der Versicherung, auf der Stelle sich ersäufen zu wollen. Statt aller Antwort spottet Marion seiner. Robin kommt und plaudert von der bevorstehenden Hochzeit. Indem er fortgeht, um einen Sänger und die Freunde zum Feste zu bestellen, erscheint nochmals Aubert, der die Ausführung seines Entschlusses zur Zeit noch ausgesetzt hat; er sucht mit dem zurückkehrenden Robin Streit, unter dem Vorwande, dieser habe seinen Falken berührt. Sie werden handgemein, Robin erhält tüchtige Schläge und bleibt auf dem Platze liegen, während Marion von Aubert entführt wird. Gautier, der bestellte Sänger, tritt auf, ist noch Zeuge der Entführung, bemüht sich aber zunächst, den jämmerlich klagenden Robin wieder zu sich zu bringen. Man sieht nicht ein, wie die Sache enden soll. Bald indess kehrt Aubert, von Marion's Widerstand ermüdet, freiwillig zurück und übergiebt Robin die Braut. Allgemeiner Tanz und ein Gesang Gautier's schliesst das Ganze. Auch die in diesem Singspiele vorkommenden Liedchen zeigen meist gefällige und fliessende Melodik und bewegen sich in zum Theil ganz entschiedener Weise in unserer Dur- und Molltonalität. Sie wurden ohne alle Begleitung gesungen. Fand eine solche statt, so konnte es nur im Einklange mit den Noten des Gesanges geschehen.

Während nun das Volk seine Lieder sang und bei fortschreitender Civilisation die Gebildeten sich an den Weisen der Troubadours und Minnesänger ergötzten, hatten die schulmässigen Musiker, die sich selbst vorzugsweise *Cantores* nannten, in ihrer Weise pedantisch fortgearbeitet, ohne von dem, was das Leben bot, Notiz zu nehmen. Ihnen war der Gesang nicht eine schöne Kunst zur Erheiterung, sondern Gegenstand eines mühsamen Studiums. Harmonie und Melodie, die Arbeiten der Schule, und die Bestrebungen des weltlichen, naturalistischen Sinnes waren streng geschieden. Die eigentlichen Musiker blickten mit Stolz auf das weltliche Treiben herab. So dauerten die Verhältnisse geraume Zeit hindurch fort.

Dies ist der Standpunct der Musik bis ungefähr zum Jahre 1300. Im Ganzen zeigt sich immer noch nur sehr wenig Befriedigendes. Bedenken wir jedoch, worauf ich schon vorhin hindeutete, die Schwierigkeiten, mit denen die sich entwickelnde Tonkunst zu kämpfen hatte, so erscheinen uns diese Versuche in einem weit günstigeren Lichte. Durch das Bisherige sind nun aber auch die ersten Versuche, die ersten und unreifsten Bestrebungen für immer beseitigt. An Nichts fehlte es jetzt, als dass das, was die Theorie gewonnen hatte, nun wirklich zur Ausführung kam und in das Leben selbst eingeführt wurde. Diese weiteren Fortschritte werden den Gegenstand meiner nächsten Vorlesung bilden.

Zweite Vorlesung.

Die Geschichte der Musik bei den Niederländern: Dufay. Ockenheim. — Der Zustand des Orgelspiels: Antonio degli Organi und Bernhard der Deutsche. — Notendruck: Petrucci. Josquin. — Deutsche und italienische Tonsetzer. Willaert. Orlandus Lassus. — Eintheilung der Geschichte der Musik, die allgemeine Entwicklung des Geistes in der Geschichte, die Stufenfolge der Künste und die weltgeschichtliche Stellung der Tonkunst.

Die Darstellung der Anfänge unserer Musik in den ersten christlichen Zeiten und den Jahrhunderten des Mittelalters beschäftigte mich in der vorigen Vorlesung. Wir sahen, nachdem das erste Fundament durch Aufstellung von Tonleitern gelegt war, wie allmählich ein Grundstein nach dem anderen zu dem späteren grossen Gebäude herbeigeschafft ward, und verliessen die Entwicklung an dem Puncte, wo zuerst befriedigendere Regeln für harmonische Combination gegeben waren. Ich schloss mit der Bemerkung, dass es jetzt galt, das Gewonnene in das Leben einzuführen.

Jener Umstand, dass die Tonkunst bis dahin mehr eine Wissenschaft, in der That noch kaum eine Kunst zu nennen war, darf nicht befremden. Wir erblicken die Hauptthätigkeit bis dahin auf die allmähliche Ausbildung der Harmonie, die Auffindung ihrer Gesetze gerichtet, weil nur auf diese Weise das Material für die künstlerische Darstellung gewonnen werden konnte. Die poetische Seite der Kunst, soweit in jener Zeit davon die Rede sein kann, ward repräsentirt durch den weltlichen Gesang, fand im Volksliede, in der Melodie ihren Ausdruck. So bedeutsam nun diese Seite ist, so würde man bei der weiteren Verfolgung dieses Weges aus dem blossen Naturalismus doch nicht herausgekommen sein. Sollte die Musik sich einst zu jener umfassenden geistigen Bedeutung erheben, die sie später erlangte, so war eine lange Verstandesarbeit nötig; man musste in die Tiefe hinabsteigen, um für jenes grosse Gebäude einen entsprechenden Grund zu legen. Unter den angezeigten Umständen war das Studium der Musik, wie natürlich, immer nur Wenigen vorbehalten, und von derselben als Kunst konnte fast noch Nichts in der Welt hervortreten. In Italien war der mehrstimmige Gesang damals und noch geraume Zeit später in die Kirche nicht aufgenommen. Es ist kein Grund gegeben, zu vermuthen, dass es in Spanien oder in England anders oder besser gewesen sein sollte. Nur von Frankreich hat man bestimmte Nachrichten von dem Gebrauche eines mehrstimmigen Gesanges in den Kirchen; bei alledem aber stand diese Kunst doch noch auf der untersten Stufe. In Deutschland findet man sogar noch bis spät im 15. Jahrhundert Nichts von Harmonie; der Kirchengesang war durchaus nur ein eintöniger.

Jetzt endlich klärt sich die Scene allmählich auf. Wenn bis dahin die gebildeten Nationen Europas in ihren Bestrebungen Hand in Hand gegangen waren, so dass bald hier bald da eine Erfindung gemacht, ein Fortschritt bewirkt wurde, so concentrirt sich von nun an die Entwicklung, und wir sehen jetzt ein Volk, was musikalische Kunst betrifft, gross und gewaltig auftreten, so sehr, dass dasselbe weit über ein Jahrhundert hinaus sich der unbedingtesten musikalischen Herrschaft in Europa erfreute. Die Lehren der früher genannten Theoretiker hatten zunächst Eingang und heimischen Boden bei den **Niederländern** gefunden, einem Volke, das bei seiner ausserordentlichen Wohlhabenheit, blühend durch Manufacturen und Gewerbe, Handel, Schifffahrt und tüchtiges Gemeinwesen, einer materiellen Behaglichkeit des Daseins sich überlassen konnte. Die contrapunctische Kunst gelangte hier zuerst nahezu in Vollkommenheit, und zwar in fröhlichen geselligen Kreisen zu praktischer Geltung, und beliebte Volkslieder pflegte man auf diese Weise zu singen. Dann gewann dieselbe Zutritt zu den Höfen, zur Unterhaltung der Grossen, und bald öffneten sich nun auch die Thore der Kirche der neuen Kunst, um ihr einen siegreichen Einzug zu gestatten. Die Kirche hatte stets die musikalischen Bestrebungen begünstigt. Wie dieselben zuerst aus ihrem Schoosse hervorgegangen waren, so ahnte sie wohl, dass ihr durch die Tonkunst später die grösste Verherrlichung kommen werde.

Nach dem Zeugnisse des päpstlichen Kapellmeisters **Baini** waren es Niederländer, welche die ersten contrapunctisch geschriebenen Messen nach Rom brachten. Vom Jahre 1380 ab findet sich, wie vorhandene Rechnungen nachweisen, der Name des nachmals berühmt gewordenen **Wilhelm Dufay** aus Chimay im Hennegau in dem Verzeichniss der Sänger der päpstlichen Kapelle, der Name des Mannes, den **Baini** als den ersten eigentlichen Tonsetzer und Contrapunctisten, nicht allein jener Kapelle, sondern der modernen Zeit überhaupt bezeichnet. Das päpstliche Archiv ist im Alleinbesitz der Werke dieses ersten Contrapunctisten, und Baini war es daher vorbehalten, uns zuerst mit ihm bekannt zu machen. Keiner war so sehr wie dieser Schriftsteller durch seine äussere Stellung in den Stand gesetzt, über jene Anfänge geregelter Harmonie Aufschluss zu geben, und auf diese Weise einen sicheren Ausgangspunct für die Geschichte der Musik festzustellen. Kiesewetter hat in seinem grösseren Werke nur einige Bruchstücke mitgetheilt und thut sich, wie er selbst sagt, etwas auf diese Bekanntmachung zu Gute. Im Uebrigen wissen wir ausserordentlich wenig von dem genannten Tonsetzer; er lebte bis zum Jahre 1432 hochgeachtet in der päpstlichen Kapelle. Dies ist die einzige Nachricht, die wir über ihn besitzen. Die Compositionen dieses Mannes zeigen in jeder Beziehung schon eine vollkommen fertige Kunst. Die Harmonie ist rein. Dies ist das Wesentliche; dieser grosse Schritt ist jetzt vollbracht; ausserdem ist freilich nicht viel Rühmenswerthes zu sagen. Die Tonsetzer dieser Zeit benutzten kirchliche, gregorianische Melodien als die Grundlage ihrer ausgeführten kirchlichen Compositionen, solche Melodien bilden den Kern und werden gewöhnlich von dem Tenor in langen, ermüdenden Noten vorgetragen. Die Tonarten sind die gregorianischen. Versetzungszeichen finden sich nirgends. Indess ist gewiss, dass die damals in der Compositionslehre stets wohl unterrichteten Sänger diese chromatischen Veränderungen beim Vortrag aus eigener Einsicht hinzugefügt haben. Die Annahme, dass die Compositionen in der Gestalt, in der wir sie verzeichnet finden, gesungen worden wären, ist nicht wahrscheinlich; es war jedenfalls nur Sitte, die Versetzungszeichen wegzulassen. Die Compositionen sind ohne alle Melodie, schwerfällig und hart, gemeinhin für vier Stimmen, seltener für drei oder fünf gesetzt. Alle gleichen sich im Ausdruck, mögen die Textesworte noch so verschieden sein, oder richtiger, sie sind deswegen alle gleich, weil Ausdruck überhaupt noch fehlt und der Verstand die allein hervortretende Thätigkeit ist. Eigentlich fugirten Stil findet man in Dufay's Compositionen noch nicht. Von den Texten sind nur die ersten Worte am Anfang des Stückes hingeschrieben; man setzte voraus, dass dieselben den Sängern bekannt wären, und von diesen sogleich den Noten würden untergelegt werden können.

Nachdem jetzt ein solcher Grund gelegt worden war, konnte von den Nachfolgern weiter fortgeschritten werden. Wenn es bisher vorzugsweise darauf angekommen war, einfache, mehrstimmige Sätze zu Stande zu bringen, im sogenannten einfachen Contrapunct, so nähert man sich jetzt schon der künstlerischen Satzweise, dem doppelten Contrapunct, und es ist insbesondere die Form des Canons, welche zuerst zur Geltung kommt: man nähert sich dieser künstlichen Satzweise so sehr, dass man sich bald in gelehrte musikalische Grübeleien versenkt und diese Richtung, dies ist das Bemerkenswertheste, in den Niederlanden überhaupt zur herrschenden wird. Bald begegnet uns der Name eines Mannes, der, über Dufay hinausgehend, den Künsten des doppelten Contrapunctes ihre Ausbildung gab, der zu seiner Zeit sehr berühmte Name **Johannes Okeghem**, gewöhnlich **Ockenheim**, geb. im Hennegau um 1430, gest. ums Jahr 1513. Ockenheim genoss die ausgezeichnetste Hochachtung seiner Zeitgenossen, sowohl wegen seiner Compositionen, wegen der Fortschritte, die ihn über seine Vorgänger hinaus führten, als auch wegen seines Lehrtalents, das ihn in den Stand setzte, die vorzüglichsten Meister, die zu seiner Zeit und nach ihm glänzten, zu bilden. Die schon bei Dufay erwähnten charakteristischen Eigenschaften: Mangel an Melodie, Unsangbarkeit, Ausdruckslosigkeit, dauern fort. Neu kommt hinzu eine etwas planmässigere Anlage; Ockenheim's Arbeiten sind, wie Kiesewetter bemerkt, nicht mehr so ganz und gar blos unvorherberechnetes Ergebniss der contrapunctischen Operation, sondern meistens schon sinnig mit irgend einer bestimmten Absicht angelegt. Man findet ferner bei Ockenheim eine grössere Gewandtheit in der Handhabung contrapunctischer Formen, zugleich ist aber auch damit eine Verirrung ins Abstruse gegeben. Die Form des Canons wurde, wie schon erwähnt, am häufigsten und zwar in den verschiedensten, künstlichsten Gestaltungen angewendet. Man notirte denselben in einer Zeile und liess den Sänger die Auflösung aus beigeschriebenen symbolischen Sprüchen errathen. Auch die Taktverhältnisse wurden Gegenstand grüblerischer Experimente; es gab Canons, in welchen die verschiedenen Stimmen unter verschiedenen Taktzeichen sangen. Der Satz war insgemein vierstimmig, man vermehrte jedoch zuweilen die Stimmenzahl ins Uebertriebene.

Es würde zu weit führen, wenn ich diese Bestrebungen im Einzelnen verfolgen wollte. Zudem ist dieser Abschnitt der Geschichte der am wenigsten interessante. Soviel auch geschieht, im Ganzen ist doch Alles noch mittelalterlich unerquicklich. Die Niederländer, namentlich die jetzt genannten Männer, haben die beschwerliche Arbeit übernommen, im höheren Sinne das Fundament für die spätere Kunst zu legen. „Was hätten", fragt Ulibischeff sehr richtig, „die grossen Tonkünstler der Harmonie, Bach, Händel, Mozart, angefangen, wenn nicht geschickte und ausdauernde Arbeiter Jahrhunderte lang die Steinbrüche ausgebrochen, die Minen ausgebeutet, und das solide Material hergerichtet, behauen, geformt und geschmiedet hätten? Was sie gemacht hätten? Hübsche Gartenhäuschen von gemaltem Holze, deren Karniese aus Gesangsverzierungen und deren Friese aus Rouladen bestanden hätten; frisch und glänzend für eine Stunde, worauf die Mode darüber weggeblasen, und Alles bis auf die letzte Spur verwischt hätte." Diese tiefsinnige Verstandesarbeit, bemerkte ich schon vorhin, war nothwendig, um der späteren grossen Kunst eine würdige Grundlage zu bereiten. Das ist das grosse Verdienst jener frühesten Meister; in das Reich der schönen Kunst selbst einzutreten, war ihnen, sowie überhaupt den Niederländern, nicht beschieden. In diesem Zeitabschnitt, den ich bis jetzt besprochen habe, — er umfasst das Jahrhundert von 1380 bis 1480 — ist der Grund zu dem Ruhm gelegt worden, dessen sich die Niederländer in der nun folgenden Zeit in der ganzen civilisirten Welt erfreuten. Durch Ockenheim's Schule wurde die Kunst in alle Länder verpflanzt, und nach einer Bemerkung Kiesewetter's soll sich genealogisch nachweisen lassen, dass Ockenheim der Stammvater aller Schulen der späteren Zeit gewesen ist. Noch sei erwähnt, dass in diesem Zeitraum die Orgel die bedeutendsten Verbesserungen in der Structur und dem Mechanismus erfahren hat. Die ältesten Orgeln aus den Zeiten des Mittelalters zeigten noch die roheste und ungeschickteste Beschaffenheit. Die Tasten waren einen halben Schuh breit, durch einen merklichen Zwischenraum von einander gesondert, und mussten mit den Fäusten oder mit den Ellenbogen in Bewegung gesetzt werden. Die allmähliche Ausbildung dankt dieses Instrument, das wichtigste in jener Zeit, dem Contrapunct, und es begann jetzt diesem die früheren Dienste reichlich zu vergelten. Die Kunstgeschichte nennt zwei Künstler: Antonio Sguarcialupo, auch Antonio degli Organi genannt, zu Florenz, und Bernhard, mit dem Beinamen der Deutsche, zu Venedig.

Das höhere Geistesleben, welches sich jetzt in Europa allmählich zu verbreiten begann, musste den günstigsten Einfluss äussern auch auf Fortbildung der Tonkunst und Verbreitung derselben in weiteren Kreisen. Wie die Liebhaberei für die bildenden Künste mehr und mehr zunahm, begannen die Grossen auch für Musik sich zu interessiren, und die Tonsetzer erhielten die nachdrücklichste Aufmunterung und günstigste Veranlassung, ihr Talent zu entfalten. An den Höfen entstanden Kapellen, zu denen niederländische Musiker unter freigebigen Bedingungen berufen wurden. Lehrstühle für Musik wurden errichtet in der zweiten Hälfte des 15. Jahrhunderts zu Neapel, Mailand und an anderen Orten Italiens. Insbesondere aber, als zu Anfang des 16. Jahrhunderts die Päpste Julius II. und Leo X. jene glänzende Raphael'sche Zeit für Italien herbeiführten, erreichte die niederländische Musik in Italien, Spanien, Frankreich und Deutschland ihre höchste Anerkennung. Als endlich im Jahre 1502 der Italiener Ottaviano dei Petrucci aus Fossembrone im Kirchenstaate den Notendruck mit beweglichen Typen erfand, war für den erfolgreichsten Aufschwung der Tonkunst die wichtigste Anregung gegeben. Ockenheim's grösster Schüler, **Josquin de Près**, oder Jodocus Pratensis, oder a Prato genannt, geb. höchstwahrscheinlich zu Condé um 1445, war der erste jener Niederländer, in dem die Kunst sich unter den bezeichneten Einflüssen von der früheren bis dahin herrschenden Steifheit, Schwerfälligkeit und Härte einigermaassen befreite; er wurde der Hauptrepräsentant der nun folgenden Epoche, und zu seiner Zeit war es namentlich, wo seine Landsleute sich der unbedingtesten musikalischen Herrschaft in Europa erfreuten. Schon Luther, das Wesen Josquin's richtig erfassend, hat irgendwo über ihn und zugleich die Wendung, die durch denselben in der Kunst hervorgebracht wurde, das treffende Urtheil gegeben: „Josquin ist der Noten Meister, die habens müssen machen, wie er wollt; die andern Sangmeister müssens machen, wie es die Noten wollen haben". Baini aber bemerkt, dass in den gelungeneren Werken dieses Mannes zum ersten Male die Morgenröthe des späteren Palestrina-Stils dämmere. Sehr jung begab er sich zu Ockenheim in die Lehre. Unter Sixtus IV., um das Jahr 1480, finden wir ihn als Sänger der päpstlichen Kapelle, später, in der Zeit zwischen 1484 und 1490, gegen Erwarten (da er zu Rom in grossem Ansehen stand) in der Umgebung Lorenzo's des Prächtigen in Florenz, dann am Hofe König Ludwig's XII. (dessen Regierung in die Jahre 1498—1515 fällt). Seine letzte Lebenszeit verbrachte er in seiner Heimath, in Condé, wo er am 27. August 1521 als Propst des dortigen Domcapitels gestorben ist. Kiesewetter nennt Josquin eines der grössten musikalischen Genies aller Zeiten. Macht man es ihm nicht ohne Grund zum Vorwurf, dass er die musikalischen Witze und Künsteleien auf eine übermässige Höhe getrieben habe, so ist doch gewiss, bemerkt er, dass jeder seiner Sätze in den künstlichsten, wie in den anspruchsloseren Compositionsgattungen sich durch irgend einen Zug des Genies von den zahllosen Arbeiten seiner Kunstgenossen und Nachahmer unterscheidet.

Bis dahin hatten die Niederländer allein und unumschränkt im Reiche der Tonkunst geherrscht. Jetzt begannen auch andere Nationen ihnen allmählich nicht zwar den Rang, aber doch ihre bisherige Alleinherrschaft streitig zu machen. In Deutschland traten schon in der zweiten Hälfte des 15. Jahrhunderts einige treffliche Tonsetzer auf, **Adam de Fulda, Stephan Mahu, Heinrich Finck, Heinrich Isaac**, von denen besonders der Letztere mit Auszeichnung zu nennen ist. In Frankreich erlangte **Eleazar Genèt**, genannt il **Carpentrasso** (von seiner Vaterstadt Carpentras), Mitglied der päpstlichen Kapelle, sehr grosses Ansehen, und wurde deshalb von seinem Gönner Leo X. mit der Bischofswürde bekleidet. Spanier waren als Sänger sehr beliebt in der päpstlichen Kapelle. Unter den einheimischen Mitgliedern daselbst wird **Costanzo Festa** als der erste bedeutende Componist und Vorläufer Palestrina's genannt.

Die bisherige Darstellung, die Besprechung der Thätigkeit der Tonsetzer, hat Sie errathen lassen, welches die Mittel waren, die denselben zu Gebote standen. Ich erwähnte schon früher, wie der einstimmige, weltliche Gesang von den Arbeiten der Contrapunctisten streng geschieden war. Es leuchtet ein, dass der erstere um so mehr zurücktrat, je mehr die Kunst der Letzteren zu höherer Reife sich entwickelte. Es gab jetzt allein mehrstimmigen Gesang. Instrumente kannte man zwar schon in grosser Zahl; an eine eigentliche kunstmässige und selbstständige Instrumentalmusik war aber bis jetzt noch nicht entfernt zu denken, höchstens wurden zur Verstärkung oder Unterstützung des Chores Zinken, Posaunen und allenfalls Trompeten angewendet, welche mit den Stimmen *unisono* gingen. Die Geige und die Leier waren den Händen der wandernden Musikanten überlassen, und eben so wenig wie diese geachtet; man berief sie, damit sie zum Tanze aufspielten. Die Orgel ist als das einzige in der allgemeinen Achtung höher gestellte Instrument zu bezeichnen. Die Instrumentisten waren von den eigentlichen wissenschaftlich erzogenen Musikern, d. h. den Sängern, gänzlich geschieden und bildeten eine eigene Zunft unter dem Namen von Stadtpfeifern, Kunstpfeifern oder Thürmern. Diese hatten auch ihre eigene Art, für ihre Instrumente zu notiren, die sogenannte deutsche Tabulatur. Das Clavier erscheint allein für den häuslichen Gebrauch, die Harfe war zur Zeit noch kaum genannt. Hin und wieder thaten sich aber doch schon Virtuosen auf einzelnen Instrumenten hervor, so der blinde **Conrad Paumann** aus Nürnberg, der im Jahre 1473 starb.

Ich habe schon bemerkt, dass eine ausführlichere Darstellung dieser Vorgeschichte nicht in meinem Plane liegt; es kommt lediglich darauf an, Ihnen die Hauptpuncte zu bezeichnen. Aus diesem Grunde beschränke ich mich auf Erwähnung der wichtigsten Künstler, welche als Repräsentanten zu betrachten sind, ohne die Erzählung mit einer überflüssigen Menge von Namen zu belasten. Jetzt sind noch zwei

Männer zu nennen, mit denen ich die Besprechung des gegenwärtigen Abschnitts beschliesse.

Unter den Niederländern, welche, theils berufen, theils um ihr Glück in Italien zu machen, dort einwanderten, war auch **Hadrian Willaert**, 1480 zu Brügge geboren. Als junger Mann von etwa 26 Jahren schon im Heimathlande berühmt, kam er um das Jahr 1516 nach Rom. Dort in der päpstlichen Kapelle wurde eine Motette seiner Composition, die in grossem Ansehen stand, aber den Namen Josquin's trug, gesungen. Als er sein Recht auf dieses Werk geltend machte, beleidigte er damit die Sänger, die als genaue Kenner Josquin's doch augenscheinlich getäuscht waren, so sehr, dass die Motette von dem Augenblicke an zurückgelegt wurde und Willaert's Glück in Rom verscherzt war. Er wendete sich in Folge davon nach Venedig, wo er schon im Jahre 1527 die Stelle eines Kapellmeisters am Dom des heiligen Marcus, eine Stelle, die in der Folge als eine Art von musikalischer Grosswürde galt, erhielt. Hier, in Venedig, erlangte Willaert sehr nachhaltigen Einfluss; er wurde der Stifter der nachmals sehr bedeutenden und berühmten venetianischen Schule, die im Laufe der nachfolgenden Jahrhunderte eine grosse Zahl vorzüglicher Componisten gebildet hat, und namentlich auch für uns von Interesse ist, da sie einen lebendigen Einfluss auf deutsche Kunst äusserte. Er starb am 7. December 1562. Willaert war der Erste, soviel man weiss, der für eine grössere Anzahl von Stimmen, als bisher gewöhnlich war, für sechs und sieben, componirte; auch wird er als der Erfinder der Composition für zwei und drei Chöre bezeichnet, eine Satzweise, die durch die grossartige Wirkung, welche sie hervorzurufen im Stande ist, mit Recht bald Nachahmung fand. Ebenso ist Willaert der eigentliche Schöpfer des Madrigals, jener musikalischen Form, die in den nächsten Jahrhunderten die ausgebreitetste Herrschaft erlangen sollte.

In Allem, was zur Vorschule der höheren Tonkunst gerechnet werden kann, gingen die sämmtlichen gebildeten Nationen Europas Hand in Hand. Später zeigte sich bei den verschiedenen Völkern eine stets wachsende lebendigere Betheiligung. Ueberall wurde indess immer noch im niederländischen Stile gearbeitet, und nationale Eigenthümlichkeit bemerken wir noch an keinem Orte. Nun endlich theilt sich der Hauptstrom; und es wird nöthig, denselben in seinen verschiedenen Wendungen zu verfolgen; jetzt endlich beginnen auch andere Länder den Faden der Entwicklung aufzunehmen. In den Niederlanden, in Frankreich, Deutschland und Italien waren zwar auch zu dieser Zeit immer noch niederländische Musiker in fast unglaublicher Anzahl in

Thätigkeit; aber der Einfluss derselben wurde schwächer, je mehr die verschiedenen Völker ein eigenthümliches musikalisches Leben entfalteten. Als Sänger der päpstlichen Kapelle lebte um 1540 in Rom der Spanier **Cristofano Morales**, geb. zu Sevilla, berühmt als Componist. In Frankreich traten Compositeurs auf, deren Werke durch die seit 1530 eröffneten Druckereien von Paris und Lyon verbreitet wurden. In Deutschland rief die kirchliche Reformation Schöpfungen hervor, die, einer neueren Geistesrichtung angehörig, für die Tonkunst eine neue Welt eröffneten. **Johann Walther** und **Ludwig Senfl** werden hier später noch zu besprechen sein. Auch **Palestrina**, durch welchen die italienische Kirchenmusik zu classischer Höhe geführt wurde, fällt in diese Zeit.

Bevor ich jetzt die Weiterbildung der Tonkunst in den einzelnen Ländern verfolge, will ich zuvor, wenn auch der Zeit etwas vorgreifend, die Periode der Niederländer zum Abschluss bringen. Noch einen Meister haben die Niederlande hervorgebracht, der, wohl der grösste und hervorragendste von allen, das bis dahin Geleistete zusammenfasste, der diese Richtung, soweit es auf dieser Stufe überhaupt möglich war, zur Vollendung führte. Es ist dies **Orlandus de Lassus**, **Roland Lassus**, in Italien **Orlando Lasso**, in Frankreich **Roland Lassé** genannt, aus Mons im Hennegau, geb. 1520. Sein ursprünglicher niederländischer Name war Roland de Lattre; als aber sein Vater, der Falschmünzerei überwiesen, zu der Ehrenstrafe verurtheilt wurde, mit einer Reihe falscher Münzen um den Hals drei Mal um das Hochgericht zu gehen, änderte er seinen ursprünglichen Namen, verliess sein Vaterland und ging nach Italien. In seinem 18. Jahre kam er nach Neapel und verweilte daselbst zwei Jahre. Im Jahre 1541 wurde er von dem Cardinal-Erzbischof von Florenz, der sich eben in Rom befand, sehr wohlwollend aufgenommen und erhielt die Kapellmeisterstelle am Lateran, die er aber nur sechs Monate verwaltete, weil er, um seine todkranken Eltern noch ein Mal zu sehen, schnell in sein Vaterland zurückeilte. Bei seiner Ankunft diese jedoch nicht mehr am Leben findend, blieb er in seinem Vaterlande nicht lange, ging nach England, dann nach Frankreich, und liess sich zuletzt in Antwerpen nieder. Hier lebte er im Umgange mit den ausgezeichnetsten, gelehrtesten und vornehmsten Männern, von Allen seines grossen Talentes, wie seines offenen Charakters wegen aufs Höchste geehrt und geliebt. Im Jahre 1557 erhielt er von Herzog Albert V. einen Ruf nach München, als Leiter der dortigen berühmten Kapelle, zugleich mit dem Auftrage, die vorzüglichsten niederländischen Musiker zu werben und mitzubringen. Im Jahre 1562 trat Lassus in seine Stellung in München ein; hier, an der Hauptstätte seiner Wirksamkeit, gewann er bald ein bedeutendes Ansehen, einen Ruhm, der sich allmählich über die ganze civilisirte Welt verbreitete, und einen bedeutenden Einfluss auf die Ausbildung deutscher Musik. Wie der bald näher zu besprechende Palestrina von den Italienern der Fürst der Musik genannt wurde, so Lassus von den Niederländern und Deutschen. Die Auszeichnungen, die ihm zu Theil wurden, waren zahlreich. Der König von Frankreich ernannte ihn zum Maltheserritter, der deutsche Kaiser Maximilian hatte ihm früher schon den Reichsadel verliehen; der Papst ernannte ihn zum Ritter vom goldnen Sporn; das sehr schmeichelhafte Wortspiel: *Hic ille est Lassus, lassum qui recreat orbem* (das ist der Lassus, der die lasse, die müde Welt erquickt) zeigt eine auf ihn geprägte Denkmünze. Auch in Paris verweilte er eine Zeit lang. Einem späteren Rufe Carl's IX. folgend, unternahm Lassus eine zweite Reise nach Paris, erfuhr aber auf dem Wege den schnell erfolgten Tod des Königs und kehrte deshalb nach München zurück, wo er am 15. Juni 1594 als ein Mann von europäischem Rufe starb. Dort in München befinden sich auch seine gesammelten, grossentheils noch nicht veröffentlichten Werke, zusammen, wie erzählt wird, 2337 Compositionen enthaltend. Lassus wird geschildert als ein schlichter deutscher Mann, der die schmeichelhaften Aeusserungen der Grossen und seinen Ruhm durch ganz Europa in bescheidener Zurückgezogenheit nicht sowohl genossen, als vielmehr getragen habe. Seine Werke sind ihren Texten und der Bestimmung eines jeden gemäss sehr mannigfaltig und so verschieden in der Schreibart, als dies damals möglich war. Diese Vielseitigkeit, diese grössere Mannigfaltigkeit des Ausdrucks hat Lassus, wie es scheint, vor seinen Vorgängern voraus; sie ist Resultat der schon gereifteren Kunst und der günstigeren äusseren Bedingungen. Ganz sich frei zu machen von den einst angestaunten Künsteleien seiner Väter vermochte jedoch auch dieser letzte Meister nicht, von jener schwerfälligen, oft ausdruckslosen Trockenheit, und in das Reich der schönen Kunst selbst einzutreten, war ihm nicht beschieden. Obschon er der Zeit nach der nächstfolgenden Periode angehört, wurzelt er doch geistig in der vorangegangenen. Die Zeit der Niederländer ist die Morgendämmerung der Tonkunst: das aufgehende Licht wird geahnt; in einzelnen Erscheinungen ist es wahrnehmbar, aber über die Dämmerung hinaus ist man nicht gekommen. Lassus beschloss die Epoche der Niederländer, die in einem Zeitraum von 200 Jahren der Welt wohl an 300 Tonsetzer geliefert hatte. Die Musik, durch dieses Volk in ganz Europa verbreitet, begann jetzt, namentlich in Italien und Deutschland, eine einheimische Kunst zu werden, und wie einst die Niederlande, so sendete Italien bald nun schon seine Söhne in alle kunstliebenden Länder aus, und errang jene Oberherrschaft, die es bis weit herein in das vorige Jahrhundert behauptet hat. Bei verminderter Nachfrage nach niederländischen Tonkünstlern verminderte sich der Antrieb, sich einer Kunst zu widmen, welche nicht mehr wie sonst Ruhm und Reichthum im Auslande versprach. Die Niederländer hatten ihre geschichtliche Bestimmung erfüllt und treten nun für immer zurück von dem Schauplatz.)

Hiermit ist die Vorgeschichte unserer Kunst, sind die Lehr- und Wanderjahre derselben beschlossen, und ich bin auf dem Puncte angelangt, wo ich Ihnen die Eintheilung des gesammten Stoffes vorlegen kann. Ueberblicken Sie den bisher durchlaufenen Zeitraum, so bemerken Sie drei Hauptentwicklungsstufen, drei Hauptabschnitte, in die sich derselbe zerlegt: \der erste wird gebildet dadurch, dass für die Tonkunst durch das Christenthum überhaupt ein geeigneter Boden gewonnen ist; wir erblicken die ersten Anfänge der neuen Musik und den ersten Schritt zu ihrer Regelung durch Aufstellung von Tonleitern; die zweite, höhere Stufe beginnt da, wo die Haupteigenthümlichkeit des Neuen, wenn auch noch in rohester Gestalt, wo die ersten harmonischen Versuche hervortreten; durch diesen Schritt sind zugleich eine Menge anderer bedingt, welche als nothwendige Folge dieses ersteren erscheinen; /der dritte Abschnitt wird ausgefüllt durch die Epoche der Niederländer, durch die erste gelungene praktische Anwendung des bis dahin durch theoretische Untersuchungen Gewonnenen.) Hiermit schliesst, wie bemerkt, die Vorgeschichte unserer Kunst, die erste grosse Hauptperiode, und wir betreten die zweite, welche die Meisterjahre, die classische Zeit der Tonkunst, die Geschichte der Musik bis auf unsere Tage enthält.

Bevor ich mich jedoch zu der Darstellung der nun folgenden wichtigen Thatsachen wende, ist es nothwendig, diesen Eintritt der Tonkunst in das Leben, diesen ersten grossen Aufschwung, von dem an sich die Herrschaft derselben datirt, unter allgemeinen Gesichtspuncten zu betrachten, an diesem Wendepuncte eine umfassende Orientirung über den zurückgelegten Weg sowol, wie über den noch bevorstehenden eintreten zu lassen. Ich muss etwas weit ausholen; ich muss Einiges aus der Philosophie der Geschichte entlehnen, sowie aus der allgemeinen Aesthetik; die Resultate dieser Betrachtung aber sind wichtig, sie bezeichnen uns die weltgeschichtliche Stellung der Tonkunst, ihr Verhältniss zu den Schwesterkünsten, sowie die geistige und culturgeschichtliche Bedeutung derselben.

Die Entwicklung des Menschengeschlechts zeigt uns das interessante Schauspiel der Befreiung des Geistes aus den Banden des Natürlichen, welche ihn anfangs fesselten; sie zeigt uns die Erhebung des menschlichen Bewusstseins aus seiner frühesten Versunkenheit in das Natürliche zur Existenz des Geistes in Geistesgestalt. Wir haben bei dieser Entwicklung die Anschauung, wie der Mensch sich aus den thierischen Zuständen, mit welchen seine Geschichte beginnt, mehr und mehr herausarbeitet und sich als Mensch erfassen lernt, und erblicken in diesem Fortgange ein rastloses Weiterschreiten von dem Unvollkommnen zum mehr Vollkommenen, so dass Diejenigen irren, welche meinen, dass die Geschichte, wie die Natur, in einförmigem Kreislauf sich drehe. Die Geschichte ist ein prachtvoller, zum Himmel emporstrebender Bau, dem die weltgeschichtlichen Völker und die grossen Individuen als Bausteine dienen, ein Bau, welchen jedes später folgende, bei dem Fortschritt betheiligte Volk höher emporthürmt.

Der Orient ist der Anfangspunct dieser Entwicklung, der Sonnenaufgang der Geschichte; der Orient eröffnet diese grosse Gallerie der Völker und Individuen. Hier ist es, wo das Bewusstsein, anfangs noch ganz von dem Natürlichen gefesselt, in den Staaten höherer Gestaltung aus dieser Versunkenheit sich emporzuarbeiten und einer höheren geistigen Existenz zuzustreben beginnt. Aegypten wird von der modernen Wissenschaft als dasjenige Land in der frühesten Entwicklung der Geschichte bezeichnet, welches am entschiedensten das Erwachen zu selbstständiger Geistigkeit, das Hinarbeiten zum menschlichen Bewusstsein, das Herausarbeiten aus den thierischen Sympathien zur Erscheinung bringt. Die Sphinx kommt von Aegypten nach Griechenland und giebt dort das bekannte Räthsel auf, dessen Lösung der Mensch ist; sie stürzt sich ins Meer, als Oedipus dasselbe deutet; das Geheimniss, welches sie bewahrte, ist offenbar, der Höhepunct ihres Bewusstseins ist Gemeingut geworden, und ihre besondere Existenz ist vernichtet. In Griechenlands schönen Tagen leuchtet zum ersten Male der helle Tag eines rein menschlichen Bewusstseins; hier beginnt die höhere Geschichte des Menschengeschlechts; die Vorstufen sind überwunden, und die geistige Arbeit nimmt ihren Anfang. So sehr aber auch der Geist mit der ganzen jugendlichen Klarheit und Energie sich zu erfassen, so sehr er sich frei auf sich selbst zu stellen vermochte, die tiefste Einkehr in das Innere, die tiefste Selbsterfassung war jener Stufe des Bewusstseins noch nicht gegeben. Oedipus tödtet, ohne dass er es weiss, seinen Vater, und heirathet, mit seiner Abstammung unbekannt, gleichfalls ohne Vorwissen, seine Mutter. Noch in der Darstellung des Sophokles, auf der Stufe der höchsten Cultur Griechenlands demnach, erachtet er sich dieser Verbrechen schuldig: was dieser Mensch Oedipus in seiner sinnlichen Erscheinung begangen hat, dafür glaubt er einstehen zu müssen, ohne dass sein Bewusstsein davon Etwas weiss; was nach christlichen Begriffen ihm nicht zugerechnet werden könnte, das lastet auf ihm mit solcher Schwere, dass es seine Existenz vernichtet. Erst das Christenthum hat den Geist in solche Tiefen hinabgeführt, dass er sich rein als solcher erfassen konnte; erst hier ist dieser innerste Mittelpunct erschlossen; erst im Christenthum erkennt sich derselbe als der Herr der Welt, als die Macht, welche alles Natürliche bezwingt. „Gott ist ein Geist, und die ihn anbeten, müssen ihn im Geist und in der Wahrheit anbeten"; und weiter: „Selig sind, die reines Herzens sind". Durch die Reinheit des Herzens, durch die Ausscheidung alles Natürlichen wird diese Erhebung bewirkt; das menschliche Innere ist an die Spitze gestellt, die Fülle des Geistes ist aufgeschlossen; die Versöhnung mit Gott durch die Reinheit des Herzens, die Lösung aller Widersprüche im Geiste, das Princip für die gesammte nachfolgende Geistesentwicklung ist gegeben. Das Christenthum ist der grosse Wendepunct in der Geschichte; bis zu ihm hin erstreckt sich dieselbe, von ihm aus beginnt sie. In Kampf tretend indess mit der heidnischen Welt, Wurzel fassend zunächst in Ländern, welche, wie Griechenland, den Geist nur erst in seiner unmittelbaren Einheit mit dem Natürlichen zur Erscheinung zu bringen vermochten, konnte es noch nicht sogleich in seiner ganzen Grösse und Reinheit zur Geltung gelangen. Auch es zeigt sich anfangs mit Sinnlichem behaftet, und im weiteren Verlauf der Jahrhunderte des Mittelalters erscheint in Folge davon, statt einer überwiegend geistigen Welt, die Innerlichkeit des christlichen Princips im Katholicismus wieder nach aussen gewendet und verweltlicht. Der nächste weltgeschichtliche Schritt war die durch den Protestantismus gewonnene Vertiefung, und durch ihn sehen wir jetzt die reiche Geisteswelt in Philosophie, Poesie und Kunst hervorgerufen, welche die letzten Jahrhunderte verherrlicht hat. Die tiefste Einkehr des Geistes in sich selbst, im Hinblick auf die gesammte vorausgegangene Entwicklung, ist hier erreicht, ein Ziel, worauf die Bewegung der Geschichte von Anbeginn hinarbeitete.

Dem entsprechend gestaltet sich der Fortgang in den Künsten. Auch die Künste zeigen in ihrer geschichtlichen Folge den Fortschritt vom Aeusseren zum Inneren, von schwerer, Raum erfüllender Materie, vom Uebergewicht des Aeusseren zum Hinabsteigen in die Tiefen des Geistes, der dadurch immer mehr in der ihm angemessenen Gestalt erscheint. So wie zwar nur ein Inhalt die Natur in ihrer unendlichen Mannigfaltigkeit durchdringt, so wie die Natur in ihrem tiefsten Grunde nur als der verschieden gestaltete Ausdruck eines Lebensprincips zu fassen ist, so ist es auch nur ein Geist, ein Inhalt, der in den verschiedenen Künsten seine äussere Erscheinung findet. So wie jedoch die verschiedenen Reiche der Natur bald mehr bald weniger vollkommene Offenbarungsstufen des einen Geistes sind, bald mehr bald weniger geeignet erscheinen, das Ganze des Weltinhalts zur Erscheinung zu bringen, so sind auch die verschiedenen Künste bald mehr bald minder angemessene Ausdrucksweisen für die Unendlichkeit des Geistes. Diese Angemessenheit der künstlerischen Ausdrucksmittel dafür, die grössere oder geringere Fähigkeit der einzelnen Künste, diese Unendlichkeit zur Erscheinung zu bringen, ihre grössere oder geringere Unfähigkeit, die Totalität des Geistes darzustellen, bestimmt die Rangordnung derselben. Diejenige Kunst ist die höchste, umfassendste, welche den Geist in entsprechendster Weise zur Erscheinung zu bringen vermag, deren Material ihn in seiner ganzen Fülle aufzunehmen fähig ist, diejenige die niedrigste, die dies am wenigsten erreicht und noch am meisten mit dem Materiellen zu kämpfen hat. Die Poesie ist die höchste, die Baukunst die niedrigste Kunst, denn hier ist der Geist noch in die Materie versenkt, dort erscheint die Materie verflüchtigt, und in den Geist aufgenommen. Sculptur, Malerei und Musik liegen zwischen den genannten beiden Endpuncten und bilden die Vermittlung derselben. Der Baukunst am nächsten steht die Sculptur, an diese schliesst sich die Malerei, an diese die Musik, und das Ganze krönt und vollendet die Poesie als die höchste, allumfassende Kunst, die universelle, welche die Eigenthümlichkeit der anderen Künste, soweit es ihr Material gestattet, in sich aufnimmt, die Darstellung der Stimmungen des Herzens mit der Musik gemeinschaftlich hat, und in ihren Schilderungen die plastische Anschaulichkeit der bildenden Kunst zu erreichen bemüht ist.

Baukunst und Sculptur kämpfen noch mit der schweren, Raum erfüllenden Materie. Hierzu kommt, dass das Werk der Baukunst noch nicht vollständig in sich abgeschlossen erscheint, da es, auf ein Anderes, ausser ihm Befindliches hinweisend, noch nicht sich selbst Zweck ist. Der Tempel bezeichnet, so zu sagen, nur erst die Wohnung der Gottheit, er ist nicht an sich selbst schon die Erscheinung des Göttlichen. Als bürgerliche Baukunst aber dient dieselbe noch endlichen Zwecken und hängt mit dem gemeinen Leben zusammen. Umfassender ist das Material der Sculptur, fähiger für die Darstellung der Totalität des Geistes; die Kunst erwacht in ihr zu grösserer individueller Lebendigkeit; das Werk der Sculptur ist ein in sich abgeschlossenes Ganzes, sich selbst Zweck, und das Unorganische, Elementarische der Baukunst ist verschwunden; die menschliche Gestalt ist der nächste Ausdruck des Geistes. Aber es fehlt der Bildhauerkunst der belebte Blick, der Blitz des Auges, und somit Dasjenige, was auf sinnlichem Gebiet den Geist am Angemessensten zur Erscheinung zu bringen vermag. Der Mangel des Blicks ist hier nur darum kein Mangel, weil — auf der Stufe wenigstens, welche diese Kunst bei den Griechen einnahm — aller Ausdruck noch in die Gesammtheit des Körpers gelegt, und das Antlitz mit diesem ebenmässig behandelt, nicht aber einseitig bevorzugt und allein zum Organ des Ausdrucks gemacht ist. Aus diesem Grunde ist auch der nackte menschliche Körper der wichtigste Gegenstand aller Darstellungen in dieser Kunst. Die Malerei beschränkt sich auf die Fläche, indem sie den Schein der räumlichen Ausdehnung nach allen Seiten an die Stelle der wirklichen vollen Raumerfüllung setzt. Das Materielle ist schon zum Theil verflüchtigt, und der Geist hat Existenz in einer ihm entsprechenderen Sphäre gewonnen. So verschwindet auch das Nackte insoweit, dass es nur noch ein Gegenstand neben anderen ist, ohne dass der Accent ausschliesslich darauf ruht. Aber der Geist ist dessenungeachtet noch an das Materielle gebunden. So Bedeutendes das Auge zu offenbaren vermag, immer ist es ein rein sinnliches Ausdrucksmittel, und in der Kunst wenigstens unvermögend, die Fülle der Regungen des Herzens und seine wechselnden Stimmungen zur Darstellung zu bringen. Die Malerei ist zwar im Stande, das innere Leben desselben, die Stimmungen und Leidenschaften, die Situationen der Seele in Gestalten, Physiognomien und Blick auszudrücken, es sind aber doch immer überwiegend nur die mächtiger und deutlicher hervortretenden, den gesammten Charakter des Individuums bestimmenden Eigenschaften, welche sie zur Darstellung bringt, nicht die mehr im Inneren verschlossenen, zarteren, leichter vorüberschwebenden Regungen. Es giebt Empfindungen und Zustände, welche sich im Aeusseren des Menschen gar nicht ausprägen, und für diese hat dann die Malerei kein Organ. Diese tiefsten, verborgensten Regungen darzustellen, ist ganz eigentlich die Aufgabe der Tonkunst. Sie hat das Material gefunden, welches die Tiefen der Seele unmittelbar zum Ausdruck bringen kann. Dies ist die Hoheit, die Grösse der Musik, dieser Kunst der Seele, worin sie von keiner anderen erreicht wird. Dass sie jedoch, und insbesondere die reine Instrumentalmusik, nicht vermag, ihren Inhalt zur Deutlichkeit der Vorstellung herauszuarbeiten, dass sie den Geist nur erst in Stimmungen der Seele erscheinen lässt, ist als ihre Beschränktheit, als ihr Hauptmangel zu bezeichnen, und sie muss darum den Preis, die höchste Stufe des Kunstgebiets, der Poesie überlassen, welche, universeller, die Tiefe der Empfindung und die Klarheit des Gedankens zu einen, den Geist am vollständigsten zu offenbaren vermag. In der Poesie ist das Aeussere, Sinnliche gänzlich verflüchtigt; der Schall des Wortes ist nicht mehr unmittelbarer Ausdruck des Geistes, wie in der Tonkunst der Ton, sondern erscheint herabgesetzt zu einer willkürlichen Bezeichnung für einen darin verborgenen Inhalt.

Es erhellt aus dem Gesagten, wie jede Kunst eine hervorstechende Eigenthümlichkeit besitzt, in der sie alle übrigen übertrifft, wie sie aber auch eben so sehr der nächstfolgenden stets den Preis überlassen muss; diese büsst die Vorzüge der vorangegangenen zum Theil ein, entschädigt aber dafür wieder durch neue, bisher nicht gekannte Eigenschaften. Wenn wir daher sehen, wie die verschiedenen Künstler, Musiker und Dichter, Maler und Bildhauer, oft gemeint sind, die Kunst, die sie speciell vertreten, an die Spitze aller übrigen zu stellen, so wie die Künstler im Allgemeinen wieder gern sich als Herrscher im Reiche des Geistes überhaupt betrachten, und eine Neben- oder wol gar Unterordnung im Verhältniss zur Wissenschaft nicht gern dulden, so ist das ein verzeihlicher Irrthum, den wir überall da sehen, wo die Vertiefung in eine Specialität den Blick für das Allgemeine trübt. So sehr aber auch dem oben Dargestellten zufolge die Grenzen der einzelnen Künste in einander verlaufen, und diese Manches gemeinschaftlich besitzen, so scheiden sich doch auf diese Weise die Kunstgebiete, und es ist darum hier der Ort, wenigstens was Musik und die Nachbarkünste betrifft, im Vorübergehen die Grenzen noch etwas genauer anzudeuten.

Die Malerei hat nicht mehr die Aufgabe der Plastik, fast ausschliesslich die menschliche Gestalt sich zum Vorwurf zu wählen, und den Geist so weit darzustellen, als er in diese einzudringen fähig ist. Sie geht über die Schranken des Körpers hinaus, indem sie ihren Ausdruck hauptsächlich im Gesicht concentrirt und die übrigen Körpertheile als untergeordnete hinstellt. Das Nackte tritt darum zurück, dem Gesichtsausdruck, sowie überhaupt einer complicirten Composition weichend. Im Vergleich mit der Musik aber ist sie auf einen engeren Kreis von Regungen der Seele beschränkt, und es entgeht ihr das flüchtig Verschwebende, es entgehen ihr alle zarteren Bewegungen des Inneren. Beide indess begegnen sich in der Darstellung von Stimmungen. Die Musik lässt dieselben unmittelbar erklingen, die Malerei bemächtigt sich äusserer Gegenstände, um dieselben dadurch zur Anschauung zu bringen. Jene geräth auf einen Abweg, wenn sie den Boden ihrer Innerlichkeit verlässt, und, soweit sie es vermag, durch ausschliessliche Nachbildung von Aeusserlichkeiten, durch sogenannte Malerei, die Stimmung in uns hervorrufen will; diese überschreitet ihre Grenzen und nähert sich der Musik, wenn sie zur Darstellung wählt, was nicht in dieser wirklich aufgeht, sondern, darüber hinaus liegend, mehr nur geahnt und errathen werden kann. Die Malerei irrt, wenn sie sich, statt im Bilde Alles zu concentriren, in Stimmungen verläuft, welche die scharfen Umrisse der Gestalten verschwimmen lassen; die Musik geht fehl, wenn sie die Objectivität der Malerei erreichen, durch getreue Nachbildung von Aeusserlichkeiten allein das Innere wecken will. Ein Orgelspieler in grossartiger Kirche bei abendlicher Beleuchtung gemalt, — ich sah ein solches Bild — kann uns wol errathen lassen, um was es sich handelt, aber das Gemälde weist über sich hinaus auf Etwas, das ausserhalb seiner Grenzen liegt, vorausgesetzt, dass dasselbe nicht blos Architekturstück sein soll, und der Orgelspieler allein eine nicht glücklich gewählte Staffage zu bilden bestimmt ist. So schweifen manche Gemälde der Düsseldorfer Schule ebenfalls über diese Grenze hinaus, bringen uns Stimmungen zur Anschauung, für welche das Dargestellte nur eine Andeutung ist, und es scheint hier das erste Grundgesetz übersehen, dass das, was die Malerei malt, wirklich auch in ihr Bereich eingehe. Die Musik geht fehl, wenn sie Natureindrücke, Sichtbares und Hörbares, äusserlich allein nachbilden will, statt dieselben in den Brennpunct der künstlerischen Empfindung zusammenzufassen, und nur das auszusprechen, was durch jene Eindrücke innerlich geweckt wurde. Sie vermag dies zwar auf keine andere Weise, als indem sie die äussere Erscheinung nachbildet; der grosse Unterschied aber ist, ob dies auf nur äusserliche Weise geschieht, ob der Künstler mit den Augen des Naturforschers, mit dem Verstande, beobachtet, oder ob durch das Nachgebildete die Stimmung durchklingt, d. h. ob der Künstler künstlerisch, mit der Phantasie, seinen Gegenstand erfasst hat.

Wichtiger gestaltet sich das Verhältniss der Musik zur Poesie und das Ineinanderschweifen beider Gebiete; wir bemerken überhaupt weit mehr ein Vorwärtsgreifen der einen Kunst in die nächstfolgende, als einen Rückgang derselben; so schweift die Malerei in Musik, diese in die Poesie hinüber, seltener aber diese in jene, oder die Musik in die Malerei.

Die Poesie hat mit der Tonkunst, wie diese mit der Malerei, das

Reich der Stimmungen gemeinschaftlich; während aber die Musik darauf beschränkt ist, geht jene, die Einheit der Stimmung überschreitend, fort zu grösseren Gegensätzen, die sie durch das Band des Gedankens zu verbinden vermag, fort zur Deutlichkeit der Vorstellung und zu schärfster Bestimmtheit des Ausdrucks. Die Musik unternimmt, wie uns einzelne misslungene Beispiele der neueren Instrumentalmusik lehren, einen vergeblichen Flug, wenn sie die Poesie in dieser Deutlichkeit erreichen, wenn sie den Ausdruck zu solcher Bestimmtheit fortführen will, das unmittelbar in Worte zu übersetzen, was sie meint; sie giebt damit gerade ihre grösste Eigenthümlichkeit, das Unsagbare auszusprechen, auf. Andererseits freilich vermag dieselbe ihre Grenzen viel weiter auszudehnen, als die Beschränktheit einsehen und zugestehen will. Zwar ist sie nicht im Stande, zu Gegensätzen fortzuschreiten, welche in der Poesie nur noch durch die wirkliche Einheit des Gedankens ihre Versöhnung finden. Auch darf die Musik nicht zu solchen losgerissenen Besonderheiten, welche das Band einheitlicher Stimmung nicht umschlingen kann, sich steigern, wenn sie nicht sich selbst untreu werden will. Wurzelnd in der Empfindung, vermag sie im Allgemeinen nur bis an die Grenzen dieses Reiches vorzuschreiten; will sie mit dem Wort an Bestimmtheit wetteifern, so verlässt sie ihren Boden, so bringt sie lauter Besonderheiten, besondere Seelenzustände zur Darstellung, für welche die Einheit nicht mehr in der Grundstimmung, sondern in dem darüber schwebenden, musikalisch nicht dargestellten, abstracten Gedanken liegt, und die Harmonie des Kunstwerks ist zerrissen. Beispiele aus der neuesten Kunstentwickelung aber haben uns gelehrt, dass trotz der Annäherung an den Gedanken, selbst den abstracten, diese Einheit der Stimmung sich bewahren lässt, dass eine solche nicht blos durch das ausschliessliche Verweilen in der Region der Empfindung, sondern durch die Totalität des Geistes herzustellen ist.

Es bleibt mir noch übrig, die beiden Betrachtungsreihen, welche ich bisher getrennt verfolgte, zusammenzufassen.

Der Entwicklung des allgemeinen Geistes in der Geschichte und der soeben bezeichneten Eigenthümlichkeit der einzelnen Künste entspricht die geschichtliche Aufeinanderfolge derselben, die abwechselnde Erhebung derselben zu Trägerinnen des Zeitbewusstseins. Der Orient, diese noch in das Natürliche versenkte Welt, beginnt mit der Baukunst. Die Werke derselben sind in das Abenteuerliche verzerrt, oder sie streben ins Ungeheure, ohne das Maass der Schönheit, und die Sculptur, wo sie auftritt, bringt es noch nicht zur reinen menschlichen Gestalt, sondern nur zu einem dämmernden Ahnen, zu Anfängen, die bald, wie in Indien, in das Monströse sich verlieren, bald, wie in Aegypten, mit Thiergestalten verwachsen sind. In classischer Vollendung erscheinen Baukunst und Sculptur zum ersten Male in Griechenland; zum ersten Male tritt, entsprechend der Stufe eines rein menschlichen Bewusstseins, welche jetzt erreicht war, die menschliche Gestalt auf in ihrer Reinheit, und das Thierische, das in Aegypten noch ein Wesentliches war, erscheint zum Attribut der Götter herabgesetzt. Nur weil den Griechen innerlich das Bewusstsein der Menschennatur aufgegangen war, vermochten sie entsprechende äussere Gebilde hinzustellen; denn der Mensch vermag nur das in der ihn umgebenden Welt wahrzunehmen, wofür das geistige Verständniss schon erwacht ist, während alles Andere, obschon wahrnehmbar, nicht in sein Bewusstsein fällt. Für das Christenthum genügten diese Künste nicht mehr; das Christenthum forderte ein höheres Material zum Ausdruck für seinen Inhalt. Die Malerei übernahm zunächst die Offenbarung des fortgeschrittenen Geistes. Geistiger als die Sculptur und zugleich noch sinnlich genug, um einerseits dem noch mit Sinnlichem behafteten, noch nicht in seiner Reinheit erscheinenden Christenthum, andererseits der noch heidnisch-plastische Elemente in sich tragenden Individualität der Italiener und Griechen Genüge zu leisten, gelangte in ihr der christliche Geist zunächst zum gegenständlichen Bewusstsein seiner selbst. Auch die Baukunst, dem neuen Princip gemäss umgestaltet, feierte eine erneute Blüthe, aber jetzt vergeistigt, so dass das Materielle möglichst verflüchtigt erscheint. Endlich erblicken wir, hervorgerufen durch die gottesdienstlichen Versammlungen der Christen, die ersten Anfänge unserer Musik. Die Kunst, welche dem höher entwickelten Bewusstsein später als höchstes Organ des Ausdrucks dienen sollte, musste hier zugleich, bei den ersten Anfängen veränderter Weltanschauung, ihre erste Entstehung finden.

Die Reformation führte das in der Welt und in leeren Aeusserlichkeiten untergegangene Christenthum zunächst zu seiner ursprünglichen Reinheit zurück; der grosse Schritt aus der Aeusserlichkeit des Katholicismus in die innere Welt des Geistes wurde durch sie vollbracht, und das religiöse Bewusstsein gewann ausserordentlich an Vertiefung. Aber auch im Katholicismus wurde unter der Einwirkung der Reformation eine Erneuerung des religiösen Lebens angestrebt. Die Päpste, wie Julius II. und Leo X., in Sinnlichkeit, weltliche Pracht und Luxus versunken, ergriffen in der zweiten Hälfte des 16. Jahrhunderts in diesem Sinne energische Maassregeln. Diese grossen Bewegungen waren die weltgeschichtliche Geburtsstunde der Tonkunst als höherer Kunst, ihnen verdankt sie ihren Eintritt in das

Leben, und ihre Befreiung von den scholastischen Spitzfindigkeiten der Schule. Jetzt wurde die Musik die herrschende Kunst und dies bis herab auf die Gegenwart, Organ des neuen Geistes, so dass sie in den Jahrhunderten der Neuzeit die künstlerische Spitze des Bewusstseins bildet. Oder genauer — wenn dies den grossen Leistungen auf dem Gebiet der Poesie gegenüber als zuviel gesagt erscheinen sollte: — sie wurde diejenige Kunst, welche, der ausgebreitetsten Sympathie sich erfreuend, das in der Tiefe des Bewusstseins Schlummernde, Allen Gemeinsame, zum Ausdruck brachte.

So gewahren wir die Stufenfolge der Künste, wie sie ihrem inneren Wesen nach sich darstellt, zugleich verwirklicht in der zeitlichen Erscheinung. Die Poesie aber hat auch hier eine eigenthümliche Stellung. Umfassender als alle übrigen Künste und nicht an ein beschränktes Material gebunden, für dessen Handhabung eine besondere Begabung, eine besondere Organisation nothwendig ist, im Gegentheil sich des allen Menschen eigenen Ausdrucksmittels bedienend, begleitet sie, die älteste zugleich und die neueste Kunst, alle Culturzustände, nicht stehend oder fallend mit einer besonderen Epoche, deren Wesen gerade dem ihrigen besonders entsprechend wäre, wie wir das bei den anderen Künsten erblicken, obschon natürlich auch bei ihr Hebungen und Senkungen in der Entwicklung zu unterscheiden sind.

Dritte Vorlesung.

Geschichte der Musik in Italien: Römische Schule. Palestrina. Nanini. Allegri. Vittoria. Baj.

Nachdem wir die Vorgeschichte — ich nannte sie die Lehr- und Wanderjahre — der Tonkunst kennen gelernt haben, treten wir dem ersten Aufschwunge derselben zu classischer Höhe näher. Die Niederlande verschwinden für immer von dem Schauplatz; Italien, Deutschland und Frankreich übernehmen die Weiterentwicklung, und werden bis herab auf die Gegenwart die für Musik bedeutendsten Länder Europas. In England zeigten sich zwar Anfänge einer eigenen Musik, aber die Kunst ist bei diesen Anfängen geblieben, ohne zu einer wirklichen und umfassenden Entwicklung zu gelangen, und es sind deshalb nur vereinzelte Erscheinungen zu nennen. Thomas Tallis und dessen Schüler Bird, Beide Organisten der Königin Elisabeth, sind die wenigen Tonsetzer, die sich um diese Zeit dort ausgezeichnet haben. Was Spanien betrifft, so habe ich schon in der letzten Vorlesung eines hervorragenden Namens erwähnt, eines anderen werde ich nachher gedenken. Es sind in diesem Lande auch nur vereinzelte Erscheinungen, welche die Geschichte zu nennen hat; hierzu kommt noch, dass diese wenigen hervorragenden Tonsetzer in Italien lebten, dort ihre Bildung erhalten hatten, und also geistig einem anderen Boden angehören. Frankreich tritt erst später in die Entwicklung ein, in dem gegenwärtigen Zeitabschnitt erscheint seine Kunst ebenfalls noch sehr unbedeutend.

Deutschland und Italien sind die Länder, welche zunächst — und wir können sogleich hinzufügen: auch für alle Folgezeit — musikalisch gross und bedeutend auftreten.

Jetzt ist es zunächst Italien, mit dessen Geschichte wir uns ausführlicher zu beschäftigen haben.

Ich wies schon in der vorigen Vorlesung auf die grossen weltgeschichtlichen Bewegungen hin, deren Schauplatz das 16. Jahrhundert war: ein lebhafter Drang nach Erneuerung des religiösen Lebens, nach Neugestaltung desselben aus dem Innern heraus, das Bedürfniss, nicht durch Vermittelung blos verstandesmässig erfasster Dogmen (wie im Mittelalter), sondern rein im Geist und unmittelbar mit der Gottheit sich eins zu wissen, machte sich geltend. Auch die kirchliche Tonkunst war von diesen Bewegungen nicht unberührt geblieben, mehr und mehr hatte sie sich im Laufe der Zeit aus den Banden einer verstandesmässigen Künstelei befreit, mehr und mehr sich zur Sprache des unmittelbaren Gefühls erhoben. Aber noch fehlte es an einer entscheidenden That, in welcher der neue Geist schlackenlos und rein zur Erscheinung gekommen wäre, gewissermaassen sich selbst mit Bewusstsein erfasst hätte. Die unter der Einwirkung der Reformation sich vollziehende Restauration des Katholicismus, welche in dem Concil zu Trient äusserlich ihren Abschluss fand, rief diese That ins Leben. Palestrina war der Genius, in welchem der neue Geist wie verklärt aufleuchtete, der Genius, der mit unmittelbarer Gewalt Alles ergriff als der beredte Verkündiger dessen, was in den Herzen seiner Mitwelt lebte und nach Ausdruck gerungen hatte. Die katholische Kirche selbst erkannte auf dem erwähnten Concile Palestrina als den Tonkünstler an, durch welchen ihr religiöses Bewusstsein den vollständig entsprechenden Ausdruck gefunden habe.

Ich muss der näheren Umstände dieser letzteren Thatsache ausführlicher gedenken, da dieselbe wenigstens für das äussere Schicksal der katholischen Kirchenmusik entscheidend gewesen ist.

Auf dem Tridentinischen Concil (im Jahre 1562), in welchem die Katholiken ihre Reformation erblickten, wurden, wie Sie wissen, die definitiven Grundlagen der katholischen Kirche gelegt; das gesammte dogmatische Gebäude des Katholicismus sowohl, wie seine äussere Darstellung im kirchlichen Cultus wurde einer Revision unterzogen, um dann eine endgültige Feststellung zu erhalten. Es war natürlich, dass auch die Musik, als ein integrirender Bestandtheil des Cultus, bei den Verhandlungen zur Sprache kam, und die Frage aufgeworfen wurde, ob sie in ihrem dermaligen Zustande ihrem Zwecke entspräche. Zwei Puncte waren es hauptsächlich, an denen man Anstoss nahm: zunächst die Aufnahme weltlicher Lieder in die kirchlichen Tonwerke. Zur Erläuterung dessen muss ich bemerken, dass die bisherigen Tonsetzer für ihre Messen nicht nur den gregorianischen Kirchengesang, sondern auch Volksmelodien zur Grundlage genommen hatten. Zu diesem ganz gewöhnlichen und allverbreiteten Verfahren mag anfangs die Unfähigkeit der Tonsetzer, im Melodischen ebenso erfinderisch aufzutreten, wie in der contrapunctischen Behandlung, Veranlassung gegeben haben. Es dachte jedoch dabei Niemand an Profanation; Kirchliches und Weltliches war in jener Zeit überhaupt nicht streng geschieden, das Kirchliche war vielmehr das Allumfassende. Die Tonsetzer betrachteten die Volksmelodien in demselben Sinne als rohen Stoff für ihre contrapunctischen Tongewebe, wie die kirchlichen Ritualmotive. Zudem erinnerten die über Volkslieder aufgebauten kirchlichen Compositionen in ihrer ganzen Haltung in Nichts an den weltlichen Ursprung der Themen. Bedenklich konnte höchstens die Benennung der Messen nach den Anfangsworten der weltlichen Lieder sein, durch welche allerdings mitunter höchst wunderliche Contraste zum Vorschein kamen. Es kann nicht befremden, dass die katholische Kirche, in ihren radicalen Reformbestrebungen, in ihrem Eifer, jede Spur des Weltlichen von dem Cultus fernzuhalten, an diesem Puncte als an einem Missbrauche Anstoss nahm und auf Beseitigung desselben drang. — Ein zweiter Punct der gegen die Kirchenmusik erhobenen Anklage betraf die Unverständlichkeit der Textesworte in dem contrapunctischen Geflechte, welche eine eindringliche, unmittelbare Wirkung der heiligen Musik verhindere.

So wurde denn im Hinblick auf diese Uebelstände in der 22. Sitzung von der Kirchenversammlung eine Reinigung der geistlichen Musik beschlossen; sie sei aus der Kirche zu verbannen, kam man überein, sofern sie — sei es im Gesange oder im Orgelspiel — irgend eine Beimischung des Frechen, Unreinen zeige, damit das Haus des Herrn wahrhaft ein Bethaus sein und heissen könne. Dieser Beschluss wurde Mitte September 1562 gefasst. Der Unterricht der Jugend in dem gregorianischen Gesange wurde ausdrücklich verordnet, jede andere Musik aber bei Seite gesetzt. Es war nahe daran, dass die polyphone Musik ganz aus der Kirche verbannt worden wäre. Nur die Schutzreden einiger Mitglieder und eine Vorstellung, welche Kaiser Ferdinand I., ein grosser Musikfreund, durch seinen Gesandten machen liess, die Figuralmusik jener Missbräuche wegen nicht völlig zu verbannen, da sie, recht angewendet, das wirksamste Mittel sein könne, das Gemüth in Andacht zu erheben, milderten die Stimmung der Kirchenversammlung, und es wurde nur verordnet, nähere Erörterungen anzustellen. Dass allen gerügten Mängeln entschieden entgegengetreten werden müsse, darin war man einverstanden. Die Vollstreckung der gefassten Beschlüsse, die nähere Bestimmung war das Geschäft des Papstes. Die Ausführung verschob sich aber bis zum Jahre 1564, weil Pius IV. bis dahin andere, dringendere Sorgen beschäftigt hatten. Am 2. August des Jahres 1564 ernannte derselbe eine Commission von acht Cardinälen, die mit seiner Zustimmung wieder zweien aus ihrer Mitte die weitere Erörterung der Sache übertrugen. Der heil. Carl Borromeo und Vitellozzo Vitellozzi waren diese Beauftragten, die mit acht zu diesem Zweck erwählten Mitgliedern der päpstlichen Kapelle zu einer Berathung sich vereinigten. Die Verständigung über die Ausschliessung von Messen mit profanen Themen verursachte nur geringe Mühe. Grosse Schwierigkeit dagegen fand die Forderung der Cardinäle, dass die heiligen Worte des Gesanges unausgesetzt und deutlich müssten vernommen werden können. Die Sänger bemerkten, dass solche Verständlichkeit nicht immer zu erreichen sei. Das Wesen der harmonischen Musik bestehe in Nachahmungen und Fugen; ihr diese nehmen, wäre so viel, als sie vernichten; bei längeren Sätzen namentlich sei jene Forderung unerreichbar. Wenn die Harmonie der würdigste Schmuck der kirchlichen Feier sei, ohne jene kunstreiche Ausführung und Gestaltung aber nicht bestehen könne, so dürfe auf Verständlichkeit der Worte nicht zu streng gedrungen werden. Man vereinigte sich endlich, einen Versuch zu machen, eine Probe einfach edlen Stils zu veranstalten, einen Componisten zur Ausführung dieser Aufgabe zu veranlassen, um zu erfahren, ob die Forderung wirklich realisirt werden könne. Man wählte hierzu den bereits allgemein gekannten Palestrina und übertrug ihm die Ausführung der Aufgabe.

Giovanni Pierluigi war geboren zu Palestrina, einer kleinen Stadt in der Nähe von Rom, im Jahre 1514*); von diesem seinen Geburtsort hat er den Namen **Palestrina**, mit dem er gewöhnlich bezeichnet wird, erhalten. Die Stadt Palestrina ist das alte Präneste, und wo daher des berühmten Tonsetzers Name ins Lateinische übersetzt vorkommt, heisst er Praenestinus. Pierluigi ist im Deutschen mit einem Wort nicht wiederzugeben. Der Name entspricht dem deutschen: Peter Aloys; daher heisst auch Palestrina im Lateinischen vollständig: **Johannes Petrus Aloysius Praenestinus.**

---

*) Wie Schelle constatirt hat (vergl. Neue Zeitschrift für Musik, Jahrgang 1864, Band 60, Nr. 10, S. 80). Derselbe beweist auch, dass das Leben Palestrina's, wie es uns vorliege, zum grossen Theil in den Kreis der musikalischen Legende gehöre. Sein eigentlicher Familienname sei Sante gewesen. Baini aber habe sich nicht ein einziges Mal die Mühe genommen, das wenige Stunden von Rom entfernte Palestrina zu besuchen und dort Nachforschungen anzustellen. Aus daselbst aufgefundenen Urkunden gehe hervor, dass Palestrina im Jahre 1544 Organist und Kapellmeister an der Kathedrale seiner Geburtsstadt gewesen sei.

Von seinen früheren Lebensumständen ist nur wenig bekannt. Es wird berichtet, dass der Knabe, einstmals von seinen Aeltern nach Rom geschickt, auf der Strasse *Santa Maria Maggiore* hinschlendernd, vor sich hin gesungen habe und von dem Kapellmeister von *Maria Maggiore* zufällig gehört worden sei. Dieser habe ihn, da Stimme und Art zu singen ihm gefallen, in seinen Unterricht genommen. Diese Angabe jedoch, erst 1.$^1/_2$ Jahrhundert später niedergeschrieben, hätte, wie B a i n i sagt, des Beweises sehr vonnöthen. Glaublicher sei es, dass die armen Aeltern P a l e s t r i n a 's, durch die Betrachtung der grossen Vortheile ermuntert, deren sich die Tonkünstler jener Zeit erfreuten, bald zu dem Entschluss gekommen wären, das früh sich entwickelnde Genie dieses Sohnes dem Dienste irgend einer grösseren Kirche zu widmen, um so mehr, als sie dadurch zugleich der Sorge für seine weitere Ausbildung enthoben waren. Nachdem er den ersten Musikunterricht in seiner Vaterstadt erhalten hatte, wurde er 1540 nach Rom geschickt, dort seine weitere Ausbildung zu suchen. Die Schule des Niederländers C l a u d i u s G o u- d i m e l war die berühmteste; ihr wurde Johannes übergeben zugleich mit mehreren Anderen, namentlich dem nachmals im Verein mit ihm wirkenden G i o v a n n i M a r i a N a n i n i, und hier legte er den ersten Grund zu seiner künstlerischen Ausbildung. Schon um das Jahr 1551 finden wir ihn an der durch Papst Julius II. bei der Vaticanischen Basilika von St. P e t e r gestifteten, nach ihrem Begründer die Julische genannten Kapelle in Thätigkeit, anfangs unter dem Titel eines *Magister puerorum*, dann als *Magister capellae*. Hier verheirathete er sich mit einer gewissen Lucretia. Es war dies ein Act, der später sehr entscheidend für die Gestaltung seines Lebens wurde. Hier auch gab er seine ersten Compositionen heraus. Er gewann sich dadurch die Achtung und Gunst des Papstes J u l i u s III., dem sie gewidmet waren, und eine glänzende, freilich nur kurze Zeit dauernde, bald verderbliche Auszeichnung. Der Papst bot ihm eine Stelle unter seinen Sängern an, und P a l e s t r i n a folgte diesem ehrenvollen Rufe, legte sein Kapellmeisteramt bei St. P e t e r nieder und wurde 1555 in seine neue Stellung eingeführt. Allein zwei Monate später starb dieser Papst. Der Nachfolger desselben, M a r c e l l u s, P a l e s t r i n a 's grosser Gönner, eröffnete demselben im Geiste seines Vorgängers Aussicht auf eine noch ehrenvollere, unabhängige, sorgenfreie Stellung. Nichts schien das Glück des Künstlers zu trüben. Schon war ein Band neuer Compositionen dazu bestimmt, dem neuen Herrscher dargebracht zu werden. Allein M a r c e l l u s starb nach einer Regierung von 21 Tagen, bevor die gegebenen Versprechungen für P a l e s t r i n a realisirt waren, und es begann in Folge davon für diesen jetzt eine Epoche kümmerlicher Existenz. Paul IV., der nächste Papst, hatte kaum den päpstlichen Stuhl bestiegen, als er die Deputirten des Sänger-Collegiums zu sich berief und sie fragte, ob alle Vorgänge und Einrichtungen in der Kapelle nach den Beschlüssen und letzten Reformen der Kirchenversammlung stattfänden. Man antwortete mit Ja. Der Papst fragte weiter, ob die Sittenreinheit der geistlichen Sänger wirklich nach den vorhandenen strengen Vorschriften verbürgt werden könne, und bemerkte, er habe gehört, dass einige Sänger im Collegium wären, welche dem geistlichen Stande nicht angehörten. Man antwortete verlegen, es befänden sich allerdings drei verheirathete Mitglieder darunter, aber sie wären auf Lebenszeit angenommen und nach den bestehenden Gesetzen könnten dieselben nur wegen schwerer Vergehungen ausgestossen werden. Unter diesen befand sich Palestrina. Der Papst billigte, was sie sagten, entliess sie mit seinem Segen, und am 30. Juli 1555 erschien die Verordnung, dass die drei verheiratheten Mitglieder, welche zum Skandal des Gottesdienstes und der Kirchengesetze in der Kapelle lebten, ausgestossen werden sollten. Palestrina, mit Familie belastet, verfiel, als er diese Nachricht, die ihn auf monatlich 6 Scudi beschränkte, erhielt, in eine schwere, länger als zwei Monate dauernde Krankheit. Doch das Glück wollte ihm wohl. Die Kapellmeisterstelle an der Lateranensischen Hofkirche war eben offen. Palestrina erhielt von dem Domherrn dieser Kirche eine Einladung, dieselbe anzunehmen. Er folgte dem Rufe, obschon kärglich besoldet, und trat den 1. October 1555 ein. In dieser Stellung weilte er sechs Jahre, wo dann sein Geschick wieder eine günstigere Wendung nahm. Für seine Studien aber waren diese sechs Jahre von der grössten Wichtigkeit; er arbeitete ausserordentlich fleissig, und das Erwachen seines Genies datirt sich aus dieser Epoche seines Lebens. Eines seiner Werke, welches für alles Spätere von entscheidender Wichtigkeit geworden ist und den Grund zu Palestrina's nachmaligem Ruhme gelegt hat, fällt in diese Zeit. Es ist eine Composition für die Passionswoche, bekannt unter dem Namen *Improperia*, folgende Worte enthaltend: „Was habe ich dir gethan, mein Volk, oder womit habe ich dich betrübt? Antworte mir. Aus Aegypten habe ich dich geführt, und du hast deinem Heiland das Kreuz bereitet. Was könnte ich dir Mehreres thun und hätte es nicht gethan? Als meinen auserwählten Weinberg habe ich dich gepflanzt, aber bitter hast du mir vergolten. Mit Galle und Essig hast du meinen Durst gestillt, mit dem Speere deines Heilandes Seite durchbohrt. — Heiliger Gott, heiliger starker Gott, heiliger ewiger Gott, erbarme dich unser". Die Schlussworte werden abwechselnd griechisch und lateinisch gesungen. Sie führen den Namen *Trisagion*. Als zur Zeit des Kaisers **Theodosius**, so berichtet — dies beiläufig zu erwähnen — die Legende, Constantinopel von einem furchtbaren Erdbeben und einem heftigen Sturme heimgesucht war, wurde ein kleiner Knabe mit fortgerissen und in die Lüfte erhoben. Der Kaiser und der Patriarch **Proclus** waren zugegen mit einer ungeheuern Menschenmenge und riefen alle laut in der gewöhnlichen Bittformel: Herr, erbarme dich unser. Der Knabe kam unbeschädigt wieder auf die Erde herunter und rief jetzt mit lauter Stimme den Anwesenden jenes *Trisagion:* Heiliger, starker, ewiger — zu, mit dem Befehl, sich dieser Worte fortan bei ihren Gebeten zu bedienen. Kaum aber hatte er dieses gesprochen, so sank er todt zur Erde zurück. Auf diese Weise sollen jene Worte in die Liturgie der Kirche gekommen sein. Die musikalische Behandlung des mitgetheilten Textes erregte allgemein einen solchen Enthusiasmus, und machte einen so tiefen Eindruck, dass der Papst **Pius IV.** sich davon eine Abschrift ausbat, und sie in seiner Kapelle auszuführen befahl. Zum ersten Male wurde das Werk am Charfreitage des Jahres 1560 aufgeführt und ist seit dieser Zeit bis auf die Gegenwart herab alljährlich in der heiligen Woche in der päpstlichen Kapelle wiederholt worden. **Palestrina** liess zu jenen, ein tiefes Geheimniss kündenden Worten die einfachsten, schlichtesten Tonverbindungen erklingen, wie sie dem sanften, aber ernsten Vorwurfe und der innigen Reue geziemten. Zur näheren Veranschaulichung gedenke ich hier noch einiger Aeusserlichkeiten. Bei der Ausführung nämlich werden die Altäre und alles Uebrige von dem Thronhimmel bis auf die Fussböden auch noch ihrer täglichen gewöhnlichen Bedeckung entkleidet. Die Cardinäle erscheinen einzig an diesem Tage statt in Seide in Sarsche gekleidet; die ganze Liturgie verräth den Charakter von Verwirrung und Unvollständigkeit; keine Weihrauchwolken, kein Kerzenschimmer. Alle Bilder sind schon Tags zuvor verhüllt. Jetzt wird, bevor der Priester die Donnerstags geweihte, in das heilige Grab niedergelegte Hostie erhebt und geniesst, nur das Kreuz enthüllt, als Gegenstand der Verehrung. Paarweise nahen sich ihm die Gläubigen, sich davor niederwerfend. Unterdess ertönt jener Chorgesang von der Höhe der Kapelle. Wie nun die Umgebung bei der ganzen Feier jedes Schmuckes und Glanzes entkleidet in ihrer ernsten Trauer das Gemüth um so mehr zu einer innerlichen, geistigen Andacht stimmt, so vernahmen in dem Werke Palestrina's die Hörer statt des bisherigen Prunkes mit den Kunstmitteln zum ersten Male nur die Töne des Gefühls. Der grosse Schritt aus den Vorstufen der Kunst in das innere Heiligthum derselben war gethan.

Jetzt nun, als die Verbesserung der Kirchenmusik zur Sprache kam, erinnerte man sich Palestrina's und seines soeben besprochenen Werkes, sowie anderer, ähnlicher Compositionen, die er in der nächstfolgenden Zeit dem Papste überreicht hatte. Die Cardinäle machten den Sängern bemerklich, dass jene als eine Hauptbedingung ausgesprochene Forderung hier erreicht sei, dass die heiligen Worte klar und deutlich gehört würden. Es wurde indess erwidert: kurze Stücke dieser Art könnten nicht entscheiden; bei längeren Gesängen bleibe die gestellte Forderung, wenn man sie nicht beschränke, unerreichbar. Man vereinigte sich endlich, wie schon bemerkt, dahin, es auf eine Probe ankommen zu lassen, und Palestrina die Composition einer ganzen Messe aufzutragen. Neben volltönender Harmonie, Reichthum und kunstvoller Verflechtung, Abwesenheit aller bereits verworfenen Ausschweifungen, solle würdiger, andächtiger Ausdruck, vollkommene Verständlichkeit der Worte die verlangte Messe auszeichnen. Gelinge es, diesen Forderungen zu genügen, so solle in Rücksicht der geistlichen Tonkunst keine Aenderung eintreten. Palestrina wurde durch den Cardinal Borromeo persönlich von diesem Auftrage unterrichtet, und er schrieb nun im Geiste der ihm gewordenen Aufgabe nicht eine, sondern drei Messen, jede zu sechs Stimmen. Baini erläutert ausführlicher, wie weise und wohlbedacht die Zahl dieser Stimmen genannt werden müsse. Durch doppelte Bässe wollte er grösseren Spielraum in der Ausführung gewinnen, ohne die Grundstimme zu sehr anstrengen zu dürfen; neben künstlicher Verflechtung sollte ihm so die Möglichkeit bleiben, die Stimmen in zwei Chöre vertheilt gegen einander wirken zu lassen, ohne die Stimmenzahl zu sehr zu vervielfachen, wodurch der Klarheit Eintrag geschehen wäre; es sollte Mannigfaltigkeit und stete Verständlichkeit erreicht werden. Die erste Messe, bemerkt jener Schriftsteller, trägt das Gepräge des Ernstes und der Andacht und erfüllt das Gemüth mit heiligem Schauer. Der Handschrift fand man nach Palestrina's Tode auf dem Titel beigefügt: *illumina oculos meos* (Herr, erleuchte meine Augen), als sicheres Zeichen, dass er die Hülfe des Höchsten vor Beginn seines schweren Werkes angefleht hatte. Bewegter und mehr voll Ausdruck kindlichen Vertrauens war die zweite Messe; aber beide trugen doch immer noch einen Beischmack des alten niederländischen Stils. Prüft man beide genau, sagt Baini, so findet man den Stil des Josquin, ein anderes Mal den des Costanzo Festa und Anderer. Man glaubt hier einen Mann zu sehen, der die Wahrheit zwar in der Ferne erblickt und ihr nacheilt, wenn er sie aber erreicht zu haben glaubt, nur ihren Schatten in den Händen hält. Ein Werk der reinsten Begeisterung, vollkommen frei von jeder Schwerfälligkeit, war erst die dritte Messe. Andächtig und doch belebt ist der Gesang der Stimmen, ergreifend die Harmonie, von der höchsten Mannigfaltigkeit die Anordnung des Einzelnen. Die Worte sind überall vollkommen verständlich, die Schönheit des Ganzen ist eine heilige, nicht auf dem Prunk der Kunstmittel beruhende. Am 28. April 1565 begaben sich sämmtliche päpstliche Sänger auf Befehl des Cardinals Vitellozzi in seinen Palast, wo zugleich die übrigen Cardinäle sich einfanden. Die dritte Messe trug vor allen den Preis davon und erstritt der Figuralmusik eine bleibende Stelle in der römischen Kirche. Die päpstlichen Sänger empfingen den erfreulichen Bescheid, dass in der geistlichen Musik Nichts geändert werden solle, aber auch die dringende Mahnung, nur Gesänge fortan auszuführen, welche des Heiligthums gleich würdig wären, wie die drei gehörten Messen. Zwei Monate später wurde die Preismesse zum ersten Male bei dem Gottesdienste in Gegenwart des Papstes vorgetragen. Pius IV. soll ausgerufen haben: „Hier giebt ein Johannes in dem irdischen Jerusalem uns eine Empfindung von jenem Gesange, den der heilige Apostel Johannes in dem himmlischen Jerusalem einst in prophetischer Entzückung vernahm." Baini aber schreibt: „Als diese Töne zum ersten Male in der Sixtinischen Kapelle erklangen, in jenem Heiligthume, welches Baukunst und Malerei nicht lange vorher erst verherrlicht hatten, sprangen diese Künste von ihren Sitzen, umarmten die Tonkunst als ihre ebenbürtige Schwester, und grösseres Entzücken ergriff die Anwesenden, als zur Zeit Griechenlands jemals die Hörer der berühmtesten Tonkünstler oder dichterischen Sänger empfanden."

So ist, durch diese That, Palestrina der Begründer der italienischen Kirchenmusik, der Begründer eines nationalen Kunststils für Italien geworden. Zugleich wurde durch ihn auf diese Weise die classische Zeit der christlichen Musik, die Epoche der höheren Kunst eröffnet.

Alle früheren Schriftsteller, noch vor 1830, verlegten das jetzt besprochene Ereigniss in die Regierungstage des Papstes Marcellus, und glaubten, dass durch diesen die Reform der Kirchenmusik veranlasst und durchgesetzt worden sei. Es war dies ein Irrthum, der erst durch die neueren Forschungen seine Beseitigung gefunden hat. Bald nach jenem Vorgange, jener Preisertheilung nämlich, wurde Palestrina eröffnet, dass Philipp II. von Spanien die Widmung jener berühmten Preismesse gern annehmen werde. Palestrina ging darüber mit seinem Gönner, dem Cardinal Vitellozzi, zu Rath. Es ergab sich, dass es am geeignetsten sein würde, dem König einen ganzen Band Messen, unter denen sich auch die gekrönte befinden müsse, zu dediciren; die Ehre aber der Hervorrufung dieses grossen Werkes müsse Rom bleiben. Ihrem Titel zufolge solle sie einem Papste als schon früher zugeeignet erscheinen: so möge sie denn nach Papst Marcellus II., Palestrina's früherem Gönner, genannt werden: *Missa papae Marcelli*. — Hieraus ist die Entstehung des Namens, ist die Entstehung späterer Missverständnisse zu erklären.

Ich muss von nun an, nachdem ich in Rücksicht auf die Wichtigkeit des Gegenstandes absichtlich über die bedeutendste That Palestrina's, die Rettung der heiligen Tonkunst, ausführlicher berichtet habe, die Erzählung von den späteren Lebensumständen und künstlerischen Leistungen des Meisters mehr zusammendrängen. Im Jahre 1561 wurde er zum Kapellmeister an der liberianischen Hauptkirche, *Santa Maria Maggiore*, 1565 zum Tonsetzer der päpstlichen Kapelle ernannt. Im Jahre 1571 endlich erhielt er jene Kapellmeisterstelle von St. Peter im Vatican, die er schon früher einmal innegehabt hatte, wieder zurück. 1580 traf ihn ein herber Verlust; seine Gattin wurde ihm durch den Tod entrissen. Dies blieb nicht ohne Einfluss auf seine Werke. Die traurige Gemüthsstimmung, die ihn lange Zeit hindurch beherrschte, findet sich deutlich ausgeprägt in den ein Jahr später veröffentlichten Compositionen. Palestrina war tief gebeugt, und nur die Kunst in Gemeinschaft mit der heiligen Schrift richtete ihn wieder auf. Neben dem Grabe der geliebten Gattin, so war anfangs sein Entschluss, sollte sein Gesang zum letzten Male ertönen, und dann für immer verstummen. In diesem Sinne componirte er die Worte: „An den Wassern zu Babel sassen wir und weinten, wenn wir an Zion gedachten, unsere Harfen hingen wir auf an die Weiden, die darinnen sind". Dann in der Sehnsucht nach dem Tode, der ihn mit der Entschlafenen vereinigen sollte, scheint die Furcht ewiger Trennung von ihr durch seine Sünde ihn tief ergriffen zu haben: „Herr, wenn du kommen wirst zu richten die Welt, wie werde ich bestehen vor dem Antlitz deines Zornes; ich erbebe, wehe mir, meine Seele ist betrübt". Sehnsucht nach heiligem Troste erwachte dann in seinem Gemüth: „Wie der Hirsch schreit nach der frischen Quelle, so schreiet meine Seele nach dir, o Herr!" Endlich getröstet und wieder gekräftigt, componirte er eine grössere Zahl von Psalmen, u. a.: „Ich rufe zu dem Herrn, er erhöret mich; ich hebe meine Augen auf zu dir, der du im Himmel sitzest" u. s. w. Im Jahre 1584 widmete er dem Papst Gregor XIII. ein Werk, welches durch die Neuheit der Behandlung und Tiefe der Auffassung einen Beifall gewann, wie sonst keines seiner früheren. Es sind 29 Motetten aus dem hohen Liede Salomo's. Die Zueignung legt eine kurze Rechenschaft ab von dem bisherigen Leben und Schaffen des Künstlers. Er habe, sagt er, in früheren Jahren seine Töne an Lieder unheiliger, abgöttischer Liebe vergeudet und Reue und Scham darüber empfunden. Darum habe er der heiligen Tonkunst sich zugewendet, das Lob Christi und seiner jungfräulichen Mutter gesungen, und endlich Salomo's Lied sich erlesen, das die heilige Liebe Christi zu seiner Braut, der Seele, feiere, wo er denn Veranlassung gefunden, nach lebhafterem Ausdruck zu streben, um die ganze Gluth und Innigkeit des Gedichts zu erreichen, eine Versicherung, die sich, wie Kenner der Composition bezeugen, durch das ganze Werk bewährt. Der Schmerz um den Verlust seiner Gattin ist hier in reine, heilige Sehnsucht und freudige Hoffnung des Wiedersehens aufgelöst; die früheren herben Todesgedanken sind zu mildem Ernste verklärt. — Die Zeit würde es mir nicht gestatten, die wichtigsten Werke Palestrina's alle, wenn auch nur im Vorübergehen, zu erwähnen. Er hat wie Orlandus Lassus ausserordentlich fleissig gearbeitet. 12 Bände Messen, 1 Buch achtstimmiger Messen, 7 Bücher Motetten, 2 Bücher Offertorien, 2 Bücher Litaneien, und noch sehr vieles Andere findet sich aufgezeichnet. Nur die päpstliche Kapelle besitzt eine vollständige Sammlung seiner Werke. Uns sind am meisten zugänglich die Sätze in der vom Freiherrn von Tucher herausgegebenen Sammlung: Kirchengesänge der berühmtesten italienischen Meister (2 Hefte, Wien, Diabelli) und die unter dem Titel: *Musica sacra* (Leipzig, Peters) veranstaltete Ausgabe aller der Compositionen, welche in der heiligen Woche in Rom aufgeführt werden; das früher erwähnte grosse Geschichtswerk von Fr. Rochlitz enthält gleichfalls mehrere. Neuerdings ist auch die *Missa papae Marcelli* und eine grössere Sammlung seiner Werke bei Breitkopf & Härtel in Leipzig (herausgegeben von Th. de Witt) und in den „Denkmälern der Tonkunst" (Bergedorf bei Hamburg) im Druck erschienen.

Palestrina starb am 2. Februar 1594, in demselben Jahre demnach, in welchem Orlandus Lassus verschied; die beiden grössten Tonmeister des 16. Jahrhunderts traten gleichzeitig ab von dem Schauplatz. Schon am Abend seines Todestages wurde seine entseelte Hülle zu ihrer Ruhestätte nach der Peterskirche gebracht. Die Mitglieder der päpstlichen Kapelle nicht allein, alle Künstler Roms und eine grosse Menge Volkes folgten dem Zuge. Während der Procession und in der Kirche wurden Werke seiner Composition gesungen. An dem allgemeinen Begräbnissorte, in der neuen Kapelle der Heiligen Simon und Judas in St. Peter ruht sein Leichnam im einfachen Sarge, der auf einer Bleiplatte die Inschrift führt: Joannes Petrus Aloysius Praenestinus musicae princeps. Weder ein abgesondertes Grabgewölbe, noch ein Denkstein wurde ihm zu Theil. Er erhielt diese Ruhestätte nicht als eine Auszeichnung, sondern, wie Baini sagt, in Folge seiner Wohnung. Heutzutage werden in St. Peter nur Päpste beigesetzt. —

Italienische und andere Schriftsteller der älteren und neueren Zeit erschöpfen sich in Lobsprüchen über Palestrina. Der eine nennt ihn das Licht und den Glanz der Musik, ein anderer den Fürsten, wieder andere den Vater der Musik. Man erzählt, sein Ansehen sei schon bei seinem Leben so bedeutend gewesen, dass vierzehn der vorzüglichsten italienischen Tonsetzer eine zu diesem Zwecke veranstaltete Sammlung von Psalmen ihrer Composition in Druck gaben und ihm zueigneten, um ihm auf diese Weise ihre Verehrung zu bezeigen. Er erlebte es, dass man den von ihm geschaffenen Stil nach seinem Namen benannte. Alle Schriftsteller im Laufe der nachfolgenden Jahrhunderte haben sich bemüht, zu Palestrina's Preis und Verherrlichung beizutragen. K. C. F. Krause in seinen „Darstellungen aus der Geschichte der Musik" bemerkt: „Nach meiner Ueberzeugung hat dieser Stil einen bleibenden Werth für alle Zeiten, als eine in ihrer Art vollendete, im Geist und Gemüth des Menschen tief begründete Kunstgattung. Daher kann auch der Sinn dafür und die Erregbarkeit auf Erden nie verlöschen. Die grössten Kunstkenner der neueren und neuesten Zeit sind die grössten Verehrer des Palestrinastils". Sehr vorzüglich hat Thibaut in seiner schon in der ersten Vorlesung genannten Schrift über ihn gesprochen, und ich bedauere, dass sich Einzelnes daraus nicht mittheilen lässt, da die Bemerkungen nur zerstreut sich vorfinden. Aber Thibaut erscheint genährt von dem Geiste Palestrina's, und die ganze Schrift ist wol als dasjenige Werk zu bezeichnen, welches vorzugsweise geeignet ist, zu einem tieferen Verständniss dieser gesammten Kunst hinzuführen. Thibaut nennt Palestrina tiefsinniger als Lassus, und so durchaus Meister der Kirchentonarten und des Satzes im reinen Dreiklange, dass Ruhe und Seligkeit bei ihm vielleicht mehr, als bei irgend einem anderen Meister zu finden sei. Baini, alle Kräfte zur Verherrlichung des ausserordentlichen Mannes aufbietend, hat die Stufenfolge der Werke, die allmähliche Entwicklung und Weiterbildung, die sich darin zeigt, einer genauen Erörterung unterworfen. Zehn Stile, vom Beginn bis zu Ende der künstlerischen Thätigkeit Palestrina's, unterscheidet er. Es kann indess, wie auch v. Winterfeld bemerkt, keinem Zweifel unterliegen, dass Baini der Eifer, alle Vortrefflichkeiten seines Helden hervorzuheben, hier zu weit geführt, allzusehr ins Specielle gehende Unterscheidungen hat machen lassen. Der Hauptpunct, auf den es bei der Würdigung des Meisters ankommt und den auch Rochlitz hervorhebt, ist, dass die Formen des künstlichen Satzes aufgehört haben, Selbstzweck, Zweck des Tonwerks zu sein, dass Palestrina dieselben zum Mittel des Ausdrucks herabgesetzt hat. Alles Uebrige ergiebt sich hieraus von selbst. Nur das ist zu erwähnen, dass Palestrina allerdings von den Kunstmitteln einen bald freieren, bald strengeren Gebrauch gemacht hat, je nachdem es Inhalt und Bestimmung des Werkes geboten. Vollkommen im Besitze aller Gelehrsamkeit und auch der Grübeleien der vorigen Periode, bemerkt Rochlitz, mochte er der Anwendung dieses Besitzes sich nicht überall entäussern. Aber er unterschied Musik für Gelehrte und Kunstkenner und Musik für die Gemeinde beim Gottesdienst. In den Werken der ersten Gattung zeigt er sich noch immer den Niederländern verwandt; die zweite Gattung ist es, die sein Verdienst um die Welt bezeichnet. Hier schrieb er gedrängt, leicht fasslich, klar, durchsichtig, zugleich aber auch den grossen Ansprüchen gelehrter Kunstwissenschaft gemäss, nur dass diese Seite hier weniger hervortritt; hier schrieb er zugleich mit Schwung und Begeisterung in grosser, ernster Haltung. Wo sein Ausdruck wehmüthig und niedergebeugt sich darstellt, ist doch nirgends eine Anwandlung von Weichlichkeit und unedler Empfindsamkeit zu spüren; ebensowenig in Gesängen entgegengesetzten Inhalts bei aller Energie Etwas von Leidenschaftlichkeit und Gewaltsamkeit. Es ist dies das Charakteristische aller Werke dieser Kunststufe, der Epoche des erhabenen Stils, diese grossartige Haltung, dieser Ernst, diese Würde. Jene Werke sind eben so weit von der Schwerfälligkeit und Starrheit einer Vorstufe der Kunst, wie von der Anmuth, Lieblichkeit und Weichheit späterer Epochen entfernt, vielleicht, wenn wir einen Gesichtspunct aus der Dichtkunst entlehnen wollen, im Charakter am meisten dem Epos verwandt. Thibaut vergleicht in der That Palestrina mit Homer. Das Epos ist Resultat der ersten Entwicklungsstufe eines Volkes, jener Stufe, wo das Individuelle sein Recht noch nicht in Anspruch genommen hat, der Einzelne noch nicht einen abgeschlossenen Kreis, eine besondere Welt für sich bildet, sondern in der Gesammtheit aufgeht, und nur das zum Inhalt hat, was das Gemeinsame Aller ist. So kommt auch hier ganz allein die Sache zur Darstellung, der kirchlich religiöse Inhalt ohne alle subjective Beimischung und Modification. Empfindungen, die das Subject für sich hat, die es zu einem besonderen Subject machen, sind hier noch gar nicht vorhanden. Aller Ausdruck geht einzig und allein aus dem Ganzen der Composition hervor, weit verschieden von der Musik der späteren Zeit, ja dieser entgegengesetzt. Nicht durch ihre Mannigfaltigkeit und ihren Reiz, wie die Werke der

Stufe des schönen Stils, vermögen uns diese Compositionen zu bezaubern; sie sind bedeutend durch ihren Gehalt, ihren Ernst, ihre Würde, durch das Ungetheilte, Ganze der Stimmung, das sich in ihnen ausspricht. Nur in der Totalität des Stückes ist der Ausdruck zu suchen; Alles, was Affect heissen könnte, fehlt gänzlich. Auch an ein Hinarbeiten auf Eingänglichkeit oder wol gar auf Effect ist noch nicht entfernt zu denken. Die meisten jener Werke wurden an Sonn- und Festtagen regelmässig wiederholt; die Zuhörer hatten Zeit, sich mit ihnen vertraut zu machen; Effectcompositionen aber sind das Zeichen sinkender Kunst. Um so weniger dürfen wir verlangen, sogleich und nach einmaligem Hören mit jenen alten Werken vertraut zu werden; in der That zeigen dieselben für uns ganz anders Gewöhnte beim ersten Blick eine gewisse Starrheit. Hierzu kommt, dass sie wesentlich auf eine bestimmte Umgebung berechnet sind, und auch das trägt dazu bei, an Ort und Stelle ihre Eindringlichkeit zu erhöhen, für uns aber das Verständniss zu erschweren. Erlauben Sie, dass ich hierbei noch einen Augenblick verweile. Die gottesdienstlichen Handlungen und Gebräuche der römischen Kirche nämlich sind ein grosses Ganzes, wo jeder Theil nothwendig, wesentlich beiträgt, die Wirkung des anderen zu erhöhen; sie versetzen schon in die Stimmung, welche die Musik als die passende wünschen muss, und umgekehrt eint wieder die Musik jene verschiedenen Eindrücke zu einem grossen Ganzen. Der Charakter der liturgischen Handlungen der römischen Kirche überhaupt ist durchaus ein dramatischer. Hauptgedanke ist, dass Geist und Herz der versammelten Gemeinde zurück auf das Originalereigniss geführt werden soll, dass dieses als sich wiederholend vorgeführt wird, z. B. in der Passionswoche Gedanken und Gefühle auf die letzten Lebenstage Christi sich so concentriren, als würden jene Vorgänge noch einmal in der Wirklichkeit geschaut. Ich erinnere an das, was ich schon vorhin bei Gelegenheit der ersten Composition Palestrina's, die Aufsehen machte, sagte und theile Ihnen noch zur Veranschaulichung die Schilderung eines älteren italienischen Reisenden mit, welche ein nachher noch zu erwähnendes Werk, die Aufführung des *Miserere*, betrifft. Jener Reisende erzählt: „Gegen 4 Uhr begaben wir uns in die Sixtina und sassen dem jüngsten Gericht von Michelangelo, das die untergehende Sonne eben beleuchtete, gegenüber, in gespannter Erwartung des durch ganz Europa berühmten Gesanges, der oft schon die Sirenenkraft gehabt haben soll, Andersgläubige in den Schoos der Kirche zurückzuführen. Der für die Frauen bestimmte Platz füllte sich mit schwarz gekleideten Damen. Endlich kamen die Cardinäle in violetten Kleidern mit ungeheuren Schleppen einhergegangen, und während sie schnell vorwärts eilten, hatte der Schleppenträger alle Hände voll zu thun, um den zusammengerollten Schweif hinterher zu entwickeln. Alle Sitze füllten sich endlich mit diesen und anderen vornehmen Geistlichen. Die Kerzen wurden angezündet; man erwartete in feierlicher Stille den Papst. Nach dessen Eintritt wurde das Signal zum Anfang gegeben. Die Psalmen begannen; man singt deren etwa 13 nach der Weise des gregorianischen Gesanges und löscht bei jedem eins der 13 pyramidalisch aufgestellten Lichter aus. Nun beginnen die Klagelieder des Propheten. Einige Stimmen klagen über den Tod des göttlichen Sohnes in so wehmuthsvollen Tönen, dass selbst ein eisernes Gemüth in Bangigkeit und Ahnung zerfliessen würde. Siehe, die Lichter verlöschen, nur eins, die wachsame Mutterliebe der Madonna, brennt noch, man intonirt zum *Miserere*, die Sänger einigen ihre Stimmen. Endlich erlöscht auch die letzte Kerze, und Alles liegt in Dämmerung versenkt. Nur die Gestalten der Cardinäle und weissen Prälaten, unbeweglich wie Bildsäulen sitzend, leuchten durch das Dunkel; alle Sinne vergehen, nur Töne kann unsere Seele auffassen. In diesem Augenblicke erhebt der Chor der unsichtbaren Sänger kraftvoll und durchdringend seine Stimme: Herr, erbarme dich unser. Ach, welch banges Sehnen bestürmt unser Herz. Wir wollen zu den Füssen des Heilands fallen und sie mit tausend Thränen heisser Liebe benetzen. Wie wahr hat Der geredet, welcher zum Heil seiner Seele Nichts sehnlicher wünschte, als dass in der Stunde des Todes diese süssen Töne ihn umklingen möchten; denn wahrlich, unsere Seele quillt in ihnen zum Himmel. Aber schon sind sie verhallt an den Wänden, die Michelangelo's Riesengeist übertünchte. Wir ziehen durch die Hellebarden und langen Schwerter der alterthümlichen Schweizer in den schimmernden Saal vor der Sixtina. Verschleierte Römerinnen wallen über die von Fackeln beleuchtete Königstreppe hinab, die in unendlicher Ferne sich in den Säulengängen des St. Peter verliert. Welch ein Nachtgemälde! kräftige Schatten, hohe Gewölbe, stolze Säulen, weite Fernen und magische Schönheit überall." Sie entnehmen aus diesen Worten die Grösse und Macht des Eindrucks; Sie entnehmen aber auch daraus, wie die Musik dort als Theil der gesammten gottesdienstlichen Handlung auftritt und an ihrer Eindringlichkeit verliert, wenn sie von dieser losgerissen wird. Jene Werke müssen in ihrer natürlichen Umgebung gehört werden, wenn sie ihre volle Kraft und Wirkung äussern sollen. Werden dieselben von dem Boden, dem sie ursprünglich angehören, losgerissen, so gleichen sie einer südlichen, in ein fremdes, rauheres Klima versetzten Pflanze.

Durch die von **Palestrina** gestiftete Schule, die in der Folge sich sehr ausdehnte und lange Zeit hindurch erhielt, durch das grosse Ansehen, in welchem der Meister stand, dadurch, dass seine Werke vor allem beim öffentlichen Gottesdienste eingeführt wurden, kam es dahin, dass in seinem Stile zu schreiben für nothwendig erachtet, und dann sehr lange Zeit hindurch als nachahmungswerthe Sitte und guter Ton beibehalten wurde, so dass auf diese Weise der persönlich bescheidene Mann Herrscher ward im Reiche der Tonkunst Jahrhunderte hindurch, und einer grossen Anzahl trefflicher Talente die Bahn vorgezeichnet hat.

Ich will jetzt noch einige der bedeutenderen Männer, welche theils unmittelbar der Schule des Meisters angehören, theils, in späterer Zeit lebend, der von ihm gebrochenen Bahn folgten, namhaft machen.

Neben **Palestrina** wirkte der schon vorhin genannte **Giovanni Maria Nanini**, ein vorzüglicher Mann, dessen Ruhm aber durch den schnell und überall hin verbreiteten des Meisters verschlungen ward. Von seinen Werken ist nur wenig bekannt geworden, jedenfalls aus demselben Grunde; sie sind denen **Palestrina**'s sehr ähnlich, mehr jedoch den sanften und zarten, als den feierlichen und den erhabenen. Sein Geburtsjahr ist unbekannt. Im Jahre 1577 wurde er als ein vortrefflicher Tenorist in die päpstliche Kapelle aufgenommen; **Goudimel**, im hohen Alter, soll auch ihn gebildet haben; dann aber wendete sich **Nanini** mit gänzlicher Hingebung an **Palestrina**. Er wurde nach dem Tode desselben dessen Amtsnachfolger und Compositions- und Musiklehrer in der römischen Schule, der er als Director vorstand. Ein Zögling seiner letzten Lebensjahre war der durch sein *Miserere* weltberühmte **Gregorio Allegri**, geb. um das Jahr 1590 und seit 1629 Mitglied der päpstlichen Kapelle, zunächst als Sänger, dann als Kirchencomponist, gest. im Jahre 1652, ein naher Verwandter des ruhmgekrönten Malers **Antonio Allegri**, genannt **Correggio**. Von den zahlreichen, gelehrten, weitausgeführten Werken dieses Mannes, welche Rom besitzt, ist uns Nichts bekannt. Desto mehr aber ist jenes soeben erwähnte Werk gekannt und verbreitet, welches im Auslande seinen Ruf feststellte. **Burney**, der von dem päpstlichen Sänger **Santarelli** eine Abschrift erhielt, hat es bekannt gemacht. Officielle Abschriften auf päpstlichen Befehl sind nur zwei davon genommen worden; die eine wurde an einen König von Portugal, die andere an den Kaiser **Leopold I.** geschickt. Bekannt ist, dass **Mozart** bei seiner Anwesenheit in Rom dasselbe nach zweimaligem Anhören aus dem Gedächtnisse aufschrieb. Die Composition ist für zwei Chöre gesetzt, von denen der eine fünfstimmig, der andere vierstimmig behandelt ist; sie besteht aus mehreren kurzen, einander sehr ähnlichen Sätzen, die in Rom durch liturgische Handlungen unterbrochen werden. Von dem erschütternden Eindruck, den sie bei aller Einfachheit hervorzurufen vermag, ist schon oben gesprochen worden. Es ist nicht so leicht für uns, sich dieser Stimmung zu bemächtigen; ist dies aber gelungen, so wirkt sie überwältigend, und es ist nicht zu viel gesagt, wenn mancher Hörer berichtet, er sei bis zu Thränen gerührt worden. „Der Sinn der Worte", sagt W. Heinse in seiner „Hildegard von Hohenthal", „geht in die Zuhörer mit seiner ganzen Stärke und Fülle über, ohne dass man die Musik, ja sogar die Worte merkt, da man in lauter reine Empfindung versenkt ist. Schauder der Reue, Auf- und Niederwallen beklommener Zärtlichkeit, Hoffnung und Schwermuth, Seufzer und Klagen einer liebenden Seele. Das Zusammenschmelzen und Verfliessen der reinen Töne offenbart das innere Gefühl eines himmlischen Wesens, welches sich mit der ursprünglichen Schönheit wieder vereinigen möchte, von der es durch seine Sünde getrennt ist". — Ich nenne ferner den Spanier **Tommaso Lodovico da Vittoria,** geb. um das Jahr 1550, ein Zögling der römischen Schule und dann Mitglied der päpstlichen Kapelle. Rochlitz bezeichnet ihn als einen ernsten, strengen Mann, der sich Palestrina zum Vorbild genommen habe, aber mehr in dem Tiefsinnigen und Künstlichen, als in dem Einfachen und Rührenden; Thibaut sagt, dass er das spanische Feuer mit geistlicher Demuth auf herrliche Weise vereinige. In der Sammlung von Tucher befindet sich ein vortrefflicher Satz von ihm: „*O vos omnes*". — Ich nenne endlich noch einen Künstler, der zwar später lebte, dem Geiste nach aber noch der alten Schule angehört: **Tommaso Baj,** geb. in der zweiten Hälfte des 17. Jahrhunderts, gest. im Jahre 1714 zu Rom. Baj verdankt, wie Allegri, seinen Ruhm einem *Miserere*, das, noch jetzt am Gründonnerstage alljährlich gesungen, nach dem Muster des Allegri'schen Werkes gearbeitet ist. Es ist dieses neue *Miserere* die einzige Composition der späteren Zeit — mit Ausnahme einer Tonschöpfung Baini's —, welcher die Ehre zu Theil geworden ist, unter die Musikstücke aufgenommen zu werden, die alljährlich an bestimmten Festtagen wiederholt werden. Man setzte Baj's *Miserere* an die Stelle eines von A. Scarlatti, welches bei Seite gelegt wurde.

Um Sie nicht zu ermüden, schliesse ich hiermit die heutige Mittheilung, die jetzt schon eine etwas grössere Ausdehnung gewonnen hat. Einige Namen aus späterer Zeit, die noch genannt werden könnten, übergehe ich hier, da sich im Verlauf der nachfolgenden Darstellung noch Gelegenheit finden wird, derselben zu gedenken. Palestrina und seine Schule bezeichnen eine Epoche und füllen dieselbe aus. Was sonst noch aus diesem Zeitabschnitte aus anderen Fächern der Tonkunst zu erwähnen ist, wird in der nächsten Vorlesung seine Stelle finden; nur die eine Bemerkung gestatten Sie mir noch, dass es eine grosse Einseitigkeit unseres Musiklebens genannt werden musste, wenn die hier besprochenen Werke dem Genusse des musikalischen Publicums so gänzlich entrückt blieben, wie es in neuerer Zeit und bis vor Kurzem bei uns der Fall war. Die Gegenwart hat allerdings auch hier Manches angeregt, was wir vor einer Reihe von Jahren kaum noch erwarten durften. Hoffen wir daher, dass die besprochenen Werke, soweit es bei einer schon vorübergegangenen geschichtlichen Erscheinung überhaupt möglich ist, mehr und mehr wieder zum Leben erwachen.

Vierte Vorlesung.

Die weltliche Musik dieser Zeit in Italien. — Allgemeiner Umschwung des Geistes. — Erste Anfänge der Oper. Caccini. Bardi, Graf von Vernio. Galilei. Peri. Corsi. Rinuccini. E. del Cavaliere. — Das Oratorium. — Wesen und geschichtliche Bedeutung der neuen Erfindungen.

Durch **Palestrina** wurde der Grund gelegt zu der gesammten nachfolgenden Entwicklung; die Werke **Palestrina's** und seiner Schule sind das Fundament, auf welchem das spätere Gebäude aufgeführt wurde; zugleich aber ist damit die erste Epoche der italienischen Musik beschlossen, die Epoche des erhabenen Stils im Gegensatz zu der des schönen, welche jetzt folgt.

Sie erinnern sich der Andeutungen, welche ich über die technische sowol wie geistige Beschaffenheit der Tonkunst, soweit dieselbe bis dahin in ihrer Ausbildung gediehen war, gegeben habe. Instrumentalmusik gab es noch nicht, man kannte allein den mehrstimmigen, den Chorgesang; wir haben die Anschauung von grossen, breiten Massen in den Compositionen jener Zeit; die Werke **Palestrina's** sind aus Quadersteinen aufgeführte, imposante Gebäude, strenge Hoheit ist der vorwaltende Charakter, aller Ausdruck ist auf das Andächtige, Feierliche gerichtet; Melodie in unserem Sinne fehlt gänzlich; ebenso wenig war das gesammte Reich der Accorde schon erschlossen. Dreiklänge sind die überwiegenden Bestandtheile. — Sie erinnern sich ferner aus der ersten Vorlesung der Mittheilungen, welche ich Ihnen über die melodischen Bestrebungen, über den weltlichen Gesang im Mittelalter gab. Ausserordentlich beliebt in den höchsten und niedrigsten Kreisen, sahen wir an diesen lebendig und unmittelbar aus poetischer Eingebung entsprungenen Gesängen Empfindung früher zum Ausdruck gelangen, als in den Werken der gelehrten Musiker, denen die Kunst bis dahin überwiegend ein Gegenstand verständiger Arbeit war; wir sahen aber auch, wie die Letzteren von dem weltlichen Gesange sich abwendeten und auf denselben mit Verachtung herabblickten.

Betrachtet man die früheren contrapunctischen Versuche im Mittelalter, bei den ersten Niederländern und in Italien, erwägt man das Barbarische, Steife, Geschmacklose derselben: so begreift man leicht, dass Leute von Geschmack und Gehör, von gesundem Sinn und Gefühl nur wenig davon erbaut sein konnten, und muss es natürlich finden, wenn insbesondere die Italiener, denen die Neigung für Melodie angeboren ist, kein sonderliches Verlangen nach der neuen Weisheit empfanden, und darum wider Erwarten spät erst diese Kunst sich aneigneten. Andererseits konnte es aber ebensowenig fehlen, dass die Harmonie — eine so gewaltige, folgenreiche Entdeckung, die, wie Chr H. Weisse in seiner Aesthetik bemerkt, mit Recht den anderen gleichzeitigen Entdeckungen von weltgeschichtlicher Bedeutung beigezählt zu werden verdient — Eingang bei allen für Musik begabten Nationen, insbesondere bei den Italienern und Deutschen, finden musste, sobald dieselbe einmal zu grösserer Ausbildung gediehen war und die Tonsetzer nicht mehr blos für das Auge der Kunstkenner arbeiteten, sondern die Wirkung auf das Ohr zu berücksichtigen anfingen. Im 15. und 16. Jahrhundert war der Sieg des Contrapuncts entschieden; die Harmonie trat aus der Kirche heraus in die Welt, und erhielt nun auch im geselligen Leben mehr und mehr Anerkennung und Bürgerrecht. Da es zuerst nur wenige Sänger gab, welche einen mehrstimmigen Gesang vorzutragen wussten, so erhellt, dass nur die Reichsten anfangs sich einen solchen Genuss verschaffen konnten, und es trug dies dazu bei, der neuen Kunst längere Zeit hindurch das Ansehen eines besonders Kostbaren, Wünschenswerthen zu geben. Die Harmonie wurde Gegenstand des feinen Tones in der vornehmen Welt, Gegenstand der Mode; die Melodie trat immer mehr zurück, wurde vernachlässigt und gerieth bald gänzlich in Vergessenheit. Um der immer gesteigerten Nachfrage des Publicums zu genügen, bildete sich eine grosse Anzahl von Sängern für den vierstimmigen Gesang aus. Die Liedersänger, die früher Bevorzugten, ja allein Herrschenden, sahen sich bald auf kleine häusliche Kreise, oder die Zusammenkünfte lustiger Gesellen beschränkt. Der Kampf der Harmonie und Melodie endigte mit einer völligen Unterdrückung der letzteren; sie gerieth gänzlich in Vergessenheit, und der einstimmige Gesang musste, so unglaublich dies klingt, um das Jahr 1600 in der That neu erfunden werden. Wenn früher der Contrapunct auf den Kreis der Schule beschränkt gewesen war, und in der Welt allein die Melodie sich Geltung erworben hatte, so finden wir im 15.

und 16. Jahrhundert gerade das Umgekehrte. Die Melodie geht verloren, oder ist auf ganz unbemerkte, untergeordnete Kreise beschränkt, während die Harmonie in den weitesten Kreisen Eingang gewinnt und, alle Herrschaft an sich reissend, der kunstvollen, weltlichen Musik Ursprung und Entstehung giebt. Unter den eigentlichen Freunden und Beschützern der Kunst gab es ausser dem vierstimmigen jetzt keinen anderen Gesang mehr. Neben den grossen kirchlichen Werken sehen wir daher sowol für die höheren Stände, als auch für das Volk verschiedene Musikgattungen auftreten, welche das nun schon grosse allgemeine Verlangen befriedigten.

Wir finden hier Veranlassung, wenn auch nur im Vorübergehen, die Blicke zum ersten Male auf Neapel zu richten, jenes Neapel, welches in den folgenden Jahrhunderten die musikalische Weltherrschaft erlangen sollte, wiewol es sich in diesem Zeitraum weder durch Tonsetzer von Ruf auszeichnete, noch eine neapolitanische Schule überhaupt schon bestand. In der zweiten Hälfte des 15. Jahrhunderts aber, unter Ferdinand von Aragonien, König von Neapel, der, selbst wissenschaftlich gebildet, Wissenschaft und Kunst ehrte und förderte, hatte Neapel schon ausgezeichnete Männer in allen Fächern. Mehrere niederländische Meister lebten und wirkten dort. Von Orlandus Lassus habe ich dies ausdrücklich erwähnt. Aus späterer Zeit wird als ganz besonders schätzenswerther Förderer — um dies sogleich zu bemerken — der Fürst Gesualdo da Venosa, ums Jahr 1600, genannt. Dieser gründete selbst eine Akademie in seinem Schlosse; er war von Jugend auf für Musik erzogen worden. Seine weltlichen Compositionen überschritten bald die Grenzen von Italien, so allgemein war die Beliebtheit und Verbreitung derselben, und noch Händel soll in einige seiner Werke, wie erzählt wird, mehrere Modulationen dieses Mannes aufgenommen haben, sowie auch der gelehrte *P.* Martini dieselben über die Maassen pries. Der schöne Himmel Neapels und die reichsten Gaben der Natur, die daraus hervorgehende Heiterkeit, Beweglichkeit, Schönheit und Sorglosigkeit des Lebens versetzen dort in eine dauernde poetische Stimmung. Das gesammte Dasein ist eingetaucht in eine poetische Atmosphäre, und es erklärt sich hieraus, wie der weltliche Gesang dort einen besonders günstigen Boden, das unterdrückte melodische Element wieder einige Anerkennung finden konnte.

Für Freunde eines leichteren, auch leichtfertigen Gesanges entstanden die sogenannten *Canzoni villanesche*, Villanellen oder Villoten, eigentlich Bauernlieder, obschon weder dem Texte noch der Melodie nach wirkliche Volkslieder. Der Text einer solchen Villanella, der, wie es scheint, einem deutschen Landsknecht in den Mund gelegt wird, ist folgender: „Ich trinke gern Malvasier, ich trinke nie anderen Wein; um Mitternacht stehe ich auf, dann gehe ich und drücke das Fass, und trinke bis zum frühen Morgen. Der Wein ist theuer, lieber Vetter, aber er macht mir Lust zum Tanzen. Ich trinke gern Malvasier" u. s. w. Die Gattung der Poesie sowol, als der Gesellschaft, für welche solche Gesänge passend waren, ist hiermit bezeichnet. Etwas feiner, mitunter auch frivoler, sind die sogenannten *Villote alla Napoletana*, worin neapolitanische Singmeister vorgestellt werden, welche jungen Damen die Anfangsgründe der Musik lehren wollen. „Wer von euch Frauen will die Gagliarde lernen? Kommt zu uns, die wir feine Lehrer sind, welche des Abends und Morgens nie verfehlen zu spielen: *tan tan tan tarira*" u. s. w. ist der wunderliche Text eines solchen Stücks. — Für die vornehmeren und gebildeteren Kreise der Gesellschaft wurden, von der venetianischen Schule um das Jahr 1530 ausgehend, Madrigale gedichtet und componirt. In neuerer Zeit bezeichnet man mit dem Namen Madrigal ein kurzes, acht- bis zwölfzeiliges Gedicht, welches die Liebe oder den Naturgenuss zum Gegenstand hat und mit einem witzigen oder auch zarten Gedanken schliesst. Weit ausgedehnter war die Bedeutung des Madrigals damals. Man verstand unter diesem Namen überhaupt ein kurzes Gedicht weltlichen Inhalts, mehr oder minder contrapunctisch behandelt und für drei, vier bis sieben Stimmen gesetzt. Das Madrigal war in seiner Blütheperiode nicht blos das, was jetzt Kammermusik genannt wird, sondern es bildete auch in dramatischen Vorstellungen aller Art, Tragödien, Komödien, Schäfergedichten, in Burlesken und Maskeraden, bei Festaufzügen und bei allen anderen ähnlichen Gelegenheiten den Chor. Die Wichtigkeit dieser Compositionsgattung geht hieraus hervor. Sie war die einzige, die wichtigste weltliche Form, die Hauptgattung, welche der Kirchenmusik gegenüberstand. Den Tonsetzern, die vor Einführung derselben ihre Gelehrsamkeit und ihr Talent kirchlichen Werken gewidmet hatten, wobei es nur auf Ausdruck im Grossen und Ganzen, auf Darstellung der Gesammtempfindung ankam, ohne dass ein Streben nach besonderem Ausdruck der Specialitäten des Textes sichtbar gewesen wäre, gab die Anwendung ihrer Kunst auf geistreiche Worte weltlichen Inhalts zuerst den Gedanken, dass die Musik bestimmt sein könne, die Textesworte im Einzelnen zu begleiten und eindringlicher zu machen, so den Gesammtausdruck zu nuanciren und näher zu bestimmen. Die Einführung des Madrigalstils war der wichtigste Schritt zur Verfeinerung des Geschmacks sowol der Tonsetzer, als auch des Publicums. Die zweite Epoche der italienischen

Musik, die des schönen Stils, wurde insbesondere dadurch vorbereitet und eingeleitet, ein für die gesammte Kunstgeschichte äusserst wichtiger Punct. Das Madrigal wurde niemals, wie es bei der Kirchenmusik früher stets und später noch hin und wieder üblich war, über eine schon vorhandene Melodie, einen Tenor, componirt, sondern immer frei erfunden, und gestattete darum die grösste Mannigfaltigkeit der Form und Behandlung. Wir finden es oft im einfachsten Stil, eben so oft im höheren, künstlicheren Contrapunct componirt. Die Tausende von Madrigalen, die ein ganzes Jahrhundert hindurch und noch über diese Zeit hinaus im Druck erschienen sind, beweisen die ausserordentliche Theilnahme des Publicums, die kaum jemals befriedigte Nachfrage nach diesen Compositionen, die von Jedem, der sich überhaupt für Musik interessirte, gesucht wurden. C. F. Becker in seiner Schrift: „Die Tonwerke des 16. und 17. Jahrhunderts" giebt S. 191 bis 216 eine Uebersicht der in dieser Zeit gedruckten Werke dieser Gattung, welche eine Anschauung des ausserordentlichen Reichthums und der grossen Fruchtbarkeit der Tonsetzer gewähren kann. Einer der bedeutendsten Meister in dieser Gattung war **Luca Marenzio**, Sänger der päpstlichen Kapelle, geb. um 1550, gest. im Jahre 1599. Die Erfindungen dieses Componisten sind für die damalige Zeit mannigfaltig, singbar, treffend im Ausdrucke. Wäre zu seiner Zeit die Melodie eben so gekannt und gesucht gewesen, als es die überwiegend harmonischen Madrigale waren, er würde jedenfalls ein Muster auch in der Melodie für seine Zeit geworden sein. Man nannte ihn dieser Eigenschaften wegen „den überaus süssen Schwan Italiens *(il più dolce cigno dell' Italia)*".

Dies sind die Zustände der italienischen Musik im 16. Jahrhundert. Die harmonische Kunst hatte in den weitesten Kreisen Eingang gewonnen, das Gebäude der Kirchenmusik insbesondere stand fest gegründet. Kaum aber, dass alle diese Bestrebungen zum Abschluss und zur Vollendung gelangt waren, so bereitete sich auch schon ein mächtiger Umschwung vor. Ein frischer Frühlingshauch, ein Hauch des freien, sich allen Fesseln der Autorität entwindenden Geistes durchzog die Welt. Den Menschen ging in der Schönheit, in der Hingabe an die Welt und die sinnliche Erscheinung, welche dem früheren religiösen Geiste als sündhaft erschienen war, nach langen Jahrhunderten wieder das Bewusstsein ihrer eingeborenen Herrlichkeit auf. Die Blicke, die bis dahin nur auf den Himmel gerichtet gewesen waren, wendeten sich dem Irdischen zu und gewahrten mit Erstaunen dessen Herrlichkeit. Die grossen Maler Italiens hatten früher schon als die Musiker diese Umgestaltung vollbracht, und die Malerei von den kirchlichen Fesseln befreit. Schon im Jahre 1518 hatte, wie F. Kugler in seiner „Geschichte der Malerei" erzählt, Correggio — ich erwähne beispielsweise diesen charakteristischen Umstand — den Nonnen eines Klosters in Parma heidnische Gegenstände gemalt, Gegenstände, deren Beziehung zu einem Nonnenkloster allerdings nicht sehr einleuchtet, deren Wahl aber für jene Zeit bezeichnend genannt werden muss. An der Hauptwand des Saales stellte er Diâna vor, welche auf einem von weissen Hindinnen gezogenen Wagen von der Jagd zurückkehrt; die leichte Bekleidung der Göttin verhüllt hier nur wenig die Formen einer vollkommenen Jugend. An dem Gewölbe ist eine Weinlaube gemalt, mit 16 ovalen Oeffnungen, in welchen man Gruppen der reizendsten Genien erblickt. Diese haben meist Attribute der Jagd bei sich, Hörner, Hunde, den Kopf eines Hirsches u. s. w., oder sie liebkosen einander, oder pflücken Früchte von den Rändern der Laube. Man kann nichts Anmuthvolleres, kein süsseres, holderes Spiel sehen, als in diesen Kindern. Darunter sind 16 Lunetten, deren Grund, grau in grau gemalt, mit anderen mythischen Darstellungen ausgefüllt ist: den Grazien, der Fortuna, den Parzen, Satyrn u. s. w. Die italienischen Nonnen lebten um diese Zeit in grösstmöglicher Freiheit, ohne Clausur, und die Aebtissinnen oft in fürstlicher Pracht und Ueppigkeit. — Das Studium der Philosophie sowie der Naturwissenschaften trug gleich sehr bei, die Geister, obschon unter heftigem Widerstreben der Kirche — ich erinnere an Galilei und den herrlichen Giordano Bruno, der im Jahre 1600 als Ketzer in Rom verbrannt wurde — von der dogmatischen Gebundenheit der früheren Zeit zu befreien. Im Protestantismus war das Princip der Neuzeit aufgestellt worden, und die Lebenskraft der katholischen Kirche begann zu schwinden. Die Beschäftigung mit der griechischen Literatur endlich hatte die letzte Finsterniss aus den Köpfen entfernt und für die Welt und ihre Lust die Augen geöffnet. Florenz namentlich war ein Mittelpunct für derartige Bestrebungen, und wir sehen daher auch, wie die der bezeichneten neuen Geistesrichtung entsprechende Kunstgattung, welche das Gebäude der grossen Kirchenmusik erschütterte, zum Wanken und endlich zum Sturze brachte, dort zuerst hervortrat.

Die Betrachtung ist jetzt bis zu dem Puncte geführt, wo jene grosse, durchgreifende Umgestaltung der Tonkunst in Europa erfolgte, welche eine bis dahin ungeahnte Welt aufschloss und die moderne Zeit unmittelbar einleitete; eine Umgestaltung, so gross und bedeutend, dass in der gesammten Geschichte der Musik damit allein das Entstehen der Instrumentalmusik in Deutschland, was kunstgeschichtliche Bedeutung betrifft, einigermaassen verglichen werden kann: die Betrachtung ist bis zu dem

Zeitabschnitt geführt, wo die **Oper**, diejenige Kunstgattung, aus welcher die gesammte neuere Musik hervorgegangen ist, geschaffen wurde. Wir stehen jetzt, indem wir diese Umbildung im Reiche der Tonkunst vor uns haben, an der Grenzscheide der alten und neuen Zeit.

Sie erinnern sich aus der ersten Vorlesung der Bemerkungen, welche ich über die dramatischen und theatralischen Versuche des Mittelalters machte: jener rohen Volksfeste, dann der etwas gebildeteren Darstellungen in den Misterien, endlich der Liederspiele Adam's de la Hale. Ich will jetzt, bevor ich zur Hauptsache komme, Ihnen noch Einiges über die weiteren Vorgänge auf diesem Gebiete in den oben besprochenen Jahrhunderten mittheilen. Das Interesse für scenische Darstellungen dauerte fort; diese selbst wurden gebildeter, je mehr überhaupt Bildung Eingang gewann. Doch gehören alle diese Darstellungen nur im weitesten Sinne zu den Vorstufen der Oper, die eine viel spätere Erfindung ist. Die früheren Geschichtschreiber der Oper geben Nachricht von glänzenden Hoffesten in Italien, scenischen Darstellungen, bei denen auch gesungen wurde, und rechnen diese Unterhaltungen schon zu den Vorstufen der Oper. So wurde im Jahre 1388 zur Vermählung des Herzogs Galeazzo Sforza mit der Prinzessin Isabella von Aragonien in Mailand ein dramatisches Spectakel veranstaltet, dem auch noch Fink in seiner Geschichte der Oper eine besondere Bedeutung beilegt. In der Mitte eines prächtigen, von einer herrlichen Gallerie umgebenen Saales, auf der eine grosse Menge verschiedener Instrumentalisten vertheilt waren — so wird erzählt —, sah man eine grosse Tafel, die für das fürstliche Paar und die Gäste bestimmt war, ohne irgend eine Art von Zubereitung. Sobald der Herzog und die Herzogin erschienen, nahm das Fest seinen Anfang. Jason eröffnete die Scene mit den Argonauten, welche mit einer drohenden Miene umherschritten, das berühmte goldene Vliess mit sich führend, welches sie auf der Tafel als ein Geschenk zurückliessen, nachdem sie ein Ballet getanzt hatten, welches ihre Bewunderung der schönen Braut ausdrückte. Hierauf erschien Mercur und erzählte, wie er dem Apollo, damaligen Hirten des Königs Admet in Thessalien, das schönste, fetteste Kalb von der ganzen Heerde weggestohlen habe, um es den Neuvermählten als Geschenk darzubringen. Nachdem er dasselbe auf der Tafel niedergelegt hatte, trat Diana auf, als Jägerin geschmückt und von ihren Nymphen begleitet, welche unter dem Klange von Waldinstrumenten auf einer vergoldeten und mit Laub geschmückten Tragbahre einen sehr schönen Hirsch trugen. So ging die Sache mit Unterbrechungen in verschiedenen Abtheilungen eine lange Zeit hindurch fort. Kiesewetter hat gezeigt, dass das

Ganze weiter Nichts war, als eine Maskerade, um die Gerichte auf die Tafel zu bringen, ein dramatischer Versuch, wo der Speisezettel den Inhalt bildete. Bemerkenswerther scheint, was über einen Vorgang in Rom berichtet wird. Hier hatte der Cardinal Raphael Riario ein Misterium, die „Bekehrung des heiligen Paulus", gedichtet. Baulustig, liess er nach seiner Angabe zu Rom ein bewegliches, ziemlich glänzendes Theater errichten, wo das Stück wirklich zum grossen Ergötzen der Menge im Jahre 1480 aufgeführt wurde. Der Autor der Musik soll ein gewisser Francesco Beverini gewesen sein. Ueber die nähere Beschaffenheit derselben aber ist Nichts bekannt, und es lässt sich demnach der dadurch etwa bewirkte Fortschritt nicht näher bezeichnen. Solche Aufführungen indess, wenn auch noch für die Kunst ohne Bedeutung, hatten doch das Resultat, dass scenische Darstellungen mit Musik immer beliebter wurden. Die Neigung dafür nahm in nächster Zeit im Laufe des 15. und 16. Jahrhunderts in Italien immer mehr zu; namentlich wetteiferten die Fürsten in Oberitalien, derartige Aufführungen an ihren Höfen zu veranstalten. Nicht mehr allein Augenlust suchte man zu befriedigen, auch der Musik wurde mehr und mehr gedacht. Besonders bei festlichen Gelegenheiten waren solche Vorstellungen bald unentbehrlich, und dann auch meist mit Musik und Gesang verbunden. Vor allen zeichnete sich in Kunstliebe und Pracht der gelehrte Hof der Mediceer aus. Florenz war während der Regierungsperiode dieser Fürsten das Athen Italiens, und Florenz wurde auch der Ort, wo die Oper ihre Entstehung fand. — Die contrapunctische Kunst hatte, wie bemerkt, in den Kreisen der höheren Stände bereits Geltung gewonnen, und der frühere einfache, einstimmige Gesang war, wie es schien, für immer verloren gegangen. Der musikalische Theil jener scenischen Darstellungen bestand daher jetzt aus Chören im Stile des Madrigals, der Dialog der Fabel wurde nur gesprochen. Die Gesänge, die Chöre erschienen nur in sogenannten „Intermezzi", welche selbst in besonderen, von dem Drama oder der Komödie geschiedenen Fabeln bestanden und zwischen den Acten aufgeführt wurden; oft auch wurde die Musik oder irgend ein Madrigal zwischen den Acten nur als zur Erholung von der anstrengenden Aufmerksamkeit auf die Fabel dienend betrachtet. Das Hauptdrama selbst bestand nur aus dem Dialog; Chöre waren beigefügt je nach der Forderung des Gedichts, vorzüglich am Schluss der Acte. Von dieser Beschaffenheit sind alle grösseren Dramen auch noch im 16. Jahrhundert gewesen: ein Stück z. B., welches Alfonso della Viola, einer der vorzüglichsten Zöglinge aus Willaert's Schule, im Jahre 1560 für den Hof von Ferrara in Musik gesetzt hatte; ein Stück, welches 1564 zu

Bologna in dem Palaste des vornehmen Hauses Bentivoglio aufgeführt wurde: „*L'incostanza della fortuna*"; eine Tragödie „Orfeo", welche die Republik Venedig zur Unterhaltung Heinrich's III. von Frankreich im Jahre 1574 hatte aufführen lassen, und mehrere andere. Es war dies Alles auch noch nicht entfernt die wirkliche Oper; man hatte sich derselben aber dadurch jedenfalls um einen Schritt genähert. Es ist von Wichtigkeit, genauer zu betrachten, wie jene Stücke, besonders in Florenz, in ihrem Detail beschaffen gewesen sind, indem nur durch Vergleichung desjenigen, was im 16. Jahrhundert üblich gewesen, mit dem, was in den letzten Jahren desselben und zu Anfang des nachfolgenden Jahrhunderts entstand, sich das wahrhaft Neue, das Wesentliche des grossen Umschwungs auf dem Gebiet der Musik, die Zeit der Erfindung der Oper ermitteln lässt. In einem Stücke, welches in der Mitte des 16. Jahrhunderts in Florenz aufgeführt wurde, zeigt sich in einer vom Himmel herabschwebenden Wolke Venus, das Gespann der weissen Schwäne aus ihrem Muschelwagen lenkend, in ihrem Gefolge die drei Grazien und die Jahreszeiten. Indem sich die Wolke senkt, erblickt man in dem offenen Himmelsraum Jupiter, Juno, Mars und die übrigen Götter. Von ihnen geht, wie berichtet wird, eine „wundersüsse Harmonie aus, welche mehr Göttern als Menschen anzugehören scheint", und es verbreitet sich zugleich „ein kostbarer Duft, der den ganzen Saal erfüllt". Von der anderen Seite der Bühne erscheint, als auf Erden wallend, Amor, in seinem Gefolge die Hoffnung, die Furcht, die Fröhlichkeit und der Schmerz. Es beginnt ein Tanz, und zugleich erklingt ein Gesang zwischen Venus und Amor. Man sollte erwarten, dass diese Strophen von Venus und Amor, wenn nicht als Duett, so doch lied- oder arienmässig wären gesungen worden. Dies war aber keineswegs der Fall. In der Beschreibung dieses Stücks wird ausdrücklich erzählt, dass die Strophen der Venus achtstimmig, die Amors fünfstimmig gewesen, dass dieselben auf der Bühne durch Stimmen gesungen und hinter der Scene mit Instrumenten begleitet worden wären. Noch an keinem Orte und bei keiner Gelegenheit zeigt sich eine Spur von einstimmigem Gesang. Bei einem Feste aber, welches bei Gelegenheit einer Vermählungsfeier in Florenz im Jahre 1539 stattfand, war Jemand auf den Einfall gekommen, die Oberstimme eines Madrigals von einer Person allein singen, und die übrigen Stimmen von Instrumenten ausführen zu lassen. Der Sänger sang in der Rolle des Silen die Oberstimme und begleitete sich selbst mit einem Violone (Viola grösserer Gattung), während die anderen beiden Stimmen auf Blasinstrumenten ausgeführt wurden. Der Text enthält das Lob des goldenen Zeitalters, dessen Wiederkehr der

Sänger dem neuvermählten fürstlichen Paare wünscht, obschon der traurige Singsang, wie Kiesewetter sagt, die Hoffnung hierauf nicht sehr entschieden auszudrücken scheint. So bedeutungslos an sich, muss indess dieser seltsame Versuch doch als erster, unreifster Anfang, als erster, wenn auch geringfügiger Anstoss, als die Basis betrachtet werden, auf welcher sich gegen Ende des Jahrhunderts ein ausgeführterer einstimmiger Gesang erhob. Es zeigte sich hier wieder das erste Wagniss eines solchen. Das Verfahren, die Oberstimme eines Madrigals von einer Person singen und die übrigen Stimmen durch Instrumente ausführen zu lassen, fand bald Nachahmung und es sind aus jener Zeit mehrere derartige Compositionen vorhanden. Zugleich begann hieraus die höhere Gesangskunst sich zu entwickeln; man versuchte jene langgehaltenen Noten der Oberstimme eines Madrigals mit allerlei Coloraturen zu verbrämen, man suchte mehr Bewegung und Mannigfaltigkeit in den Gang der Stimme zu bringen, und der erste Schritt zur Ausbildung des Einzelgesanges war damit gethan. Ich sage: der erste Schritt, denn wunderbar ist es, wie jene Sänger, zum Theil selbst Tonsetzer, nicht gleich darauf verfielen, eigentliche Cantilenen, Melodien zu erfinden und zu diesen eine passende Begleitung zu ersinnen, sondern sich fortwährend damit abquälten, die bedeutungslose Oberstimme eines Madrigals durch Figuren bis zur Unkenntlichkeit zu verzieren. Längere Zeit indess noch verging, bevor aus diesem bald sehr figurenreich werdenden Bravourgesang die eigentliche Cantilene wieder hervorging. So ist es zu erklären, wenn berichtet wird, dass der berühmte Sänger Caccini bei der Vermählung des Grossherzogs Franz mit Bianca Capello im Jahre 1579 die Rolle der Nacht in einem Intermezzo mit Begleitung von Violen gesungen habe. Wir finden denselben Gebrauch bei Festen, welche ebenfalls zu Florenz im Jahre 1589 gefeiert wurden. Die Höfe Oberitaliens hatten schon jetzt mehrere eigentliche Kunstsänger in ihren Diensten. Der genannte Caccini, ein gewisser Jacopo Peri und eine Sängerin Vittoria Archilei werden als die berühmtesten unter denen zu Florenz genannt. Castraten waren damals weder in den Kapellen noch an den Höfen eingeführt, wie es scheint, zur Zeit eine noch ganz unbekannte Sache.

Es konnte nicht fehlen, dass man jetzt bei dieser neuen Wendung der Dinge, und bei so viel gegebenen Mitteln, endlich doch darauf verfallen musste, Cantilenen von einem bestimmten Ausdruck, also Sologesang im eigentlichen Sinne, zu erfinden. Von den Sängern am Hofe zu Florenz, bemerkt Kiesewetter, war zur Verwirklichung der Idee eines selbstständigen, auf den Ausdruck bestimmter

Empfindungen und Zustände abzweckenden Gesanges keiner so berufen, als **Giulio Caccini,** auch von seiner Geburtsstadt G i u l i o R o m a n o genannt. Wenn zwar kein grosser Meister in der Kunst des Contrapuncts, hatte er doch darin einige Studien gemacht und war nicht nur ein guter Sänger im Geschmack der Zeit, sondern auch, und vorzüglich, als Gesanglehrer ausgezeichnet. Seine Gesänge gab er in einer Sammlung unter dem bedeutsamen Titel: *Le nuove musiche* im Jahre 1601 heraus. Er bezeichnet sich in der Vorrede selbst als den Ersten, der solche Gesänge erdacht, und erzählt, dass er vor mehreren Jahren verschiedene derselben bei einem Besuche in seiner Vaterstadt vor Liebhabern und Kennern mit ungemeinem Beifall habe hören lassen; diese Herren hätten ihm versichert, dass sie bis dahin noch nie einen ähnlichen Gesang gehört, da man sonst nur die Oberstimme eines Madrigals gesungen habe, wobei an den Ausdruck irgend einer Empfindung nicht zu denken gewesen sei. In der erwähnten Schrift hat Caccini seine neuen Arien mit allen Singmanieren zuerst veröffentlicht. Es geht daraus hervor, dass der Kunstgesang, was Kehlfertigkeit betrifft, schon einen hohen Grad von Ausbildung erreicht hatte.

In Florenz lebte damals, unter Vielen, ein äusserst thätiger Beschützer und Liebhaber der Künste und Wissenschaften, **Giovanni Bardi,** G r a f **von Vernio.** Als Mitglied gelehrter Gesellschaften, angeregt von dem Beispiele des Hofes und aus eigener Neigung, besprach sich derselbe am liebsten über Bildungsgegenstände, und sein Haus wurde bald der Mittel- und Sammelpunct für Alle, welche von einem höheren Interesse beseelt waren. G. B. D o n i, ein geschätzter Schriftsteller über griechische Musik, Secretär am Cardinalscollegium in Rom, geb. zu Florenz 1616, gest. 1669, hat eine Abhandlung über jene wissenschaftlichen und künstlerischen Bestrebungen, welche damals in Florenz so viel Anklang fanden, geschrieben, die zugleich mit einigen Vorreden der Tonsetzer als Hauptquelle für die Kenntniss dieser Vorgänge zu betrachten ist. Hieraus will ich ein Bruchstück mittheilen. Der Verfasser erzählt: „Dieser vortreffliche Cavalier, B a r d i, Graf v o n V e r n i o, war ganz besonders dem Studium des Alterthums und dem der Theorie und Praxis der Musik ergeben, die er mehrere Jahre hindurch so emsig studirt hatte, dass er für seine Zeit ein guter und correcter Tonsetzer geworden war. Sein Haus war der beständige Versammlungsort aller Personen von Talent und eine Art blühender Akademie, wo die jüngeren Leute vom Adel sich oft versammelten, um ihre Mussestunden in löblichen Uebungen und gelehrten Gesprächen zu verbringen, vorzüglich über Gegenstände der Musik, indem es der Wunsch der ganzen Gesellschaft war, jene Kunst, von welcher die Alten solche Wunder erzählen, wieder zu entdecken, so wie dies mit manchen anderen, durch die Einfälle der Barbaren verloren gegangenen Kenntnissen bereits der Fall war. Im Laufe dieser Erörterungen war man allgemein darüber einig, dass die neuere Musik an Anmuth und im Ausdruck der Worte sehr mangelhaft sei, und dass, um ihren Mängeln abzuhelfen, irgend eine andere Art von Cantilene oder Gesangsweise versucht werden müsse, bei welcher die Textesworte nicht unverständlich gemacht, noch der Vers zerstört würde. Vincenzo Galilei" — es ist dies der Vater des berühmten Naturforschers Galileo Galilei — „war zu jener Zeit unter den Tonkünstlern und Kunstkennern in einigem Ansehen, und verfolgte, hierdurch geschmeichelt, seine musikalischen Studien mit solchem Eifer, dass er bald zu der Reife der Einsicht gediehen war, ein Werk über die Missbräuche der neueren Musik liefern zu können. Angeeifert durch den Beifall, den dieses Buch fand, versuchte Galilei neue Dinge, und war unter dem Beistande des Grafen Bardi der Erste, welcher Melodien für eine Stimme setzte, indem er jene pathetische Scene des Ugolino nach der Dichtung von Dante in Musik brachte, und selbst sehr lieblich mit Begleitung einer Viola vortrug. Dieser Versuch gefiel im Allgemeinen überaus wohl, obgleich es Leute gab, welche das Wagstück belachten. Nichtsdestoweniger setzte er ferner in demselben Stil einige Fragmente der Klagelieder des Jeremias, welche vor einer frommen Versammlung aufgeführt wurden. Um eben diese Zeit war auch Giulio Caccini, ein feiner und gebildeter Sänger aus Rom, dort anwesend, und pflegte den Zusammenkünften im Hause des Grafen Vernio beizuwohnen. Eingenommen von einer leidenschaftlichen Neigung für jene neue Gattung, studirte er dieselbe mit grossem Fleisse, indem er eigene Compositionen mit Begleitung eines einzelnen Instruments sang, welches gewöhnlich die Theorbe oder grosse Laute war, die von dem zufällig eben auch zu Florenz anwesenden Bardilla gespielt wurde. Caccini also setzte, den Galilei nachahmend, wiewohl in einem schöneren und gefälligeren Stile, viele Canzonetten und Sonette, welche von den vortrefflichsten Dichtern herrührten, und nicht von solchen elenden Reimschmieden, deren man sonst wohl sich bedient hatte, und welche auch noch jetzt nicht selten die Lieblinge unserer Musiker sind. Man kann von ihm sagen, dass er der Erste gewesen ist, welcher diesen Fehler eingesehen hat und zur Erkenntniss darüber gekommen ist, dass die Kunst des Contrapuncts allein noch nicht die Erziehung des Componisten vollendet, wie man sich insgemein eingebildet. Caccini gestand in der Folge selbst, dass die in dem Hause Vernio's gepflogenen Unterredungen ihm von grösserem Nutzen gewesen wären, als dreissig Jahre der Uebung und des Studiums seiner Kunst. Man muss gestehen, dass wir Caccini zum grössten Theil die neue und anmuthvolle Singart verdanken, welche sich eben damals über ganz Italien ausbreitete, indem er eine grosse Zahl von Arien componirte, deren Vortragsweise er unzähligen Schülern beibrachte, unter diesen auch seiner Tochter, welche eine berühmte Sängerin wurde, und noch jetzt mit diesem Talente glänzt. Im Recitativ-Stil hatte Caccini einen furchtbaren Nebenbuhler an **Jacopo Peri,** einem Florentiner, welcher nicht nur ein guter Componist, sondern auch ein berühmter Sänger, zudem in der Ausführung der Tasteninstrumente besonders geschickt war; derselbe verlegte sich mit grossem Fleiss und Enthusiasmus auf jene neue Singart, worin er bewunderungswürdigen Fortgang machte und allgemeinen Beifall hatte." Dies sind die Worte Doni's; sie enthalten das Wichtigste über die ersten Anfänge des neuen Stils, über die nächsten Schritte zur Oper. Es geht aus denselben hervor, welches der Grund und Boden war, aus dem das Neue hervorging; sie zeigen die Motive, welche zu der Auffindung desselben Veranlassung gaben.

Gelehrte, geistreiche Literaten, musikalische Dilettanten, Sänger, Dichter waren es, von denen die Erfindung ausging. Die eigentlichen Musiker waren, wie so oft, zu sehr befangen in dem, was galt, in der hergebrachten Weise, als dass sie auf etwas so ganz Abweichendes hätten eingehen können. Die Erfinder der Oper liessen daher die eigentlichen Musiker ganz aus dem Spiele. Die grosse Einseitigkeit der bis dahin vorhandenen Musik war ihnen deutlich zum Bewusstsein gekommen, der sich ausbildende Einzelgesang hatte entschieden auf die Möglichkeit einer noch ganz anderen Kunst hingedeutet. Die immer beliebter werdenden mit Musik verbundenen scenischen Darstellungen lenkten den Blick auf die Bühne. Das Studium der griechischen Literatur endlich erinnerte an die problematische Beschaffenheit der griechischen Musik, veranlasste zu Untersuchungen über die Art, wie im griechischen Drama Tonkunst und Poesie verbunden gewesen sein mögen. Jetzt kam es darauf an, eine Musikart ausfindig zu machen, in welcher ganze, zusammenhängende, poetisch wohlgeordnete Schauspiele auch musikalisch zusammenhängend behandelt, und bei der theatralischen Darstellung auf solche Weise gesungen werden könnten; es kam darauf an, das Schauspiel völlig in eine höhere, ideale Welt zu erheben, in eine Welt, worin die auftretenden Personen für das, was sie zu sagen hätten, keine andere Sprache besässen, als die des Gesanges. Die Griechen, war die Ansicht jener Männer, haben eine solche Musik besessen, aber leider ist sie völlig untergegangen, und die Nachrichten, welche wir besitzen, reichen nicht aus, um uns eine klare Anschauung zu gewähren. Diese Musik muss neu geschaffen werden. Jetzt galt es auch, den Dialog musikalisch zu behandeln, es handelte sich um Erfindung des Recitativs, um das Ganze zum Abschluss zu bringen, um alle Mittel, das Schauspiel in Musik umzusetzen, in den Händen zu haben, und diese Erfindung ging ums Jahr 1600 von jener blühenden Akademie aus; dies war der lange geahnte Stil, den die gelehrten Kunstliebhaber beabsichtigten, nach ihrer Ansicht eine Erneuerung der musikalischen Recitation in den Tragödien der alten Griechen. Dies war im eigentlichen Sinne eine in der modernen Musik noch nicht dagewesene Erfindung, wennschon die ersten Versuche nur erst sehr unvollkommen gelungen waren; dies ist das grosse Verdienst, welches sich jene Dilettanten erworben haben. Wie grosses Gewicht man auf diese Neuerung legte, wie mächtig der Einfluss der Griechen war, wie sehr man sich bemühte, diesem Ideal treu zu bleiben, erhellt namentlich aus dem Umstand, dass in den ersten opernmässigen Werken arioser Gesang, eigentliche *Cantilene*, nur noch äusserst selten vorkam, ja fast ganz ausgeschlossen war, dass jene Compositionen fast nur noch aus Recitativen und Chören bestanden.

Als der Graf von Vernio von seinem Gönner Clemens VIII. als *Maëstro di camera* nach Rom berufen wurde, übernahm ein gewisser Jacopo Corsi die Akademie und setzte in seinem Hause die Versammlungen und Besprechungen im Sinne des Gründers fort. Der aus Frankreich zurückgekehrte Dichter Ottavio Rinuccini, ein Freund Corsi's, trat der Gesellschaft bei. An Nichts fehlte es nach so vielfachen Bemühungen und Versuchen, um alles bisher Erfundene zusammenzufassen, um die Oper in das Leben einzuführen, als an einem passenden Gedichte. Rinuccini war so gefällig, ein Hirtengedicht „Dafne" zu liefern, dessen Composition Peri übernahm. Das Werk kam im Jahre 1594 oder 95 in dem Hause Corsi's zur Aufführung und erregte allgemeines Aufsehen. Auch nach Deutschland — um dies sogleich hier zu bemerken — gelangte der Text desselben; der damals berühmte Dichter Martin Opitz von Boberfeld übersetzte ihn, und der sächsische Kapellmeister Heinrich Schütz lieferte die Musik. Hatte indess die „Dafne" Aufsehen erregt, so konnte sich der Erfolg derselben doch nicht messen mit dem Enthusiasmus, welchen ein anderes Werk von Rinuccini hervorrief, die Oper „Euridice", die erste eigentliche grössere Oper, durch die für ganz Europa die Bahn gebrochen wurde. Sie wurde von Peri in Musik gesetzt, bei der Aufführung aber waren mehrere Stücke von Caccini's Composition eingelegt. Später ergänzte Peri sein Werk, und auch Caccini schrieb dann die ganze Oper für sich allein. Beide Bearbeitungen sind im Druck erschienen. Veranlassung zu der Aufführung gab eine bedeutende Feierlichkeit am florentinischen Hofe, die Vermählung Heinrich's IV. von Frankreich mit Maria von Medici im Jahre 1600. Es war natürlich, dass man ein solches Fest durch die möglichste Pracht zu verherrlichen suchte, natürlich, dass die zahlreichen Gäste den Ruhm des Geschauten und Gehörten bald in allen Ländern verbreiteten. Die Bahn war jetzt gebrochen, die Oper in das Leben eingeführt, und es zeigt sich von nun an ein stetiger Fortgang. Bald folgten andere italienische Städte dem von Florenz gegebenen Beispiel, und brachten dieses und ähnliche Stücke zur Aufführung. In der „Euridice" zeigte sich nun zuerst eine vollständigere, schon etwas gelungenere Anwendung der neu gewonnenen Kunstmittel. Die gewöhnliche Recitation ist ganz verdrängt, der Dialog von Anfang bis zu Ende recitativisch behandelt, kleinere, bewegtere Chöre finden sich dazwischen. Das ist aber auch das Hauptsächlichste, was darüber zu sagen ist. Diese langgedehnten Recitative ohne melodische Schönheiten, mit ärmlicher harmonischer Begleitung, sind für uns langweilig. Das Interesse der Neuheit und die äussere scenische Pracht nur konnten damals der Sache so grosse Erfolge verschaffen. Die Composition war lange Zeit hindurch verloren; Kiesewetter hat sie wieder aufgefunden und einige Bruchstücke mitgetheilt*).

Ich habe diese Vorgänge etwas ausführlicher behandelt. Wie in der letzten Vorlesung, hatte ich Ihnen hier einen der wichtigsten Abschnitte der Geschichte der Musik darzustellen. Die Erfindung der Oper ist, wie schon bemerkt, der folgenreichste Wendepunct in dem gesammten Verlauf der Begebenheiten. Ich habe indess bis jetzt nur der Bestrebungen der Florentiner gedacht, um die Darstellung nicht zu unterbrechen, gleichzeitige verwandte Leistungen an anderen Orten nicht namhaft gemacht. Dieser will ich jetzt noch in Kürze erwähnen. Gleichzeitig mit den Florentinern, ja ihnen noch zuvorkommend, hatte ein gewisser **Emilio del Cavaliere**, ein Römer, bis zum Jahre 1596 aber Intendant der grossherzoglichen Hofmusik zu Florenz, und demnach mit den Bestrebungen der dasigen Kunstfreunde vertraut, einige Schäferspiele, gleichfalls in der neuen Weise, gleichfalls in der Absicht,

---

*) Man vergleiche über das hier Dargestellte Schelle's Abhandlung in der „Neuen Zeitschrift für Musik", Jahrgang 1863, Bd. 59, Nr. 3, S. 21. Dort wird die Oper nach Seite ihrer musikalischen Factur als ein Umschlag der kirchlichen Musik in die weltliche bezeichnet.

die Musik der alten Griechen wieder aufleben zu machen, componirt, die der Ansicht der gelehrten Hellenisten schon ziemlich nahegekommen sein mussten, da dieselben sogar dem Jacopo Peri als nachahmungswürdig bei der Composition der „Dafne" empfohlen werden konnten. Gleichzeitig mit der „Euridice" hatte Emilio im Februar des Jahres 1600 ein grösseres Werk, ein moralisch-allegorisches Drama: „*Dell' anima e dell' corpo*", in Rom, in der Kirche *della Valicella*, und zwar in der Betstube, welche den Namen *Oratorio* führt, auf einer Bühne mit Scenen und Decorationen, durch handelnde Personen, auch mit eingewebten Tänzen, zur Aufführung gebracht, und damit für das spätere Oratorium den ersten Anstoss gegeben*). Der englische Geschichtschreiber Burney hat eine Beschreibung des wunderlichen Stücks gegeben: als Einleitung soll ein Madrigal gesungen werden, mit verdoppelten Stimmen, und mit Instrumenten verstärkt, welche die Singstimmen mitspielen. Wenn der Vorhang aufgezogen ist, erscheinen zwei Jünglinge, welche den Prolog recitiren. Sobald diese abgetreten sind, erscheint, als handelnder Charakter, die Zeit; ihr wird der Ton von den Instrumenten hinter der Scene angegeben. Dann erscheint das Vergnügen und seine Gefährten, welche Instrumente in der Hand haben, um ihren Gesang zu begleiten. Der Körper, welcher nun auftritt, mag bei Ausstossung besonders charakteristischer Worte etwas von seinem Kleiderputz oder Schmuck von sich werfen, die goldene Halskette, die Federn von dem Hut. Die Welt und das menschliche Leben sollen insbesondere bunt und reich gekleidet sein; wenn sie aber nachher von ihren Hüllen entblösst sind, sollen sie armselig und elend erscheinen,

---

*) In Bezug auf diesen Vorgang bemerkt Schelle, „Neue Zeitschrift für Musik", Jahrgang 1864, Bd. 60, No. 10, S. 79:

„In das Bereich der bodenlosen Sagen gehört ferner die Ableitung des Ausdrucks Oratorium von dem Betsaale des heil. Neri, Santa Maria in Valicella, wo man die bekannten geistlich dramatischen Vorstellungen während der Carnevalswoche abhalten lässt. Wer indess je das dortige Oratorio gesehen hat, dem muss schon die Räumlichkeit als solche die Unmöglichkeit derartiger Aufführungen an Ort und Stelle vor die Augen bringen. Dazu erwähnen weder die Acten der Congregation, noch die weitschichtige und bis ins kleinste Detail gehende Biographie des heiligen Neri, in dem dortigen Archive befindlich, auch nur das Geringste, welches zu dieser Annahme berechtigte; vielmehr geht aus ihnen hervor, dass jene Vorstellungen, wie noch heutigen Tages, in einem Saale des dritten Stockwerks vor sich gingen. Zum Ueberfluss ist noch darauf aufmerksam zu machen, dass der Name Oratorio für eine Compositionsgattung nie in der italienischen Sprache gebräuchlich gewesen ist. Man wird sich daher die Mühe nehmen müssen, diesen Ausdruck auf andere Weise abzuleiten."

endlich gar wie todte Gerippe. — Ich glaube, diese Notizen reichen aus, um Ihnen eine Anschauung von dem unerquicklichen Charakter des Ganzen zu geben. Was die Musik betrifft, so ist das Wichtigste, dass die neuen Kunstmittel darin zur Anwendung gekommen sind. Gleichzeitig waren diese Werke entstanden, und es ergiebt sich daraus, wie die Ehre der Erfindung des neuen Stils den vorhin genannten Männern nicht allein beigelegt werden kann. Der neue Musikstil war eine von der Zeit, von den inneren Entwicklungsgesetzen der Kunst geforderte Aufgabe, und wir sehen daher, wie Versuche zur Lösung derselben von Mehreren zugleich unternommen wurden.

Hiermit sind nun diese grossen, für die Folgezeit so ausserordentlich wichtigen Erfindungen ins Leben getreten, anfangs hinsichtlich ihres künstlerischen Werthes nichtssagend, in ihren Folgen von unermesslicher Bedeutung. Das lyrische Element gelangt jetzt zur Herrschaft, im Gegensatz zu dem epischen der Vorzeit; s i c h auszusprechen, seine Besonderheit, seine besonderen Gemüthszustände, wird jetzt die Hauptaufgabe. Das freie Sich-ergehen des Subjects, das Vereinzelte der Situation und der Gegenstände, die Art und Weise, wie das Individuum in seiner subjectiven Freude, in seinem subjectiven Schmerz sich äussert, kommt jetzt zur Herrschaft, und somit ist das Eingangsthor für die späteren Jahrhunderte eröffnet.

Man hat zum Theil die Bemühungen jener Männer, die Musik des griechischen Trauerspiels wieder aufleben zu machen, als eine seltsame Liebhaberei, als eine Grille, beinahe als eine Thorheit betrachtet, welche nur zufällig und ganz beiläufig jenes grosse Resultat, die Erfindung der Oper, zur Folge hatte; man hat damit die allem Christlichen tiefeingeborene Sehnsucht nach Griechenland, die ihm innewohnende Ahnung, dass es dort seine Ergänzung zu suchen hat, man hat den Genieblitz des Jahres 1600 auf musikalischem Gebiet völlig verkannt. G. W. Fink in seiner „Geschichte der Oper" ist es insbesondere, der von dieser trivialen Anschauung nicht loszukommen vermag, und somit, wie überhaupt in seiner Schrift, auch hier die wichtigsten Gesichtspuncte, die Erfassung des Princips, sich entgehen lässt. Ein dunkler Instinct, eine Ahnung, dass der christlichen bis dahin vorzugsweise auf die Kirche beschränkten Musik Etwas fehlte, was nur in Griechenland zu erlangen sei, trieb und leitete jene Männer, welche die Oper erfanden. Derselbe Geist, welcher alle Erscheinungen des modernen Lebens gestaltete, hat auf gleiche Weise in der Tonkunst weiter bildend und schaffend gewirkt, und hier durch diese Wendung jenen Gebilden entsprechende Gestalten hervorgerufen. So wie das Alterthum einseitig seine Befriedigung vorzugsweise in der Sinnenwelt fand, so huldigte umgekehrt das Christenthum einem einseitigen Spiritualismus, einer Verflüchtigung des Sinnlichen, und nur erst die Durchdringung beider Seiten zu einem höheren Ganzen hat ein vollkommen Befriedigendes, hat die höchsten Schöpfungen hervorgerufen. Das Princip der neueren Zeit ist die Ineinsbildung der griechischen und der früheren christlichen Weltanschauung. Diese Durchdringung beider Seiten ist es, welche in Raphael's Werken bezaubert, diese Durchdringung war es, welche Goethe nach seiner italienischen Reise auf den Höhepunct seines Schaffens führte und eine völlige Umwandlung seines Wesens bewirkte, so dass es ihm schien, als habe er erst mit dieser Epoche zu leben begonnen. Die politische und sociale Umgestaltung der Gegenwart ist ebenfalls zum Theil in diesem Sinne aufzufassen. Auch das moderne Leben strebt noch fortwährend dahin, sich durch Elemente des griechischen zu ergänzen, und wir werden, bevor diese Aufgabe erreicht ist, zu einem befriedigenden Abschluss nicht gelangen. Griechenland nun hat genau denselben Einfluss, welchen es auf die allgemeine geistige Gestaltung des Abendlandes erlangt hat, auf unsere Musik geäussert; auch unsere Tonkunst ist erst durch griechische Einflüsse, durch die Bemühungen jener Männer, sich das Wesen der antiken Musik deutlich zu machen, zu höherer Reife gelangt. Wie in der Malerei durch die Einwirkung der griechischen Sculptur jene frühere Magerkeit der Gestalten, jene spiritualistische Verflüchtigung des Leiblichen beseitigt wurde, so dass Raphael und die späteren Maler Madonnen und Büsserinnen in blühender Körperfülle malen konnten, und diese tief geistigen Charaktere zugleich durch sinnliche Anmuth entzücken; wie in der deutschen Poesie, wie bei Goethe erst durch das Studium Griechenlands jene Formlosigkeit und verschwimmende Sentimentalität in Götz und Werther, das Wilde und Regellose, welches die Männer der Sturm- und Drang-Periode zeigen, überwunden wurde, und Vollendung der äusseren Erscheinung, Pracht des Ausdrucks und Geschlossenheit der Form an deren Stelle trat: so hat auch die Musik erst durch die Ausbildung der weltlichen Formen, durch Erfindung des Recitativs und der Arie, die jenen griechischen Studien wenigstens mittelbar ihre Entstehung danken, Vollendung erlangt. Die Musik der päpstlichen Kapelle im 16. Jahrhundert entspricht jenen vor-Raphael'schen Werken der Malerei, welche das Leibliche noch nicht völlig zu seinem Rechte kommen lassen; der durch Erfindung der Oper hervorgerufene Kunststil zeigt die blühende Körperfülle Raphael'scher Gestalten. Man hat das anfangs einseitige Auftreten der grossen weltgeschichtlichen Principien, ihre spätere Verknüpfung, ihre organische Einigung in anderen Gebieten der Wissenschaft und Kunst erkannt. Die Tonkunst allein erschien bisher immer als etwas Abgesondertes, welches, in seiner Entwicklung auf sich beschränkt, nirgends hin passte, und keinen Theil an der allgemeinen Bewegung zu haben schien. Ich habe angedeutet, wie das Princip, welches allen Gestalten abendländischer Kunst zum Grunde liegt, auch in der Tonkunst sich wirksam erwiesen hat, und damit den Hauptwendepunct der Geschichte der Musik hineingehoben in das Reich des allgemeinen Geisteslebens. Es kam in jener Epoche darauf an, das rein Menschliche in seiner Berechtigung geltend zu machen, dem überwiegend Geistigen der Kirchenmusik eine schöne Sinnlichkeit gegenüberzustellen, diese im Alterthum zur Erscheinung gekommene Seite für die Tonkunst zu erwerben, und es geschah dies durch die Erfindung der Oper und alles das, was an diese sich knüpft. Der bis dahin überwiegend geistigen Tonkunst die sinnliche Seite hinzugefügt zu haben, ist hauptsächlich die Bedeutung des ersten Auftretens der Oper in Italien. Hierdurch gelangte zugleich der fortwährende Kampf des Griechischen und des Christlichen — ich machte schon in der ersten Vorlesung auf diesen Umstand und zwar mit der Bemerkung aufmerksam, dass derselbe später noch eine entsprechende Würdigung finden werde — zu einem befriedigenden Abschlusse. Die Autorität Griechenlands und die Berechtigung, welche seinem Wesen innewohnt, kam zur Geltung, wenn auch nicht auf dem verkehrten Wege der Wiedereinführung seines Tonsystems, den die Musiker der ältesten Zeit zu betreten strebten. Früher hatte Griechenland das Emporkommen der christlichen Musik nur gehemmt, jetzt war der Zeitpunct gekommen, wo nicht mehr eine Seite auf Kosten der anderen sich geltend machen konnte, sondern beide, gleichberechtigt, in inniger Durchdringung eine neue Epoche begründeten.

Fünfte Vorlesung.

Zustand der Instrumentalmusik. — Fortgang der Oper: Giacobbi. Quagliati. Monteverde. Marco de Gagliano. — Tonsetzer im Stile Palestrina's: Benevoli und Bernabei. — Spätere Meister: Viadana und Carissimi; Cavalli und Cesti. — Neapolitanische Schule: A. Scarlatti. Durante. Leo. Greco. Astorga. Spätere Tonsetzer: Jomelli. Teradeglias. Pergolese.

Geistreiche Kunstfreunde, Alterthumsforscher, Dilettanten, Sänger waren die Erfinder der Oper; die Musiker von Fach besassen in Folge ihrer gesammten Bildung und Richtung noch keine Empfänglichkeit für die neuen Bestrebungen, welche, so grosses Interesse sie bei der Mehrzahl erweckten, von jenen belacht wurden. Noch immer bestand die schon erwähnte Trennung von Kirchenmusik und weltlichem Gesang, die Kluft zwischen Harmonie und Melodie. Dies hatte einen grossen Uebelstand zur Folge. Die Dilettanten, weniger eingeengt durch die Vorurtheile der Schule, vermochten zwar mit grösserer Leichtigkeit eine neue Idee zu fassen, aber es fehlten ihnen die höheren, künstlerischen Erfordernisse, es fehlte ihnen die Gewandtheit in der Handhabung der künstlerischen Mittel, die nachhaltige Kraft, der Reichthum der Erfindung, um grössere Schöpfungen wagen zu können, und wir sehen daher in der nächsten Zeit nach Erfindung der Oper verhältnissmässig nur geringe Fortschritte. Jene Erfinder waren wohl fähig gewesen, den ersten Anstoss zu geben, nicht aber, ihre Schöpfung zu höherer Vollendung und Gediegenheit fortzuführen; die Oper führte im Ganzen ein kümmerliches Dasein und wurde mehr nur durch äussere Pracht und Glanz getragen und gestützt. Erinnern Sie sich, dass die ersten Werke der neuen Gattung nur aus Recitativen und Chören bestanden, so erhellt schon hieraus die Aermlichkeit ihrer Beschaffenheit. Wahrscheinlich, um dem Vorbilde der antiken Tragödie ganz treu zu bleiben, war darin arioser Gesang, den man doch durch Caccini schon kannte, noch ganz ausgeschlosssen. Auch die Einrichtung des Orchesters entsprach der gesammten musikalischen Beschaffenheit jener Werke. Unsere heutigen Instrumente waren zum Theil schon erfunden und ausserdem mehrere, jetzt ausser Anwendung gekommene, noch vorhanden, aber man wusste davon noch keinen Gebrauch zu machen, und die Kunst, die Instrumente zu spielen, stand auf der untersten Stufe der Ausbildung. Für das in der letzten Vorlesung genannte Oratorium des Emilio del Cavaliere wird statt einer Einleitung ein „Madrigal" empfohlen mit verdoppelten Stimmen, und mit Instrumenten verstärkt; die Instrumente sollen hinter der Scene aufgestellt werden, und zwar: eine *Lira doppia* (eine grosse Art *Viola*, *Viola da gamba*), ein *Clavicembalo*, ein *Chitarrone*, zwei *Flauti* oder *Tibie all' antica*. Zahlreicher waren die Instrumente, welche man in Florenz kannte und gebrauchte. Schon bei den Darstellungen im 16. Jahrhundert werden genannt: *Gravicembalo*, *Organetti a varii registri*, 3 *Traverse*, 1 *Violone*, 4 *Trombone*, *Storte* (Krummhörner?) und 4 *Cornetti* (Zinken). Ein eigener Part war indess für sie nicht geschrieben. Aus etwas späterer Zeit werden aufgezählt: 2 *Gravicembali*, 4 *Violini*, 1 *Leuto mezzano*, 1 *Cornetto muto*, 4 *Tromboni*, 2 *Flauti diritti*, 4 *Traverse*, 1 *Leuto grosso*, 1 *Sotto Basso di Viola*, 1 *Sopran di Viola*, 4 *Leuti*, 1 *Viola d'arco*, 1 *Lirone*, 1 *Traverso Contralto*, 1 *Flauto grande Tenore*, 1 *Trombone Basso*, 5 *Storte*, 1 *Stortina*, 2 *Cornetti ordinarii*, 1 *Cornetto grosso*, 1 *Dolzaina*, 1 *Lira*, 1 *Ribecchino*, 2 *Tamburi* u. s. w. Die Instrumente hatten mehrere Tänze, Vor- und Nachspiele und Zwischensätze vorzutragen; die Compositionen aber waren von den mehrstimmigen Gesängen jener Zeit nicht verschieden, fast ganz so beschaffen wie die kleinen Chöre, welche in den Opern vorkommen. Bei diesen Chören wurden die Instrumente nur zur Verstärkung des Tones benutzt, so dass viele derselben vereint eine Stimme zu spielen hatten im Einklange mit den Sängern; bei den Solos war öfters die Begleitung nicht einmal in Noten vorgeschrieben, sondern der eigenen Erfindung, dem Geschmack und guten Gehör des Spielers überlassen. An eine kunstvollere Vertheilung der Instrumente wurde auch noch nicht im Entferntesten gedacht; im Gegentheil, die Instrumentalmusik befand sich noch auf der untersten Stufe der Ausbildung, und es ist aus jener Zeit höchstens von grossem Unfug, der mit den Instrumenten getrieben wurde, zu berichten.

Bald nach Erfindung der Oper beeiferten sich nun zwar die grossen italienischen Städte, die Höfe, die Reichen, derselben eine Stätte zu bereiten und sie bei sich einzuführen, aber man begnügte sich mit Wiederholung der vorhandenen Werke, und neuen, ähnlichen Schöpfungen wurde nicht der Beifall zu Theil, der die früheren gehoben und getragen hatte. So wurde die „Euridice" des Peri schon im Jahre 1601 zu Bologna zur Aufführung gebracht, die „Dafne" desselben zu Parma 1604. Der nachher noch zu besprechende Claudio Monteverde betrat zunächst die dramatische Laufbahn; er schrieb für den Hof zu Mantua im Jahre 1607 die Tragödie „Orfeo", im Jahre 1608 die „Arianna" und die Tanz-Oper „*Il ballo delle ingrate*". Der Bologneser Girolamo Giacobbi setzte im Jahre 1610 eine Oper „Andromeda", und im Jahre 1616 in Gemeinschaft mit dem Römer Quagliati und dem Florentiner Marco da Gagliano die „Euridice" des Rinuccini, der Letztere in demselben Jahre die „Dafne" desselben, sämmtlich für Bologna. Noch im Jahre 1640 aber wurde die „Arianna" des Monteverde in Venedig wieder auf die Bühne gebracht. Erst um die Mitte des Jahrhunderts, als das musikalische Drama, welches im Ganzen bis dahin doch nur als eine seltene Erscheinung bei besonders feierlichen Gelegenheiten, auf Kosten der Höfe, Republiken und reicher Privatleute gehört worden war, die Lieblingsunterhaltung des grossen Publicums zu werden begann, durch dessen Beiträge die Kosten der Aufführung bestritten wurden, und als nun eigene Gebäude, grosse öffentliche Theater entstanden waren, erst da wurde mit zunehmender Thätigkeit im Fache der Oper gearbeitet, und von da an waren auch die Fortschritte, welche die dramatische Musik machte, ausserordentlich schnell. Jetzt erst treffen wir auch den Namen „Oper", der weit später, mehrere Jahrzehnte nach Erfindung derselben, aufgekommen ist, und sich, soviel man weiss, zuerst in einer 1681 erschienenen Schrift vorfindet. Nur wenige bedeutende Tonsetzer betraten, wie Sie schon aus den eben gemachten Angaben entnehmen, die dramatische Laufbahn. **Claudio Monteverde,** geb. 1568 zu Cremona, seit 1613 bis zu seinem 1643 erfolgten Tode Kapellmeister an der Marcuskirche in Venedig, ist zunächst als Derjenige zu bezeichnen, der in der eingeschlagenen Richtung weiter fortschritt. Ausser den schon genannten Werken schrieb er später noch die Opern: „*Proserpina rapita*" (1630), „*l'Adone*" (1639), „*Il ritorno d'Ulisse in patria*" (1641) und „*L'incoronazione di Poppea*" (1642). Monteverde versuchte mehr Abwechslung, rhythmischen Schwung, Leidenschaft in den Ausdruck dramatischer Werke zu bringen — er selbst hat sich in der Vorrede zu einem 1638 zu Venedig gedruckten Madrigalwerk als den Erfinder des leidenschaftsvollen Stils in der musikalischen Composition bezeichnet —, er ordnete und erweiterte das Orchester, so dass es jetzt nöthig war, für jedes Instrument die Noten genau vorzuschreiben, und suchte es durch eigenthümliche Behandlung der einzelnen Instrumente zu charakteristischen Wirkungen zu befähigen. Sein

Orchester bestand aus: 2 *Gravicembali*, 2 *Contrabassi da Viola*, 10 *Viole da brazzo*, 1 *Arpa doppia*, 2 *Violini piccioli alla Francese*, 2 *Chitarroni*, 2 *Organi di legno*, 3 *Bassi da gamba*, 4 *Tromboni*, 1 *Regal*, 2 *Cornetti*, 1 *Flautino alla vigesima seconda*, 1 *Clarino* und 3 *Trombe sordine*. Am bemerkenswerthesten ist er wohl deshalb, weil er neue, vor ihm von Niemand gewagte Combinationen in Accorden, besonders ungewohnte Dissonanzen ohne Vorbereitung zu gebrauchen angefangen, obschon er deswegen von seinen gelehrten Kunstgenossen heftig angefochten wurde; er trug aber dadurch wesentlich dazu bei, die grosse Umbildung in den Mitteln der Tonkunst, welche jetzt begonnen hatte, den erweiterten Gebrauch derselben, zur Geltung zu bringen.

So wenig ergiebig sich aber auch die erste Hälfte des 17. Jahrhunderts zeigt, so ist doch diese Zeit, wie auch schon aus dem bisher Gesagten erhellt, für die gesammte Tonkunst von grösster Bedeutung gewesen; nicht durch das, was wirklich geleistet wurde, durch wirkliche Kunstschöpfungen, wohl aber, indem hier der Grund zu all den Formen und Kunstgattungen gelegt wurde, die noch jetzt das Wesen unserer Musik ausmachen. Ausser der Entstehung des Einzelgesangs, ausser der Aufnahme der Instrumente, die früher, wie Sie wissen, von aller höheren, kunstvolleren Musik ganz ausgeschlossen waren, bemerken wir jetzt zuerst eine Scheidung der gesammten Tonkunst in Kirchen-, Kammer- und Theatermusik und Ausbildung verschiedener Stile dafür. Eine Menge neuer Formen wurde geschaffen: die Ausbildung der Instrumentalvirtuosität, sowie der höheren Gesangskunst, endlich auch der modernen Harmonisirung, der modernen Tonleitern, war eine nothwendige Folge der neuen Richtung, und ich darf hier nicht unterlassen ausdrücklich darauf aufmerksam zu machen, wie dieser grosse Umschwung in der Musik der letzten beiden Jahrhunderte lediglich von Italien ausgegangen ist, und Deutschland deshalb sehr Unrecht thut, wenn es die Leistungen desselben vergisst und im Besitz aller Schöpferkraft zu sein wähnt. Deutschlands Verdienst ist, das Gegebene weiter entwickelt, zu einer Höhe und Vollendung gesteigert zu haben, welche Italien nicht ahnte, Italiens Ruhm aber, erfindend vorangegangen zu sein.

Ich deutete vorhin darauf hin, wie der Fortgang in der allmählichen Ausbildung der Oper anfangs nur ein sehr langsamer war; Sie werden bemerkt haben, wie bei diesen frühesten Versuchen ein Alles gestaltender, schöpferischer Mittelpunct fehlt. Es werden allerdings Fortschritte gemacht, und im Laufe der Zeit gewinnen die Tonsetzer an Gewandtheit, aber es fehlt doch immer der tiefere musikalische Geist, eine umfassende Schöpferkraft. Dass dies der Fall, lag in den Verhältnissen, hatte in dem dilettantischen Charakter der ersten Versuche seinen Grund. Wo sind demnach, entsteht jetzt die Frage, die Kräfte zu suchen, welche die classische Zeit dieser zweiten Periode der italienischen Musik, das goldene Zeitalter der Oper, sowie die neue Blüthe der Kirchenmusik hervorgerufen haben? In Rom bestand die alte strenge Schule des Kirchenstils, und von den Tonsetzern dieser Richtung war keine Einwirkung auf die neuen Bestrebungen zu erwarten. Das war auch keineswegs der Fall; im Gegentheil, diese Schule hat sich, unberührt von den Bewegungen der Zeit und den Stürmen derselben trotzend, bis herab auf die Gegenwart in ursprünglicher Gestalt erhalten, so dass aus allen Epochen hervorragende Tonsetzer jenes Stils zu nennen sind. Ich gedenke hier im Vorübergehen des **Orazio Benevoli**, der seit dem Jahre 1650 das Kapellmeisteramt bei St. Peter im Vatikan inne hatte, und eines Schülers desselben, des **Giuseppe Bernabei**, der 1672 seinem Lehrer in dieser Stellung folgte. Beide waren ausgezeichnet durch ihre grossen, mehrchörigen, oft 16- bis 24stimmigen kirchlichen Werke. Das Neue aber hatte nach und nach immer grössere Verbreitung gefunden und sich zu der Anerkennung seiner Berechtigung durchgekämpft. So manche der schulmässig gebildeten Musiker, welche anfangs dem weltlichen Treiben ferne gestanden hatten, konnten sich den Einflüssen desselben nicht mehr entziehen; die höher Begabten unter ihnen mussten die grosse Zukunft, welche in jenen Formen der weltlichen Musik lag, ahnen. Dort ist demnach der eigentliche schöpferische Mittelpunct zu suchen, wo Altes und Neues in schönster Harmonie sich zu vereinigen begann; von dem Zeitpunct an, wo die gründlich gebildeten Musiker die neuen Formen aufnahmen, durch ihre Kunst adelten und vervollkommneten, datirt der höhere Aufschwung. Jetzt wurden die neuen Kunstmittel und Formen auch in die Kirche aufgenommen und erhielten hier ihre Weihe; von dort aus vermochten sie rückwirkend die Oper zu höherer Vollkommenheit zu bringen, so wie sie selbstverständlich auch auf die Kirchenmusik ihren Einfluss äusserten, diese umgestalteten, insbesondere die Tonsetzer nöthigten, von den alten Tonarten abzugehen und Instrumentalbegleitung aufzunehmen.

Männer, welche nie eine Oper geschrieben haben, waren daher im weiteren Verlauf kräftigere Förderer derselben, als diejenigen, welche sich anfangs ausschliesslich dem neuen Kunstzweige gewidmet hatten. Hier ist es vorzüglich ein Name, der unsere Aufmerksamkeit fesselt, der des **Giacomo Carissimi**, Kapellmeisters an der Kirche S. Apollinare zu Rom. Zuvor gedenke ich noch des **Ludovico Viadana**, der ebenfalls hier eine Erwähnung verdient. Er war um die Mitte der 90er Jahre des

16. Jahrhunderts der Erfinder der Kirchenconcerte, einer Compositionsgattung, in welcher er, gegenüber dem bisherigen häufigen, zu allerlei Unzuträglichkeiten führenden Gebrauche, ein-, zwei- oder dreistimmige Gesangstücke mit Orgelbegleitung durch Auswahl der betreffenden Anzahl von Stimmen aus fünf-, sechs-, sieben- oder mehrstimmigen Tonsätzen herzustellen, auf die Erfindung selbstständiger, melodisch frei geführter Cantilenen ausging. Zur Vervollständigung der Harmonie diente ein durchgehender Instrumental- oder Orgelbass, der *Basso continuo*, auch *Bassus generalis*, Generalbass genannt. (Erfinder der Bezifferung war Viadana keineswegs; dieselbe war schon vor ihm gebräuchlich; eigenthümlich ist ihm nur die Art und Weise der Anwendung des Instrumentalbasses.) Das Bemerkenswertheste in Viadana's Bestrebungen, weshalb er hier genannt zu werden verdient, ist, dass in seinen Werken zum ersten Male eigentliche Melodie wahrzunehmen ist. Viadana's Melodien sind für sich frei und selbstständig erfunden, nicht Resultat der harmonischen Combination. So gewahren wir bald hier bald dort vereinzelt die Materialien, welche die späteren Meister zu einem Ganzen zusammenzufassen hatten. — Von noch weit grösserer Bedeutung für die höhere künstlerische Ausbildung der neuen Formen war der vorhin genannte Carissimi, der es sich zur Hauptaufgabe seines Lebens gemacht hatte, die neue, vom Contrapunctischen und Strengen abgehende, nach Wort- und Situationsausdruck strebende Schreibart höheren künstlerischen Anforderungen entsprechend zu gestalten. Man bezeichnet ihn als den Erfinder der Kammer-Cantate, einer Compositionsgattung, in welcher dramatische Recitation und dramatische Melodie wie in der Oper einheimisch sind, von deren Formen sie sich nur wenig unterscheidet. Ebenso wird er als der erste Verbesserer des Recitativs betrachtet, wie man ihm auch die erste Ausbildung der dramatischen Melodie, welche nach dem Muster seiner Cantaten auf die Oper übertragen werden konnte, zuschreibt. Die Instrumente benutzte er, einer der Ersten, in seinen Cantaten besonders zu Ritornellen und Zwischensätzen. Hatte bis auf ihn das Madrigal in häuslichen Kreisen fast unumschränkt geherrscht und die einzige Unterhaltung der Dilettanten gebildet, so verdrängte Carissimi jetzt durch seine Cantaten diese Gattung. Da er der ausgesprochenste Liebling seiner Zeit war, so überbot man sich bald in seinem Lobe und gewöhnte sich daran, den von ihm geschaffenen Kunststil auch für die Kirche vortrefflich zu finden. So ist dieser Künstler eine höchst bedeutende Erscheinung in der Geschichte. Derjenige, in welchem sich zum ersten Male Altes und Neues vortrefflich vereinigt findet, und der darum

auch gleich sehr auf Theater und Kirche einwirkte. Er war geboren um das Jahr 1600, stand vom Jahre 1635 ab auf dem Höhepunct seiner Wirksamkeit und ist um 1680 in hohem Alter gestorben. Rochlitz in dem früher erwähnten Geschichtswerke theilt Proben aus seinem Oratorium „Jephtha" mit, welche in der That als sehr vorzüglich bezeichnet werden müssen, so dass man noch gegenwärtig auf dieselben mit Interesse eingehen kann. In dieselbe Zeit fällt auch der neuerdings durch die Oper gleichen Namens wieder bekannt gewordene Neapolitaner **Alessandro Stradella**, einer der tüchtigsten Meister dieser Zeit, dessen romanhafte Lebensschicksale Stoff zu jener Oper gaben.

Am frühesten gedieh die Oper in Venedig, wo schon vom Jahre 1637 an unausgesetzt Aufführungen stattfanden. Kiesewetter zählt in der Zeit von da bis zum Jahre 1700, also in dem Zeitraum von 64 Jahren, nicht weniger als 357 Opern, welche von ungefähr 40 Tonsetzern daselbst zur Aufführung kamen. Auch Bologna stand nicht sehr zurück, wenn daselbst seit 1641 bis 1700 30 Tonsetzer genannt werden. In den 1640er bis 60er Jahren sind insbesondere die Opern des Cavalli und Cesti zu nennen; Kiesewetter bemerkt darüber: das Recitativ fängt an, sich dem natürlichen Accent der Declamation zu nähern, und erlaubt sich schon einige Modulation in der begleitenden Harmonie. Die Arie, wenn man ihr diese Benennung schon beilegen will, da sie häufig noch mit dem Recitativ zusammenfliesst, enthält wirklich schon eine angenehme, ausdrucksvolle Cantilene, und es kommen sogar, und nicht selten, auch Coloraturen, in der Art jener später entstandenen Bravour-Arie, zum Vorschein. Die Begleitung besteht in einem blossen *Basso continuo*; was wir Ritornell nennen, findet sich (mit Violinen) am Schlusse der Arie, oder in Zwischensätzen. Chöre kommen selten, und dann am Schlusse der Acte vor. Von dieser Beschaffenheit war die Oper und auch das Oratorium. Auch die Cantate ging mit der Oper gleichen Schritt; sie war in Privatcirkeln sehr beliebt, und fing allmählich an, das Madrigal zu verdrängen. In der Kirchenmusik trat dem Palestrina-Stil die neue Schreibart als eine zweite, berechtigte entgegen. Mit dieser fing man zugleich an, auch den Bogeninstrumenten in der Kirche Eingang zu gestatten, während man früher, wie erwähnt, nur Zinken und Posaunen zur Verstärkung des Chores zugelassen hatte. Wie gross aber auch das Verzeichniss der Operncomponisten des 17. Jahrhunderts sich darstellt, so sind doch von den meisten nicht mehr als Namen und Titel auf uns gekommen, und nur wenige Bibliotheken, wie die Wiener, sind so glücklich, Sammlungen zu besitzen, da es sich die Tonsetzer zur Ehre rechneten, den kunstsinnigen Kaisern ihre Werke in prächtigen Exemplaren zu übersenden. Die Seltenheit der früheren Opern erklärt sich, wenn man bedenkt, dass mit Ausnahme der ersten Schöpfungen dieser Gattung, welche durch den Reiz der Neuheit anzogen, nur wenige gedruckt wurden. Aehnliches Schicksal hatten in Italien auch die Oratorien, deren Erscheinung fast noch mehr local und vorübergehend blieb. Zu grösserer Reife aber, ich wiederhole es, ist die neue Kunst nun schon gediehen, und Kiesewetter bemerkt, dass Schönheiten sich vorfinden, die noch jetzt den Beifall, oft die Bewunderung des Kenners gewinnen würden. Die erste Hälfte des 17. Jahrhunderts enthält die Entstehung und allmähliche Ausbildung des neuen Stils, unserer heutigen Musik. Erst in der zweiten Hälfte desselben zeigen sich befriedigendere Resultate, und erst zu Ende und im folgenden Jahrhundert erstieg die italienische Musik der schönen Periode ihre grösste Höhe, und erreichte eine Stufe der Ausbildung und Vollendung, die im 16. Jahrhundert noch nicht geahnt wurde.

Nach solchen Leistungen, nach so viel gegebenen Mitteln konnte es nicht fehlen, dass ein neuer grosser Aufschwung erfolgte, dass jetzt ein zweiter grosser, alle bisherigen Bestrebungen einender Mittelpunct, eine Schule sich bildete, welche die Epoche des schönen Stils repräsentirt. Alle Anzeichen verkündeten nun jene grosse Zeit Italiens, in welcher die reichstbegabten Männer so zahlreich, wie nie vordem und nachher, neben einander wirkten, jene Zeit, in welcher sich Italien einer unbeschränkten musikalischen Herrschaft über ganz Europa erfreute. Neapel wird der Mittelpunct für diese neue Kunstrichtung, die neapolitanische die zweite grosse Schule Italiens.

Hier ist es zunächst der grosse, vielseitig gebildete, in allen musikalischen Gattungen thätige und bahnbrechende **Alessandro Scarlatti,** der uns entgegentritt, ein Künstler, gleich ausgezeichnet in seiner Thätigkeit für die Kirche, wie für das Theater, der Gründer der neapolitanischen Schule, jener musikalischen Bildungsanstalt, aus der die vorzüglichsten Meister der nachfolgenden Zeit hervorgegangen sind. Scarlatti war geboren zu Neapel, nach anderen Angaben in Sicilien, im Jahre 1650. Der ausserordentliche Ruf, dessen sich der Römer Carissimi erfreute, hatte den Jüngling, der vor Verlangen glühte, sich unter diesem Meister auszubilden, nach Rom geführt. Er gewann bald die Gunst Carissimi's, so dass dieser ihm die sorgfältigste Leitung angedeihen liess, und Scarlatti hier den Grund zu seiner nachmaligen so herrlichen Kunstbildung legen konnte. Später begab er sich auf Reisen, besuchte alle grösseren Theater Italiens, wandte sich nach Deutschland, hielt sich längere Zeit in München und Wien auf, wo seine ersten Opern und Kirchensachen ungemeinen Beifall fanden, und liess sich endlich, mit Erfahrungen und Kenntnissen ausgerüstet, wie selten ein Künstler, in Neapel nieder, wo er als Oberkapellmeister angestellt wurde, und sich der Bildung der talentreichsten Schüler bis an seinen Tod im Jahre 1725 widmete. Dass Scarlatti auf der von Carissimi gebrochenen Bahn weitergehen musste, ist schon aus seinem Verhältniss zu diesem Meister zu entnehmen. Scarlatti hat in der That zuerst vollendet und auf das Theater übertragen, was Carissimi begonnen hatte. Beide Meister bezeichnen die Morgenröthe des glänzenden Tages, den die nachfolgenden herrlichen Künstler heraufführten. Gleich sehr befähigt für die alte, strenge Schreibart, wie für das dramatische Recitativ, die Erfindung von Melodien und die Instrumentalmusik, wendete er doch hauptsächlich dem modernen Stil seine Thätigkeit, seine schöpferischen Kräfte zu, in der Ueberzeugung, dass auf der Ausbildung der neuen Formen hauptsächlich alles fernere Gedeihen und Emporblühen der musikalischen Kunst beruhen werde. In kirchlichen Werken allein machte er, namentlich in späterer Zeit, eine Ausnahme. Hier gebrauchte er die Instrumente, in früherer Zeit nur äusserst mässig, in späterer Zeit gar nicht. Hier nähert er sich in seinem Stil der früheren grossen Kirchenmusik, hier erscheint er zuweilen fast den Niederländern verwandt. Abgesehen aber von diesem bestimmten Zweck, huldigte er vollständig dem Neuen. Beinahe in jeder der musikalischen Gattungen Reformator, gelang es ihm zunächst, das Recitativ immer mehr auszubilden und Wahrheit des Ausdrucks darin zu erreichen, gelang es ihm insbesondere, das Recitativ und das Arioso zu scheiden, die Arie zu einer selbstständigen Kunstform zu erheben, und derselben eine Gestalt zu verleihen, die sich fast ein ganzes Jahrhundert hindurch, bis auf Gluck, erhalten hat. Die Form der Arie, wonach dieselbe aus zwei Theilen und einem Dacapo des ersten besteht, prägte er entschiedener aus. Er war es, der die Instrumentalbegleitung zu grösserer Eigenthümlichkeit und Selbstständigkeit emporhob, den Gebrauch der Bogeninstrumente erweiterte, wie er denn überhaupt als der Erfinder des begleiteten, des obligaten Recitativs angesehen wird. Er gab der Opern-Ouverture eine bestimmte Form, wonach dieselbe im Gegensatz zu der damaligen französischen, durch Lully festgestellten Ouverture, bei welcher zwei langsame Theile ein *Allegro* umschliessen, aus zwei durch ein *Grave* unterbrochenen *Allegro*-Sätzen besteht. — Scarlatti ist bahnbrechendes Genie. Die geschichtliche Stellung, in welche er eintrat, hat ihm nicht gestattet, das Höchste des neuen Stils zu erreichen; erst seine grossen Schüler haben die Kränze errungen, zu deren Gewinnung er die Bahn eröffnet hatte. Er ist in der geschichtlichen Kette als dasjenige Glied zu bezeichnen, welches die alte Zeit mit der neuen verbindet. Dass ein solcher Umschwung, wie ihn Scarlatti fast in allen musikalischen Gebieten bewirkte, den erstaunlichsten Fleiss voraussetzte, ist kaum nöthig zu bemerken. Er hat über 100 Opern, 200 Messen, fast ebensoviel Motetten, mehrere Oratorien, gegen 500 Cantaten geschrieben. Von den letzteren besass der englische Geschichtschreiber Burney 35, welche Scarlatti während eines Besuchs bei einem seiner Freunde zu Tivoli in der Zeit vom October 1704 bis zum März 1705 componirt hat. Ueber jeder Cantate ist Tag und Dauer der Arbeit bemerkt, und es geht daraus hervor, dass er nicht länger als einen Tag an einem solchen Werke gearbeitet hat. Auch als Lehrer war er bedeutend; mehrere der nun folgenden Meister waren unmittelbar seine Schüler, auch der Dresdner Kapellmeister Hasse, welcher in ihm seinen väterlichen Freund und Wohlthäter verehrte. Rochlitz rühmt Scarlatti's Selbstbeherrschung und Mässigung seinen Schülern gegenüber. Wenn dessen ungeachtet Missverhältnisse mit einem der bedeutendsten derselben entstanden, so lag der Grund weniger in dem Benehmen beider Männer, als vielmehr in den Zeitverhältnissen, in der Stimmung des Publicums, welches die entschiedenen Vertreter des Neuen einem Manne des Ueberganges gegenüber bevorzugen musste. Der Mann, welcher Scarlatti's spätere Lebensjahre trübte, war **Francesco Durante,** derjenige, dem Scarlatti eine allzugrosse Hinneigung zum Neuen Schuld gab, indem derselbe die kirchliche Strenge milderte durch schöne Weltlichkeit, und so gleichzeitig mit ihm verwandten Meistern den Sieg des neuen Stils auch für die Kirche entschied. Durante, um Vieles jünger, war bald der vergötterte Liebling der Italiener. Das Publicum begrüsste in späteren Jahren Scarlatti mit kaltem Respect, Jenen mit ungemessenem Jubel. Scarlatti zog sich jetzt vom Hofe und vom Publicum möglichst zurück, und soll sich, nach der Ansicht von Rochlitz, zuletzt einer grüblerisch-mystischen Religiosität und trüben Ascetik hingegeben haben, während er früher ein heiterer, lebensfroher, weltgebildeter Mann war. Durante ist geboren zu Fratta maggiore im Königreich Neapel, nach der Angabe Schmid's in der Schrift: „Chr. W. von Gluck, dessen Leben u. s. w.", im Jahre 1684, und 1755 im 71. Jahre seines ruhmvollen Lebens gestorben. Schon als Knabe trat er in das Conservatorium S. Onofrio, die Bildungsanstalt ein, welcher er später als Director vorstand, und die er zur berühmtesten und einflussreichsten der Welt machte. Der neue Musikstil war hier schon der herrschende, so dass er unter den Einflüssen desselben heranwuchs. Später studirte er in Rom und machte sich hier mit der früheren kirchlichen Kunst vertraut. Er blieb indess dem, wozu frühe Gewöhnung ihn geführt hatte, treu, und liess sich es angelegen sein, sobald er nach Verlauf einiger Jahre zurückgekehrt war und in Neapel eine feste Stellung erworben hatte, seine Richtung durch zahlreiche eigene Werke und sorgsam angeleitete Schüler zu verbreiten. Merkwürdig indess ist, dass er bei aller Hingebung an das Neue doch nicht für die Oper gearbeitet hat. — Neben Durante wirkte der zweite grosse Künstler dieser Schule, **Leonardo Leo**, geboren im Jahre 1694, gestorben im Jahre 1742, nach einer anderen Angabe 1746. Er war Director der soeben erwähnten musikalischen Bildungsanstalt und verwaltete dieses Amt bis an seinen Tod. Ihm folgte Durante, der bis dahin neben ihm thätig gewesen war. Ein Schüler Scarlatti's, wurde auch er, wie Durante, diesem im kirchlichen Stile untreu, und widmete sich vollständig der neuen Schreibart. An Reichthum angenehmer, gesangreicher Melodien ist er von Keinem zu seiner Zeit übertroffen worden. Fliessender für alle Stimmen und einer jeden angemessener, bemerkt Rochlitz, vermag man gar nicht zu schreiben. Wer dies lernen will, kann es von Keinem besser, als von ihm. Naumann namentlich hat ihn sich zum Muster genommen und seinen schönen Gesang durch diesen Meister gebildet. Reichardt sagt: Keiner hat so allgemein auf sein Jahrhundert gewirkt, als Leo. In seinen Werken findet man alle Formen, welche unsere Tonkünstler bis jetzt bearbeitet haben. Piccini aber, der bekannte Operncomponist und Gegner Gluck's in Paris, schreibt: Leo übertraf alle Meister, und kann, weil er alle Arten von Musik in sich vereinigt, mit Recht für den grössten unter ihnen gehalten werden. Durante hat, wie bemerkt, nie für das Theater gearbeitet; Leo dagegen ist sehr thätig für dasselbe gewesen und schrieb auch schon komische Opern, obschon dieselben mehr Parodien der ernsten Oper, auch im Stil der Musik, genannt werden müssen. — Durch die genannten Männer, sowie durch einen anderen Schüler Scarlatti's, **Gaetano Greco** (geb. 1680), der denselben noch beizuzählen ist, erreichte die italienische Musik der zweiten Epoche ihre grösste Höhe. In allen harmonischen und contrapunctischen Kenntnissen, in der Achtung der alten Kunst erzogen, vermochten diese Tonsetzer nicht nur über die gesammten Errungenschaften der damaligen Tonkunst zu gebieten, sondern sie brachten nun noch jene neuen Hülfsmittel in Anwendung, welche sich ihnen in dem Kunstgesang und der allmählich entwickelten Instrumentalvirtuosität darboten. Sie stehen darum in der Mitte zwischen der alten Strenge und der späteren Sentimentalität, Zerfahrenheit, Haltungslosigkeit, Leidenschaftlichkeit, den Gipfelpunct bezeichnend. Die frühere Herbheit ist zu schöner Milde verklärt, der spätere Leichtsinn noch durch Ernst und Gediegenheit ferngehalten, und wir sehen hier das Ideal italienischer Tonkunst verwirklicht. Plastische Schönheit, Ebenmaass, architektonischer Verstand in der Gruppirung, überall ein feiner Sinn für das rechte Maass, Grazie, der schönste, fliessendste, sich einschmeichelnde Gesang. Die wesentliche Verbesserung, welche aus der neapolitanischen Schule hervorging, sagt Kiesewetter, bestand in der Regelung des rhetorischen Theiles der Melodie und der besseren Gestaltung der Arie. Die Rhythmopöie insbesondere war bisher noch wenig geordnet, die musikalische Phrase, als Glied einer musikalischen Periode gedacht, war gewöhnlich zu kurz, daher die Cadenzen zu häufig und ausser dem Ebenmaasse; die Arie selbst war zu kurz, daher zu schnell vorübergehend. Die neueren Neapolitaner, indem sie die Phrase sowohl als die Arie selbst verlängerten, scheinen zugleich den Plan zu deren Reform von der Baukunst entnommen zu haben, in welcher nicht blos Schönheit der Umrisse und der Formen jedes einzelnen Theiles, sondern auch Symmetrie in der Stellung der auf einander bezüglichen einzelnen Theile nothwendig gefordert wird. Die schon vorhin erwähnte Gestalt der Arie erlangte jetzt ihre eigentliche Ausbildung. Nicht des die welche nur noch ein kunsthistorisches Interesse beanspruchen können, dürfen Sie daher von diesen Meistern erwarten, sie haben, wie Palestrina in der ersten Epoche, so nun in der zweiten das Höchste und Herrlichste geleistet, was die gesammte Tonkunst auf dem Gebiet der katholischen Kirchenmusik zu nennen weiss. Leider sind uns nur wenige Werke zugänglich. Auf eine wenig kostspielige Ausgabe in sechs Heften (Halle, Kümmel), welche Compositionen von Leo, Durante, dem nachher zu erwähnenden Astorga, im Clavierauszug enthält, mache ich aufmerksam. Unter diesen Werken ist insbesondere die Litanei von Durante ausgezeichnet durch die eben genannten Eigenschaften. Von Leo besitzen wir ein grosses achtstimmiges *Miserere* im älteren Stil; es gehört zu dem Vortrefflichsten, was die italienische Kirchenmusik besitzt. Heinse in seiner „Hildegard von Hohenthal" hat davon eine ausführliche Beschreibung gegeben.

Anders gestaltet sich freilich das Urtheil, wenn wir die Opern jener Männer, so z. B. Leo's, betrachten. Bedarf es zwar nicht erst der Versicherung, dass hier die frühere Kargheit, Steifheit vollständig überwunden ist, so bestätigt es sich doch zugleich, dass noch damals immer nur die Kirchenmusik das Bleibende, unwandelbar Feststehende, Unsterbliche enthält. Dieselben Männer, welche gross auf kirchlichem Gebiet gewesen sind, erscheinen weniger bedeutend, erscheinen veraltet in weltlichen Schöpfungen. Man traut seinen Augen kaum, wenn man diese langen, dürftig begleiteten Recitative und Sopranarien betrachtet, welche selten von einem kleinen Chore unterbrochen werden. Grössere, ausgebreitetere Musikstücke, insbesondere Finales, fehlen noch ganz. Von Anfang bis zu Ende zeigt sich nur eine langweilige Folge von Arien und Recitativen. Dass sich im Einzelnen grosse Schönheiten finden, ist damit nicht in Abrede gestellt. Im Ganzen aber ist die weltliche Musik, ist die Oper als Kunstschöpfung noch ausserordentlich weit von dem Ziele, welches sie später, welches sie namentlich in Deutschland erreichte, entfernt. Schwach erscheint insbesondere die Instrumentalmusik, welche wir in der That hier noch auf der untersten Stufe der Entwicklung erblicken, obschon im Orchester den Bogeninstrumenten, welche bis dahin fast allein geherrscht hatten, Hoboen und Hörner, auch wol Flöten, Fagotte und Trompeten bleibend beigesellt sind. — Ich kann nicht umhin, in diesem Zusammenhange noch eines Künstlers zu gedenken, dessen Andenken erst Fr. Rochlitz wieder erneut hat: es ist dies **Emanuele d'Astorga**. Rochlitz hat mit besonderer Liebe gerade dieses vergessenen Künstlers sich angenommen und die interessante Biographie desselben ausführlicher mitgetheilt. Ueberschreite ich nun auch in der Wiederholung des Wichtigsten daraus das mir gesteckte Maass der Ausführlichkeit, so glaube ich doch damit Ihre Aufmerksamkeit zu fesseln, insbesondere da der Genannte als der Ersten Einer bezeichnet werden muss. Em. d'Astorga war der Sohn eines der angesehensten sicilianischen Reichsbarone, der abwechselnd in Palermo und auf seinen Besitzungen gelebt zu haben scheint. Hier wurde Emanuel im Jahre 1681 geboren. Der Vater, ein kühner, rauher Kriegsmann, stand auf bedeutendem Posten in Kriegsdiensten. In dem nach dem Aussterben des spanischen Königshauses, dem Neapel und Sicilien als eine Nebenprovinz unterworfen war, ausgebrochenen spanischen Erbfolgekriege, und den mannigfachen Parteiungen des sicilianischen Adels in Folge dieses Krieges, trat er auf als Kämpfer gegen die Monarchie, als Häuptling eines jener wüsten, in der älteren italienischen Geschichte oft vorkommenden Soldatenhaufen, welche den Krieg als ein Handwerk trieben und dem Meistbietenden folgten. Der Sohn Emanuel scheint der Erziehung der Mutter überlassen gewesen zu sein, und dies kann vorzüglich als Ursache betrachtet werden, dass sich in ihm, bei feurigem Geiste, ein ungemein zarter und frommer Sinn früh ausbildete. Der Vater Emanuel's war in die Verschwörung des sicilianischen Adels verwickelt. Verwegen und trotzig alle Versöhnungsmittel verschmähend, wollte er kämpfend fallen. Aber er ward von seinen eigenen Soldaten deren Forderungen er nicht mehr befriedigen konnte, verrathen, ausgeliefert, und, um die Anderen durch Schreck niederzuhalten, zu Anfang des 18. Jahrhunderts in Neapel öffentlich hingerichtet. Mutter und Sohn wurden verurtheilt, dabei gegenwärtig zu sein. Die Mutter starb unter Zuckungen des Entsetzens, der Sohn verfiel in einen Zustand dumpfer Bewusstlosigkeit; die Güter der Familie wurden confiscirt, alle Glieder derselben verbannt. Nur Emanuel war nicht von dem Orte zu entfernen, wo er Vater und Mutter unter so grässlichen Verhältnissen hatte verscheiden sehen. Das Volk erbarmte sich seiner, beschützte und versorgte ihn. Endlich wurde er auf Veranlassung einer Prinzessin Ursini, der Oberhofmeisterin der Königin — der Gemahlin Philipp's V. — entfernt und in ein spanisches Kloster zu Astorga, einer Mittelstadt des Königreichs Leon, gebracht. Von dieser Stadt hat Emanuel, statt des geächteten, den Namen Astorga angenommen. Dort, in klösterlicher Einsamkeit, war er so glücklich, von seiner Geisteszerrüttung, von dem dumpfen Brüten, in das er versunken war, geheilt zu werden und einen Lehrer der Tonkunst zu finden, der die jedenfalls schon früh bedeutend ausgebildeten musikalischen Fähigkeiten des Schülers weiter entwickelte und zur Meisterschaft steigerte. So beruhigt, wieder genesen, gehoben als Mensch und Künstler, trat Astorga nach einigen Jahren wieder in die Welt. Er begegnet uns zunächst am Hofe des Herzogs Franz von Parma, wo er, jedoch nicht in fester Stellung, die Kammermusik geleitet zu haben scheint, und sich höchst thätig im Componiren zeigte. Eine Menge kleiner Cantaten und Duette für Sopran und Tenor (der Katalog des berühmten Sammlers Santini in Rom zeigt nicht weniger als 44 Cantaten für eine Stimme und 44 Duette) danken diesem Aufenthalte ihre Entstehung. Sie waren für seine Schülerin, die Herzogin, und ihn selbst geschrieben. Der Herzog durchschaute bald das zarte Verhältniss, das gemeinschaftliche Kunstübung zwischen Beiden hervorgerufen hatte, entfernte ihn vom Hofe und sendete ihn, jedoch liebreich und fürsorgend, mit Empfehlungen, der Rochlitz'schen Angabe nach, an den Kaiser Leopold I. nach Wien. Es ist indess wahrscheinlicher, dass dieser Kaiser zu jener Zeit schon gestorben war und Astorga von Joseph I. (im Jahre 1705) empfangen wurde. Nur kurze Zeit dauerte dieser Aufenthalt. Astorga verliess Wien, wenn auch nicht für immer, da er es im Jahre 1720 wieder besuchte und zu Kaiser Carl VI. in Beziehungen stand. Im Laufe der nächsten Jahre erblicken wir ihn in den meisten Hauptstädten Europas und an mehreren Höfen, in Lissabon, Madrid, Paris, London, überall willkommen und ausgezeichnet. Auch Italien besuchte er wieder, nur Neapel vermied er lebenslang. Eine Pension, welche man ihm auszahlen liess, setzte ihn in den Stand, diese Reisen zu unternehmen. Endlich erscheint er in Prag, und jetzt verschwindet er für immer aus unseren Blicken. Wahrscheinlich, bemerkt Rochlitz, dass er in Böhmen das fand, dessen er bedurfte: friedliche, in seiner Weise religiöse, in seiner Kunst ausgezeichnete Menschen, und dass er darum hier in klösterlicher Zurückgezogenheit seine Tage beschloss. — Er war gewohnt, in seinem Benehmen eine gewisse Würde und Zurückhaltung zu behaupten; man will nie ein unedles, unfeines Wort von ihm vernommen haben. Wie er seine Compositionen nur handschriftlich mittheilte, so sang er sie auch, sich selbst auf dem Clavier begleitend, nur ausgewählten Cirkeln vor. Rochlitz erinnert mit Recht an Goethe's „Tasso". Astorga's Lebensverhältnisse haben Aehnlichkeit mit denen Tasso's, wie sie nämlich der Dichter darstellt. Auch seine Compositionen tragen dieses Gepräge, und sind vielleicht mit Goethe's Tasso zu vergleichen, was das Feine, Gemessene, die aristokratische Färbung des Ganzen bei grösster Tiefe und Wärme der Empfindung betrifft. Sein uns bekanntes Hauptwerk ist ein „Stabat mater", welches ebenfalls, wie schon erwähnt, in der vorhin genannten, in Halle herausgegebenen Sammlung erschienen ist; Bruchstücke daraus theilt auch Fr. Rochlitz mit; von tiefstem Ausdruck durchdrungen erscheint darin namentlich ein Terzett: „*O quam tristis*" etc. Eine Oper „Dafne" hat Astorga 1709 für Barcelona geschrieben. Es soll dieselbe noch im Jahre 1726 zu Breslau wieder aufgeführt worden sein.

Früher hatte die möglichste Pracht der Decorationen und der Aufzüge in der Oper den hauptsächlichsten Reiz gebildet. Die Maschinisten waren die Ersten im Reiche der Oper, die Tänzer folgten, die Poesie musste sich vorzüglich an die Mythe halten, weil diese dem Menschlichen und der naturgetreuen Schilderung desselben am weitesten entfernt stand und die grösste Buntheit erlaubte. Augenlust herrschte überwiegend, die Musik war unbedeutend. Die höheren Leistungen, welche später hervorgetreten waren, mussten die Oper dem Ziele einer wahrhaften Kunstschöpfung einigermaassen näher bringen. Hierzu kam, dass der ausserordentliche Aufwand, den die frühere scenische Pracht verursacht hatte, wohl von Höfen und Republiken, nicht aber von Privatunternehmern, welche bald ziemlich zahlreich hervortraten, zu bestreiten war. Diesen musste vor allen Dingen daran liegen, die Oper von dem ungeheueren Pomp zu befreien, und sie naturgemässer zu veredeln. Die Verbesserung der Operntexte wurde Gegenstand vielfacher Ueberlegung. Man fand den Olymp, den Tartarus und die übrigen

Zaubereien aus der alten Mythologie endlich kunstwidrig und verbannte sie. Die Oper wurde in eine rein menschliche Sphäre versetzt, und auch das komische Element, das ja vorzugsweise auf dieses Gebiet angewiesen ist, fand mehr Eingang. Alle diese Umstände zusammen hätten dem musikalischen Drama eine würdige Gestalt verleihen können. Die Herrschaft aber, welche die allerdings vortrefflichen Sänger sehr bald zu erlangen wussten, war Ursache, dass die italienische Oper für immer von diesem Ziele abgelenkt wurde und sich nie zu einem so geschlossenen, in allen Theilen gleichmässig durchgearbeiteten Ganzen hat erheben können, wie in Deutschland. Hieraus erklärt sich die Richtung, welche dieselbe genommen hat, das unverhältnissmässige Uebergewicht der Arien, das Veraltete, Ungenügende und Unbefriedigende derselben; hieraus erklärt sich, dass immer nur Hauptscenen mit vorzüglichem Fleiss behandelt, Chöre und grössere mehrstimmige Musikstücke auf der Stufe der höchsten Blüthe der italienischen Oper ziemlich selten sind. Was der Menge in Bezug auf scenische Pracht entzogen wurde, das ersetzte bald der Bravourgesang der Castraten. Italien gewöhnte sich, an ihnen vorzugsweise Interesse zu finden, tiefere psychologische Entwicklung der Charaktere aber und dramatische Wahrheit nicht zu verlangen. Von einem tieferen Kunstbewusstsein geleitet als Deutschland, wenn es forderte, dass in der Oper Alles gesungen werden solle, hat es die Seite, worin dieses das Höchste erreichte, gänzlich vernachlässigt.

Sehen wir nun auch eine Fülle der herrlichsten Talente aus der neapolitanischen Schule hervorgehen, in einer Anzahl, wie kaum jemals wieder neben einander wirken, so naht doch bald schon die Zeit, wo der gediegene, ernste Hintergrund der Vorzeit den Tonsetzern zu entschwinden begann und moderne Sentimentalität und Weichheit die Stelle desselben einnahm, wo einschmeichelnde Lieblichkeit der herrschende Charakter wurde. Je mehr die Oper in der nächsten Zeit fortwährend grössere Geltung, allgemeinere Verbreitung und höhere Ausbildung erlangte, um so mehr trat die Kirchenmusik zurück. Bald sehen wir die letztere für immer verschwinden, während die siegreiche Oper alles musikalische Interesse für sich allein in Anspruch nimmt. Die bekanntesten Namen aus dieser, ungefähr die erste Hälfte des vorigen Jahrhunderts umfassenden Epoche sind: Porpora, Vinci, Pergolese, Duni, Teradeglias, Feo; aus etwas späterer Zeit: Traetta, Jomelli; aus der zweiten Hälfte des vorigen Jahrhunderts: Sacchini, Piccini; endlich Cimarosa, Paesiello u. A. Der Schule beizuzählen ist auch der Deutsche Hasse, welcher 1724 Scarlatti's väterliche Leitung genoss. Alle diese Talente wendeten sich mehr oder weniger der Oper zu. Bald kam es dahin, dass ein Jeder Opern geschrieben und durch sie lauter Beifall errungen haben musste, bevor er hoffen durfte, man werde auch dem, was er für die Kirche oder Kammer lieferte, einige Beachtung schenken. Die ganze Nation, bemerkt Rochlitz, zeigt im weiteren Verlauf nicht mehr das, was sie früher gewesen war. Scheu vor Ernst und Beharrlichkeit, Hangen am Augenblick und was ihm dient, Befriedigung verfeinerter Sinne wird immer mehr der herrschende Charakter Italiens. Vor allen Dingen augenblicklich ansprechende, höchst gefällige Melodien, welche sogleich nachgesungen werden konnten, verlangte man von den Componisten. Die Töne der Sänger einzusaugen, sich einem süssen Schwelgen und Selbstvergessen zu überlassen, beginnt bald der eigentliche musikalische Genuss zu werden und den früheren Ernst zu verdrängen, so wie man sich dichterische Werke vorlesen liess, namentlich die des Tasso, ohne den Inhalt zu beachten, einzig sich ergötzend an der Bilderpracht und dem Wohllaut der Verse. Bei immer gesteigerter Theilnahme an der Tonkunst wär die Herrschaft des Dilettantismus eine unausbleibliche Folge. So schön nun aber auch der Enthusiasmus einer ganzen Nation für einen würdigen Gegenstand ist, so liegt doch darin zugleich die nicht abzuwendende Gefahr, dass die Menge tonangebend wird und die Künstler, statt dem Kunstideale zu folgen, den Forderungen des Tages sich bequemen.

Es liegt ausser den Grenzen dieser Darstellung, die bezeichneten Zustände im Einzelnen weiter zu schildern; ebenso würde es zu weit führen, die grosse Zahl der jetzt auftretenden Künstler in ihrem Wirken Ihnen specieller zu charakterisiren. — Nur zwei Biographien erlaube ich mir zum Schluss der heutigen Vorlesung Ihnen noch mitzutheilen. Sie betreffen zwei der bekanntesten Namen, und sind bezeichnend für die Wendung, welche jetzt in Italien eingetreten war. Sowohl Pergolese als auch Jomelli — dies sind die Künstler, welche ich Ihnen vorführen will — spiegeln in ihren Lebensschicksalen die Umgestaltung der Verhältnisse wieder. **Nicolo Jomelli,** geb. 1714, machte den Anfang seiner höheren Ausbildung in Neapel unter Durante, Feo und anderen dortigen Meistern. Zwei Opern von ihm, die er während der Zeit dieses Aufenthaltes schrieb, fanden grossen Beifall, und veranlassten seine Berufung nach Rom im Jahre 1740. Hier imponirte er dem Publicum und feierte die grössten Triumphe. Er schrieb im Geschmack der Menge, überraschte aber durch einzelne originelle Züge. Die Römer waren so enthusiasmirt für ihn, dass sie den Maestro einstmals auf seinem Sitze im Orchester auf die Bühne trugen, unter einem Jubel, welcher nicht enden wollte. Noch in demselben Jahre erhielt er einen

Ruf nach Bologna, schrieb dort eine Oper und benutzte bei dieser Gelegenheit die Unterweisung des gelehrten Paters Martini. Nach Rom zurückgekehrt, setzte er eine grosse Anzahl von Opern. Man fand seine Melodien so geistreich, edel und einschmeichelnd, dass man ihn nicht blos „den Reizenden" nannte, sondern ihn überhaupt zum grössten musikalischen Genie seiner Zeit erhob. Seine Instrumentalbegleitung war für jene Zeit reich zu nennen. Besonders wirkte er durch das Piano und Forte des Orchesters, sowie durch ein sorgfältiges Crescendo und Diminuendo. Diese Vervollkommnung fiel so sehr auf, dass man ihm die Erfindung derselben zuschrieb. Vergötterte man ihn nun auch ungemein, so bildete sich doch eine Gegenpartei, welche sich um den 22jährigen Portugiesen **Teradeglias** schaarte. Dieser, ernster und gründlicher, wusste bald die Kenner und besseren Dilettanten auf seine Seite zu bringen. Teradeglias war ausgezeichnet durch Tiefe harmonischer Kenntniss, sowie durch den Ernst und die Wahrheit seines Strebens, das er den Launen der Sänger nicht unterordnete. Insbesondere wurde er im Recitativ und der Begleitung desselben bewundert. Diese beiden Gegner standen sich 1747 in der Carnevalszeit mit neuen Werken öffentlich gegenüber. Teradeglias trug den Sieg davon und Jomelli's Oper wurde ausgepfiffen. Man prägte, wie erzählt wird, eine Denkmünze für den Ersteren, auf welcher Jomelli den Sieger im Triumphwagen zieht. Bald darauf fand man Teradeglias' Körper erdolcht in der Tiber. Es ist indess mindestens zweifelhaft, ob Jomelli die Mitschuld an dieser ruchlosen That trifft; denn derselbe lebte noch sieben Jahre in angesehener Stellung als Vicekapellmeister an der St. Peterskirche in Rom. Im Jahre 1754 erhielt er vom Herzog Carl von Württemberg einen Ruf nach Stuttgart, wo er als Oberkapellmeister angestellt wurde, und einen jährlichen Gehalt von 10,000 Gulden bezog. Der Freund und Vertraute des Herzogs, war sein Einfluss hier ein sehr ausgedehnter. Die Aufführungen in Stuttgart werden zu den glänzendsten der damaligen Zeit gezählt. Er vermochte dies, durch die Gunst des Herzogs geschützt, indem er vollkommene Gewalt über seine Untergebenen besass; als Director voll Geist und Leben soll er aber auch in jener Zeit kaum seines Gleichen gehabt haben. Man bewunderte die grösste Pünctlichkeit und Genauigkeit in den Schattirungen, so dass der Herzog dem Kaiser, dem er auf Verlangen eine Partitur Jomelli's zum Geschenk gemacht hatte, auf die Anfrage: ob ihm der Herzog wirklich dieselbe Oper geschickt, die doch in Stuttgart anders geklungen habe, als in Wien? antworten konnte: der Herzog habe dem Kaiser zwar die Partitur, nicht aber zugleich sein Orchester gegeben. Jomelli blieb bis zum Jahre 1765, so lange, als das kleine Land im Stande war, die grossen Summen für Sänger, Instrumentisten und Tänzer aufzubringen. Er ging sodann zurück nach Neapel und brachte dort mehrere Opern auf die Bühne, die er auf dem Landsitz, welchen er sich gekauft hatte, geschrieben oder umgearbeitet hatte. Während seines langjährigen Aufenthaltes in Deutschland, die Einflüsse desselben nicht von der Hand weisend, war aber sein Stil ein anderer geworden. Er hatte insbesondere eine gründlichere Harmonie sich angeeignet. Diese sagte den Italienern nicht zu, und so musste er es erleben, dass sein drittes Werk für Neapel bald von der Bühne verschwand, und auch später nur von Kennern am Clavier theilweise zu Gehör gebracht wurde. Einen solchen Glückswechsel vermochte der ehrgeizige Mann nicht zu ertragen. Von einem Schlagfluss, der ihn betroffen, erholte er sich allmählich, und schrieb 1773 noch eine Cantate zu einer festlichen Gelegenheit. Sein Schwanengesang war ein *Miserere* für 2 Soprane und Streichinstrumente. Er starb im Jahre 1774. Nun veranstaltete man ihm eine glänzende Todtenfeier. — Jomelli hatte auch mehrere kirchliche Werke geschrieben, Mozart aber urtheilt: „Der Mann hat sein Fach, worin er glänzt, so dass wir es wohl bleiben lassen müssen, ihn bei dem, der es versteht, daraus zu verdrängen. Nur hätte er sich nicht aus diesem herausmachen, und z. B. Kirchensachen im alten Stil schreiben sollen". Er war jedenfalls ein grosses, reichbegabtes Talent, ausgezeichnet insbesondere durch schwungvolle Melodie. Im Ganzen aber zeigen seine Opern nur die damals übliche Gestalt. Auch hier sind die Arien Hauptbestandtheile. In der musikalischen Privatbibliothek des Königs von Sachsen finden sich einige seiner bedeutendsten Werke. — **Giovanni Battista Pergolese,** der letzte Künstler, dessen ich heute gedenke, war geboren zu Jesi im Jahre 1710. Er machte seine ersten Studien in Neapel, zuerst unter Greco, dann unter Durante, später unter Feo. Als Tonsetzer trat er zuerst, im Jahre 1731, mit einem geistlichen Drama auf, bald darauf indess liess er mehrere Opern und Kirchenstücke folgen. Wenig glücklich in der ernsten Oper, gewann er desto grösseren Beifall mit dem Intermezzo *„La serva padrona"*. Im Jahre 1735 erhielt er einen Ruf nach Rom. Neben ihm hatte unterdess sein Schulfreund Duni, geb. 1709, ein schnelles Glück gemacht. Beide wurden beauftragt, für denselben Carneval zwei grosse Opern zu schreiben. Pergolese's Oper fiel entschieden durch, während die von Duni stürmischen Beifall errang. Der Letztere, ehrlich und wahrhaft, erklärte öffentlich: er verdiene nicht diesen Beifall, er müsse sich desselben schämen, des Freundes Oper sei bei weitem vorzüglicher. Man lachte über diese offene Erklärung, die nur das dem beabsichtigten entgegengesetzte Resultat zur Folge hatte: dass Pergolese's Werk gar nicht mehr geduldet wurde. Pergolese kehrte nach Neapel zurück und schrieb noch die Cantate „*Orfeo*", ein „*Salve regina*" und sein berühmtes „*Stabat mater*", aber er vermochte das erlittene Missgeschick nicht zu verwinden. Seine ohnedies angegriffene Gesundheit schwand, seine Kräfte nahmen täglich mehr ab. Auf Befehl der Aerzte begab er sich nach Pozzuoli bei Neapel. Trotz der raschen Fortschritte seiner Krankheit setzte er die Arbeit an seinem „*Stabat mater*" fort; wenige Tage nach Vollendung desselben starb er im Jahre 1736. Von dem Augenblicke seines Todes begann sein bis dahin nur auf kleine Kreise eingeschränkter Ruhm sich weiter und weiter zu verbreiten; alle Theater und Kirchen ertönten von seinen Werken. In Rom gab man jene Oper, welche früher Fiasco gemacht hatte, mit der grössten Pracht. Auch neuerdings ist seine „*Serva padrona*" in Paris wieder zur Aufführung gekommen. — Pergolese's „*Stabat mater*" gehört zu den bekanntesten Werken der italienischen Kirchenmusik aus der Epoche des schönen Stils. Eine überaus herrliche, hinreissende Weichheit und Zartheit ist darüber ausgegossen; ebenso sehr aber mangelt Tiefe und Energie. Das Werk ist nur für Frauenstimmen mit Quartettbegleitung geschrieben, in seinem Charakter bezeichnend für die Wendung der Kunst in Italien. Das Gefällige und Anmuthige siegt über das Grossartige, Ernste und Feierliche. Unter diesem Gesichtspunct verdient Pergolese's „*Stabat mater*" kaum die Auszeichnung, welche ihm zu Theil geworden.

So viel, um Ihnen einige Andeutungen von dem weiteren Fortgang innerhalb dieser Schule zu geben. Leider hat bis jetzt dieser Abschnitt der Geschichte der Musik noch keinen Monographen gefunden, während andere Epochen und die hervorragenden Erscheinungen in ihr in letzter Zeit, wie Ihnen aus der bisherigen Darstellung bereits bekannt, neuerdings eine gründliche und eingehende Darstellung erfahren haben.

Sechste Vorlesung.

Die Gesangskunst in Italien: Ferri. Farinelli. Porpora. Pistocchi. Bernacchi. — Erste Ausbildung der Kunst des Violinspiels: Corelli. Tartini. Locatelli. — Pianoforte und Orgel: Dom. Scarlatti. Frescobaldi. Die venetianische Schule: A. u. G. Gabrieli. Lotti. Marcello. Caldara. — Die bolognesische Schule: Colonna. Clari.

Nachdem wir in der letzten Vorlesung das Wichtigste, die Fortschritte und Erweiterungen in der Composition, die durch Erfindung der Oper hervorgerufene grosse Umgestaltung des gesammten Gebietes der Tonkunst kennen gelernt haben, bleibt uns jetzt noch übrig, auch das ins Auge zu fassen, was sich an jene bedeutungsvolle Thatsache anschliesst, was unmittelbar als eine Folge derselben auftrat: die weitere Ausbildung der Technik sowol im Gesang, wie im Instrumentenspiel.

Die Einführung des Sologesangs machte natürlich das Bedürfniss schöner Stimmen und eines gebildeten Vortrags fühlbar; in der Oper war der Erfolg ebenso sehr von den Sängern, wie von den Componisten abhängig. Früher, vor dem Jahre 1600, konnte der Werth des Sängers allein in seinen theoretischen Kenntnissen und in seiner Fertigkeit, vom Blatte zu singen, bestehen; war er zugleich im Besitz einer schönen Stimme, so ward dadurch sein Werth nicht in solcher Weise erhöht, wie dies jetzt der Fall sein musste. Ich habe erwähnt, wie wir schon in der zweiten Hälfte des 16. Jahrhunderts, seit man auf den Einfall gekommen war, die Oberstimme eines Madrigals von einer Stimme allein singen zu lassen, den Anfängen eines eigentlichen Kunstgesanges begegnen; ich habe der Verdienste Caccini's gedacht. Als die Oper ins Leben getreten war, galt es, auf der von ihm gebrochenen Bahn vorwärts zu schreiten, und so entstanden nach und nach jene berühmten Singschulen, welche so viel zur Blüthe und immer weiter verbreiteten Herrschaft der Tonkunst in Italien beigetragen haben.

Ich gebe Ihnen in dem Nachfolgenden einige Andeutungen über die wichtigsten Thatsachen auf diesem Gebiet, zu dem Zwecke Einiges aus der Schrift von H. F. Mannstein: Geschichte, Geist und Ausübung des Gesanges u. s. w. entlehnend. Dieses Werk ist in seiner Zusammenstellung des Thatsächlichen zu benutzen, wenn man auch die Grundanschauung des Verfassers, sowie die Folgerungen, die er daraus herleitet, als durchaus nicht stichhaltig von der Hand weisen muss. Mannstein, vorzugsweise der Gesangskunst huldigend, erblickt — dies beiläufig erwähnt — in dieser nicht nur das Höchste der gesammten Musik, sondern ordnet auch, wie es die Italiener thun, den Tonsetzer dem Sänger unter. Er verkennt auf diese Weise die Stellung der Virtuosität zur schaffenden Kunst im Allgemeinen, sowie im Besonderen die Bedeutung und den Werth des Gesanges. In der angeführten Schrift heisst es: „Der Gesang konnte seine Wesenheit nur durch das Zusammenwirken vieler hochbegabter Menschen erlangen, indem diese nach und nach auf philosophischem und poetischem Wege folgende Principe des reinen Geschmackes aus dem Innersten der Kunstnatur abzogen. Der Gesang — so philosophirte man — darf die Poesie nicht verstümmeln, weil er sonst auf den erhabenen Vorzug Verzicht leistet, die vollkommenste Sprache mit dem vollkommensten Ton und der ausdrucksvollsten Declamation, folglich die Eigenschaften des Dichters, Tonkünstlers und Redners in höchster Potenz in sich zu vereinigen. Der natürliche Accent und Ausdruck der Leidenschaften, nachdem man den schönen Ton gefunden hatte, musste also Hauptstudium der Sänger sein, welches wieder in ein philosophisches und musikalisches zerfallen musste. Bevor die Sänger an die Malerei der Leidenschaften gehen konnten, mussten sie erst deren Natur und Wesen nach innen und aussen umfassend studirt, und das darstellende Material vollkommen geordnet, gesichtet und geistig erfasst haben. So fanden sie denn mit dem Charakter der verschiedenen Leidenschaften auch den pathetischen, komischen, ernsten und bravourmässigen Stil, und erkannten, dass vor allen Dingen eine vollkommene Intonation das erste Hauptstück zum Vortrage der Melodie sei; sie abstrahirten aus der Beobachtung der Leidenschaften ferner das Ziehen und Moduliren der Stimme, sowie die Abstufungsweise ihrer Stärke und ihrer Klangfarben; sie erfanden das An- und Abschwellen einzelner Töne, sowie das sanfte Tragen, Binden und Schwellen ganzer Tonreihen; andererseits aber auch ihren gestossenen und hüpfenden Vortrag. Die Passagen, der meisterhafte Vortrag derselben von Note zu Note, ihre Steigerung und Minderung nach den verschiedenen Schattirungen und Inflexionen der Leidenschaften und Empfindungen, die psychologische Vertheilung des Nachdrucks und des leichteren Hinweggleitens der Stimme über einzelne Noten und ganze Partien der Melodie wurden erfunden; die Manieren oder freien Ausschmückungen des Gesanges wurden geordnet und stilisirt, die Gesetze der Cadenz gegeben, die Verzierungen des Trillers, des Läufers und Mordent gebildet, und die Regeln für die Technik der Ausübung bestimmt, worauf hauptsächlich eine gute Schule mit beruht." Diese Worte geben Ihnen ein Bild dessen, worauf es vor allen Dingen ankam, um der Kunst des Gesanges jene Vollkommenheit zu erringen, welche das herrliche Italien befähigte, auch in dieser Sphäre bald ein Muster für alle Länder zu sein. Dass dazu die umfassendsten Studien gehörten, bedarf kaum einer Bemerkung. Die Sänger jener Zeit waren durchaus nicht eine Art wohleingerichteter Singmaschinen, unwissend, ungebildet und anmaassend, wie es in der Gegenwart oftmals der Fall ist, sondern bei Talent, wol gar Genialität, trefflich unterrichtete, erfahrungsreiche, ernstfleissige Künstler, und mitunter sogar auch — nach einer Bemerkung von Rochlitz — vernünftige Leute, was in der Gegenwart gleichfalls seltener der Fall sein soll. Schon in der ersten Hälfte des 17. Jahrhunderts waren ihre Studien gründlich, vielseitig, wohlgeordnet. Der erwähnte Verfasser theilt eine Stelle eines italienischen Schriftstellers mit, die ich in dieser Beziehung ebenfalls hier anführe: „Die Schüler der römischen Schule" — heisst es — „waren verbunden, sich täglich eine Stunde in schweren Intonationen zu üben, um Leichtigkeit in der Ausführung zu erlangen; eine andere Stunde wandten sie zur Uebung des Trillers an, eine andere zu geschwinden Passagen, eine andere zur Erlernung der Literatur und noch eine andere zur Bildung des Geschmacks und Ausdrucks, Alles in Gegenwart des Meisters, der sie anhielt, vor einem Spiegel zu singen, um jede Art von Grimasse oder unschicklicher Bewegung der Muskeln, entweder im Runzelziehen der Stirn, Blinzeln der Augenlider, oder im Verzerren des Mundes zu vermeiden. Alles dies war nur die Beschäftigung des Morgens. Nachmittags wandten sie eine halbe Stunde auf die Theorie des Schalles, eine andere auf den einfachen Contrapunct, eine Stunde auf Erlernung der Regeln, welche ihnen der Meister von der Composition gab, und auf die Ausübung derselben auf dem Papier; eine andere auf die Literatur, und die übrige Zeit des Tages auf das Clavierspielen oder auf die Verfertigung einer Composition. Und dies waren die gewöhnlichen Uebungen an den Tagen, wo es den Studirenden nicht erlaubt war, die Schule zu verlassen. Wenn sie hingegen Erlaubniss hatten, auszugehen, so gingen sie oft vor die *Porta angelica*, unweit des Berges

Marius, um gegen das Echo zu singen und an den Antworten desselben ihre eigenen Fehler kennen zu lernen. Zu anderer Zeit wurden sie entweder in den Kirchen zu Rom zum Singen bei den öffentlichen Musiken gebraucht, oder es war ihnen wenigstens erlaubt, dahin zu gehen, um die vielen grossen Meister zu hören, welche unter der päpstlichen Regierung Urban's VIII. (1624—1644) blühten. Wenn sie zurück in das Collegium kamen, wandten sie ihre Nebenstunden dazu an, nach diesem Muster zu arbeiten und dem Meister von dem, was sie machten, Rechenschaft zu geben." Nöthigt uns diese naive Mittheilung vielleicht ein Lächeln ab, und müssen wir auch einige Zweifel hegen, ob wirklich derartige Vorschriften pünctlich befolgt wurden, so gewinnen wir doch eine Anschauung von dem Ernst und der Gewissenhaftigkeit, mit der diese Studien schon frühzeitig betrieben wurden. Die Kunst des Gesanges stieg, da ihr eine grosse Menge bedeutender Talente unaufhörlich zuströmte, gelockt durch Aussicht auf Ehre und Gewinn, im Laufe des 17. Jahrhunderts ausserordentlich schnell. Innerhalb eines Jahrhunderts, in der Zeit von 1590 bis 1700, erhielt dieselbe in der Hauptsache ihre volle Ausbildung, so dass das 18. Jahrhundert als die Zeit der Blüthe zu bezeichnen ist. Vom Ausgange des vorigen und vom Anfang des gegenwärtigen endlich datirt der Verfall.

Bevor ich weitergehe, muss ich hier noch eine Bemerkung einschalten. Ich erwähnte schon in der vierten Vorlesung, dass in der ersten Epoche der italienischen Musik Castraten noch nicht üblich gewesen seien. Knaben, deren Brauchbarkeit auf wenige Jahre beschränkt ist, konnten nach dem damaligen Stande der praktischen Musik die Tauglichkeit für Kapellengesang nicht erreichen; Frauen waren durch die kirchliche Etiquette ausgeschlossen; die Kapellen waren daher nur mit Männern besetzt, und die Sopran- und Altpartien wurden von Falsettisten ausgeführt, unter denen besonders die Spanier in der päpstlichen Kapelle berühmt waren. L. Viadana sagt in der Vorrede zu seinen *Concerti* (1602), dass diese seine Gesänge besser von Falsettisten als von Knaben auszuführen seien, weil diese zu schwach, auch sehr lässig und ohne Ausdruck sängen. Jetzt, bei dem Aufschwunge der Gesangskunst, erscheinen zuerst die Castraten, und wir wissen ausdrücklich, dass der erste derselben nicht früher als 1625 in die päpstliche Kapelle kam. — Wie sich später diese Sitte immer mehr und in immer weiteren Kreisen verbreitete, so dass es erst der Gegenwart vorbehalten war, dieselbe wieder gänzlich zu beseitigen, ist bekannt.

Unter den ersten grossen Repräsentanten des Gesanges in Italien begegnet uns sogleich ein Sopranist, der Ritter **Baldassare Ferri** aus

Perugia, geb. 1610, gest. 1680. Die Ausbildung seiner Stimme war die ausserordentlichste; in einem Athem lief er mit Kettentrillern durch zwei volle Octaven auf und ab, und traf alle chromatischen Stufen auch ohne Begleitung vollkommen richtig. Wenn er aus dem Theater kam, wo er gesungen hatte, wurde sein Wagen bisweilen mit Rosen bestreut. Als er nach Florenz berufen wurde, ging ihm eine grosse Menge von Cavalieren und Damen wol drei Meilen weit entgegen und empfing ihn ebenso, wie man bisher Fürsten zu empfangen pflegte. — Als der grösste Sänger Italiens wird in der Regel **Carlo Broschi**, genannt **Farinelli**, bezeichnet. Seine körperlichen Mittel waren so gross, wie sie die Natur selten an einen Menschen verschwendet, denn er sang ohne die mindeste Anstrengung und mit gleichem Wohlklange von dem ungestrichenen a bis zum dreigestrichenen d. Farinelli war geb. im Jahre 1705 zu Neapel, und studirte unter Porpora. Später wandte er sich nach Rom. Hier war in der Oper ein Wettstreit zwischen ihm und einem Trompeter, der eine Arie mit seinem Instrumente zu begleiten hatte. Dieser Streit schien anfangs freundschaftlich und blos scherzhaft, bis die Zuhörer anfingen Theil daran und Partei zu nehmen. Nachdem Beide verschiedene Male Noten angehalten hatten, worin Jeder die Kraft seiner Lunge zeigte, und sich vor dem Anderen an glänzender Fertigkeit und Stärke hervorzuthun suchte, bekamen Beide zusammen eine ausgehaltene Note und einen Doppeltriller in der Terz, welchen sie so lange fortschlugen, bis Beide erschöpft zu sein schienen. Der Trompeter, der ganz athemlos war, gab ihn in der That auch ganz auf und dachte, dass sein Nebenbuhler ebenso ermüdet sein würde, wie er selbst war, dass somit der Sieg unentschieden wäre. Farinelli aber, mit einer lächelnden Miene, um dem Trompeter zu zeigen, dass er bisher nur mit ihm gespasst habe, brach auf einmal in demselben Athemzuge mit neuer Stärke los, hielt nicht nur die Note schwellend aus und trillerte, sondern liess sich auch in die schnellsten und schwierigsten Läufe ein, worin er nur durch das Zujauchzen der Zuhörer unterbrochen wurde. Von Rom ging er nach Bologna; hier hatte er das Glück, den Bernacchi, einen Schüler des berühmten, in dieser Stadt geborenen Pistocchi, zu hören, von da nach Venedig, endlich nach Wien, wo ihm vom Kaiser Carl VI. die grösste Aufmerksamkeit erwiesen wurde. Das Urtheil dieses Monarchen war es sogar, welches eine grosse Veränderung in seiner Singart hervorbrachte, und ihn jetzt erst der höchsten Stufe der Vollendung zuführte, indem er dem Kühnen und Blendenden das Ausdrucksvolle hinzufügen lernte. Im Jahre 1734 kam er nach England, und auch hier begleiteten ihn die ausserordentlichsten Erfolge. Zugleich daselbst mit dem grossen Sänger

Senesino engagirt, hatte doch noch Keiner den Anderen gehört, weil Beide auf verschiedenen Theatern zufällig immer gleichzeitig zu singen hatten. Eine Theaterrevolution führte Beide auf einem Theater zusammen. Senesino hatte die Rolle eines wüthenden Tyrannen, und Farinelli einen unglücklichen Helden in Ketten darzustellen. Allein gleich bei der ersten Arie erweichte er das harte Herz des zürnenden Wütbrichs so sehr, dass Senesino seine Theaterrolle vergass, Farinelli entgegenstürzte und ihn umarmte. „Er hatte Vorzüge", sagt sein Biograph Burney, „dergleichen man weder vor noch nach ihm bei irgend einem Menschen zusammen antraf, Vorzüge, deren Kraft man nicht widerstehen konnte, und die jeden Zuhörer, Kenner und Nichtkenner, Freunde und Feinde besiegen mussten." Später finden wir ihn in Madrid mit den höchsten Würden bekleidet. Er war Grand von Spanien, Ritter des grossen Ordens von Calatrava, General-Intendant aller Opern, und hatte als solcher nicht blos auf die Kunstangelegenheiten, sondern zugleich als allmächtiger Günstling auch auf die politischen Verhältnisse den grössten Einfluss. An ihn wandten sich die Gesandten der fremden Höfe ebenso sehr wie die Regenten selbst, und Maria Theresia tröstete sich, als sie der Frau von Pompadour freundliche Briefe schreiben musste, damit, dass sie dasselbe bei Farinelli habe thun müssen. Als Director der Oper machte er sie zur glänzendsten Anstalt in Europa. Er bezog in den Jahren 1737 bis 1761 in Madrid als Jahrgehalt eine Summe von 2000 Pfund Sterling. Gerühmt aber wird, und dies dürfen wir nicht vergessen zu erwähnen, seine ausserordentliche Mässigung und Pflichttreue, so dass er nicht ein einziges Mal seine Gewalt missbrauchte, und selbst von den Spaniern allgemein geliebt wurde. Schlosser in seiner „Geschichte des 18. Jahrhunderts" tadelt daher auch Maria Theresia, dass sie Farinelli mit Frau von Pompadour in eine Kategorie gestellt habe.

Ich bemerkte bei dem zuletzt erwähnten Sänger schon, dass er in Neapel seine Bildung erhalten hatte. Nicht allein in der Composition war jene Schule ausgezeichnet, sie besitzt zugleich den Ruhm, grosse Gesanglehrer besessen — ich nenne hier nur **Nicolo Porpora**, geb. um das Jahr 1685, gest. 1767 — und die grössten Sänger Italiens gebildet zu haben. Bald aber entstanden auch an anderen Orten Schulen für Gesang, und endlich gab es fast keine grössere Stadt Italiens, die nicht Ausgezeichnetes hierin geleistet hätte. Besondere Bedeutung erlangte Bologna durch die beiden schon vorhin genannten Meister **Francesco Antonio Pistocchi** (geb. 1659) und **Antonio Bernacchi** (geb. um 1700). Pistocchi, gleichfalls ein Castrat, war um 1700 der Gründer

der bolognesischen Schule, von welcher der vorhin genannte Verfasser sagt, dass sie es gewesen sei, welche alle Künste des ausübenden Gesanges zuerst in ein wissenschaftliches System zu bringen suchte, besonders die Schönheit des Tones verlangte, und die Mannigfaltigkeit der Stile als eine wesentliche Bedingung der Kunst des Vortrags geltend machte. Bernacchi folgte dem eben Genannten in der Leitung dieser Schule, und war so glücklich, der Welt durch seinen Unterricht eine bedeutende Anzahl von Sängern ersten Ranges zu schenken. Er selbst hatte von der Natur keine glücklichen Gesangsorgane erhalten, bildete dieselben aber durch Studium dessenungeachtet so aus, dass er, einer der berühmtesten Sänger seiner Zeit, von Händel und Graun der König der Sänger genannt wurde. Neben dem Systematischen seines Unterrichts soll er die Bande der Schule erleichtert haben, indem er eine freiere Singweise einführte. Seine Methode ist diejenige, welche sich bis in die Gegenwart fortgeerbt hat und noch jetzt als die Grundlage des Unterrichts im italienischen Gesange betrachtet wird. — Es kann natürlich hier nicht der Zweck sein, so wenig als in dem Nachfolgenden hinsichtlich der Instrumentalvirtuosen, diesen Gegenstand zu erschöpfen; ich berühre denselben flüchtig, um das Gesammtbild dieser Epoche zu vervollständigen. Nur eine Stelle aus der angeführten Schrift erlaube ich mir noch mitzutheilen: „Allein die Zeit der grossen italienischen Malerschule lässt sich mit der Glanzperiode italienischer Musik vergleichen, denn wie einst fast jede kleine Stadt Italiens grosse Maler aufzuweisen hatte, so jetzt fast jedes Oertchen herrliche Musiker aller Branchen, und so allein konnte Italien fast alle grösseren Städte Europas mit trefflichen Opern versorgen, während das Mutterland dessenungeachtet noch mit Schaaren von musikalischen Talenten bedeckt war. Mit tiefem Staunen liest man in den Reiseberichten jener Zeit, dass auf den Strassen, in den Wirthshäusern und an Orten, wo wir nur die Hefe der Musiker suchen, damals in Italien die lieblichste Musik ertönte, und alle Theater, Kirchen und Concertsäle mit den trefflichsten Sängern, Componisten und Instrumentisten besetzt waren. Die Klöster hatten diese in ihren Mönchen und Nonnen, jede grössere Kirche ihren Kapellmeister, ihre Sänger, Organisten und Spieler, und die Waisenhäuser mancher grossen Städte stellten aus ihren Zöglingen, deren die grössten tausend und mehr ernährten, Orchester von 50—60 trefflichen Sängern und Musikern, oftmals Mädchen, welche in den Anstalten bis zu ihrer Verheirathung unterhalten wurden, oder bis sie als Sängerinnen zu den Theatern gingen."

Es liegt in der Natur der Sache, dass die an den Moment gefesselte, schnell vorüberrauschende Kunst des Darstellers dem Geschichtsschreiber noch bei weitem grössere Schwierigkeiten für seine Aufzeichnungen darbietet, als die Darlegung des inneren Ganges der Kunstentwicklung und der damit verbundenen Thatsachen, wofür die Werke selbst das sprechendste Zeugniss fort und fort ablegen. Wir dürfen uns daher nicht wundern, wenn jene Erscheinungen bis jetzt nur erst eine wenig eingehende Darstellung gefunden haben, und die Ansichten darüber noch ganz ausserordentlich differiren. Chrysander in seinem Leben Händel's im 2. Bande, S. 28, macht deshalb mit Recht darauf aufmerksam, dass es das Sicherste sei, sich zum Zwecke tieferer Erfassung jener vorübergegangenen Kunst an die Schreibart der Tonsetzer zu halten, weil die Kunst der Ausführung dieser annähernd entsprochen haben muss. Er gelangt allerdings auf diesem Wege zu einer der oben dargestellten wenig conformen Schilderung. Hierauf näher einzugehen, würde uns indess zu weit führen. Nur möchte ich nicht unterlassen, Sie darauf aufmerksam zu machen, und Ihnen das genannte Werk zum Nachlesen zu empfehlen. Dasselbe enthält nicht nur in der angeführten Stelle, sondern auch im weiteren Verlauf viele bemerkenswerthe und interessante Angaben auch nach der hier bezeichneten Seite hin.

Bei so grosser Anregung, bei solchen Vorbildern des Gesanges, konnte die Kunst der Instrumentisten nicht zurückbleiben. Bald begegnen wir auch auf diesem Gebiet ausgezeichneten Leistungen. Die Kunst des Instrumentenspiels hat sich aus der des Gesanges entwickelt, wenigstens anfangs und so lange, als der Instrumentalmusik noch nicht ein selbstständiges Ideal aufgegangen war. Es sind hier namentlich die ersten grossen Violinspieler, deren ich gedenken muss.

In der Mitte des 17. Jahrhunderts waren die Bogeninstrumente in ihrem Bau bis zu jener Vollkommenheit gediehen, die als unübertrefflich anerkannt ist. Stimmung wie Structur waren bis dahin geregelt, und Cremona, Brescia und Innsbruck lieferten Instrumente, welche noch jetzt die gesuchtesten sind. Unter solchen Verhältnissen war es natürlich, wenn ausgezeichnete Virtuosen nicht lange auf sich warten liessen.

Als der Gründer der höheren Kunst des Violinspiels in Italien wird gewöhnlich **Archangelo Corelli** bezeichnet, geb. im Jahre 1653 in einer kleinen Stadt auf bolognesischem Gebiet, gest. 1713. Erst in späteren Jahren verbreitete sich sein Ruf als Violinvirtuos. Corelli gehört nicht unter die frühreifen Künstler. Noch wenig gekannt, trat er eine Reise nach Deutschland an, liess sich an mehreren Höfen mit Beifall hören, und nahm zuletzt Dienste in der Kapelle des Herzogs von Bayern, wo er zwei Jahre verweilte. Nachher kehrte er nach Rom zurück und gab dort zwölf Sonaten für die Violine heraus. Noch immer aber wurden seine Leistungen nur wenig beachtet. Erst als im Jahre 1686 die damals in Rom sich aufhaltende Königin Christine von Schweden zu Ehren des englischen Gesandten ein grosses Concert veranstaltete, welches Corelli an der Spitze von 150 Musikern dirigirte, begann sein Ruf sich schnell zu erhöhen, so dass von diesem Zeitpunct an seine einflussreichere Thätigkeit datirt werden kann. Der Cardinal Ottoboni ernannte ihn jetzt zum ersten Violinisten und Director seiner Hauskapelle, und Corelli blieb in dieser Stellung, wo er vorzüglich förderlich für die Ausbildung der Instrumentalmusik sein konnte, bis an seinen Tod. Er brachte hier die Instrumentalmusik zu einer Höhe, wie man sie bis auf ihn in Rom nicht gekannt hatte, und wird als der Erste bezeichnet, der dort ein regelmässiges Orchester eingerichtet habe. Das Gesangreiche seines Spiels gefiel so, dass man ihn sogar in den Kirchen hören wollte, und dass von ihm an sich auch die Zulassung der Saiteninstrumente bei der Kirchenmusik in Rom datirt. Die dankbaren Römer erkannten seine Verdienste, und ihr Enthusiasmus zierte Corelli mit der Bezeichnung: *Virtuosissimo di Violino e vero Orfeo de' nostri tempi.* Nach seinem Tode wurde von dem Cardinal Ottoboni seine Büste mit einer ausserordentlich rühmenden Unterschrift aufgestellt. Corelli war ausgezeichnet durch tonreiches, gefühlvolles Spiel, weniger durch Fertigkeit, die ihm in keinem hohen Grade zu Gebote stand. Das Gebiet, auf welchem er sich bewegte, war überhaupt noch ein beschränktes. In einem Concert beim Cardinal Ottoboni machte er Händel's Bekanntschaft. Eine der Händel'schen Opernouverturen wurde aufgeführt. Corelli hatte die Composition sanft und gefühlvoll aufgefasst, wie es seine Weise war, ohne auf Händel's Feuer und Lebendigkeit einzugehen. Heftig riss ihm dieser die Violine aus der Hand und spielte die Stelle auf seine Weise. Corelli entgegnete ihm: „Aber, lieber Sachse, Ihre Musik ist im französischen Stile, auf den verstehe ich mich nicht". Aehnliche Anekdoten werden mehrere erzählt, so von seinem Aufenthalte in Neapel. Ton- und gesangreicher Vortrag war, wie gesagt, seine Eigenthümlichkeit. Bravour besass er noch nicht, und die Benutzung der höheren Lagen des Instruments war ihm unbekannt. An seinen Compositionen ist das Melodiös-Fliessende, Verständliche, Ungesuchte und Einfache zu rühmen. Er hat viele Sammlungen von Sonaten und Concerten herausgegeben. Am Höchsten werden die Sachen geschätzt, welche er von 1690 bis 1700 componirte. Wie weit er aber im Vergleich zu anderen Ländern immerhin voraus war, erhellt aus der Angabe, dass in Frankreich im Jahre 1715 die Kunst des Violinspiels noch so tief stand, dass sich in Paris Keiner fand, der Corelli's Sonaten zu spielen verstanden hätte. Gleichzeitig mit Corelli werden noch die Violinisten Geminiani, ein Luccheser, und Vivaldi, ein Venetianer, genannt. — Grösseres aber nach Aller Urtheil leistete **Giuseppe Tartini**, der erste Meister Italiens zu seiner Zeit, geb. zu Pirano, einem Landgute in Istrien, im Jahre 1692, gest. 1770. Ich theile Ihnen einige Hauptpuncte aus der ziemlich romanhaften Biographie dieses Künstlers mit. Seine Eltern wünschten, dass er sich dem geistlichen Stande widmen möchte, und übergaben ihn, da er grosse Fähigkeiten zeigte, einer Unterrichtsanstalt, wo er die Humaniora absolvirte, und nebenbei ein wenig Musik und Violinspiel erlernte. Sie liessen ihm, da sie verlangten, er solle in den Franciscanerorden der Minoriten treten, ein paar Zellen in einem Kloster geschmackvoll auf eigene Kosten einrichten. Aber Tartini, sehr weltlich gesinnt, war nicht zu bereden. Er bezog 1710 die Universität zu Padua, um Jurisprudenz zu studiren. Mehr als diese Wissenschaft aber und als die Violine interessirte ihn damals die Fechtkunst, in der er es schon früh zu einer bedeutenden Fertigkeit gebracht hatte. Unaufhörliche Duelle mit Studenten waren die Folge. Es war sein Vorsatz, als Fechtmeister nach Frankreich zu gehen. Eine junge Dame jedoch, aus der Familie des Cardinals Cornaro, hatte sein Interesse gefesselt. Er unterrichtete dieselbe und verliebte sich in sie so leidenschaftlich, dass er sie schnell heirathete, ohne dass die beiderseitigen Eltern ein Wort erfuhren. Die seinigen waren so erzürnt, dass sie ihm für immer ihre Unterstützung versagten; noch mehr der Cardinal, der ihm nachstellen liess, so dass Tartini sich genöthigt sah, seine Gattin in Padua zurückzulassen und als Pilger verkleidet zu fliehen. Unstät und flüchtig irrte er nun von Ort zu Ort, bis er in das Minoritenkloster zu Assisi kam, wo er in dem Küster desselben einen Verwandten fand, der ihn aufnahm und verbarg. Hier nun mehrere Jahre genöthigt zu verweilen, hatte er Zeit und Gelegenheit, über den Leichtsinn seines Lebens nachzudenken; gänzlich umgebildet in seinem Charakter, ging er später wieder aus demselben hervor. Um die Langeweile des Klosters zu zerstreuen, nahm er die Violine zur Hand. Er hatte einen tüchtigen Lehrer gefunden und machte, da er fleissig zu werden anfing, bald grosse Fortschritte. Ziemlich bekannt ist die Anekdote, welche sich an die Entstehung seiner Teufelssonate, deren Composition in diese Zeit fällt, knüpft. Mit der Ausarbeitung dieses Werkes beschäftigt, erschien ihm einstmals im Traum der Teufel und hielt ihm, seine Leistungen als Violinist herabsetzend, eine Strafpredigt. Gewissensbisse, die ihn wachend und schlafend beunruhigen mochten, hatten sich in die concrete Gestalt des Teufels gekleidet. Tartini war im Traum mit seiner Sonate beschäftigt. Der Teufel verspottete ihn, nahm die Violine zur Hand und zeigte ihm neckend Schwierigkeiten, welche er nicht überwinden könne, — erinnere ich mich recht, so war es namentlich ein Triller, mit dem zugleich eine selbstständig sich bewegende Stimme verbunden ist. Der Traum war lebhaft gewesen, und Tartini erinnerte sich beim Erwachen genau des Hergangs, entzückt über das Kunststück, das ihm der Teufel gezeigt hatte. Er nahm es in sein Werk auf und übte sich rastlos, bis ihm die vollkommene Ausführung desselben gelang. Noch immer war sein Aufenthalt der Welt unbekannt. Einst, bei einem Feste, spielte Tartini in der Kirche Violine. Ein heftiger Windstoss hob den Vorhang, hinter dem er verborgen war, auf. Er wurde sogleich von einem anwesenden Paduaner erkannt, der nichts Eiligeres zu thun hatte, als die gemachte Entdeckung zu verrathen. Tartini's Gattin meldete ihm sogleich die Aussöhnung des Cardinals und die so für ihn vorhandene Möglichkeit der Rückkehr. Jetzt wieder in die Welt eintretend, wurde er bald der Gegenstand allgemeiner Bewunderung. Im Jahre 1721 erhielt er die Stellung als erster Violinist an der Kirche des heiligen Antonius zu Padua, an einer der besten Kapellen Italiens. 1723 erging an ihn ein Ruf nach Prag zur Krönung Kaiser Carl's VI. Dort weilte er drei Jahre bei einem Grafen Kinski. Hier hörte ihn der deutsche Flötist Quanz. Dieser schreibt über sein Spiel: „Er war in der That einer der grössten Violinspieler. Er brachte einen schönen Ton aus dem Instrumente; Finger und Bogen hatte er in gleicher Gewalt. Die grössten Schwierigkeiten führte er ohne sonderliche Mühe sehr rein aus. Triller, sogar Doppeltriller schlug er mit allen Fingern gleich gut. Er mischte sowohl in geschwinden als langsamen Sätzen viele Doppelgriffe mit unter und spielte gern in der äussersten Höhe. Allein sein Vortrag war nicht rührend und sein Geschmack nicht edel, vielmehr der guten Singart ganz entgegen". Später hat er ohne Zweifel auch diese Vorzüge sich noch anzueignen gewusst, er würde sonst nicht, wenn ein Violinist sich nur durch Fertigkeit der Finger und des Bogens vor ihm gezeigt hatte, gewöhnlich gesagt haben: „Das ist schön, das ist schwierig, aber hier (wobei er die Hand auf die Brust legte) hat es mir Nichts gesagt". Nach Verlauf jener drei Jahre ging er nach Padua zurück, schlug die glänzendsten Einladungen aus und errichtete 1728 seine grosse, höchst einflussreiche Musikschule, welche ihm den Namen des Lehrmeisters der Nationen — *il maestro delle nazioni* — verschaffte und aus der jetzt die vorzüglichsten Violinisten aller Länder hervorgingen. Was ihm in eigener Person durch Reisen allein zu erreichen unmöglich war, Verbreitung seiner Kunst, das erlangte er jetzt in ausgedehnter Weise durch seine Schüler. Als die vorzüglichsten derselben werden genannt: Pietro Nardini und Gaetano Pugnani; zu Naumann's, des Dresdner Kapellmeisters, Bildung trug er wesentlich bei, wie dies später an seinem Orte noch erwähnt werden wird. Auch in anderer Hinsicht erwarb er sich um Padua Verdienste. Er unterstützte vielfach arme Wittwen und Waisen und liess Kinder armer Eltern auf seine Kosten in der Schule unterrichten. Tartini hat mehrere theoretische Werke, insbesondere eines von der Theorie des Klanges, herausgegeben und sich darin als Entdecker bewiesen. Dass er seine Sätze in mathematische und algebraische Dunkelheiten eingehüllt hat, soll nach dem Urtheil eines Freundes von ihm daher kommen, dass er ein schlechter Rechner und noch schlechterer Mathematiker gewesen ist; er hatte sich bei seinen musikalischen Rechnungen eine ganz eigene, sonderbare Verfahrungsweise ausgedacht, welche ihm durch Uebung ganz leicht geworden war, während sie Anderen unverständlich blieb. Burney, bei Beurtheilung derselben, bediente sich der Worte des Sokrates, welche dieser von Heraklit gebraucht hatte: „Was ich verstanden habe, ist vortrefflich; ich schliesse daraus, dass auch das von gleicher Vortrefflichkeit ist, was ich nicht verstanden habe". Die Kunst der Bogenführung, sagt Kiesewetter, ward durch ihn zu einer früher nicht geahnten Vollkommenheit gebracht. — Ich nenne zum Schluss dieser Darstellung noch einen Schüler des Corelli, Pietro Locatelli, geb. 1693 zu Bergamo, und gegen die Mitte des vorigen als einer der grössten Violinvirtuosen allgemein bekannt. Er durchreiste ganz Europa und wählte endlich Amsterdam zu seinem bleibenden Wohnsitz. Dort errichtete er ein stehendes Concert und starb daselbst 1764. Die Werke dieses Mannes haben mich bei der Durchsicht lebhaft interessirt. Man findet hier schon eine hochgesteigerte Bravour, in der That, wie es mir scheinen wollte, Elemente des ein Jahrhundert später kommenden Paganini.

Dasselbe, diese hochgesteigerte Bravour und vielfache Elemente der späteren Virtuosität, erblicken wir auch bei dem ersten grossen Pianofortespieler und -Componisten Italiens, **Domenico Scarlatti**. Es ist hier der Ort, auch dieser Leistungen noch im Vorübergehen zu gedenken. Domenico Scarlatti war der Sohn des Alessandro Scarlatti, geb. zu Neapel im Jahre 1683. Ein Schüler desselben in seiner musikalischen Bildung überhaupt, erhielt er die Vorbereitung für seinen späteren Beruf in Rom. Durch ihn setzte der Vater die begonnene Verselbstständigung der Instrumentalmusik durch, um so leichter, als der Sohn zur Verbreitung dessen, was er schuf, durch seine grossen

Reisen wesentlich beitrug. England, Frankreich, Spanien, Portugal hatten Gelegenheit, die Kunst dieses Mannes zu bewundern. Im Jahre 1719 trat derselbe unter anderen auch in London als Componist auf, doch nicht mit gleichem Erfolg wie als Virtuos. Nur nach Deutschland ist er nicht gekommen. Erst ein Enkel des alten Scarlatti — nach anderen Angaben ein Sohn des Francesco Scarlatti, eines Bruders oder nahen Verwandten des eben Genannten — **Giuseppe Scarlatti**, welcher die grösste Zeit seines Lebens hindurch in Wien lebte, und daselbst im Jahre 1771 gestorben ist, verpflanzte die Bestrebungen dieser Familie nach Deutschland, einer Familie, die in ihrer Stellung zur italienischen Kunst vielfach Analoges zeigt mit der Sebastian Bach's in Deutschland. Wie Seb. Bach bezeichnet A. Scarlatti in Italien den Wendepunct zwischen alter und neuer Zeit; wie Dom. Scarlatti bezeichnet Emanuel Bach die entschiedenere Wendung zum Neuen, die Verselbstständigung der Instrumental-, insbesondere der Pianofortemusik. Dom. Scarlatti war zuletzt Pianist des Königs von Spanien, und starb daselbst im Jahre 1757. Die Werke dieses Mannes haben neuerdings wieder grösseren Eingang gefunden, und sind nach dem Vorgange von Liszt und Clara Schumann vielfach öffentlich zum Vortrag gebracht worden. C. Czerny hat eine Gesammtausgabe derselben veranstaltet und durch eine sehr rühmende Vorrede dieselbe eingeleitet. Auch H. v. Bülow hat mehrere herausgegeben. Unter der grossen Menge dieser Sonaten ist allerdings auch manches Veraltete; viele jedoch behaupten für alle Zeiten ihren Werth. Für die Kenntniss der Geschichte des Instruments, sowie zur Vervollständigung des Bildes von den damaligen grossen Kunstleistungen Italiens sind sie von ausserordentlicher Bedeutung. Mit Erstaunen erblickt man diese hochgesteigerte Bravour, wennschon die Ausführung bei der Beschaffenheit der damaligen Instrumente nicht die Schwierigkeiten darbieten konnte, wie gegenwärtig.

Auch das Orgelspiel blühte in dem ganzen gegenwärtig besprochenen Zeitraum. In der ersten Hälfte des 17. Jahrhunderts hatte Italien den hochberühmten Frescobaldi (1588—1653), zu welchem auch deutsche Organisten kamen, um ihre Studien zu machen. Er war der Lehrer des kaiserlichen Hoforganisten Froberger (geb. um 1605, gest. 1667). Die Organisten waren von jeher die Vertreter der strengeren Kunst, und so erblicken wir noch längere Zeit hindurch in Italien tüchtige Künstler dieses Faches. Seit dem 17. Jahrhundert bildeten sich der doppelte Contrapunct und die Fuge mehr und mehr aus. Die letztere erhielt indess erst in der Zeit A. Scarlatti's ihre Vollendung. Bald traten in Italien und Deutschland Theoretiker auf, welche die Lehrsätze entwickelten und feststellten, und so sehen wir endlich auch dieses Gebiet zum ersten befriedigenden Abschluss gelangen. — Zuletzt muss ich hier noch der ersten virtuosenmässigen Leistungen auf den Blasinstrumenten gedenken. Das Hervortreten derselben nach dem Vorgange der Saiteninstrumente fällt in die erste Hälfte des vorigen Jahrhunderts. Blieb auch in Italien die Orchestermusik immer nur eine Sache von untergeordneter Bedeutung, so erscheint dieselbe doch nun schon bis zu einer Stufe ausgebildet, welche Deutschland in den Stand setzte, darauf fortzubauen und später das Höchste dieser Gattung zu erreichen. — —

Das heitere, prächtige, farbenglühende Venedig zieht jetzt noch unsere Blicke auf sich. Eine dritte italienische Musikschule — ausser anderen, indess weniger umfassenden und erfolgreichen — ist noch zu nennen, mit der römischen und neapolitanischen von der grössten Bedeutung: die venetianische. In Venedig bestand eine eigene Schule der Tonkunst in dem gesammten, bis jetzt besprochenen Zeitraum. Ich gedenke derselben erst an diesem Orte, weil es die Uebersicht wesentlich erleichtert, das Zusammengehörige in grösseren Gruppen zusammengestellt zu finden, während die blosse Gegenüberstellung gleichzeitiger Vorkommnisse nur die untergeordnete Orientirung über die Zeitfolge gewährt.

Die ersten Anregungen gingen auch hier von den Niederländern aus; ich bemerkte schon, dass es Hadrian Willaert gewesen sei, welcher als der Gründer der Schule zu bezeichnen ist. Seine unmittelbaren Amtsnachfolger am Dome des heiligen Marcus waren die Schüler desselben, Cyprian de Rore (1516—1565), welchem die enthusiastische Verehrung der Italiener den Namen „il divino" beilegte, und Zarlino (1519—1590), der grösste Theoretiker des Jahrhunderts. Ausser diesen werden noch mehrere andere Namen als seiner Schule angehörig genannt, der schon einmal erwähnte Alfonso della Viola, Costanzo Porta u. A. Die Venetianer haben einen eigenthümlichen Stil ausgebildet, obschon man sich ihre Schule natürlich nicht völlig getrennt und streng geschieden von den schon erwähnten vorstellen darf. Vielleicht sind in ihrer Musik verwandte Elemente mit denen der venetianischen Malerschule. Wenn wir bei den Römern, bei Raphael, die schöne, classische Form, die Strenge der Zeichnung, den idealen Schwung bewundern, so ist dagegen bei den Venetianern die Farbe dasjenige Element, durch welches vorzugsweise ihre künstlerischen Bestrebungen Vollendung erlangt haben. Mit bewundernswerther Meisterschaft, sagt Kugler, wissen sie das warme Leben des Nackten, die Pracht und den Schimmer der mannigfaltigsten Stoffe nachzuahmen. Es ist die Freude am Leben und am Glanze des Lebens, was sich in allen edleren Leistungen dieser Schule ausspricht — so namentlich bei Tizian —, das Leben in seiner vollsten Potenz, es ist die Verklärung des irdischen Daseins ohne Nimbus und ohne Opferblut, die Befreiung der Kunst aus den Banden kirchlicher Dogmen. Venedig, ausgezeichnet durch Reichthum, politische und kriegerische Macht, genussliebend und genussbietend, zeigte weniger Interesse für Religion, und es kam ihm weniger darauf an, die kirchliche Strenge aufrecht zu erhalten. Die Oper fand, wie Sie wissen, hier sehr früh Eingang, und auch dies trug dazu bei, der Musik der Republik einen abweichenden Charakter zu geben. Wie nun bei den Malern die Farbe das vorwaltende Element ist, so scheinen die Musiker mehr Rücksicht zu nehmen auf den Glanz der äusseren Erscheinung, mehr die Wirkung ins Auge zu fassen. Die Werke der sogleich zu erwähnenden Meister, die Neigung derselben für Vollstimmigkeit, die beliebte Zusammenstellung mehrerer Chöre — nach Willaert's Vorgang — spricht dafür.

Zu den ausgezeichnetsten Meistern in der zweiten Hälfte des 16. Jahrhunderts gehören **Andreas Gabrieli** und dessen Neffe **Giovanni Gabrieli**, insbesondere der Letztere, Beide nach einander Organisten am Dome des heiligen Marcus. Giovanni Gabrieli, aus der Familie der Galilei, der auch der Physiker angehört, war im Jahre 1557 geboren. Von dem gelehrten, zugleich aber auch die Tonkunst liebenden Vater für die Wissenschaften wie für Musik herangebildet, wurde er, da sein grosses Talent früh sich entwickelte, für die letztere bestimmt. Er machte die umfassendsten Studien und wurde einer der grössten Orgelvirtuosen seiner Zeit. Im hohen Alter erlebte er noch — er starb im Jahre 1612 — den Glanz und die Pracht der neu in die Welt eintretenden Oper. Er selbst aber ist nicht eingegangen auf dieses Neue. Seine Richtung ist die des erhabenen Stils der Kirchenmusik im 16. Jahrhundert. Ausführlicheres findet man in der schon früher genannten Schrift von Winterfeld. Rochlitz in seinem Sammelwerk theilt zwei Werke von Gabrieli mit; hier ist es insbesondere ein *„Benedictus"* für drei Chöre — der erste für 3 Soprane und 1 Tenor, der zweite für die gewöhnlichen 4 Stimmen, der dritte für 1 Tenor und 3 Bässe —, welches die Aufmerksamkeit fesselt. Es ist, wie Sie schon aus dieser Anordnung der Stimmen entnehmen können, ein überaus glänzendes Musikstück. Für uns ist Gabrieli, sowie überhaupt die venetianische Schule, interessant, da sie nicht ohne Einfluss auf Deutschland geblieben ist. Die geographische Nähe, die vielfachen engen Handelsverbindungen, sowie auch der weltlichere Sinn Venedigs, der an Glaubensstreitigkeiten weniger Interesse fand, waren jedenfalls hiervon die Ursache, während das strengere Rom gar nicht auf Deutschland einwirkte. Auch deutsche Maler, so Albrecht Dürer, besuchten Venedig, wennschon vielleicht mit geringerem Erfolg für ihre Ausbildung als die Musiker. Die Letzteren erhielten sehr erfolgreiche Anregung durch Gabrieli und dessen Schule, und wir werden im weiteren Verlauf der Darstellung mehrere der vorzüglichsten deutschen Meister zu nennen haben, welche dort ihre Ausbildung erhielten. Venedig hat dadurch wesentlich eingewirkt auf die Gestalt der Kunst in unserem Vaterlande und dazu beigetragen, dieselbe von der ihr innewohnenden Starrheit und Schwerfälligkeit zu befreien. — Ein zweiter grosser Tonsetzer dieser Schule ist **Antonio Lotti**, geboren im Jahre 1667. Dieser gehört vollständig der neuen Richtung an, der durch die Oper bewirkten Umgestaltung der gesammten Tonkunst, obschon er derselben durchaus noch nicht ein tadelnswerthes Uebergewicht gestattete; im Gegentheil: es ist die alte Strenge und Gediegenheit bei ihm vorwaltend, aber verschönt durch die Grazie der Epoche des schönen Stils. Kiesewetter bezeichnet ihn als einen Meister, welcher im sublimsten Contrapunct, wie im concertirenden oder solennen Kirchenstile, im geistlichen Drama, wie im Madrigal Keinem nachstand, und den kühnsten und zugleich regelmässigsten Harmonisten aller Zeiten sich anreiht. Seine Studien fallen in die Zeit um das Jahr 1684. Später wurde er Organist an der Marcuskirche. Um das Jahr 1712 hörte ihn und einige seiner Werke der damalige Kurprinz von Sachsen. In Folge des grossen Eindrucks, den er auf diesen gemacht hatte, ward er 1718 an den Hof zu Dresden berufen, wo seine Gattin als Sängerin auftrat. Er kehrte aber schon 1719 nach Venedig in sein voriges Amt zurück und wurde 1736 zum Kapellmeister daselbst ernannt. Er starb im Jahre 1740. Auch Opern hat Lotti in der Zeit von 1683 bis 1718 in grosser Zahl geschrieben, die in ganz Italien gegeben wurden. Hier accommodirte er sich der Menge. Was seinen Werth für uns bezeichnet, sind, wie es nach allem Vorausgegangenen kaum erst einer Bemerkung bedarf, seine kirchlichen Werke. Leider sind uns davon nicht viele bekannt. Rochlitz theilt einige Bruchstücke mit, unter diesen das zuerst in No. 50, Bd. XXI der Allgem. musik. Zeitung veröffentlichte „*Crucifixus*", eines der herrlichsten Werke der italienischen Kirchenmusik überhaupt. Selbst Hasse, der als ein Schüler Scarlatti's sonst nicht gern einem anderen Meister Gerechtigkeit widerfahren liess und namentlich Durante, wo er konnte, herabsetzte, hatte ihn, als er im Jahre 1727 ihn kennen lernte, hochschätzen gelernt: „Welcher Ausdruck", rief er aus, als er eine Lotti'sche Composition hörte, „welche Mannigfaltigkeit und doch welche Richtigkeit und Wahrheit der Ideen!" Ich nenne endlich einen der letzten bedeutenden Künstler dieser Schule, welcher zugleich der neuesten Zeit am nächsten steht: **Benedetto Marcello**, ein venetianischer Patricier und eigentlich Dilettant, geb. 1686, gest. 1739. Er war Staatsmann, anfangs Richter in Venedig unter den sogenannten Vierzigern der Republik, zuletzt Schatzmeister in Brescia. Seine Neider und auch spätere Schriftsteller benutzten diesen Umstand, wiewohl sehr mit Unrecht, um seine musikalischen Leistungen zu verdächtigen, sagend, dass das, was dem Musiker nicht gelungen, die Aufführung seiner Werke in vielen Hauptstädten Europas, durch den Einfluss des hochstehenden Staatsbeamten bewirkt worden sei. Dem Charakter seiner Werke nach steht Marcello der neuesten Zeit am nächsten, obschon er nie für die Oper gearbeitet hat. Charakteristisch für ihn ist, dass er statt der bis dahin üblichen lateinischen Texte ein ietalienische Uebersetzung der Psalmen für seine musikalische Bearbeitung wählte, charakteristisch ferner, dass er sich den Texteswortes weit mehr, als bis dahin üblich, im Einzelnen anbequemte, dass er nach dem Ausdruck der Einzelheiten des Textes strebte, während es früher mehr auf den Ausdruck der Gesammtstimmung angekommen war; eine nothwendige Folge dieses Strebens musste der häufige Wechsel des Tempos und der Tactart in demselben Stück sein. Sein Hauptwerk sind 50 David'sche Psalmen, welches in vielen Ausgaben erschienen ist, so zu Anfang dieses Jahrhunderts in Venedig. In neuester Zeit sind einzelne daraus in mehreren Ausgaben wieder gedruckt. — Namhaft zu machen ist schliesslich auch noch der Venetianer **Antonio Caldara** (1670—1736), wiewol derselbe ebenso sehr auch unter dem Einfluss der Neapolitaner gestanden hat und die Hauptzeit seines Lebens als Hofvicekapellmeister und Lehrer Carl's VI. in Wien lebte. Er gehört zu den besten Meistern jener Zeit.

Nächst der eben besprochenen venetianischen will ich im Vorübergehen noch der bolognesischen Schule gedenken. Paolo Colonna (gegen 1640—95) war der Gründer derselben, **Giovanni Maria Clari**, geb. 1669, ein ausgezeichneter Schüler desselben. In der schon öfters erwähnten in Halle veröffentlichten Sammlung ist uns nur ein trefflicher Psalm desselben: „*De profundis*", zugänglich. Im Archiv des Doms zu Pisa dagegen und in der Scuola daselbst befinden sich mehr als anderthalb hundert Werke Clari's. Ueberhaupt gilt, was hier nur beiläufig und bei einer besonders auffälligen Veranlassung erwähnt wurde, von der Mehrzahl der bis jetzt besprochenen Erscheinungen. So viel auch in neuerer Zeit gethan wurde, um die Quellen zu eröffnen, uns die ältere Kunst wieder zugänglich zu machen, so ist verhältnissmässig doch immer nur erst sehr wenig geschehen, und die Vorarbeiten für den jetzt behandelten Abschnitt sind demnach im Ganzen noch ziemlich gering. In den Bibliotheken Italiens liegt die Mehrzahl dieser Schätze aufgespeichert, ohne noch den Kunstfreunden wieder zugänglich gemacht worden zu sein. Wir sind deshalb zur Zeit auch ausser Stande, die Entwicklung der einzelnen Meister durch eine ins Specielle zugespitzte Charakteristik derselben zu geben. Es muss genügen, wenn es uns gelingt, die Bedeutung der verschiedenen Epochen und Kunstschulen im Allgemeinen festzustellen.

Ich beschliesse hiermit für längere Zeit die Darstellung der Geschichte der italienischen Musik. Italien hat bis herab in die Mitte des vorigen Jahrhunderts das Grösste geleistet; von da an datirt der Verfall seiner Kunst; nur auf dem Gebiete der Oper, insbesondere der komischen, ist später noch Hervorragendes geschaffen worden. Wir erblicken in den durchlaufenen Jahrhunderten die Bewegung von einem Endpunct zum anderen, von der ausschliesslichen Herrschaft der Kirchenmusik im 16. Jahrhundert bis zum Verschwinden derselben im 18. und 19. Die Tonsetzer schrieben zwar auch weiterhin noch kirchliche Werke, doch liegt der Schwerpunct in dem, was sie für die Oper leisteten. So sehen wir, wie die letztere, welche im 17. und 18. Jahrhundert der Kirchenmusik nur gleichberechtigt gegenüberstand, endlich alle Kräfte an sich zieht; wir gewahren, wie dieselbe der strengeren Kunst Vernichtung bringt, um endlich, selbst des gediegeneren Haltes entbehrend, in Trivialität unterzugehen. Auch von der Kunst der Ausführung gilt Aehnliches. Auch sie, sowol im Gesang als Instrumentenspiel, ist im weiteren Verlauf dort zurückgetreten, und Deutschland war es vorbehalten, die von Italien gegebenen Anregungen allseitig weiter zu bilden. Nur die Kunst des Gesanges macht in gewissem Sinne eine Ausnahme. Hierüber, sowie über die Bedeutung der Virtuosität und ihr Verhältniss zur freischaffenden Kunst, ist weiterhin noch ausführlicher zu sprechen, wenn uns erst ein reicheres thatsächliches Material vorliegt. Genug, dass wir hier das erste Auftreten der Virtuosität, die erste bedeutsame Entwicklung derselben bezeichnet haben. Was ihr Verhältniss zur freischaffenden Kunst betrifft, so wird dasselbe selten richtig erkannt, bald wird sie über-, bald unterschätzt. Bald soll sie bahnbrechend voranschreiten, bald als dienende Sclavin in der vollsten Abhängigkeit sich befinden, während das Richtige allein in der Erfassung gegenseitiger lebendiger Wechselbeziehung enthalten ist.

Bevor ich jedoch weitergehe, ist es nothwendig, die zurückgelegte Bahn noch einmal unter allgemeinen, kunstgeschichtlichen Gesichtspuncten zu betrachten. Wie ich am Schlusse der ersten, einleitenden Periode bestrebt war, Ihnen die culturgeschichtliche Bedeutung des Aufschwungs der Tonkunst zu classischer Höhe überhaupt darzulegen und den Moment zu bezeichnen, wo dieselbe Trägerin des fortschreitenden Geistes wird, so kommt es jetzt, nachdem wir schon einen grösseren Reichthum des Stoffes vor uns haben, darauf an, die innere Entwicklung, die Gesetze, welche diese bestimmen, näher zu erörtern und festzustellen, um auf diese Weise, mit den Thatsachen Schritt haltend, zugleich zu tieferer Erkenntniss derselben, nach und nach aber zu einer umfassenden Orientirung über das grosse Ganze der Tonkunst und die Gestaltung desselben bis herab auf die Gegenwart zu gelangen. Dies wird die Aufgabe der nächsten Vorlesung sein.

Siebente Vorlesung.

Die Hauptepochen der Kunst. Charakteristik der italienischen und deutschen Musik. Blick auf die Hauptentwicklungsstufen der letzteren.

Alle Künste entspringen aus der Religion; Baukunst, Sculptur, Malerei, Musik, Poesie danken dem Eintritt des Göttlichen in die Welt, der Hinwendung der Völker zu demselben ihre Entstehung und Entfaltung bis fast zu dem höchsten Grad der Vollendung hin. Wir finden, wenn wir den Ursprung und Fortgang der Kunst auch nur flüchtig ins Auge fassen, überall diese Wahrnehmung bestätigt. In der ersten Periode ihres Daseins namentlich weilen die Künste fast ausschliesslich in den Hallen der Kirche als Dienerinnen des Göttlichen und Vermittlerinnen seiner Herrlichkeit. Die Künste erhalten die erste Pflege und Nahrung von der Religion und haben daher zunächst auch einen gemeinschaftlichen Inhalt mit dieser; die christliche Kunst hat das Christenthum zum Inhalt. Dies ist die Würde und Grösse der Kunst, dies ist es, was dieselbe mit Wissenschaft und Religion auf den Gipfel menschlicher Geistesthätigkeit stellt und die höchste Weihe über sie ausströmt.

Zwar scheint die Kunst nur für kürzere Zeit die Religion sich zum Inhalt zu wählen, dieselbe nur kluger Weise zu benutzen, um an ihr und durch sie zu erstarken. Denn kaum gereift, kaum zu höherem, selbstständigem Dasein entfaltet, verlässt sie die Hallen des Tempels und eilt hinaus in die Welt, um sich der irdischen Freude und dem irdischen Schmerze des Menschen zuzugesellen, um Ersatz zu suchen in dem bunten Wechsel des Weltlebens für den Ernst und die Strenge ihrer Jugend. Fast scheint es, als ob sie nur ihre eigene Erstarkung abwarte, um dann der Mutter, der Kirche, für immer untreu zu werden. Aber auch jetzt, eingetreten in die Welt, bleibt sie die schönste Zeit ihres Daseins hindurch ihrem göttlichen Ursprung getreu und bewahrt den eingeborenen Geist. Die Kunst ist keine Heuchlerin, keine Betrügerin. Ihre dienende Stellung giebt sie zwar jetzt auf; sie wählt nicht mehr ausschliesslich oder überwiegend Gegenstände des kirchlichen Glaubens zum Object; sie wird sich selbst Zweck, und das Schöne ihr einziger Inhalt. Aber jetzt lernt der Mensch in ihr die ursprüngliche Hoheit seines Wesens empfinden; er gelangt zum Bewusstsein seiner eigenen Unendlichkeit, zu jenem Bewusstsein, welches Goethe schön in den einem alten Mystiker nachgebildeten Worten ausspricht:

> Wär' nicht das Auge sonnenhaft,
> Wie könnten wir das Licht erblicken!
> West' nicht in uns des Gottes eigne Kraft,
> Wie könnt' uns Göttliches entzücken!

Der Unterschied ist, dass das Göttliche nicht mehr in der ihm eigenen Form der Religion Inhalt der Kunst ist, sondern dasselbe als eingegangen in die menschliche Natur erscheint. Wenn die Kunst früher im Dienst der Kirche das Irdische durch das Himmlische verklärte, die Weltlichkeit hinaufhob in jene höhere Sphäre, und vom Ueberirdischen ihren Ausgangspunct nahm, so geht sie jetzt ein in die Welt, nimmt Wohnung in ihr, durchdringt dieselbe aber mit ihrem göttlichen Inhalt. Früher stand sie auf der Seite des Ueberirdischen und zog das Weltliche in dieses herein; jetzt steht sie auf der Seite des Irdischen, erfüllt dies aber mit dem Unendlichen, und eint so von der entgegengesetzten Seite beide Sphären.

Nur erst spät, zur Zeit ihres beginnenden Verfalls, vergisst die Kunst ihren höheren Ursprung, verliert ihre überirdische Basis, und giebt sich hin an die Welt. Das schöne Gleichgewicht beider Seiten verschwindet, das Irdische ist nicht mehr von dem Göttlichen durchdrungen und verklärt, sondern nur noch allein vorhanden. Jetzt entfaltet zwar die Kunst ihre ganze weltliche Pracht; jetzt erst wird sie hauptsächlich die massenbezwingende, die hinreissende, aber sie vermag dies nur, indem sie den Leidenschaften der Menge schmeichelt, und diese in ihrer ganzen natürlichen Nacktheit ohne Verklärung und höhere Weihe darstellt. Ihren Beruf, das Himmlische und Irdische zu vermitteln, die Erhabenheit des Göttlichen zu mildern durch ihre menschliche Natur, hat sie vergessen; sie ist untergegangen in der Welt. Jetzt endlich wird sie fähig, auch den schlechtesten Inhalt in sich aufzunehmen, und, statt der Veredlung, der Frivolität, Eitelkeit und Unsittlichkeit zu dienen. Nicht allein Poesie und Malerei, nicht allein die mit Worten verbundene Musik, auch die reine Instrumentalmusik kann diesem Schicksal unterliegen, und es bedarf nur einer Erinnerung an die Modeproducte des Tages, um die Wahrheit dieser Ansicht bestätigt zu finden. Aber solche Leistungen gehören allein der Stufe des Verfalls an. Wesentlich ist der Inhalt der Kunst die Unendlichkeit des Geistes, und das Höchste, was die Brust des Menschen zu bewegen vermag, ist ihr zur Offenbarung übergeben. Die Religion enthält Nichts, was der Kunst in ihrer Weise unerreichbar wäre, und so wie jene feiert auch sie den Triumph des menschgewordenen, in die irdische Welt eingetretenen Göttlichen.

Betrachten Sie unter den eben aufgestellten Gesichtspuncten den bis jetzt zurückgelegten Weg, so ergiebt sich die Anwendung leicht. Es sind die beiden ersten grossen Epochen, welche ich Ihnen dargestellt und auch schon als die des erhabenen und schönen Stils bezeichnet habe. Das 16. Jahrhundert, die Schule Palestrina's, umfasst die ausschliesslich kirchliche Richtung der italienischen Tonkunst; das 17. und 18. Jahrhundert ist die Epoche des schönen Stils; die Zeit des Verfalls beginnt in dem gegenwärtigen Jahrhundert.

Noch unter anderen, obschon verwandten Kategorien lässt sich die bezeichnete Entwicklung begreifen. Alle Kunst nämlich besteht in der gegenseitigen Durchdringung eines Geistigen und Stofflichen, eines Inneren und Aeusseren, und das Uebergewicht einer dieser Seiten über die andere, sowie die Vereinigung zu vollkommenster Harmonie bezeichnet die Hauptwendepuncte in der Geschichte der Kunst. Alle Künste beginnen mit dem Geist, mit dem Uebergewicht, mit dem Uebergreifen desselben über das sinnliche Material, und enden auf der entgegengesetzten Seite mit dem Uebergewicht des Materiellen. In der Mitte zwischen diesen beiden Hauptpuncten, zwischen der Herrschaft des Geistes im Anfang und dem Uebergewicht des Materiellen am Ende, erscheint das schönste Gleichgewicht beider Seiten, die vollkommenste Durchdringung von Geist und Materie in der schönen, der eigentlich classischen Kunstepoche.

Handelt es sich um nähere Veranschaulichung dieser Entwicklung, so glaube ich kein schlagenderes Beispiel wählen zu können, als die bildende Kunst der Griechen und Römer, und um dieser grossen Anschaulichkeit willen mögen Sie die Abschweifung auf ein zwar verwandtes, doch nicht unmittelbar hierher gehöriges Gebiet entschuldigen. Es ist überhaupt von beiden Völkern, namentlich dem erstgenannten, in Bezug auf Kunst ausserordentlich viel zu lernen. Um wie viel tiefer auch der Geist in der christlichen Zeit in den Schacht seines Inneren hinabgestiegen ist, wir stehen zurück an ungehemmter, naturgemässer, rein und klar sich darstellender Entwicklung hinsichtlich des Grossen und Ganzen sowol, als auch der Individuen; wir stehen zurück an Gesundheit und Frische des Geistes, viel zu sehr beschwert und in unserem Bewusstsein zersplittert durch die Masse der Bildungsgegenstände und durch das complicirte moderne Leben. Jene alten Völker haben ausserdem für fast Alles, was in den nachfolgenden Zeiten gross und bedeutend werden sollte, die Bahn gebrochen, und die späteren Vervollkommnungen sind mehr nur Resultat des in sich vertieften Standpunctes, ohne wahrhaften Fortschritt. Nur die Tonkunst, ganz allein ein Resultat der modernen Zeit, macht eine Ausnahme, — ein Umstand, von dem unsere Literatur- und Culturhistoriker bis jetzt fast keine Ahnung hatten, obschon er geeignet ist, nicht allein die grosse Bedeutung der Musik überhaupt zu beweisen, sondern auch insbesondere das deutsche Leben recht in seinem Mittelpunct zu erfassen; — die Tonkunst ist das Eigenthümlichste der modernen Zeit, die Grösse und der Stolz derselben und in ihrer Stellung zu der allgemeinen geistigen Entwicklung noch lange nicht ausreichend erkannt.

Mit den griechischen Göttern beginnen die gebildeten Kunstdarstellungen jenes Landes, wo sie verehrt wurden, und zwar mit dem Kreise der obersten Götter. In schroffer Hoheit und Erhabenheit treten sie in die Welt ein. Die Gestalten haben eine ruhige, würdevolle Haltung, die Arme und Füsse sind unbeschäftigt, von Kühnheit der Stellungen und Beweglichkeit des Körpers ist noch keine Rede. Der gesammte Körper stellt sich uns meist bekleidet dar, und der Ausdruck concentrirt sich im geistigen Theile, dem Gesicht. Man sieht, wie der Geist mit Mühe noch in die irdische Erscheinung eingeht, wie er noch viel zu sehr für sich ist, um sich des ganzen stofflichen Reichthums zu bemächtigen, wie er in seiner Hoheit und Erhabenheit die menschliche Gestalt noch nicht völlig zum Ausdrucksmittel für sich gebrauchen kann, wie er noch über die sinnliche Erscheinung hinausragt. Ich erinnere an die im Alterthume so hochberühmte Statue des Zeus von Phidias, die durch Ab- und Nachbildung auch auf uns gekommen ist. Der Gott thront in würdevoller Erhabenheit, in Gewänder gehüllt, auf einem reichverzierten Sessel, majestätisch in der Linken das Scepter mit dem Adler haltend. Diese Hoheit des olymperschütternden Zeus zur Erscheinung zu bringen, war das Ziel des Künstlers, und die gesammte Darstellungsweise musste daher, mit Ausschliessung aller mehr irdischen Beziehungen, diesem Zweck dienen. — Portraitähnlichkeit, und noch dazu diese Aufgabe in ziemlich äusserlicher Weise erfasst, schliesst die

Geschichte der bildenden Kunst bei den Griechen und Römern. Die ganz individuelle Wahrheit und Richtigkeit, Virtuosität in der Darstellung ist es, worauf der Künstler sein Hauptaugenmerk richtet. Der dem vorigen entgegengesetzte Standpunct, Uebergewicht des Materiellen auf Kosten des höheren Geistes, Versenkung in die Aeusserlichkeit, sind das Charakteristische. Alle künstlerischen Mittel sind erkannt und zur Virtuosität gesteigert; Reflexion auf die Wirkung kommt hinzu und hat jene frühere, nur in der Sache lebende Naivität, jene weihevolle Versenkung ganz vernichtet. So erblicken wir in der berühmten Gruppe des Laokoon bei aller Vortrefflichkeit des Werkes ein Zurschautragen der Technik, und der Künstler breitet seine Kenntniss des menschlichen Körpers vor uns aus; so tritt der gleich hochberühmte vaticanische Apollo mit theatralischem Anstand vor uns hin, coquettirend möchte ich sagen, und lässt ein dem Modernen etwas verwandtes Effectstreben seines Schöpfers durchblicken. Das ist die Stufe sinkender Kunst, die an die Stelle der alten einfachen Grösse und Weihe Aeusserlichkeiten treten lässt. In der Mitte zwischen diesen jetzt gezeichneten Endpuncten, in der schönen, im engeren Sinne classischen Epoche ist es, wo das herrlichste Gleichgewicht beider Seiten, des geistigen und materiellen Elements, sich zeigt. Der Geist ist vollständig eingegangen in die sinnliche Erscheinung und durchdringt diese nach allen Seiten; der ganze Körper ist belebt, und die minder geistvollen Organe sind aufgenommen in die Idee des Ganzen und verklärt von dieser. Wenn sonst das Antlitz in Erhabenheit strahlte und die übrigen, nur dem Gesammtausdruck dienenden, verhüllten Körpertheile in den Hintergrund traten, so ist jetzt der Geist eingegangen in die Gesammtheit des Körpers. Das Nackte wird zum wichtigsten Gegenstand der Kunst, und die sinnliche, aber noch nicht bis zu individuellen Zufälligkeiten der Gestalt herausgearbeitete Seite in ihrem Recht anerkannt. Der Geist der Kunst ist aus jener früheren Naivität herausgetreten, fortgeschritten zu erweitertem Bewusstsein, ohne jedoch in der Rücksicht auf das Aeussere ganz sich von der ursprünglichen Basis zu verlieren. Beide Seiten durchdringen sich zu einem untheilbaren Ganzen, beide sind im Gleichgewicht, beide decken sich. Wenn früher vorzugsweise die Götter in der Kunst zur Darstellung kamen, denen Hoheit überwiegend beizulegen ist, Zeus, oder irgend Schroffheit und Härte der Eigenschaften, wie bei der Pallas, deren Standbild Phidias schuf, so sind jetzt die Götter der Grazie und Anmuth bevorzugt. Apollo und Venus werden Mittelpunct der Darstellungen, und an dem an sich Gleichgültigen der Beschäftigungen derselben, an den Situationen des gewöhnlichen Lebens gilt es, die Herrlichkeit des menschlichen Körpers, und seine Fähigkeit für die Offenbarung der Unendlichkeit des Geistes darzustellen.

Wie nun bei der bildenden Kunst in der ersten Epoche die sinnliche Seite noch nicht vollständig zu ihrem Recht gekommen war, so tritt auch in derselben Epoche der Tonkunst, bei Palestrina und seinen Nachfolgern im 16. Jahrhundert, der Geist noch übermächtig, in schroffer Erhabenheit hervor, während die sinnliche, technische Seite zu einer gleichen Berechtigung noch nicht durchzudringen vermochte; wie Zeus in jener Statue noch über die menschliche Erscheinung hinausragt! Die Schöpfungen der Tonkunst beschränken sich auf das einfachste Material, die menschliche Stimme, und die Instrumente sind in ihrer umfassenden Bedeutung noch nicht erkannt. Die Beziehung auf den Einzelnen im einstimmigen Gesang ist noch gar nicht vorhanden, denn der Sologesang musste erst später erfunden werden. In grossen breiten Massen erbauen sich jene ausschliesslich herrschenden Chorgesänge vor unserer Anschauung. Endlich fehlt noch der umfassende Gebrauch der Accorde, der Dissonanzen, für welche die spätere Zeit eine immer grössere Geltung zu erringen wusste. Wie dort in der zweiten Epoche die nackte menschliche Gestalt in ihrer Totalität Ausdrucksmittel des Geistes wurde, wie Situationen des gewöhnlichen Lebens an die Stelle der früheren religiösen Hoheit traten, so ist auch jetzt in der Tonkunst das ganze Material in den Geist aufgenommen und von ihm durchdrungen, so verändert sich jetzt im 17. und in dem nachfolgenden Jahrhundert der Schauplatz, und die Oper beginnt alle schöpferischen Kräfte auf ihrem Gebiet zu concentriren, die Kirchenmusik dem Neu-Eingetretenen gemäss umgestaltend und verweltlichend. Der Sologesang erlangt das Uebergewicht und die Instrumente emancipiren sich. Wie dort in der dritten Epoche das Portrait, die Nachahmung der Natur, zur Herrschaft gelangte, so endet auch hier, in neuerer und neuester Zeit, die Tonkunst mit der Hingebung an das Materielle, das Technische der Kunst und dessen Zufälligkeiten, mit der Anbequemung an die Natur der Instrumente durch Ausbildung der Gesangs- und Instrumentalvirtuosität. Der im Inneren wirkende Geist verschwindet mehr und mehr, und die Erfindung zeigt sich vorzugsweise von Aeusserlichkeiten bestimmt; die Instrumentalbegleitung, die anfangs fast gar nicht vorhandene, erlangt das Uebergewicht und erdrückt das Innere; hinsichtlich des geistigen Inhalts aber kommen nur noch die gewöhnlichsten Alltagsstimmungen — um nicht zu sagen krankhafte und geistig unwürdige — zur Darstellung.

Bezeichnen wir dem entsprechend die wesentlichen Eigenschaften der verschiedenen Epochen, so sind es auf der ersten Stufe Grösse und Erhabenheit, Tiefe und Ernst, verbunden mit einer gewissen Härte und Schroffheit, welche hier überwiegend in ihrer vollendetsten Gestalt hervortreten. Der künstlerische Geist versenkt sich ganz in den ihm gegebenen höheren Inhalt, und die kirchliche Kunst steht demzufolge auf dem Höhepunct ihrer Ausbildung. — Die zweite Epoche besitzt jene Erhabenheit nur noch als **Hintergrund**, und hat darum an strenger Kirchlichkeit, an Grösse und Hoheit verloren; sie findet ihren Mittelpunct im Weltlichen, und ihre Grösse, wodurch sie **alles Vorausgegangene weit übertrifft**, ist die Darstellung des rein Menschlichen und der unendlichen Mannigfaltigkeit des Lebens. — Auch die dritte Epoche, die des Verfalls, besitzt noch Eigenthümliches. Jetzt gelangt die sinnliche Seite der Kunst, die Seite der Erscheinung, zu ihrem Rechte und zu ihrer Vollendung, und wenn auch an geistiger Bedeutung weit zurückstehend und in Trivialität versinkend, wäre es doch durchaus ungerecht, diesen Erweiterungen der Technik allen Werth abzusprechen. Jede neue Kunststufe, indem sie Vorzüge der früheren einbüsst, bringt neue Steigerungen hinzu; alle Stufen aber sind Momente eines einigen Ganzen, welches nur in seinem Zusammenhange begriffen und wahrhaft gewürdigt werden kann.

Die Feststellung dieser Sätze, die klare Erfassung derselben ist von der grössten Wichtigkeit für eine objective Würdigung der Hauptmomente der Kunstgeschichte. Noch bis auf den heutigen Tag sind die besten Kenner uneinig und schwanken in Extremen der Auffassung, weil diese Sätze zu wenig als die Grundlage einer jeden Beurtheilung der Geschichte angesehen werden. Dies namentlich ist ins Auge zu fassen — und ich hebe diesen Umstand besonders hervor, weil er zu häufig übersehen wird —, dass, wie im Leben der Natur und des Geistes überhaupt jede Stufe, jedes Reich, so hier jede Epoche ihre besondere Grösse, aber auch ihre besonderen Mängel besitzt, dass nicht eine auf Kosten der anderen bevorzugt werden darf, im Gegentheil jede in ihrer Eigenthümlichkeit erkannt sein will. So ist nicht **Palestrina** auf Kosten der Späteren hervorzuheben, weil er dieselben an Hoheit überragt, ebensowenig wie er, gegen diese zurückstehend an melodischem Reiz, an sinnlicher Schönheit, als den Vorstufen der Kunst angehörig zurückgesetzt werden darf.

Auch auf die Beurtheilung der **deutschen** Musik findet das Gesagte seine volle Anwendung, und entscheidet Fragen, die noch jetzt immer im entgegengesetzten Sinne beantwortet werden. Deutschland hat in seiner geschichtlichen Entwicklung dieselben Stadien durchlaufen, — obschon, wie wir alsbald sehen werden, hier noch Anderes von entscheidender Wichtigkeit geworden ist — auch in Deutschland müssen wir zunächst Epochen des erhabenen und des schönen Stils unterscheiden, und demzufolge Bach und Händel als die letzten Repräsentanten jener ersteren, Gluck, Haydn und Mozart und andere gleichzeitige und spätere Meister als die Männer der zweiten, in der Mitte des vorigen Jahrhunderts beginnenden, bezeichnen. Mehr noch als dort aber begegnen wir hier einer unaufhörlichen Ueberschätzung Bach's und Händel's im Hinblick auf die grossen Nachfolger derselben, wir begegnen Ansichten, welche, allen musikalischen Ruhm auf den Scheitel jener Männer häufend, den Nachfolgern kaum die Ehre einer Steigerung und Erweiterung lassen möchten, während umgekehrt die ausschliesslichen Vertreter des Fortschritts, ebenso ungerecht, jene Heroen der Vorzeit in die Vorstufen der Kunst zurückversetzen, und denselben öfters keine höhere Berechtigung einräumen wollen, als der symbolischen Kunst der Aegypter im Vergleich mit der classischen Höhe der Sculptur in Griechenland. Auch hier ist das Wahre, die Repräsentanten der Epochen aus den Stufen der Entwicklung, welche sie bezeichnen, zu begreifen, und ihre Vorzüge und Mängel nach den Principien, welche aller Kunstentfaltung zu Grunde liegen, abzumessen.

Indem ich mich jetzt zur Betrachtung der deutschen Musik wende, sind diese Bemerkungen geeignet, dieselbe einzuleiten und bei diesem Wendepunct sowol rückwärts wie vorwärts die Orientirung zu erleichtern.

Der erste Aufschwung der deutschen Musik fällt in dieselbe Zeit (nur ein weniges früher) als in Italien. Wie dort Palestrina den ersten grossen Mittelpunct bildete, so ward in Deutschland, wenn auch kein Musiker, so doch der ausgesprochenste Musikfreund — Luther — Derjenige, von welchem unmittelbar die ersten Anregungen zu einer weitausgreifenden Kunstentwicklung ausgingen. Die erste grosse Epoche der deutschen Musik datirt von ihm an. Abweichend indess von Italien ist hier die Epoche des erhabenen Stils eine weit umfassendere, nicht blos, was die zeitliche Ausdehnung betrifft, sondern auch hinsichtlich der inneren Gestaltung, und wir sind genöthigt, diesen Abschnitt in Deutschland bis auf Bach und Händel auszudehnen. In Italien stellt sich die erste Entwicklungsstufe fast im Laufe eines Jahrhunderts als abgeschlossen dar, und ebensowenig haben innere wesentliche Umbildungen in derselben stattgefunden; Deutschland wurde zurückgehalten in seiner schnellen Entfaltung durch äussere Hemmnisse, fand dafür aber

Gelegenheit, die in Italien unterdess neuentstandenen weltlichen Formen aufzunehmen, und so den eben geltenden Standpunct mannigfach zu erweitern und umzugestalten, weshalb wir innerhalb der ersten Stufe wieder kleinere, durch v. Winterfeld vortrefflich dargestellte Entwicklungskreise unterscheiden müssen. Bach und Händel haben diese Epoche abgeschlossen, indem sie das Ueberkommene mit Riesenkraft zusammenfassten und die Gesammt-Vorzeit, den Gehalt derselben in sich aufnahmen; sie haben das Alte abgeschlossen, das Neue eröffnet, und sind deshalb als die grossen Wendepuncte in unserer Geschichte zu bezeichnen. Die vorausgegangenen grossen Leistungen auf dem Gebiet des evangelischen Kirchengesanges und Bach und Händel sind die Spitzen eines Gebirges, durch Abgründe und Zeitklüfte getrennt, aber in der Wurzel eins. In beiden Musikern ist noch jener alte Luther'sche Geist, jene weltbezwingende Zuversicht des Glaubens; beide sind die letzten Denkmale der mächtigen Glaubenskraft der Vorfahren. — Jetzt trat bei uns die Tonkunst in ihre zweite Epoche ein, und die Oper gelangte zur Herrschaft. Kunstbegeisterung verdrängte den früheren religiösen Aufschwung, und wir erblicken die Künstler erfüllt von einem rein weltlichen Inhalt. Die Fesseln wurden zersprengt, und immer mehr zeigt sich uns statt jener alten dogmatischen Gebundenheit ein freies Waltenlassen des Genius, so dass jetzt in Deutschland, nach dem Tiefsinn und der Erhabenheit, die höchste musikalische Schönheit zur Erscheinung kommen konnte. Wir haben dasselbe Schauspiel wie in Italien im 17. Jahrhundert. Bei uns aber — hier der umgekehrte Fall wie in der letzten Epoche — mehr zusammengedrängt und concentrirt, weil Deutschland die Vorarbeiten Italiens jetzt benutzen konnte. Wenn früher Norddeutschland vorzugsweise der Sitz unserer Tonkunst gewesen war, so sehen wir — sehr bedeutsam —, wie dieselbe jetzt im Süden ihre Heimath findet. — Der Boden für jene tiefgeistigen Schöpfungen konnte nur Norddeutschland sein. Als jedoch, im Gegensatz zu der früher überwiegenden Verstandesgewalt, das Herz, das Gemüth sich emancipirte, und die Kunst im Weltlichen ihren Mittelpunct fand, als Phantasie und Empfindung mehr und mehr nach Entfesselung rangen, war Oesterreich der geeignete Boden. Gluck, Haydn und Mozart wurden die Repräsentanten dieses zweiten Zeitraums, und zugleich trat die Instrumentalmusik, diese modernste Kunstgattung, ins Leben.

Es kam mir, wie schon bemerkt, hier beim Beginn der Betrachtung der deutschen Musik darauf an, voraus schon einen orientirenden Blick zu richten auf die Bahn, welche wir zu durchlaufen haben, und die

Hauptwendepuncte, die Hauptepochen festzustellen, dies zunächst, indem ich das Analoge in der Kunstentwicklung beider Länder nachwies, dieselben Gesichtspuncte auch für Erfassung der deutschen Musik geltend machte. Aber in Deutschland ruhen noch ganz andere Mächte in der Tiefe des Geistes, und der bis jetzt bezeichnete Weg kann daher nur als die Grundrichtung, als die Basis bezeichnet werden, als der erste Schritt, den vielfach verzweigten Wendungen deutscher Tonkunst nachzugehen.

Treten wir daher in einer vergleichenden Charakteristik der Kunst beider Länder auch der Verschiedenheit derselben näher, um so die abweichenden, für Erfassung der deutschen Musik besonders festzuhaltenden Gesichtspuncte zu gewinnen.

Die Blüthe Italiens war das Resultat früherer Zeit, die damit ihre Vollendung erreichte und sich abschloss, das Resultat der Jahrhunderte des Mittelalters. Als Palestrina auftrat, war eine Restauration in der katholischen Kirche eingetreten. Die früheren prachtliebenden, weltlichen Päpste hatten es geschehen lassen, dass Rom der Schauplatz des schändlichsten, lascivsten Lebens, der Schauplatz der grössten Verbrechen wurde. Jetzt wirkte die Reformation zurück auf die katholische Kirche, und die Päpste, sich besinnend, suchten mit einem Male der alten Strenge und dem alten Lebensernst Eingang zu verschaffen. Palestrina's Schöpfungen fallen in diese Zeit; jene Restauration war der Boden seiner Wirksamkeit.

Deutschland eröffnet eine neue Zeit, und wird zum Träger des fortschreitenden Geistes; es zeigt darum eine werdende, in die Zukunft hinausgreifende, mächtig aus den Tiefen des Geistes hervordrängende Welt, und darum, wie wir später sehen werden, zu einer Zeit, wo Italien in Erschlaffung sank, den mächtigsten Aufschwung. In Italien erblicken wir eine fertige Welt, auch in der Tonkunst, eine gewisse Sättigung und Befriedigung, eine Ruhe der Vollendung, welche allem Kampf und Streben entsagt hat. Der alte katholische Bau war ausgezeichnet durch seine Ganzheit und Geschlossenheit, trotz aller Widersprüche im Inneren, die durch äussere Autorität niedergedrückt wurden. Die Kirche beherrschte die Geister und betrachtete die Wahrheit als ein Monopol; dem Einzelnen war nicht gestattet, eine abweichende Meinung zu haben; er trat ohne Selbstständigkeit ein in diese äusserlich vollendete Welt.

Im Protestantismus tritt der Einzelne aus dieser fertigen Welt heraus und stellt sich auf sich selbst; das Individuum wird für sich ein abgeschlossenes Ganzes, eine Welt allein. Damit ist das zunächst allerdings ebenfalls einseitige Princip aufgestellt, welches jener alten Welt als das höher berechtigte entgegentritt. An die Stelle der Einheit tritt die Vielheit der Individuen und Charaktere; Männer, die in ihrem Inneren allein die Welt tragen und umfassen, sind in Deutschland hervorgetreten, und demzufolge ist ein weit grösserer Reichthum an Stimmungen, eine weit reichere, in sich vertiefte Gefühlswelt, eine weit grössere Mannigfaltigkeit einzelner künstlerischer Individualitäten zur Erscheinung gekommen. Deutschlands Reich ist die Zukunft, und mit seinem ersten selbstständigen Auftreten schon erblicken wir die Perspective in eine unendliche Geisteswelt. So ist, während der Katholicismus noch die äusserlichste, sinnlichste Erscheinung des Christenthums ist, während in Italien, als dem Sitz desselben, ausserdem antiker Geist vielfältig nachwirkt, und darum dort das sinnliche Element als gleichmächtiges hervortritt, in Deutschland der Schauplatz alles Thuns und Handelns, wie alles Schaffens, der Geist, und wir müssen diesen Standpunct betreten, diese Erkenntniss gewonnen haben, wenn wir jetzt die eigenthümliche Entwicklung des letzteren näher erfassen wollen.

In Italien erblicken wir bei der Gleichheit des Inhalts, von welchem Alle beseelt sind, bei der Unterordnung des Individuums unter das Bestehende, die Autorität der Kirche, etwas Gemeinsames auch in der Kunst, einen grossen, allgemeinen Kunststil; Deutschland dagegen zeigt uns einen weit grösseren Reichthum von Individualitäten, und die deutsche Kunst bietet dem entsprechend bei aller Einheit im Grossen und Ganzen das Bild einer unendlich grösseren Mannigfaltigkeit. Der Katholicismus zeigt uns Stufen, Grade und Unterschiede. Es sind nicht Alle in gleicher Weise der Wahrheit theilhaftig. Wesentlich insbesondere ist der Unterschied der Priester und Laien. Dies giebt der katholischen Kirchenmusik etwas Esoterisches. Im protestantischen Glaubensbekenntniss sind Alle in gleicher Weise der Wahrheit theilhaftig, Alle sind aufgenommen in die Gemeinschaft. Die Tilgung jener Unterschiede, welche der Katholicismus macht, verleiht unserer Kunst etwas Populäres. Dort klingt die Musik vom Himmel herab, hier steigt sie als Gesang der Völker von der Erde zum Himmel empor. Dort ist der religiöse Inhalt dargestellt als ein ausserzeitlicher, ewig sich gleichbleibender, unberührt von dem Wechsel des Menschlichen, hier ist er eingegangen in das Leben des Individuums; hier erscheint er darum vorzugsweise subjectiv, dort objectiv. In Italien wirkte ausserdem, wie schon bemerkt, antiker Geist vielfältig nach. Die Sculptur war die wesentliche Kunst des Alterthums, das Plastische das überwiegend Hervortretende. Auch die Musik der Italiener ist plastisch; der Ausdruck ist bestimmt und klar, während die deutsche Kunst etwas Verschwimmendes, eine die klare Gestaltung überwältigende romantische Sehnsucht zeigt. So ernst die katholischen Texte sind, nirgends können die Italiener den Glanz und die Farbenpracht ihres Vaterlandes, den ewig blauen Himmel Italiens, die Lust und Heiterkeit des Daseins verleugnen: auch der Schmerz ist schön. Die deutsche Kunst vermag seltener zu ungetrübter Heiterkeit, zur Verklärung des Schmerzes, sich zu erheben. Correggio's heiliger Sebastian ist von Pfeilen durchbohrt, und doch spricht sich höchste Freudigkeit in seinem Gesicht aus; in Deutschland vermag nicht einmal das Bewusstsein, den Heiland der Welt geboren zu haben, die Maria aus ihrer demüthigen Haltung emporzurichten.

Indem ich Deutschland mit dem Protestantismus identificire, ist damit nicht gesagt, dass es nicht auch bei uns eine katholische Kunst gegeben hätte; nur die des ersteren aber war die Trägerin des fortschreitenden Geistes, und die deutsche Kunst hat stets, namentlich in der ersten Periode, einen vorwiegend protestantischen Charakter gezeigt. Ueberhaupt wurzelt alles höhere Geistesleben der letzten Jahrhunderte in der Hauptsache im protestantischen Princip, denn der Katholicismus hatte seit dem Auftreten des letzteren seine geschichtliche Mission beendet. Es ist eine traurige Verirrung moderner Umsturztheorien, dem Katholicismus (oder wol gar der Kirche überhaupt) die frühere Berechtigung zu bestreiten, und das gewaltige Gebäude desselben als nur auf Betrug und Heuchelei gegründet zu betrachten. Ein Blick auf das Grosse und Herrliche, was der Katholicismus in allen Künsten hervorgerufen hat, genügt, um die Unhaltbarkeit solcher Vorstellungen zu zeigen; aber eben so sehr ist zu sagen, dass mit dem Auftreten des protestantischen Princips das katholische in der Hauptsache seine Berechtigung verloren hatte, so wie gegenwärtig schon das erstere in seiner unmittelbaren Gestalt nicht mehr die Spitze des Bewusstseins bildet, sondern durch die Wissenschaft, die Philosophie, zur geschichtlichen Entwicklungsstufe herabgesetzt erscheint.

Zu diesen confessionellen Unterschieden kommen die der gesammten Bildung und Nationalität noch hinzu. Das germanische und romanische Element ist das in der europäischen Bildung am meisten hervortretende, welches sich auch in den germanischen und romanischen Sprachen offenbart. Das germanische Element ist das subjective, in sich gekehrte, beschauliche, das romanische das nach aussen strebende, sinnliche. Jenes ist träumerischer, phantasiereicher, gestaltloser, dieses anschaubarer, in fest begrenzten Umrissen zur Erscheinung kommend, plastischer. Jenes ist das Charakteristische der deutschen, dieses das der italienischen Tonkunst. Wie der Italiener in allen Lebensbeziehungen im engeren Zusammenhange mit der Natur lebt, der Deutsche sich mehr dem Gedanken hingiebt, so ist dies auch in der Tonkunst zu bemerken. Im Gefühl des Deutschen behauptet die geistige, in dem des Italieners die sinnliche Gewalt die Herrschaft. Jenes mehr geistige Gefühl äussert sich in den Künsten als Streben nach Charakteristik, dieses mehr sinnliche als Streben nach äusserer Schönheit und Formvollendung. Die protestantische Andacht — um noch einmal diese Unterschiede zu erwähnen — ist eine geistigere, von der Intelligenz ausgehende, die katholische eine unmittelbarere, sinnlichere, vom Gefühl ausgehende.

Es kam mir bei dieser vergleichenden Charakteristik darauf an, Ihre Blicke auf die unterscheidende Eigenthümlichkeit beider Länder zu lenken, um so durch den Gegensatz die Erkenntniss deutscher Kunst anzubahnen. Schon vorhin sprach ich aus, dass in der Tiefe des deutschen Geistes noch ganz andere Mächte ruhen, und die vorhin bezeichnete, Italien analoge Entwicklung nur als der erste Schritt für eine tiefere Erfassung betrachtet werden könne. Die überwiegend geistige Richtung Deutschlands ist die Ursache, dass seine Tonkunst nicht ausschliesslich jene vorhin bezeichneten Stadien des erhabenen und schönen Stils, endlich die Epoche des Verfalls durchlaufen hat, nicht wie Italien in der Gegenwart in Sinnlichkeit untergegangen ist, im Gegentheil — durch Beethoven — einen neuen grossen Aufschwung genommen, für die Kunst der Zukunft eine neue grosse Perspective eröffnet hat. Diese überwiegend geistige Natur hat Deutschlands Kunst stets emporgerissen aus einem zeitweiligen Versinken in Trivialität; sie ist es, welche uns auch gegenwärtig die Bürgschaft gewährt für fortgesetzte lebendige Productivität. Diese Unbegrenztheit der Entwicklung, begründet in der Unendlichkeit des Geistes, hat Deutschland vor Italien, welches nur einen bestimmten, streng abgemessenen Kreislauf zurückgelegt hat, und dann zurücksank, voraus. Sie ist es, welche uns als das erste unterscheidende Merkmal deutscher Tonkunst entgegentritt.

Ein zweiter Umstand, von entscheidender Wichtigkeit für die Auffassung unserer Musik, ist folgender.

Es ist bis jetzt die weltgeschichtliche Aufgabe Deutschlands gewesen, alle anderen Volksgeister um den Thron seiner Universalmonarchie zu versammeln. Während die übrigen Nationen allein ihre gesonderte

Individualität ausbildeten und in dieser verharrten, war es der Beruf Deutschlands, auf dem Grunde seiner Eigenthümlichkeit sich zu einer weithin schauenden Universalität zu erheben, die Individualität der anderen Völker in sich aufzunehmen und zu einem grossen Ganzen zusammenzufassen. Beispiele bietet Ihnen unser gesammtes Geistesleben, unsere Philosophie, unsere Poesie, und ich brauche nur an Männer wie Schelling, Hegel, Goethe, Rückert zu erinnern, um Sie sogleich von der Wahrheit des Gesagten zu überzeugen. Unsere Philosophie hat die ganze bisherige Weltentwicklung zu einem grossen Ganzen zusammengefasst. Goethe hat die griechische Welt nach Deutschland verpflanzt — ich erwähnte diesen Umstand schon einmal bei anderer Gelegenheit —, Rückert dem deutschen Geiste die ganze orientalische Welt angeeignet. Diese Bestimmung Deutschlands giebt auch seiner Tonkunst noch eine zweite Wendung. Deutschland besitzt nicht blos eine nationale Tonkunst im engeren Sinne; es hat, die Stile Frankreichs, Italiens mit seiner Eigenthümlichkeit verschmelzend, eine Weltmusik geschaffen, und zunächst dadurch schon den Gipfel der gesammten musikalischen Entwicklung erstiegen. Es war zuerst die italienische Richtung, welche wesentlichen Einfluss in Deutschland erlangte, und das stets wiederholte, bis auf die neueste Zeit fortgehende, abwechselnde Sich-anziehen und -abstossen des italienischen und deutschen Princips, die stets wiederholten Versuche nach universeller Durchdringung und Einigung bilden eines der Hauptentwicklungsgesetze unserer Tonkunst. In der älteren Zeit erlangte die venetianische Schule einen nicht unbedeutenden Einfluss auf Deutschland, mehrere der grössten Meister standen unter der Einwirkung derselben und waren in Venedig gebildet. Später folgte Händel bis in sein hohes Mannesalter den Bahnen der Italiener, und vollbrachte damit die Einigung beider Principe schon auf einer höheren Stufe. Diese italienischen Einflüsse sind es, welche ihn wesentlich von dem rein deutschen Bach unterscheiden. Gleichzeitig herrschte die italienische Oper in Deutschland, und noch aus der zweiten Hälfte des vorigen Jahrhunderts sind mehrere Männer zu nennen, welche dieser Richtung ausschliesslich huldigten, so namentlich der Dresdener Kapellmeister Hasse. Weiter trat das Princip der französischen grossen Oper, durch Gluck repräsentirt, in die Entwicklung ein. Endlich, nachdem auch diese Seite angeeignet, auf deutschem Boden zur Ausbildung gediehen, war die Möglichkeit einer umfassenden Einigung aller Richtungen gegeben, konnte das bis dahin Vereinzelte zu einem grossen Ganzen zusammengefasst werden. Dies war die That Mozart's, welcher den universellen Beruf Deutschlands auf dem Gebiet der Tonkunst erfüllte und in Folge dieser Stellung auf dieser Stufe den Höhepunct der musikalischen Entwicklung bildet. Die deutsche und italienische Musik sind Gegensätze, auf der abstracteren Natur des Deutschen und der mehr sinnlichen des Italieners beruhend, Gegensätze, sich zu ergänzen berufen. In Italien sehen wir deshalb überwiegend das melodische Princip vertreten, während Deutschland das Land der Harmonie, der Polyphonie, des höheren Contrapuncts ist. Auch Frankreich vertritt ein eigenthümliches Princip, obschon es zunächst nur die Stellung zwischen diesen Gegensätzen einzunehmen scheint. Das Wesen des Franzosen ist auf der einen Seite mehr sinnliche Lebendigkeit, auf der anderen eine abstracte Verständigkeit, ohne dass diese Gegensätze ihre höhere Einigung und Verschmelzung finden. So sehen wir bei ihm nicht jenes Gleichgewicht von Phantasie, Gefühl und Verstand, wie in Deutschland, wir haben nicht jene plastische Schönheit, wie in Italien. Die französische Musik neigt aus diesem Grunde bald mehr zur italienischen, bald zur deutschen Richtung hin; eigenthümlich aber ist derselben in Folge jener sinnlichen Lebendigkeit und abstracten Verständigkeit das Vorwalten des rhythmischen Elements. Die französische, deutsche und italienische Musik sind als ein wesentlich Zusammengehöriges zu betrachten. Jedes dieser Länder hat eine bestimmte Seite der Tonkunst zur Darstellung gebracht, jedem ist eine bestimmte Aufgabe übergeben, und wir haben die Anschauung von sich wechselseitig ergänzenden, zusammen ein grosses Ganzes bildenden Kunststilen in der europäischen Musik. Deutschland aber, in Folge seiner Universalität, bietet uns dasselbe Bild im Besonderen, welches uns die Betrachtung der europäischen Musik im Allgemeinen gewährt.

Neben den im Eingang der heutigen Vorlesung charakterisirten Hauptstadien der Entwicklung sind es daher bei uns zwei Momente — die überwiegend geistige Natur Deutschlands und die universelle Bestimmung desselben, die ihm vorschreibt, nach Durchdringung und Erfüllung durch andere Volksgeister zu streben —, welche unserer Kunst einen wesentlich verschiedenen Charakter verleihen. Durch die Einwirkung Italiens hauptsächlich wird bei uns der Schritt zur schönen Periode vollbracht. Die deutsche Musik nimmt die Sinnlichkeit Italiens in sich auf, sättigt sich an derselben, und es giebt Epochen, wo sie scheinbar darin untergeht. Aber das stets sich wieder geltend machende geistige Element hebt dieselbe wieder aus dieser Versunkenheit hervor, und jene Verschmelzung hat nur dazu gedient, das Höchste der Kunst zu erreichen: Tiefe deutscher Charakteristik verbunden mit dem Zauber italienischer Schönheit.

Ich habe heute Ihre Aufmerksamkeit nur für Betrachtungen in Anspruch genommen; wollte ich dieselben noch weiter ausdehnen, so müsste ich fürchten, Sie zu ermüden. Ich breche daher hier ab. Im Verlauf der Darstellung werden wir auf das hier Gesagte noch öfters zurückkommen müssen, und es reicht daher aus, um, was ich bezweckte, beim Eingang Ihnen die wichtigsten Gesichtspuncte zu bezeichnen. In der nächsten Vorlesung können wir uns sogleich zur Betrachtung der deutschen Musik wenden.

Achte Vorlesung.

Erste Anfänge der deutschen Musik. Luther. Der evangelische Gemeindegesang. Quellen desselben. Walther. Senfl. Allgemeine Eintheilung.

Nachdem wir die vorige Vorlesung allein der Orientirung über den zurückgelegten Weg sowol, wie über den noch bevorstehenden gewidmet haben, können wir uns heute sogleich zur Betrachtung der deutschen Musik wenden. Ich beginne die Darstellung derselben mit dem 16. Jahrhundert, mit demselben Zeitabschnitt demnach, welcher auch in Italien unseren Ausgangspunct bildete. Alles, was Bedeutendes auf dem Gebiet der Tonkunst in Deutschland geleistet worden ist, datirt von diesem Zeitpunct an. Allerdings können in Deutschland schon aus früheren Jahrhunderten musikalische Bestrebungen namhaft gemacht werden, aber es waren dies Alles nur zerstreute Anfänge; der erste grosse Aufschwung fällt, wie in Italien, ins 16. Jahrhundert. Die protestantische Kirche war es, wie schon in der vorigen Stunde und früher bemerkt wurde, welche die Grundlage bildet für die Entwicklung der deutschen Musik. Die Musik war die Kunst der Zeit, sie bot den entsprechenden Ausdruck für das erwachende höhere Bewusstsein, und wir sehen sie daher mit der Kirche selbst sich gemeinschaftlich entwickeln. Wie sehr das Erstere der Fall, wie sehr sie die entsprechende Kunst jener Zeit gewesen, besonders unter den Evangelischen, erkennen wir nicht allein aus ihr selbst, sondern aus vielen begeisterten Lobsprüchen, welche ihr nach Luther's Vorgang gespendet wurden. In einer von innen heraus gewaltig aufgeregten Zeit, sagt v. Winterfeld, wie keine wol wieder gewesen, einer Zeit voll des lebendigsten Dranges nach innerer und äusserer Erneuung, und deshalb auch der hartnäckigsten Kämpfe, der heftigsten Zerwürfnisse und neben gesunder und hoffnungsreicher Entfaltung eines neuen Lebens auch der wahnsinnigsten Zerrbilder, wodurch dieses getrübt wurde; in einer solchen Zeit war die Tonkunst, in der das Verschiedenartigste, scheinbar Widerstrebendste in Wohllaut sich auflöste, und je länger je mehr die tiefste Seele des vereint Zusammenklingenden offenbarte, eine wahrhafte Erquickung und Stärkung auf dem Lebenswege, ihrem innersten Wesen nach die Verheissung einer schöneren, friedevollen, das Getrennte, ohne des Einzelnen Eigenthümlichkeit aufzuheben, vereinenden Zukunft. Was in Italien **Palestrina** und dessen Schule für die gesammte Tonkunst dieses Landes wurde, das ist in Deutschland **Luther** und die protestantische Kirche, natürlich mit dem grossen Unterschied, dass dort von einem unmittelbaren, hier nur von einem mittelbaren Kunstwirken die Rede sein kann; sodann auch weiter mit dem, dass bei uns das Meiste vom Volke ausging, während es dort von den Regierungen hervorgerufen wurde. Die protestantische Kunst hat etwas entschieden Populäres, Volksmässiges, wie ich schon in der vorigen Stunde bemerkte, und dies nicht blos in ihrem inneren Charakter, sondern auch nach aussen hin. In Italien erblicken wir überhaupt von Haus aus sogleich das künstlerische Interesse mit dem religiösen gleich entschieden hervortretend, während bei uns in der That das erstere gegen das letztere zurückstand. So gross und reich auch die Entwicklung der Tonkunst innerhalb des protestantischen Glaubensbekenntnisses sich darstellt, so hat doch **Rochlitz** durchaus nicht Unrecht, wenn er im engeren, künstlerischen Sinne die Bedingungen in Deutschland als weit ungünstiger bezeichnet. Italien blühte zu **Palestrina's** Zeit im Glanze höchster Cultur und feinsten geselligen Lebens. In allen Gebieten geistiger Thätigkeit hatten Männer von reicher schöpferischer Kraft die Nation verherrlicht. Das Geistreiche wurde von den Grossen bemerkt, geschätzt, sie selbst rechneten es sich zur höchsten Ehre, Mitgenossen desselben sein zu können. Die Künstler lebten überwiegend in weltlichem Glanz und wurden ausgezeichnet auf jede Weise. Was Musik betrifft, so wendeten die Päpste die eifrigste Sorgfalt an, um die Ausbildung dieser Kunst zu befördern. Blühende Musikschulen versammelten bald die Talente der Nation, und gemeinschaftliches Streben begeisterte die Einzelnen und steigerte die Kraft der Gesammtheit. Von Alledem war in Deutschland nicht die Rede; fast das Umgekehrte finden wir, wenn wir jene Zeit betrachten: eine niedergedrückte, störrige, zum Theil noch in Dumpfheit versunkene, durch äussere und innere Drangsale und rohe Bedrückungen zerrüttete Nation; statt der italienischen Feinheit — Starrheit, Unbeholfenheit, Rohheit; Fürsten, welche ihre Aufgabe nicht erkannten; Kunst und Wissenschaft nur als Eigenthum weniger durch das Geschick Begünstigter. Bildungsanstalten für Musik im Sinne Italiens gab es nicht, noch viel weniger waren die Künstler der Mehrzahl nach in den Stand gesetzt, an wissenschaftlicher Ausbildung theilzunehmen. Jeder arbeitet auf eigene Hand und erreicht, was sich auf solche Weise erreichen lässt. Italien ist reich, besitzt die Mittel zu grösseren Unternehmungen für die Kunst, Deutschland ist arm, und die Künstler sind genöthigt, mit den Mühseligkeiten des Lebens zu kämpfen; dort ruft wirksame Unterstützung von oben die Blüthe der Kunst ins Leben, in Deutschland geht das Neue aus den untersten Classen des Volkes hervor.

Fragen Sie, welches die Zeit ist, in welcher wir den ersten Anfängen der Tonkunst begegnen, so sind wir genöthigt, wol zwei Jahrhunderte zurückzugehen. Die Niederlande, Deutschland sprach-, stamm- und geistesverwandt, äusserten bald ihre Einwirkung auf das letztere, so dass auch hier die neue Kunst schon frühzeitig Pflege und Ausbildung fand. Aus den letzten Jahrzehnten des 15. und dem Anfang des 16. Jahrhunderts aber sind schon mehrere treffliche Contrapunctisten zu nennen, u. A. Adam de Fulda, Stephan Mahu, Heinrich Finck und ganz besonders Heinrich Isaac. Doch dies bezeichnet allein die Thätigkeit der Schule, dies begreift allein die steigende Ausbildung des Contrapuncts in sich. Neben dieser schulmässigen Thätigkeit erblicken wir jedoch schon eine lebendige Kunstübung. Der alte lateinische, der gregorianische Kirchengesang war natürlich auch in Deutschland heimisch. War derselbe auch zu Luther's Zeit tief gesunken (Luther stellt mit Bezug hierauf eine schöne, feine, liebliche *Musica* dem wüsten, wilden Eselsgeschrei des Chorals — unter welchem Worte man zu jener Zeit nur den eigentlich liturgischen, von dem Priester- oder Sängerchor vorzutragenden, altkirchlichen, einstimmigen Gesang verstand — entgegen), so war derselbe doch in seiner früheren Reinheit eine würdige Grundlage für jede spätere Entwicklung. Aber auch einen deutschen religiösen Gesang finden wir, wenn auch vereinzelt, schon seit mehreren Jahrhunderten, und endlich war es das weltliche Lied, das Volkslied, dieses Erzeugniss eines unbewussten, instinctartigen Kunsttriebes, welches den Beruf des deutschen Volkes für Tondichtung kundgab.

Ich habe nun auf die Sache selbst näher einzugehen, und folge hier der schon genannten ausgezeichneten Schrift v. Winterfeld's über den evangelischen Kirchengesang. Es ist durch diesen Forscher das Grösste und Herrlichste geleistet worden, und ich habe nur zu bedauern, dass ich mich in dieser Darstellung auf die Angabe einiger Hauptpuncte beschränken muss.

Wenngleich die Reformation zunächst nicht von der Verbesserung der gottesdienstlichen Uebungen und Gebräuche ausging, so standen doch schon die beim Beginn festgestellten religiösen Grundsätze zu sehr in Widerspruch mit dem Bestehenden, und des Mangelhaften und Unzweckmässigen war ausserdem in dem bisher Geltenden zu viel, als dass nicht alsbald Luther genöthigt gewesen wäre, seine Thätigkeit auch nach dieser Seite hin zu wenden. Dass bei dieser Gelegenheit auch die Musik und die Stellung derselben zum Gottesdienst zur Sprache kam, lag nahe. Einsicht und Gefühl, ein reiches Talent für Poesie und Gesang, Selbstständigkeit des Urtheils und Achtung vor dem Volks- und Alterthümlichen, Liebe zum Gesang und früh schon erworbene Kenntniss des Praktischen — Eigenschaften, welche sich selten beisammen finden — zeichneten den grossen, weltbewegenden Mann aus, und setzten ihn in den Stand, auch Reformator des Kirchengesanges zu werden. Eine Menge der begeistertsten Lobsprüche, welche er der Musik spendete, findet sich in seinen Werken: Musica habe ich allzeit lieb gehabt; ich wollte meine geringe Musica nicht um was Grosses dahin geben; — wer die Musicam verachtet, wie die meisten Schwärmer thun, mit dem bin ich nicht zufrieden. Musica ist eine halbe Disciplin und Zuchtmeisterin, so die Leute gelinder und sanftmüthiger, sittsamer und vernünftiger macht. Singen ist die beste Kunst und Uebung. Wer diese Kunst kann, der ist guter Art, zu Allem geschickt. Sänger sind auch nicht sorgfältig, sondern sind fröhlich und schlagen die Sorgen mit Singen aus und hinweg; — es ist kein Zweifel, es steckt der Saame vieler guten Tugenden in solchen Gemüthern, die der Musik ergeben sind. Die aber nicht davon gerührt werden, die halte ich den Stöcken und Steinen gleich; — ich halte gänzlich dafür, und schäme mich auch nicht zu bejahen, dass nach der Theologie keine Kunst sei, welche mit der Musik zu vergleichen ist, u. s. w. — Eine wie grosse, einer solchen Begeisterung entsprechende Empfänglichkeit für die Einwirkungen der Musik Luther besessen haben mag, zeigt eine Anekdote, welche ein gewisser Matthäus Ratzeberger in seiner auf der Gothaischen Bibliothek befindlichen handschriftlichen Lebensbeschreibung des Reformators erzählt und die hier im Vorübergehen eine Stelle finden mag: Nachdem Luther im Anfange seines Kampfes wider die päpstlichen Missbräuche öffentlich die vornehmsten Potentaten durchs ganze Reich zu befehden hatte, und auch sonst privatim vom Satanas grosse Anfechtungen ausstehen musste, begab sich's oftmals, dass ihn derselbe, wenn er sich auf seine Schreibstube zurückgezogen, auf mancherlei Weise und Wege turbirte. Einst kam Lucas Edemberger, Präceptor Herzogs Ernst zu Sachsen, mit Mehreren, um einen Besuch zu machen. Er erfuhr, dass Luther sich in seiner Stube verschlossen, längere Zeit hindurch nicht geöffnet, auch Nahrungsmittel nicht verlangt habe. Die Thür wurde nach wiederholtem Klopfen nicht geöffnet; endlich schaute Edemberger durchs Schlüsselloch, und erblickte hier Luther ohnmächtig mit ausgebreiteten Armen am Boden liegend. Er öffnete die Thür mit Gewalt, richtete Luther auf und fing mit seinen Begleitern alsbald zu musiciren an. Da solches geschah, kam Luther alsbald zu sich, es verging ihm sein Schwermuth und Traurigkeit, so dass er anfing, alsbald selbst mit zu singen, gedachten Lucam und seine Gesellen bat, sie wollten ihn ja oft besuchen, insonderheit wenn sie Lust zu singen hätten, und sich nicht irren und abweisen lassen, hätte er auch zu schaffen, was er wolle. — Tiefere Kenntniss der Musik indess, welche man ihm bisher beizulegen gewohnt war, hat Luther, nach Winterfeld's Forschungen, nicht besessen. Seine eigene Thätigkeit war im Ganzen eine mehr dilettantische, und nur das eine Lied: Ein' feste Burg u. s. w. macht eine gewaltige Ausnahme, zum Zeugniss dafür, wie ein Genius wie Luther wol auch einmal in einem ihm nicht eigentlich zugehörigen Gebiet Etwas schaffen kann, was dann auch sogleich die Leistungen des speciell dafür befähigten Talents weit überragt.

Zwei kleine Schriften aus den 20er Jahren des 16. Jahrhunderts sind es: „Von der Ordnung des Gottesdienst in der Gemeine", und: „Die weyse der Mess, und die genyessung des Hochwirdigen Sacraments", welche Luther's Willen enthalten in Bezug auf das Aeussere, überhaupt alles das, was der gereinigten Kirche Noth that in ihrem Gottesdienst. Die kirchliche Feier soll sich knüpfen an die der alten Kirche, unter Abthuung der Heiligenfeste, mit Ausnahme der Reinigung und Verkündigung Mariä, selbst ihrer Geburt und Aufnahme in den Himmel, die eine Zeit lang noch bleiben durften u. s. w.; aber die Summa sei, dass es ja Alles geschehe, „dass das Wort in Schwang gehe und nicht wieder ein Plärren und Tönen daraus werde, wie bisher gewesen ist" u. s. w. Luther geht mit grosser Schonung des Alten zu Werke. Hauptbestimmung war, dass aller Gesang beim Gottesdienst deutsch sein solle; nur für die hohen Feste wurden die lateinischen Gesänge noch beibehalten, „bis man teutsch Gesang genug dazu hat". Nur das Morsche und Unhaltbare, das Schädliche und Seelenverderbliche sollte abgethan, dem Aergernisse gewehrt, dem Bessern überall der Weg gebahnt, nirgends aber gewaltsam eingerissen werden. „Es sind unsere Kirchen" — sagt er selbst im Jahre 1541 — „Gottlob! so zugerichtet, dass ein Laye, oder Wallon, oder Spanier, der unsere Predigt nicht verstehen könnte, wenn er sähe unsere Messe, Chor, Orgeln, Glocken, Caseln und dergleichen, würde er müssen sagen, es wäre eine rechte päpstliche Kirche und kein Unterschied, oder gar wenig, gegen die, so sie selbst unter einander haben". Eine natürliche Folge dieser Schonung war, dass er jetzt bei Erschaffung des den protestantischen Kirchen eigenthümlichen geistlichen Volksgesanges aus der alten Kirche aufnahm, was ihm nur irgend zweckmässig schien. Er trug kein Bedenken, dies zu thun, und liess es sich nur angelegen sein, der neuen Anschauungsweise anstössige Texte zu entfernen: „Zu dem haben wir auch", heisst es unter Anderem in einer Vorrede zu einem Gesangbuch, „zum guten Exempel, die schönen Musica oder Gesänge, so im Papstthum, in Vigilien, Seelmessen und Begräbniss gebraucht sind, genommen, der etliche in dies Büchlein drucken lassen und wollen mit der Zeit derselben mehr nehmen, oder wer es besser vermag denn wir, noch andere Texte darunter gesetzt, damit unseren Artikel der Auferstehung zu schmücken, nicht das Fegfeuer mit seiner Pein und Genugthuung, dafür ihre Verstorbene nicht schlafen noch ruhen können. Der Gesang und die Noten sind köstlich. Schade wäre es, dass sie sollten untergehen, aber unchristlich und ungereimt sind die Text und Wort, die sollten untergehen". Fassen wir die Gesänge zusammen, welche im Laufe des 16. Jahrhunderts der römisch-katholischen Kirche auf diese Weise entlehnt und der neuen evangelischen Kirche zugeführt wurden, so bemerken wir unter diesen besonders diejenigen, welche dem ohne Zweifel ältesten Schatze der früheren Kirche, den Hymnen, entnommen sind. Der erste Hymnus dieser Art ist der weniger verbreitete: *Pange lingua gloriosi corporis mysterium*, Mein' Zung' erkling' und fröhlich sing'; der zweite: *Veni redemptor gentium*, Nun komm der Heiden Heiland, gewöhnlich dem heil. Ambrosius zugeschrieben; der dritte: *A solis ortus cardine*, Christum wir sollen loben schon, aus dem 5. Jahrhundert; der vierte: *Veni creator spiritus*, Komm Gott Schöpfer, heiliger Geist, aus dem Ende des 8. Jahrhunderts; der fünfte: *Christe qui lux*, Christe, der du bist Tag und Licht; der sechste: *Te Deum laudamus*, Herr Gott, dich loben wir; endlich der siebente und letzte: *O lux beata Trinitas*, Der Du bist Drei in Einigkeit. Allein nicht blos dieser älteste Schatz der römisch-katholischen Kirche wurde zum erneuten Gebrauch in Anwendung gebracht, auch eine andere etwas spätere Hymnengattung, die sogenannten Sequenzen oder Prosen, wurden benutzt und entsprechend umgestaltet. Diese Sequenzen, welche ihren Ursprung von Notker dem Stammler, einem Benedictinermönch zu St. Gallen, gest. 912, herleiten, wurden unmittelbar nach dem Alleluja, kurz vor der Verkündigung des Evangeliums eingeschaltet. Schon im 9. Jahrhundert erlaubte der Papst Nicolaus, dieselben in der Kirche einzuführen, und sie verbreiteten sich in Folge des allgemeinen Beifalls, der ihnen zu Theil wurde, auch ausserhalb der Schweiz. Von dieser Gattung, deren ziemlich bedeutende Anzahl die römische Kirche im Laufe der Zeit auf fünf reducirte (darunter auch das *Stabat mater*) nahm die evangelische Kirche drei in ihre Sammlungen auf: *Salve festa dies,* Also heilig ist der Tag; *Grates nunc omnes reddamus Domino Deo,* Lobt Gott, o lieben Christen; *Mittit ad virginem,* Als der gütige Gott vollenden wollt sein Wort. — Dass der evangelische Gesang so an das schon in der Vorzeit Gegebene anknüpfte, erhellt aus der bisherigen Darstellung. Allein er nahm durch das, was er schuf, nicht ein völlig neues, vor ihm noch nicht angebautes Gebiet in Besitz; schon vor der Kirchenverbesserung gab es deutschen geistlichen Gesang. Dieser war zugleich für den evangelischen eine zweite Quelle. Es waren zunächst namentlich Marienlieder, fünf an der Zahl, welche aufgenommen wurden; doch diese verschwanden schon mit Anfang des 17. Jahrhunderts wieder. Doppelt so viel sind jedoch zu nennen, welche bis auf unsere Tage geblieben sind. Hierhin gehören die bekannten: Christ ist erstanden, aus der Mitte des 12. Jahrhunderts, das Pfingstlied: Nun bitten wir den heil'gen Geist u. m. a. Alle diese trefflichen Gesänge nahm Luther mit weiser Mässigung getreu seinem Worte und seiner Ueberzeugung, dass dieselben „köstlich" seien, in die evangelische Kirche auf und gestaltete nur diejenigen auf zarte, oft nur wenige Worte verändernde Weise um, deren Inhalt der neuen Lehre widersprechend sein musste. — Allein der Drang nach neuen Melodien, die Begeisterung für den kirchlichen Volksgesang konnte sich bei dem raschen Wachsthum der neuen Lehre nicht mit dem begnügen, was aus den schon erwähnten Quellen floss, und man war daher, um dem immer gesteigerten Bedürfniss nachzukommen, genöthigt, die Blicke noch auf andere Gebiete zu richten, um auch hier Brauchbares für die Zwecke der neuen Kirche zu benutzen: es war dies der weltliche, der Volksgesang. Der Kirchengesang der Evangelischen war seiner Natur und Bestimmung zufolge ein volksmässiger; er sollte Gesang der ganzen Gemeinde sein. Hier aber, bei der Benutzung des Volkslieds, galt es, nicht dem weltlichen Sinn zu schmeicheln, sondern das ursprünglich Weltliche hinwegzuthun, und was ihm bisher als Schmuck gedient und äussere Zierde, für einen höheren Zweck zu weihen, zu heiligen. Da uns Sammlungen von Volksliedern jener Zeit erhalten sind, so setzen uns diese in den Stand, Vergleiche anzustellen, und eine namhafte Anzahl von Melodien zu entdecken, welche aufgenommen wurden. Im Allgemeinen sei bemerkt, dass dieses Verfahren, so befremdend es uns im ersten Augenblick erscheinen mag, so wunderlich die Contraste zwischen den ursprünglichen Texten und den späteren, kirchlichen sind, doch nicht als ein anstössiges erscheinen darf. Von den Niederländern her, wo ausser gregorianischen Melodien ebenfalls weltliche Weisen zur Grundlage kirchlicher Compositionen gemacht wurden, kennen Sie schon dieses Verfahren. Aber dieser Umstand für sich allein würde wenig entscheiden, obschon es nahe lag, dass man, um den Vorrath kirchlicher Gesänge zu bereichern, zu einem Mittel griff, welches in dem verwandten Kunstgesange nicht nur schon weit und breit gebräuchlich war, sondern auch den Vorzug hatte, dass die aus Volksliedern auf diese Weise entstandenen Kirchengesänge dem Volke leichter nahe gebracht werden konnten. In jener Zeit aber war Geistliches und Weltliches überhaupt weniger streng geschieden, das Weltliche noch nicht ein für sich Bestehendes, getrennt von dem Kirchlichen, im Gegentheil das Letztere das Alles Umfassende. Die Verschiedenheit zwischen geistlichen und weltlichen Weisen jener Zeit ist daher gar nicht so gross, und indem es darauf ankam, einen kirchlichen Volksgesang zu schaffen, konnte es kaum etwas Förderlicheres geben, als gerade dieses Verfahren. Der Volksgesang, von störenden Elementen befreit, wuchs in die Kirche hinein, hier immer festere Wurzeln schlagend und zugleich diese auf populärer Basis begründend. Finden wir daher auch Zusammenstellungen wie folgende: Ach mein Gott, sprich mir freundlich zu — Ein Mägdlein sprach mir freundlich zu; Auf meinen lieben Gott trau ich in Angst und Noth — Venus, du und dein Kind, sind alle beide blind; Ich armer Sünder klag mich sehr — Ich armes Mägdlein klag mich sehr; Jesu, der du meine Seele — Lachet nicht ihr Schäferinnen; O Gott im höchsten Throne, schau auf der Menschen Kind — Schürz dich, Gretlein, schürz dich u. s. f., — so wissen wir, wie Derartiges zu nehmen, und sind weit entfernt, eine Profanation darin zu erblicken. — Der eigenen Thätigkeit Luther's endlich für Mehrung der Gesänge seiner Kirche wurde schon gedacht, und bemerkt, dass dieselbe nicht eine so grosse gewesen ist, wie man früher glaubte. Manches Lied für den Gesang der Gemeinde, bemerkt v. Winterfeld, entstand ihm wohl mit seiner Singweise zugleich, andere dichtete er auf schöne geistliche Weisen der Vorzeit, damit der Schatz, den die alte Kirche an ihnen besessen, nicht verloren gehe, sondern bedeutungsvoller, reiner aufs

Neue ins Leben trete. Ein Mal jedoch nur, soviel wir wissen, aus tiefer, heiliger Begeisterung, sein eigenstes Wesen in das Wort, in den Ton ergiessend, es in seiner ganzen Fülle ausstrahlend, gelang ihm, wie schon vorhin erwähnt, Lied und Weise von der frischesten, nicht wieder erreichten Kraft, und Beides wird unter uns nur mit seinem Namen aufhören können, fortzuleben. Aber es war auch nur ein einzelner Lichtpunct seines geistigen Schaffens in einer einzelnen bestimmt abgegrenzten Richtung. Denn dieses sein Schaffen war nicht gleich dem eines Tonmeisters im echten Sinne, dessen innerstes Leben sich eben nur in den Tönen erschliesst, eine fortgehende Tonschöpfung. Gott hatte ihm einen anderen, weiteren Kreis der Thätigkeit vorgezeichnet, und gewiss war auf dem enger begrenzten Gebiet des geistlichen Sängers eine einzige hervorragende Leistung eines so hochgestellten, mit seinem Wirken so tief eingreifenden Mannes, wie er, hinreichend, ein heiliges Feuer in Begabten anzuzünden, denen jenes Gebiet als das ihre angewiesen war. Dies war in der That der Fall, und L u t h e r diente auch hierin der nachfolgenden Zeit als Muster und Vorbild, zu eifriger Nachahmung anregend. Insbesondere im 16. Jahrhundert traten treffliche Künstler in seine Fusstapfen. — Endlich ist noch zu erwähnen, dass die protestantische Kirche auch zu der der böhmisch-mährischen Brüder, deren Lieder, soweit sie nicht Früheres aufnahmen, aus der 2. Hälfte des 15. Jahrhunderts sich herschreiben, in Beziehungen getreten ist, dass beide von einander geborgt haben. In der That hat die protestantische Kirche von dort viel entlehnt, aber die Einwirkung jener Gemeinden war eine minder lebendige, schöpferisch-rückwirkende, neugestaltende, als bei den früher bezeichneten Quellen, da wir hier nur die Berührung von zwei benachbarten Gebieten vor uns haben, die wol in anerkennender Neigung und Liebe, aber ohne innige Wechselwirkung geschah. Auch was die harmonische Bearbeitung, von der wir nachher noch zu sprechen haben, betrifft, so konnte hier von fruchtbringender Anregung nicht die Rede sein, da es mehr als zweifelhaft ist, ob die Brüder überhaupt eine solche gekannt haben. Nur erst spätere Tonsetzer haben böhmische Melodien harmonisirt.

Sind nun in dem Bisherigen die Elemente des evangelischen Kirchengesanges bezeichnet worden, so haben wir jetzt das innere Wesen des neu Entstandenen, die besondere Eigenthümlichkeit desselben näher zu betrachten, die Art und Weise, wie aus jenen Elementen etwas Neues geschaffen wurde.

Die liturgischen Gesänge der römisch-katholischen Kirche liessen zwar weder Rhythmus noch Metrum wahrnehmen — wenigstens zu der Zeit nicht, als sie von der protestantischen Kirche aufgenommen wurden, — aber sie trugen doch ein Element in sich, welches auch in die neue Gestalt überging, und auf dessen vollständiger Entfaltung die nachherige Blüthe des deutschen Chorals beruhte. Es waren dies die alten, schon früher erwähnten Kirchentonarten. Es ist natürlich hier nicht der Ort zu ausführlicherer Erörterung dieses verwickelten Gegenstandes. Ich entlehne eine Stelle aus v. Winterfeld's Werk, um Ihnen einigermaassen eine Anschauung von dem Wesen desselben zu geben. Alle Kirchentöne, heisst es dort, sind von einander eigenthümlich verschieden. Sie sind es als Octavengattungen in ihrer melodischen Gliederung, sie sind es in den Gegenständen ihrer harmonischen Beziehungen, und durch ihr Verhältniss zu denselben; ja selbst aus jeder scheinbaren Uebereinstimmung einerseits tritt von der anderen Seite der entschiedenste Gegensatz heraus. Sehen wir sie als Werkzeuge an, mit denen, oder richtiger vielleicht als Reiche, Gebiete, in denen der Tonmeister schafft, so steht er ihnen nicht unbedingt als bestimmend, herrschend gegenüber, er wird vielmehr vorzugsweise durch sie bestimmt, sobald er in das eine oder andere sich begiebt, das eine oder andere, dem Wesen seiner Aufgabe zufolge, ergreift. Gegenständlichkeit (Objectivität) also können wir als ihren Charakter im Verhältniss gegen unsere modernen Tonarten bezeichnen. Denn unsere neue Tonkunst hat, bis auf die weiche und harte Tonreihe, welche sie auf höheren und tieferen Klangstufen übereinstimmend wiederholt, alle älteren Tonreihen gänzlich ausgeglichen, und einer jeden die Möglichkeit gleicher Beziehungen zu allen anderen gewährt. Durch Kunstübung und Lehre hat sie allgemach gezeigt, wie auch das Entferntes auf leichteste Weise in Verbindung gebracht werden könne, wie auf jeder gewählten Tonhöhe man dieselben Beziehungen wiederfinde. Die ältere Tonkunst brachte dem Tonmeister eigenthümlich geordnete Gebiete mannigfach wechselnder Beziehungen entgegen, unter denen er nach seiner Aufgabe zu wählen hatte, dann aber durch die getroffene Wahl sich auch bestimmt fand und begrenzt; die moderne bietet ihm den geschmeidigsten Stoff für seine Bildungen, und ihr gegenüber ist er bei freiester Wahl auch allein der Bestimmende und der Begrenzende. Objectiv, typisch ist hiernach das Gepräge der älteren, subjectiv, sentimental das der neueren Tonkunst. — Schon im Laufe der heutigen Darstellung wurde erwähnt, dass die Kunst des Tonsatzes bereits seit beinahe zwei Jahrhunderten in Deutschland einheimisch war, wenn auch ohne höhere künstlerische Bedeutung und vorzugsweise, wie in anderen Ländern, auf den Kreis der Schule beschränkt. Die Ausübung der harmonischen Kunst war, wie überall, zur Zeit der Entstehung derselben mehr eine wissenschaftliche Thätigkeit, eine Arbeit des Verstandes. Dies hatte eine uns jetzt sehr auffallende Erscheinung, die Trennung des Sängers und Setzers, des Erfinders der Melodie und des Bearbeiters derselben, zur Folge. Die Erzeugnisse des Sängers, die Hervorbringungen des unbewussten Kunsttriebes, waren für den Setzer, den mit Wahl und Absicht Zusammenfügenden, anfangs nur eine Veranlassung, seine neue Kunst daran zu üben, und er suchte und schätzte an ihnen zumeist nur die Gelegenheit sinnreicher Darlegung derselben. Jetzt, im protestantischen Choral, gelangte die harmonische Kunst zum ersten Male in Deutschland zu frischerer künstlerischer Entfaltung und trat in das Leben heraus, der darin webende Geist kam zum Bewusstsein. Jetzt galt es, die Setzkunst dem allgemeinen Verständnisse näher zu bringen, den Geist, der in den aufgenommenen Melodien schlummerte, durch diese Kunst zu erwecken, jeden ihrer Schritte seiner vollen Bedeutung nach zur Anschauung zu bringen, ihnen und dadurch dem Sänger wahrhaft näher zu treten, die ursprüngliche Einheit der Kunst desselben und des Tonsetzers lebendig zu empfinden, zu erkennen, und beide endlich schöpferisch zu vereinigen. Jetzt gelangten die Kirchentöne in der gedrungenen, volksmässigen Gestalt des neuen heiligen Liedes erst zu lebendiger Anschauung. Jene Zeit frommer Begeisterung, empfänglich wie sie war, und genugsam vorbereitet für neue Schöpfungen der Tonkunst, bedurfte vor Allem auf dem Gipfel der heiligen nur eines belebenden Hauches, um frische Blüthen des Geistes zu zeitigen. Wie in Italien durch Palestrina's Meisterschöpfungen, so erschloss sich nun in Deutschland das höhere Wesen der Tonkunst; Keiner aber hat dieses neu gewonnene Bewusstsein besser ausgesprochen, als Luther, wenn er in seiner Lobrede auf die Musik sagt: „Wo aber die natürliche Musica durch die Kunst geschärft und polirt wird, da sieht und erkennt man erst zum Theil — denn gänzlich kanns nicht begriffen noch verstanden werden — mit grosser Verwunderung die grosse und vollkommene Weisheit Gottes in seinem wunderbarlichen Werke der Musica, in welcher vor Allem das seltsam und zu verwundern ist, dass einer eine schlechte Weise oder Tenor (wie es die Musici heissen) hersinget, neben welcher drei, vier oder fünf andere Stimmen auch gesungen werden, die um solche schlechte, einfältige Weise oder Tenor gleich als mit Jauchzen rings herum spielen und springen, und mit mancherlei Art und Klang dieselbige Weise wunderlich zieren und schmücken, und gleich wie einen himmlischen Tanzreihen führen, freundlich einander begegnen, und sich gleich herzen und lieblich umfangen, also dass Diejenigen, so solches ein wenig verstehen und dadurch bewegt werden, sich des heftig verwundern müssen, und meinen, dass nichts Seltsameres in der Welt sei, denn ein solcher Gesang mit viel Stimmen geschmückt. Wer aber dazu keine Lust und Liebe hat, und durch solch lieblich Wunderwerk nicht bewegt wird, das muss wahrlich ein grober Klotz sein, der nicht werth ist, dass er solch liebliche Musica, sondern das wilde, wüste Eselsgeschrei des Chorals, oder der Hunde oder Säue Gesang und Musica höre." — Diese eigenthümliche Beschaffenheit der melodischen und harmonischen Verhältnisse ist es zunächst, welche dem alten Choral die gänzlich von der späteren abweichende Beschaffenheit verleiht: die Originalität, das Schwunghafte, Tiefergreifende, die Kraft und Fülle, das Alttestamentarische — möchte man wol sagen. — Weiter sodann trug die zweite Hauptquelle desselben, der Volksgesang, dazu bei, das zu vervollständigen, was dem alten Kirchengesange ganz abging, die rhythmische Mannigfaltigkeit. Hier tritt uns der rhythmische Wechsel auf eigenthümliche Art ausgebildet entgegen. Den graden und ungraden Tact als Grundform der Melodie, das Nebeneinanderbestehen beider Formen, den rhythmischen Wechsel sonach, der, ohne das Maass zu ändern, dennoch einen symmetrischen Gegensatz beider Formen erzeugt, das finden wir in der Volksweise in hohem Grade vorhanden und auf den evangelischen Gemeindegesang übertragen. — Durch die innige Verschmelzung dieser beiden Bestandtheile, des melodisch-harmonischen Elements des alten Kirchengesanges, sowie der rhythmischen Mannigfaltigkeit des Volksliedes, sehen wir so die neuen Tonschöpfungen entstehen, in ihrem Wesen gänzlich verschieden von dem, was eine spätere Zeit umbildend daraus gestaltet hat. Denn die wichtigsten Bestandtheile sind in dem, was gegenwärtig für Choralgesang ausgegeben wird, nicht wahrzunehmen. Ein zwar wohlgesinnter, aber beschränkter Eifer hat die meisten Spuren des Alten fast gänzlich vertilgt, indem er Veraltetes zu beseitigen, Unziemliches zu entfernen trachtete. Zu jenem gehörten ihm die Kirchentöne, eine, wie er sie zu verstehen glaubte, auf verlebtem Herkommen beruhende, willkürliche Beschränkung melodischer Ausgestaltung, harmonischer Entfaltung; zu diesem die einem strengen Gleichmaass nicht unterzuordnende, dem kirchlichen Ernst angeblich widerstrebende rhythmische Mannigfaltigkeit. Der alte Choral war begeisterter Volksgesang, der mit Kraft und Nachdruck vorgetragen wurde; jenes kraftlose, langausgedehnte Hinschleppen, welches im letzten Jahrhundert beliebt wurde, war ihm fremd; der alte Choral war ein in sich abgeschlossenes Musikstück, wie jedes andere. Die unschönen, nur mit dem Wechsel zwischen gewöhnlicher Recitation und Gesang in der Oper an Widerwärtigkeit zu vergleichenden Ruhepuncte, jene das Ganze zerstückelnden Fermaten, welche wir machen, waren ihm meist fremd. Vollgültige Zeugnisse von Schriftstellern sind vorhanden, welche beweisen, dass der alte Choral in dieser kunstreichen Gestalt wirklich von den Gemeinden gesungen wurde. Das Interesse der letzteren war damals grösser. In der Schule wurden den Kindern diese Gesänge eingeübt, so wie auch der Hausvater täglich mit seinen Kindern sang. Diese Umstände können zum Theil erklären, wie es möglich war, dass man das damals durchführen konnte, wozu man gegenwärtig kaum einen Versuch zu machen wagt. — Auf die Frage der Wiedereinführung des alten Chorals in der Gegenwart werde ich später noch zu sprechen kommen. Nur so viel sei hier bemerkt, dass sich in der Gegenwart Für und Wider lebhafte Parteistreitigkeiten erhoben haben. Die entschiedene Tendenz des grossen Winterfeld'schen Werkes ist, auf eine solche erneute Belebung hinzuwirken. So viel ist richtig und zweifellos, dass an wirklichem Kunstwerth der gegenwärtige Choral mit dem alten sich auch nicht entfernt messen kann, dass das, was die Neuzeit als ein Besseres glaubte bieten zu können, wirklich nur Verballhornisirungen des Alten und Echten sind, obschon auch das Letztere nicht frei ist von modischen Bestandtheilen jener Zeit.

Treten wir jetzt, nachdem wir die Beschaffenheit des damals neuentstandenen evangelischen Gemeindegesanges näher kennen gelernt haben, dem historischen Verlauf, wenn auch nur andeutend, näher.

Als Luther seine „deutsche Messe anrichten wollte", erbat er sich von dem Kurfürsten von Sachsen dessen alten Sangmeister, Ehrn Conrad Rupff, sowie den um die Förderung des protestantischen Chorals besonders verdienten **Johannes Walther**, gleichfalls churf. sächs. Sängermeister, und liess dieselben nach Wittenberg kommen. Wir besitzen einen eigenen Bericht des Letztgenannten über diesen Vorgang. Luther arbeitete gemeinschaftlich mit diesen Männern, namentlich mit Walther. Dieser hatte die gewählten Melodien zu harmonisiren, und das Resultat war die Herausgabe des ersten lutherischen Gesangbuches, welchem dann noch bei Lebzeiten Luther's mehrere andere Ausgaben folgten, die dieser mit Vorreden begleitete; er habe, sagt er bei Gelegenheit der ersten Ausgabe, mit einigen Anderen, zum guten Anfang und Ursach zu geben, die es besser vermögen, etliche geistliche Lieder zusammengebracht, das heilige Evangelium zu treiben und in Schwang zu bringen. „Und sind dazu auch in vier Stimmen bracht, nicht aus anderer Ursache, denn dass ich gern wollte, die Jugend, die doch sonst soll und muss in der Musica und anderen rechten Künsten erzogen werden, etwas hätte, damit sie der Buhllieder und fleischlichen Gesänge los würde, und an denselben etwas heilsames lerne". — Wie gross der Beifall war, welchen diese Gesänge fanden, wie bald Nachahmer hervortraten, erhellt aus einer Stelle einer späteren Ausgabe: „Und haben sich etliche wohl beweiset, und die Lieder gemehret, also, dass sie mich weit übertreffen, und in dem wohl meine Meister sind. Aber daneben auch die Anderen wenig Gutes dazu gethan. Und weil ich sehe, dass des täglichen Zuthuns ohne allen Unterschied, wie es einem Jeglichen gut dünkt, will kein Maass werden, auch die ersten unserer Lieder, je länger, je falscher gedruckt werden, hab ich Sorge, es werde diesem Büchlein die Länge gehen, wie es alle Zeit guten Büchern ergangen ist, dass sie durch ungeschickter Köpfe Zusetzen so gar überschüttet und verwüstet sind, dass man das Gute darunter verloren und allein das Unnütze im Brauch behalten hat". — An anderen Stellen spricht er sich über die Aufnahme der Melodien der katholischen Kirche aus, was ich übergehe, da dies schon ausreichend besprochen wurde. Endlich heisst es in der letzten, von Valentin Bapst in Leipzig besorgten Ausgabe: „Gott hat unser Herz und Muth fröhlich gemacht durch seinen lieben Sohn, welchen er für uns gegeben hat zur Erlösung von Sünden, Tod und Teufel. Wer solches mit Ernst glaubet, der kanns nicht lassen, er muss fröhlich und mit Lust davon singen und sagen. Darum thun die Drucker sehr wohl daran, dass sie gute Lieder fleissig drucken, und mit allerlei Zierde den Leuten angenehm machen, damit sie zu solcher Freude des Glaubens gereizt werden und gerne singen, wie denn dieser Druck Valentin Bapst's sehr lustig zugerichtet ist. Gott gebe, dass damit dem römischen Papst, der nichts denn Heulen, Trauern und Leid in aller Welt hat angericht durch seine verdammte, unerträgliche und leidige Gesetze, grosser Abbruch und Schaden geschehe. Amen". — Ueber Walther's Lebensumstände ist uns nur wenig bekannt. Er war Magister der Philosophie. Die erste Ausgabe seines Gesangbuches vom Jahre 1524 nennt ihn am Schlusse der Altstimme nur als Verfasser, ohne sein Amt zu bezeichnen. Erst in einer späteren Ausgabe (von 1537) bezeichnet er sich als churf. Sängermeister. Er stand also damals in den Diensten des Kurfürsten Johann Friedrich des Grossmüthigen. Als nach der Schlacht bei Mühlberg die Landesherrschaft auf Moritz überging, scheint er nicht wie Lucas Cranach bei seinem alten Herrn geblieben, sondern in die Dienste des neuen getreten zu sein.

Bemerkte ich vorhin, dass im protestantischen Choral das tiefere Wesen der Tonkunst namentlich nach Seite der harmonischen Entfaltung hin zum ersten Mal zum Bewusstsein gekommen sei, so sind nun aber diese Worte nicht dahin zu verstehen, dass sogleich beim Entstehen, unter Walther's Händen demnach und bei Luther's Lebzeiten, das Höchste und Vollendetste geleistet worden wäre; im Gegentheil, wir begegnen hier nur den Anfängen, und Luther's herrliche Worte über den Werth und die Bedeutung des vielstimmigen Tonsatzes können in der That nur als prophetische gelten. Eine längere Entwicklung war noch zu durchlaufen, bevor man zu der auf dieser Stufe möglichen Classicität gelangte, und ebenso können wir dann einen Rückgang und ein Sinken wahrnehmen. Ein Uebelstand namentlich war es, welcher damals noch eine freiere Gestaltung hemmte. Es war nämlich die Melodie in den Kirchenliedern in der Zeit von Beginn der Reformation bis gegen Ende des Jahrhunderts nicht wie bei uns der höchsten Stimme, sondern einer Mittelstimme, am häufigsten dem Tenor, zugetheilt. Dies aus dem Kunstgesang entnommene Verfahren, dem wir schon bei den Niederländern begegnen, finden wir in allen Gesangbüchern jener Zeit, und nur Ausnahmen zufälliger Art treten uns abweichend entgegen. Wie hinderlich dies der Gemeinde in ihrem Gesange beim Gottesdienst sein musste, wie sehr durch die über der Melodie angebrachten Stimmen, die sich oft in selbstständigen melodischen Figuren ergingen, diese verdunkelt und unkenntlich gemacht werden musste, leuchtet ein, und viele klagende Stimmen der damaligen Zeit bestätigen dies zur Genüge. In den ältesten Bearbeitungen von „Ein' feste Burg" vom Jahre 1540 und 1544 findet man die Melodie im Basse, als Grundlage des Ganzen, eine in jener Zeit seltene Stellung der Hauptmelodie, durch die wol, wie v. Winterfeld bemerkt, im Sinne der damaligen Tonmeister bezeichnet werden soll, dass ein fester Glaube, wie der in dem Liede webende, wahrhaft auf den Felsen baue, auf welchen die Kirche gegründet sei; dass auf den Tönen, worin er so lebendig ausgesprochen sei, am Würdigsten ein Verein von Stimmen ruhe, der, von ihnen sicher getragen, auch ihre Bedeutung wiederum auf das Treffendste künde. Erst später, wie ich noch besonders erwähnen werde, wurde die Melodie mit Bewusstsein in die Oberstimme verlegt, erst dann findet sich auch, was wir uns als untrennbar vorzustellen gewohnt sind, die Thätigkeit des Sängers und Setzers wirklich vereinigt, während bis dahin — die Art, wie Luther mit Walther arbeitete, lässt dies schon erkennen — die Functionen

Beider immer noch geschieden waren. Als einem der frühesten Tonmeister der evangelischen Kirche, als Mitarbeiter Luther's, gebührt Walther eine ehrenvolle Stellung in der Geschichte. Seltene Gaben, hoher Geistesschwung können ihm jedoch nicht nachgerühmt werden, kaum eine sinnreiche Anordnung seiner Tonsätze. Er ist hochzuschätzen als ein Solcher, welcher Begabteren die Bahn ebnete; sein Streben aber war ein beschränktes, ein solches, wozu Verstand, Fleiss, Kenntniss den erfahrenen Künstler befähigen. Walther hat im Laufe seiner Thätigkeit von 26 Jahren Fortschritte gemacht, wie verschiedene Ausgaben der Gesangbücher beweisen; zu einer wirklichen Erfassung aber des Höheren ist er nicht gelangt. Bemerkenswerth ist, dass in den späteren Ausgaben bei ihm mehr und mehr schon die Melodie ihr Recht in der Oberstimme erlangt, und es ist zu sagen, dass er allerdings schon eine Ahnung von einer solchen Entfaltung gehabt hat, zu wirklich klarer Gestaltung aber ist er trotz alledem nicht gelangt.

Ich gedenke jetzt eines anderen Tonsetzers, den man gewöhnlich ebenfalls unter Luther's Mitarbeitern auf dem Gebiete des Kirchengesanges nennt, obschon bezweifelt werden muss, dass er direct für die protestantische Kirche thätig gewesen ist. Ludwig Senfl, dieser bei weitem bedeutendere Meister, war aus Zürich, nach Anderen aus Basel gebürtig. Seine erste Ausbildung erhielt er in der letztgenannten Stadt, trat von da in die Kapelle Kaiser Maximilian's I. zu Innsbruck und fand dort an dem berühmten Heinrich Isaac einen trefflichen Lehrmeister. Später kam er in die Dienste der Herzöge von Bayern, wo wir ihn um das Jahr 1530 finden; um die Mitte des Jahrhunderts scheint sein Tod erfolgt zu sein. Ueber sein Verhältniss zu Luther geben uns einzelne Aeusserungen desselben in seinen Tischreden Nachricht, sowie ein freundliches Schreiben Luther's an ihn, datirt Coburg, den 4. October 1530. In dessen Tischreden wird erzählt, wie er, am 17. December 1539, da er die Sänger zu Gast hatte, nachdem etliche Motetten Senfl's gesungen worden waren, sich sehr verwundert, diese gelobt und geäussert habe: „Eine solche Mutetten vermöcht ich nicht zu machen, wenn ich mich auch zureissen sollt, wie er denn wiederum nicht einen Psalm predigen könnte, als ich. Darum sind die Gaben des Geistes mancherlei, gleichwie auch in einem Leibe mancherlei Glieder sind. Aber Niemand ist zufrieden mit seiner Gabe, und lässt sich nicht genügen an dem, das ihm Gott gegeben hat; alle wollen sie der ganze Leib sein, nicht Gliedmaassen!" — Senfl ist nach zwei Seiten hin von Bedeutung. Er theilte die im 16. Jahrhundert überhaupt verbreitete Neigung, die neue Kunst auch mit dem classischen Alterthum in Verbindung zu bringen, indem er Oden des Horaz in Musik setzte, sodann durch das, was uns hier zunächst interessirt: seine geistlichen Gesänge. Bestand dort die Hauptaufgabe mehr in dem engen Anschmiegen an den Dichter, und musste daher die Melodie einen überwiegend declamatorischen Charakter zeigen, so war auf dem letztgenannten Gebiete dagegen der freieste Spielraum für die Entfaltung der neu gewonnenen Kunstmittel, und hier konnte sich daher Senfl insbesondere als Tonsetzer zeigen, so dass ihn v. Winterfeld als den bedeutendsten Meister jener Zeit bezeichnet, seine Arbeiten als Muster, wenn auch nur für jene Zeit: „Senfl hat in den beiden Richtungen, in denen er schuf, die Eigenthümlichkeit seines Geistes bedeutsam ausgeprägt, er hat in seinen Werken Kräfte entwickelt, Geheimnisse der Tonkunst offenbart, die bei Nachfolgern und Schülern in harmonischem Zusammenwirken, in stets mehr aufgeschlossenem Verständnisse, eine schönere Entfaltung der Melodie anbahnten". — Winterfeld fügt hinzu: „Doch aller dieser grossen Vorzüge ungeachtet, die ihn auf die Höhe seiner Zeit stellen in seiner Kunst, war er doch nur ein Vorläufer, eine Weissagung dessen, was erst später sich erfüllen sollte in echter harmonischer Entfaltung, die auch dem sinnreichsten Baue eines Tonsatzes erst seine volle Bedeutung gewährt. Der grossartigen Anlage, des tiefen Gefühls der jedesmaligen Aufgabe wegen können wir seine Werke als Muster nennen, aber nur für seine Zeit, weil jene Entfaltung eben nur erst in ihnen zu dämmern und hervorzubrechen beginnt; die Vollendung der Kunst war, bei aller Herrschaft über die Mittel, so wenig in ihnen, als in jenen alten Bildern, an denen die Tiefe und Wahrheit der Empfindung, der fromme Ernst, die Reinheit der Motive uns entzückt, während die Dürftigkeit der Formen, die Unfreiheit der Bewegungen uns doch erinnern, dass Geist und Form hier einander noch nicht völlig durchdrungen haben".

Es kann natürlich, wie auch schon im Eingange bemerkt, hier nicht der Zweck sein, nachdem ich Ihnen diese wichtigsten Thatsachen vorgeführt habe, noch weiter in das Einzelne herabzusteigen. Ich übergehe darum die Namen aller der Tonsetzer zweiten und dritten Ranges, welche, dieser Stufe der Kunstentwicklung angehörend, in v. Winterfeld's Werk eine ausführliche Darstellung gefunden haben. Mit dem hier Erwähnten ist die erste Epoche des evangelischen Gesanges, die sich bis zum Tode Luther's erstreckt, abgeschlossen. Das Streben des zweiten Zeitraums ging jetzt dahin, die verworrenen Ahnungen des ersten zu erfüllen. Die künstliche Stimmenverwebung sollte der einfachen Fasslichkeit weichen, der im Tenor ruhende von anderen Stimmen verdeckte Gesang in die klangreichere, Allen vernehmliche Oberstimme verlegt, der Rhythmus entschiedener, die Entfaltung der Harmonie lebendiger werden, um das Ziel zu erreichen, welches in dem grössten Tonkünstler dieser Zeit, Johannes Eccard, verkörpert erscheint. Eccard ist der Repräsentant der zweiten Epoche, welche die höchste Blüthe und Vollendung des evangelischen Gesanges umfasst. Die dritte Epoche wird sodann eröffnet durch die neuen Formen der weltlichen Musik. Der grosse, durch Erfindung der Oper hervorgerufene Umschwung in der italienischen Musik beginnt allmählich seine Einflüsse auch auf Deutschland zu äussern, und die alte kirchliche Kunst in ihrer Reinheit zu zerstören. Diese Epoche dauert bis zum Ende des 17. Jahrhunderts und findet ihr Ziel und ihre Vollendung in der vierten, die, am Ende des 17. Jahrhunderts beginnend, bis auf Händel und Bach sich ausdehnt. Mit Seb. Bach ist diese gesammte Zeit völlig abgeschlossen; er bezeichnet den Endpunct dieser schon in der vorigen Vorlesung charakterisirten ersten grossen Hauptepoche der deutschen Musik, deren besondere Stufen ich Ihnen hier in einem Ueberblick gezeigt habe.

Die nähere Betrachtung derselben wird die Aufgabe der folgenden Vorlesung sein.

Neunte Vorlesung.

Fortgang nach Luther's Tode. Osiander. Johannes Eccard. M. Prätorius. H. Schütz. Orgel- und Claviermusik: M. Prätorius. Scheidt. Pachelbel. Ammerbach. Die Suite und die Sonate. Kuhnau. Die Laute.

Eine geschichtliche Entfaltung im eigentlichen Sinne, d. h. ein Anwachsen, ein Mehren durch Benutzung des bereits Gewonnenen und Hinzufügung von neuen Erfindungen im Laufe der Zeiten können wir nur dem lutherischen Kirchengesange beimessen; nur ihn können wir einen lebendigen Spiegel fortgehender Entfaltung frommen, evangelischen Sinnes nennen. Der calvinische Kirchengesang — um dies hier beiläufig zu erwähnen —, einmal festgestellt, war nicht sowol eine Blüthe des inneren, frommen Lebens seiner Kirche, als vielmehr ein zu deren Ordnung ein für alle Mal Vorgeschriebenes, der Kunst, welche dort keine Stelle fand, fortan Unzugängliches. Er bildet, wenn auch evangelisch, dennoch im Gegensatz zu der frischen Entwicklungsfähigkeit des lutherischen, ein getrenntes, fremdes, höchstens ein benachbartes Gebiet.

Die Hauptentwicklungsstufen des eben genannten, des lutherischen Kirchengesanges haben Sie schon in der letzten Vorlesung kennen gelernt. Es ist heute unsere Aufgabe, nach Anleitung des v. Winterfeld'schen Werkes, diese noch etwas näher zu betrachten.

Nach Luther's Tode, in der zweiten Hälfte des 16. Jahrhunderts, war eine Wendung von grosser Wichtigkeit in der protestantischen Kirche eingetreten. Der Katholicismus hatte sich von den ersten ihm beigebrachten Niederlagen erholt und erhob sich wieder mit erneuter Kraft. Auf dem ihm gegenüberstehenden Gebiet dagegen waren innere Spaltungen eingetreten, die neue Kirche war für solche Angriffe durchaus nicht gerüstet, und viel des schon gewonnenen Terrains ging ihr wieder verloren. Kämpfte man aber früher für das nach langer Verdunklung wieder klar hervorstrahlende göttliche Wort mit jugendlicher

Begeisterung, so verschwand später diese Glaubensfreudigkeit und Kampfesrüstigkeit immer mehr; man fühlte sich bedrängt, gereizt, verwirrt, zerstört, und Bitterkeit, Argwohn, Misstrauen, Hass verscheuchte die Begeisterung. Unter den Glaubensgenossen selbst war die alte Zuversicht, das feste Verlassen auf einander gewichen; alle gehässigen Regungen der Leidenschaft hatten den Gegenstand des Kampfes, das heilige Wort selbst, den Streitenden immer mehr in die Ferne gerückt. In der Verwirrung der Gemüther musste der Starrsinn für Glaubenskraft gelten, der geistliche Hochmuth für priesterliche Würde. Was in frischer Kraft begonnen, konnte unter solchen Umständen, in einem solchen Boden nicht weiter gedeihen. Das rege, empfindungsreiche Leben ging verloren, und mit dem Lehrstreit nahm ein trockenes, lehrhaftes Gepräge überhand. In dem Kirchenliede, demjenigen, worauf es uns hier zumeist ankommt, sehen wir wol noch den ursprünglichen evangelischen Geist, aber seine volle Offenbarung webt nicht mehr in ihm, sie ist übergegangen auf eine andere, verwandte Kunst, die Tonkunst. Diese war den hemmenden Einflüssen der Zeit entrückt, der Stoff, in welchem sie bildete, war davon unberührt geblieben, in ihr strahlte daher jener Geist zu Ende des Jahrhunderts am lebendigsten aus. Die Tonkunst ist daher im vollsten Sinne die Kunst jener Zeit; die getrennten Geister finden in ihr ein Band, das sie verknüpft; in ihr lebte jener Friede, in welchem für die begabtesten, edelsten Geister jeder Streit geschlichtet war. Sie ist die frischeste Blüthe jener Tage. So wurde dieselbe im Laufe des Jahrhunderts eine immer freiere, selbstständigere Kunst, und am Ende desselben erblicken wir sie über die Dichtung herrschend auf der höchsten Stufe ihrer Entwicklung.

Das Bezeichnende des Tonsatzes geistlicher Liedweisen um die erste Hälfte des 16. Jahrhunderts war die künstliche Stimmenverwebung, welche anfangs die in der Tenorstimme erscheinende Kirchenmelodie umgab, im Fortgange der Zeit aber, je länger je mehr, von ihr in der höchsten Stimme beherrscht wurde. Mit diesem Uebergange der Melodie dahin, wo sie in den hellsten und klangreichsten Tönen am meisten sich geltend machen konnte, bahnte sich nach und nach eine neue Art des Tonsatzes an, durch den später jener ältere kunstreiche erst seine rechte Bedeutung gewann. Es war der einfache, auf harmonische Entfaltung der Singweise gerichtete. Nur dadurch, dass man den einfachen harmonischen Tonsatz der künstlichen Stimmenverwebung vorzog, und der Melodie die dauernde Stellung in der Oberstimme anwies, konnte die Tonkunst in ein wahrhaft förderliches Verhältniss zu der Gesammtheit des Volkes treten.

Der Erste, der den entscheidenden Schritt mit vollem Bewusstsein that, war der württembergische Oberhofprediger **Lucas Osiander** in seinem Werke: „Funfzig Geistliche Lieder und Psalmen mit vier Stimmen auf contrapunctsweise also gesetzet, dass ein' ganze Christliche Gemeine durchaus mitsingen kann". In seiner für die nähere Kenntniss des Zustandes des evangelischen Choralgesanges überhaupt wichtigen Zuschrift an die Schulmeister Württembergs vom 1. Januar 1586 erklärt er ausdrücklich: „Ich zweifle aber nicht, es werden etliche Componisten und Musici, ihnen diese meine ringfüge Arbeit Anfangs nicht allerdings gefallen lassen. Derowegen ich hierüber kurzen Bericht thun will, warumb ich diese Compositiones eben so, und nicht anderst, gemacht hab. Ich weiss wohl, dass die Componisten sonsten gewöhnlich den Choral im Tenor führen. Wenn man aber das thut, so ist der Choral unter anderen Stimmen unkenntlich, der gemeine Mann verstehet nicht, was es für ein Psalm ist, und kann nicht mitsingen. Darum habe ich den Choral in den Discant genommen, damit er ja kenntlich, und ein jeder Laye mitsingen könne". Mit der Erfüllung und Erreichung dieses Hauptzweckes, dass ein jeder Christ mit einstimmen könne, war der evangelische Kirchengesang unmittelbar dem höchsten Ziele seiner Ausbildung zugeführt. Osiander bestrebte sich, den einstimmigen Gesang der Gemeinde mit dem kunstmässigen mehrstimmigen des Sängerchors in lebendige Verbindung zu bringen, damit beide, der einstimmige Gesang der Gemeinde mit der *Musica figuralis*, wie man den Kunstgesang (auch in der einfachen Gestalt, in welcher er in Osiander's Choralbearbeitungen erscheint) nannte, „fein bei einander bleiben und beides einen lieblichen Concentus (Harmonie) gebe", was zu der Annahme berechtigt, dass eine derartige Verbindung beider Gattungen bis dahin noch nicht gebräuchlich gewesen ist. Auch nicht einmal der Gebrauch der Orgel zur Begleitung des Gemeindegesanges ist als wahrscheinlich vorauszusetzen. Es scheint, den Andeutungen nach, ein zwischen Sängerchor und Gemeinde mehr abwechselndes Singen stattgefunden zu haben, so dass der Chor das kunstmässig gesetzte Lied zuerst vortrug und die Gemeinde, von dem Cantor oder Vorsänger geleitet, die Melodie nachsang. Dass aber in der That der alte Choral trotz seiner rhythmischen Mannigfaltigkeit von der Gemeinde gesungen worden, und nicht dem Vortrage eines geschulten Sängerchors allein überlassen war, darüber haben wir bestimmte Zeugnisse. Einer der bedeutendsten, nachher noch zu erwähnenden Tonkünstler, **Hans Leo Hasler**, sagt ausdrücklich in der Vorrede zu seiner Sammlung von geistlichen Liedern, „dass er gesucht habe, die in der Kirche gebräuchlichen Lieder in solche Harmonie zu bringen, dass „der Choral in Discantu, wie er an ihm selbst gehe, deutlich gehört werden möchte und die Gemeine zugleich mit einstimmen und mitsingen könne".

Winterfeld nennt nun in seiner Schrift eine Anzahl von Männern, welche auf dem betretenen Wege fortgingen; zunächst Samuel Marschall zu Basel, sodann den wichtigeren Seth Calvisius, seit dem Jahre 1594 Cantor an der Thomasschule zu Leipzig. Das Choralwerk desselben wurde zu seiner Zeit hochgeschätzt, und erlebte in 25 Jahren fünf Auflagen; ferner Bartholomäus Gesius, Hieronymus Prätorius, David Scheidemann, Hans Leo Hasler, Gotthard Erythräus und m. A. Ueber Hasler will ich noch einige Worte beifügen, da er zu den grössten Tonkünstlern seiner Zeit gehört. Er war zu Nürnberg im Jahre 1564 geboren. Sein Vater Lucas Hasler, ein von Joachimsthal in Böhmen nach Nürnberg eingewanderter Tonkünstler, sandte den Sohn in seinem zwanzigsten Jahre nach Venedig, um dort von dem berühmten Andreas Gabrieli in der Setzkunst unterrichtet zu werden, wo er dann mit dessen Neffen, Johannes Gabrieli, seinem Mitschüler, eine enge Freundschaft schloss, so dass er auch später mit ihm in stetem Verkehr blieb. Im Jahre 1585 stand er bereits als Organist im Dienst des Grafen Octavian Fugger zu Augsburg. 1602—1608 finden wir ihn in Prag, am Hofe des kunstliebenden Kaisers Rudolf II.; er trat dann wahrscheinlich in die Dienste des Kurfürsten Johann Georg von Sachsen und starb im Jahre 1612. Seine Thätigkeit gehört überwiegend noch dem 16. Jahrhundert an, denn im Laufe desselben erschienen die meisten seiner Werke. Von vorzüglicher Wichtigkeit sind seine „Kirchengesäng, Psalmen und geistliche Lieder, auf die gemeinen Melodeyen mit vier Stimmen simpliciter gesetzt". (1608.) In der Vorrede sagt er, nachdem er schon vor wenigen Jahren „nur etliche teutsche Gesäng auf den *contrapunctum simplicem* mit vier Stimmen solcher Art und Maassen gesetzet, dass dieselbigen auch in den christlichen Versammlungen von dem gemeinen Manne neben dem Figural mitgesungen werden könnten", so habe er jetzt auch die anderen Gesänge und Psalmen nachfolgen lassen wollen, u. s. w. Ein anderes Werk desselben Tonsetzers: „Psalme und christliche Gesänge mit vier Stimmen, auf die Melodeyen fugweiss componirt" (1607), gab Kirnberger 170 Jahre später auf Veranlassung der Prinzessin Amalie von Preussen wieder in Druck. Dieser sagt von demselben, „es sei durchgängig besonders schön, der Kunst gemäss, erhaben und mit vielem Geschmack behandelt", und spricht die Hoffnung aus, es werde dahin mitwirken helfen, dass „die Kunst der Musik, welche heutzutage durch ungelehrte

Componisten so jämmerlich misshandelt werde, vielleicht wieder empor komme und aus den Wolken der Unwissenheit und Geschmacklosigkeit sich hervorthue".

Der bedeutendste Meister dieser Epoche, welche durch ihn zum Abschluss und zur Vollendung kam, ist **Johannes Eccard**. Er ist wichtig als Sänger in doppelter Beziehung, indem er neben demjenigen, was er dadurch für den Gemeindegesang war, auch einen lebendigeren Zusammenhang desselben begründete mit dem Kunstgesange; als Setzer zeigt er sich in ganz neuem Sinne, von der hervorstechendsten Bedeutung; die Gabe des Sängers und Setzers ist in damals höchster Weise bei ihm vereinigt. Eccard wurde im Jahre 1553 in der thüringischen Reichsstadt Mühlhausen an der Unstrut geboren. Seine Eltern sendeten ihn zu seiner Ausbildung nach München, ihn der Leitung des berühmten Orlandus Lassus übergebend. Dieser Aufenthalt fällt wahrscheinlich in die Zeit von 1571 bis 1574, in dieselbe Zeit, wo Lassus (im Jahre 1571) eine Reise nach Paris unternahm. Es ist wahrscheinlich, dass der damals achtzehnjährige Eccard ihn auf dieser Reise begleitete, wo ein Gehülfe, zumal ein thätiger, lebensvoller, aufgeweckter, wie dieser von Zeitgenossen geschildert wird, ihm besonders erwünscht sein musste. Ein fünfstimmiges französisches Lied Eccard's scheint eine Frucht dieser Reise, oder doch eine Erinnerung an dieselbe zu sein. Im Jahre 1574 wurde von Carl IX. des Lassus Gegenwart in Paris, ja sein fortwährender Dienst an seinem Hofe verlangt. Der Herzog von Bayern willigte nicht allein in diese Reise, er forderte jenen dazu auf. Lassus unternahm dieselbe, kehrte aber, da er unterwegs den Tod des Königs erfuhr, wie ich schon früher bei der Besprechung dieses Meisters erwähnte, schnell wieder um. Dies wurde jedenfalls für Eccard eine Veranlassung, schon vor der Abreise von seinem Lehrer zu scheiden, da er dauernd ihm in die Fremde nicht zu folgen wünschte. Sein erstes Tonwerk veröffentlichte er 1574 zu Mühlhausen. Möglich, dass er um diese Zeit dort anwesend war; wahrscheinlich indess, dass er erst auf Umwegen in seine Vaterstadt gelangte, über Augsburg nach Venedig ging, dort die Bekanntschaft des Andreas Gabrieli machte, und erst einige Monate nach seiner Abreise von München in seiner Heimath eintraf. Später erblicken wir ihn in den Diensten des Grafen Fugger, jedenfalls durch Lassus' Empfehlung. Von langer Dauer war indess dieses Verhältniss nicht. Der Ruf eines kunstliebenden Fürsten entfernte ihn weit von seinem damaligen Aufenthalte und seiner Vaterstadt, an einen Ort, wo er die frischeste, erfolgreichste Thätigkeit seines Lebens entfalten sollte. Er ging in Folge erhaltener Einladung in den

80er Jahren nach Königsberg, anfangs als Vicekapellmeister, und wurde im Jahre 1599 zum wirklichen Kapellmeister ernannt. Dort blieb er bis zum Jahre 1608, wo er einem Rufe nach Berlin als Kapellmeister folgte. Sein Todesjahr ist das Jahr 1611. Schon im Jahre 1574 ist Eccard, wie ich soeben erwähnt habe, mit einem Werke hervorgetreten; es enthält unter dem Titel: *Odae sacrae,* zwanzig Gesänge zu fünf und mehr Stimmen. Ein zweites erschien im Jahre 1577, woran jedoch noch ein anderer Tonsetzer sich betheiligt hatte. Ein anderes, der Familie Fugger gewidmet, entstand 1578, als er sich im Dienste derselben befand. Im Jahre 1589 erschienen zu Königsberg 25 theils fünf-, theils vierstimmige geistliche und weltliche Lieder Eccard's. Es folgten hierauf 20 lateinische Oden Ludwig Helmbold's, Mühlhausen 1596. Sein Fürst hatte ihm im Jahre 1586 den Auftrag gegeben, über die Weisen der in Preussen gebräuchlichsten Kirchengesänge fünfstimmige Tonsätze anzufertigen. Dies hatte er nach und nach gethan, und sie in zwei Theile gebracht, deren erster 24 Tonsätze enthielt über Zeit- und Festlieder, der zweite aber 31 über Katechismuslieder, Psalmlieder, Lehr-, Bet- und Lobgesänge, so dass in beiden 55 Melodien behandelt waren. Beide erschienen zu Königsberg im Jahre 1597. In der Vorrede sagt er: Einige hätten wohl früher schon die Melodien der gebräuchlichsten Kirchenlieder in eine solche Harmonie gebracht, dass der Choral, wie er an sich selbst gehe, in der Oberstimme deutlich gehört werde, und die Gemeinde denselben zugleich mit einstimmen und singen könne. Dies sei nur zu loben. Dennoch „ist doch noch zur Zeit kein Cantional, darin nach musikalischer Art was anmuthiges und der Kunst gemässes enthalten wäre, zu uns anhero in Preussen gelanget". Er hoffe demnach mit der gegenwärtigen Arbeit der christlichen Gemeinde gedient zu haben, „welche die gewöhnliche Kirchen-Melodey aus dem Discantu wohl und verständlich hören, und bei sich selbst nach ihrer Andacht singende, imitiren könne"; aber auch erfahrene Künstler würden „ihnen solche Arbeit, angewendete Mühe und Fleiss günstig gefallen lassen", und schliesst mit der Bemerkung, dass er sich in Führung des Chorals nach den preussischen Kirchen in Königsberg, wie derselbe darin gesungen werde, gerichtet habe. Ist nun in den früheren Werken Eccard's die Eigenthümlichkeit desselben noch unentwickelt, erscheint darin der Einfluss fremder Individualitäten überwiegend, deutet Alles nur auf einen Künstler, der das Erlernte fortübt, so bezeichnen die zuletzt genannten fünfstimmigen Choralsätze über 55 Kirchenmelodien, sowie ein zweites, ein Jahr später (1598) erschienenes Hauptwerk: „Preussische Festlieder durch's ganze Jahr, mit fünf, sechs bis acht Stimmen" die Stufe seiner Meisterschaft, wodurch er bis über die Mitte des 17. Jahrhunderts hinaus in der durch ihn und durch die beiden genannten Werke gegründeten preussischen Tonschule Höhepunct und Muster wurde. Durch die Vereinigung der Gaben des Sängers und Setzers war die Aufgabe allmählich eine andere geworden; die Melodie war nicht mehr ein von aussen her Bedingendes und Beschränkendes; durch sie empfing die Thätigkeit des Setzers erst Gestalt, Bedeutung und Leben. Die nothwendigen Folgen dieser neuen Stellung des Tonkünstlers waren namentlich zweierlei: der Uebergang des Hauptgesanges in die Oberstimme, damit, was nun wahrhaft Gegenstand der Aufgabe geworden war, vernehmbarer werde; sodann die grössere Vereinfachung des Satzes, die vermehrte Sorgfalt für bedeutsames Verhältniss der einzelnen Zusammenklänge, welche in die Glieder der Melodie, als ihre höchste Spitze, ausliefen; nur so konnte dem Sinne, in welchem der Künstler jetzt zu schaffen hatte, genügt werden. Damit hatte sogleich die Aufgabe mehrstimmiger Betonung auch einer gegebenen, fremden Melodie eine wesentlich veränderte Gestalt empfangen, es zeigte sich die Nothwendigkeit, dass auch diese überall in die Oberstimme übergehe. Sollte es aber bei jener Vereinfachung des Tonsatzes, die damit so nahe zusammenhing, verbleiben, so stand zu befürchten, dass die Setzkunst in dem bisherigen Sinne darüber zu Grunde gehe. Denn das blosse Ordnen und Erfinden angemessener Zusammenklänge für die einzelnen Schritte der Melodie, ohne eigenthümliche melodische Ausgestaltung der verbundenen Stimmen, in denen jene dargestellt wurden, ohne sinnreiche Beziehungen derselben zu einander, schien diesen Namen nicht zu verdienen. Mancherlei Zweifel mussten die Tonsetzer beunruhigen, auch Eccard konnten sie nicht fremd bleiben, und es ist Nichts natürlicher, als dass wir bei ihm neben dem Bilden auf dem bisher betretenen Wege Versuche gewahr werden, eine neue Bahn zu finden, wo dem Sänger, wie dem Setzer, die in unserem Meister sich verbanden, in gleicher Art Genüge geschehe. Derartige Bestrebungen findet v. Winterfeld in dem 1589 erschienenen Werke, und es würde dies demnach als eine Vorstufe für die späteren Hauptwerke zu bezeichnen sein. Dies namentlich ist darin bemerkenswerth, dass Eccard hier in gleicher Weise als Erfinder auftritt; nur mit der schöpferisch bildenden Kraft konnte die in gleichem Sinne ausgestaltende erwachen und der Künstler befähigt werden, dann auch in das Gegebene, gleich einer eigenen Schöpfung, sich belebend zu vertiefen. Jetzt erhielt er durch die Aufforderung seines Fürsten, des Markgrafen Friedrich Georg, eine äussere Veranlassung; eine innere war ihm gegeben durch die Vereinigung des Sängers und Setzers in ihm, und die neuen Anforderungen an seine Kunst, die ihm daraus unmittelbar erwuchsen. Endlich kamen auch noch Anregungen durch Osiander, und diesem verwandte Bestrebungen. Osiander hatte die Ausgestaltung der einzelnen Stimmen der Tonfülle ihres Zusammenklingens nachgesetzt. Eccard lobte die fromme Absicht des Tonsetzers, die verständige Ausführung, allein er vermisste die Kunst im höheren Sinne, die lebendige Gliederung des Einzelnen zu einem Ganzen. Auf diesem Wege des Forschens und Vergleichens bildete sich ihm, was bei Osiander als Ziel des Strebens erschienen war, zur Grundlage des seinigen aus; aus Zweifeln, Erwägen, Suchen der rechten Mittel, um das Bild des mehrstimmigen Kirchenliedes, wie es in seinem Inneren lebte, zu klarer Anschauung zu bringen, erwuchs endlich schöpferisches Gestalten. Die vornehmste Schwierigkeit beruhte darin, dass in engem Raum zusammengedrängt werden musste, was da, wo die Leitung der Gemeinde, der kirchliche Gebrauch nicht in der Aufgabe lag, nach Gefallen breiter ausgedehnt werden durfte. Diese Gedrängtheit der Stimmenverwebung musste erreicht werden, ohne dass sie Spuren irgend eines Zwanges an sich trug. So dient nun bei Eccard die kunstvolle Begleitung stets nur der Hauptstimme; sie ist ihr, was einem wohlgebauten Leibe seine innere Gliederung, in der seine Schönheit vollkommen zur Anschauung gelangt. Das Ganze erscheint nur als ein gewaltiger, doch klarer Strom einfacher Harmonie, in der Polyphonie die Homophonie, und auf diese Weise wurde eine neue Art in der Behandlung des Chorals geschaffen. Auch auf das Orgelspiel als Begleitung des Gemeindegesanges hat Eccard eine sehr erhebliche Einwirkung geübt. Zur Zeit desselben fand noch nicht ein solches Verhältniss zum Kirchengesange statt, wie es gegenwärtig besteht. Die Orgel diente früher nur zur Begleitung des Kunstgesanges, sowie für selbstständige Leistungen des Organisten. Durch die Anregung Eccard's konnte die Anwendung der Orgel in später üblicher Weise nicht lange mehr ausbleiben. — War es bisher die Absicht unseres Meisters, dem Gemeindegesange die Kunst zuzugesellen, so wollte er auch noch auf einem anderen Wege Aehnliches erreichen, damit die Kunst, dem Kirchengesange sich näher anschliessend, als dessen höhere Blüthe erscheine und auch in ihren tiefsinnigsten, reichsten Erzeugnissen Geist und Gemüth der Gemeinde in Anspruch nehme, nicht allein nach dem Beifall der Kunstgelehrten ringe. Dies zu leisten, eine kirchliche Kunst in echt evangelischem Sinne zu schaffen, hat Eccard in seinen preussischen Festliedern gestrebt. Die höhere Kunst sollte auch nicht schroff dem Gemeindegesang gegenüberstehen, wie in dem alten kunstreichen Motett, sie sollte aber auf der Grundlage beruhen, die für evangelischen Kirchengesang die allgemeine war, der des Liedes — daher der Name „Festlieder" —, also eine Vereinigung des Motetts und des Liedes anstreben. Die Hauptaufgabe von Eccard's künstlerischem Bilden war demnach die Liedform. Als Setzer hat er die kirchliche, dem Gemeindegesang angehörende Melodie des geistlichen Liedes, wie er sie vorfand als ein Gegebenes, nach ihrem inneren Reichthum, ihrer harmonischen Bedeutsamkeit zur Anschauung gebracht, ohne deshalb auf die Kunst der Stimmenverwebung verzichten zu müssen, die er, wenn ihr auch die Natur seiner Aufgabe nur beschränkten Raum zu gewähren schien, dennoch mit Meisterschaft dabei entfaltete. Als Sänger hat er den Schatz an Singweisen zwar um einige bereichert, aber mit viel grösserem Erfolg für den Kunstgesang erfunden. Dies geschah in den Festliedern, einer Form, in der Mannigfaltiges und Einfaches, Fülle und Klarheit verschmolz. So steht er auf der Höhe der Kunst, nicht allein seiner Zeit. Er hat Nachfolger gefunden, aber keinen, von dem er in seinem Sinne übertroffen worden wäre. Deshalb ist er von grösster Bedeutung für die Geschichte der evangelischen Kirche.

Ich habe versucht, durch Auszüge aus der Schrift v. Winterfeld's, meist mit des Verfassers eigenen Worten, Ihnen die Hauptpuncte der ersten beiden sich bis in das 17. Jahrhundert erstreckenden Epochen anzudeuten. Ich wende mich jetzt der nun beginnenden Umbildung des Kunststiles zu, muss mich aber, da ich in der eben beendeten Darstellung schon die mir gesteckten Grenzen der Ausführlichkeit etwas überschritten habe, hier um so kürzer fassen.

Jetzt ist es nicht mehr eine stetig sich entwickelnde Richtung, die wir verfolgen können, es stehen deren nun zwei nebeneinander. Lange noch und kräftig waltet im 17. Jahrhundert die eben besprochene fort, die wir bis dahin zur höchsten Blüthe entfaltet sahen; von Italien her aber bahnt sich eine neue an, wesentlich verschieden von der älteren dadurch, dass sie auf dem Kunstgesange, bewusster künstlerischer Absicht beruht, die Tonkunst zu einem lebendigen Werkzeug für den Ausdruck mannigfacher, wechselnder Bewegungen des Gemüths umbildet, und die zu grosser Höhe gesteigerte Ausbildung der Kunstmittel nach allen Seiten hin für die Ergötzung des Ohres in Anspruch nimmt. Es entsteht eine neue Art des kirchlichen Kunstgesanges, ein neues Verhältniss desselben zu dem der Gemeinde. Es ist nun auch jene Zeit der ersten Begeisterung vorüber, in der aus der Gemeinde selbst die Weisen ihrer geistlichen Lieder hervorgingen; die Erfindung derselben ruht jetzt in der Hand begabter Kunstmeister. — Winterfeld im zweiten Bande seines Werkes widmet beiden Richtungen eine ausführliche Betrachtung. Er macht, was die ältere betrifft, noch verschiedene beachtenswerthe Tonsetzer namhaft, u. A. Walliser, Bodenschatz, Moritz, Landgraf von Hessen, Melchior Frank, er bezeichnet eine preussische Tonschule unter den unmittelbaren Nachwirkungen Eccard's, bespricht, unter anderen dieser zugehörigen Männern, Johann Stobäus, Heinrich Albert, auf den ich demnächst noch einmal zurückkommen werde, und bezeichnet endlich auch noch mehrere Tonsetzer unter der allgemeinen Ueberschrift: die Berliner geistlichen Sänger. Hier jedoch kommt es uns nicht mehr darauf, sondern ausschliesslich auf die neu hervortretenden Richtungen und deren Repräsentanten an.

Die neue Richtung in Italien äusserte sich dort zunächst durch Ankämpfen gegen die Kunst sinnreicher Stimmenverwebung, gegen den Contrapunct. Es galt, wie Ihnen aus der früheren Darstellung schon bekannt, dem Worte wie der Form des Dichters mehr Bahn zu brechen. Es entstand der Einzelgesang, das Recitativ. In gleicher Weise trachtete man, in den Tönen und ihren gegenseitigen Verhältnissen neue Mittel zu entdecken, um eine lebhaftere, tiefere Bewegung der Gemüther zu erreichen. So entstand die Chromatik, und das allmähliche Erlöschen der alten, auf Entwicklung des diatonischen Systems in sich selbst beruhenden Grundform des geistlichen Gesanges ergab sich als Folge. Endlich bemühte man sich, die der Form des kunstgerechten mehrstimmigen Satzes vorgeschriebenen Schranken zu lockern, ja sie aufzuheben. So entstand, wie auch schon früher erwähnt, der Generalbass, eine die freiere Bewegung der übrigen Stimmen sichernde Grundstimme, und mit ihr die Form des Concerts; im Zusammenhange aber mit dieser Form die Verbindung selbstständigen Instrumentspiels mit dem Gesange.

Der Erste, welcher diesen Weg betrat, war **Michael Prätorius**, geb. in Thüringen im Jahre 1571, gest. 1621, Kapellmeister und Kammerorganist am Braunschweig-Wolfenbüttel'schen Hofe. Prätorius, einer der thätigsten und strebsamsten Männer seiner Zeit, steht an der Grenzscheide des 16. und 17. Jahrhunderts, und wenn auch nicht von ihm gesagt werden kann, dass er in der Kunstrichtung des einen oder des anderen schaffend vorangegangen, so haben doch beide Richtungen in ihm ein sinniges Verständniss und eine kunstgeübte Hand gefunden. Von ungleich grösserer Wichtigkeit war der bedeutendste Tonmeister dieser Zeit, **Heinrich Schütz**, derselbe, von dem ich schon früher erwähnte, dass er der Erste gewesen sei, welcher die Oper nach Deutschland verpflanzte. Schütz war zu Köstritz im Voigtlande im Jahre 1585 geboren. Dreizehn Jahr alt, kam er als Singknabe in die Hofkapelle des Landgrafen Moritz von Hessen-Cassel. Nach einigen Jahren bezog er mit seinem Bruder — auch für wissenschaftliche Ausbildung war in seiner Stellung gesorgt worden — die Universität Marburg, sich der Jurisprudenz zu widmen. Der Landgraf indess, dem seine musikalischen Talente schon bekannt waren, liess ihm den Vorschlag machen, sich nach Venedig zu dem hochberühmten, aber schon betagten Johannes Gabrieli zu begeben, um durch diesen in die höheren Geheimnisse der Tonkunst eingeweiht zu werden. Dazu wurde ihm ein Reisegeld von 200 Thalern jährlich angeboten. Schütz nahm den Vorschlag an, ging im Jahre 1609 nach Venedig und widmete sich dort mit grossem Fleisse seinen musikalischen Studien, wenn auch bisweilen schwankend, ob er diesen Weg weiter verfolgen solle. Eine Frucht dieser Studien war ein zu Venedig im Jahre 1611 herausgegebenes fünfstimmiges Madrigalenwerk. Nach dem Tode Gabrieli's kehrte er, im Jahre 1613, nach Cassel zurück. Bald darauf nach Dresden zu einer Festlichkeit des Hofes berufen, wurde ihm dort der Antrag gemacht, das Directorium der Kapelle des Kurfürsten Johann Georg I. zu übernehmen. In Folge vielfacher Verhandlungen des Letzteren und des Landgrafen Moritz ertheilte ihm dieser für einige Jahre die Erlaubniss hierzu, die im Jahre 1616 zurückgenommen, endlich jedoch in unbeschränkter Weise gegeben ward, so dass von jetzt an Schütz gänzlich dem sächsischen Hofe angehörte. Hier entfaltete er nun eine äusserst umfassende Thätigkeit. Er zog italienische Instrumentisten nach Dresden, sorgte für gute italienische Instrumente, sowie für die Sendung fähiger Inländer nach Italien, richtete überhaupt die Kapelle nach dem Muster derjenigen ein, welche er in Italien kennen gelernt hatte. Allein nun trat für Sachsen mit dem schwedischen Kriege eine Zeit der Bedrängniss ein. Schütz unternahm in Folge dessen mehrfache Reisen; im Jahre 1628 ging er zum zweiten Male nach Italien, um „nach der inzwischen aufgebrachten neuen Manier der Musik sich zu erkundigen"; um 1634 finden wir ihn in Kopenhagen. Nach seiner Rückkehr die damaligen trostlosen Zustände noch unverändert findend, verliess er Dresden auf's Neue und wandte sich 1638 nach Braunschweig und Lüneburg, 1642 wieder nach Dänemark; erst seit dem Jahre 1645 konnte eine erfolgreichere Thätigkeit für ihn wieder beginnen. Von da an blieb er bis an seinen Tod im Jahre 1672 in der Stellung als sächs. Kapellmeister. Schütz wurde schon vorhin als der bedeutendste Vermittler des italienischen Einflusses in Deutschland bezeichnet. Namentlich waren es die italienischen Concerte, welche er in der Hofkirche zu Dresden zum grossen Beifall des Fürsten und aller Hörer einführte. Unter seinen

Werken treten uns zuerst seine 1619 zu Dresden gedruckten „Psalmen David's sammt etlichen Motetten und Concerten mit acht und mehr Stimmen" mit Begleitung eines Orgelbasses und verstärkender Instrumente entgegen, ein Versuch, die in Italien beliebt gewordene musikalisch-declamatorische Behandlung auch auf grosse Chormassen anzuwenden. Ein anderes Werk, vierstimmige *Cantiones sacrae*, mit Orgelbass, Freiberg 1625, zeigt den Versuch einer Verschmelzung der alten, in sich selbstständigen Form des Motettensatzes mit der modernen des Concerts, ebenso wie der rein diatonischen Kirchentonarten mit den in der Chromatik die Schranken jener durchbrechenden, damals schon Bahn gewinnenden neueren. Dem Aelteren ist für das feierlich Ernste, dem Neueren für das lebhafter Bewegte Raum gegeben. Unser Tonsetzer strebt, Jenes und Dieses, Deutschland und Italien, Eines mit dem Anderen zu vermählen. — In Venedig erschien im Jahre 1629 der erste Theil eines seiner Hauptwerke: *Symphoniae sacrae*. Er enthält Gesänge für eine, zwei oder drei Solostimmen, von der Orgel und einem, zwei oder drei obligaten Instrumenten begleitet. Hier treten die Kirchentonarten immer mehr zurück; wir begegnen einem sorgsamen Ausbilden des Einzelnen, einer an wenige Worte oder einzelne Zeilen geknüpften breiteren musikalischen Ausführung. Jede Zeile einer längeren Schriftstelle bietet ein besonders abgegrenztes, durch eine gemeinsame melodische Grundwendung (Motiv), auch wol einen ihr verknüpften Gegensatz gestaltetes Bild; einen Gegensatz, der bald neben sie gestellt, bald mit ihr verflochten ist. So bildet sich nach und nach die concertirende Arie, das begleitete Duett aus. *Symphoniae* heissen die Sätze, weil weder die alte Benennung der Motetten, noch die neuere der Concerte auf sie passt, die gewählte aber, als eine allgemeine, auch für neuere Formen schicklich erscheinen konnte. In den Jahren 1636 und 1639 trat Schütz mit zwei Theilen geistlicher Concerte hervor. Es sind zwei- bis fünfstimmige Sätze. Auch Gesänge für einzelne Stimmen finden wir, nicht sowohl arienhaft als recitativisch; nur Einzelnes in ihnen gestaltet sich mehr melodisch. Jeder auch mehrstimmige Tonsatz erhält erst durch den beigefügten Generalbass seine vollständige Harmonie, wie es die Art der italienischen Concerte mit sich bringt. In diesen beiden Theilen seines Werkes, dessen Titel den Namen einer in Italien erfundenen Form des Satzes trägt, namentlich im zweiten Theil, sehen wir Schütz, der sich zuvor fast allein an italienischen und lateinischen Texten versucht hatte, für deutschen Gottesdienst der evangelischen Kirche thätig, bemüht, die italienischen Formen des Recitativs, des Concerts ihm anzueignen. Im Jahre 1647 endlich folgte der zweite,

1650 der dritte Theil der *Symphoniae sacrae*. — Von besonderer Wichtigkeit, namentlich durch ihren Einfluss auf die Musikentwicklung, sind die oratorischen Compositionen von S c h ü t z, die „Auferstehung des Herrn", die „Sieben Worte" und die vier Passionen. Das erstgenannte Werk, welches im Jahre 1623 zu Dresden erschien, lehnt sich an das um die Zeit seines ersten Aufenthaltes in Venedig schon in voller Blüthe stehende musikalische Drama und die damals so vorzüglichen Beifall geniessenden Concerte, andererseits aber auch an den altkirchlichen Vortrag der Leidensgeschichte Christi in der Charwoche an. Wir hören, referirt v. W i n t e r f e l d, den Evangelisten seinen Bericht nach Art einer kirchlichen Intonation absingen, durchgängig in langgezogenen Tönen, entweder durch ein Orgelwerk, oder eine Laute, oder auch von vier Violinen begleitet; die Schlussfälle seines Gesanges sind stets rhythmisch gebildet, in gleicher Art schliesst sich ihnen die Begleitung an, bedeutende Stellen heben sich durch declamatorischen Vortrag hervor, der sich bis zu völlig ausgebildeter, selbst durch Sylbendehnungen geschmückter Melodie steigert. Die Reden Christi, der Engel, der Magdalena, einzelner Jünger, der Hohenpriester, wie sie aus dem Bericht des Evangelisten hervortreten, finden wir nach Art kleiner Concerte behandelt; es sind nach Anzahl der redend eingeführten Personen Gesänge für zwei oder mehrere Stimmen, die einander bald nachahmen, bald gleichen Schrittes mit einander fortgehen, durch einen Generalbass gestützt — zweistimmig auch da, wo Einer allein redet, wobei aber S c h ü t z den Vortrag der einen dieser Stimmen einem Instrumente zuzutheilen erlaubt hat. Ein sechsstimmiger, ein achtstimmiger Doppelchor stehen, jener am Anfange, dieser am Schlusse des Ganzen; in der Mitte befindet sich ein einziger sechsstimmiger Chor, declamatorisch gehalten. Der im psalmodirenden Tone gehaltene Vortrag des Evangelisten bildet die Grundlage des Ganzen. Wo er sich länger auf einem Tone bewegt, soll, damit die Einförmigkeit vermieden und der angemessene Effect erreicht werde, entweder der Organist „mit der Hand immer zierliche und appropriirte Läufe oder passaggi darunter machen", oder, wenn die Violen statt der Orgel begleiten, „eine Viola unter dem Haufen passeggiren". Dieser Vortrag wird aber auch zu einem recitativischen, ja arienhaften, dem die Begleitung ausdrücklich vorgeschrieben ist, es treten dann modern concertirende Stellen aus ihm hervor; so unterscheidet er sich von dem älterer, mehrstimmiger Passionen, denen eine Art darstellenden Vortrags in der früheren Kirche eigen war. Endlich lässt eine über die Grenzen des Strengkirchlichen hinausgehende Steigerung, die Gelegenheit giebt, neue in Italien entstandene Darstellungsformen und üblich gewordene Zierlichkeiten einzuführen, uns deutlich erkennen, welcher Schule der Meister angehörte, und dass er fortgehend in deren Sinne gewirkt habe. — Einen wichtigen Fortschritt gegen die „Auferstehung" zeigen die „Sieben Worte" (welche um das Jahr 1645 entstanden sein mögen), insofern in diesem Werke an die Stelle des psalmodirenden Vortrags des Evangelisten das ariose Recitativ getreten ist, die Einzelpersonen der Schächer auch nur durch Einzelstimmen ausgedrückt sind und die Partie des Jesus ausdrücklich vorgeschriebene dreistimmige Instrumentalbegleitung hat. Auch hier ist das Ganze durch Chöre eingerahmt, welche von der eigentlichen Handlung durch Instrumentalsätze getrennt sind. In seinen in das Jahr 1665 fallenden vier Passionen kehrt Schütz, was die Behandlung der Partie des Evangelisten, sowie der redend eingeführten einzelnen Personen betrifft, zu dem psalmodirenden Vortrage zurück, auch fehlt die Instrumentalbegleitung; dagegen sind diese Werke bedeutungsvoll dadurch, dass sie zum ersten Mal in die Handlung eingreifende Chöre in wahrem Oratorienstil enthalten, Chöre von überraschender Schlagkraft der dramatischen Charakteristik. — Ich erwähne beiläufig, dass von den zuletzt besprochenen, kunstgeschichtlich so bedeutsamen Werken die „Sieben Worte" sowie die Passionen (letztere, mit den erforderlichen Hinweglassungen, in ein Ganzes zusammengezogen) neuerdings durch Carl Riedel herausgegeben worden sind (Leipzig, E. W. Fritzsch). — Für den Kunstgesang in der evangelischen Kirche hat Schütz wahrhaft fördernd gewirkt, wir dürfen ihn den Erfinder einer neuen Art geistlicher Musik für deren Gottesdienst nennen. Was vor ihm geschaffen wurde, erscheint vorzugsweise an die Liedform geknüpft; Schütz dagegen, der sein Vorbild aus Italien entnahm, blieb die Rücksicht auf den Gemeindegesang fremd, und so strebte er, auf anderen Bahnen das, was ihm als das Höchste erschien, zu erreichen. Der Einfluss Italiens war für den Kunstgesang in der evangelischen Kirche ein lebendiger, für den Gemeindegesang ein störender. Mannigfache Lebenskeime für jene wurden durch ihn geweckt, die erst später ihre volle Entfaltung erfuhren, aber die thätige Theilnahme der Gemeinde an dem Gottesdienste litt darunter, der Zusammenhang zwischen ihrem Gesange und dem des Sängerchors wurde dadurch gelockert. Es ist ein aus einem frischen Keime mächtig aufsprossender Wuchs, der sich uns hier zeigt; schon ist seine Blüthe gezeitigt, aber noch nicht vollständig entfaltet. Diese vollständige Entfaltung sollte erst am Schlusse dieser ersten grossen Periode kommen.

Ich habe bis jetzt, heute sowol wie in der letzten Vorlesung, Ihre Blicke allein auf die hervorragendsten Spitzen aus der Zeit jener grossen

Kunstentwicklung innerhalb der evangelischen Kirche gelenkt; noch Manches wäre zu sagen, um das Bild zu vervollständigen, doch ist anderer, wenn auch untergeordneter Gebiete noch gar nicht gedacht, und so breche ich hier ab, zum Theil auch, um dem Ermüdenden der fortgesetzten Betrachtung eines und desselben Gegenstandes auszuweichen, zunächst Einiges über den Zustand des Orgelspiels in jener Zeit bemerkend und die bedeutendsten Männer namhaft machend. Ich lasse sodann, wie ich es schon bei der Darstellung der Geschichte der italienischen Kirchenmusik that, eine kurze Uebersicht der Leistungen auf dem Gebiet der weltlichen Musik folgen und kehre nach Beendigung dieser Einschaltung zu dem Hauptgegenstand der gegenwärtigen Betrachtung zurück, um damit diesen Zeitraum abzuschliessen.

Was wir von Orgelsachen aus dem 16. Jahrhundert kennen, zeigt uns das gesammte Orgelwesen noch auf einer untergeordneten Stufe, als eine noch nicht selbstständig entwickelte Kunst. Das Orgelspiel war damals, wie das Instrumentspiel überhaupt, nur ein Nachhall des Gesanges. Der Organist setzte aus den einzelnen Stimmbüchern damals erschienener geistlicher Gesänge die beliebtesten sich ab und führte sie dann als Vor- oder Zwischenspiele, oder am Schlusse bei dem Gottesdienste aus. Die erste Hinneigung zu einem von der Gesangsart sich lösenden und selbstständig ausbildenden Orgelspiel war das sogenannte Diminuiren oder Coloriren: die Ueberkleidung der einzelnen Schritte einer Melodie durch eine Fülle rasch dahineilender Töne, jedoch so, dass die von ihnen wenn auch verhüllte Wendung des melodischen Fortbewegens doch erkennbar bleibe, indem innerhalb jener ausschmückenden Figuren immer diejenigen Töne durch ihre Stellung als der rechte Kern bezeichnet wurden, auf denen dieser Fortschritt beruhte. Wir finden dies z. B. in einem Werke des später noch zu erwähnenden Ammerbach vom Jahre 1571. Aehnlichem begegnen wir in einem Werke von Bernhard Schmid vom Jahre 1577. Einen Fortschritt zeigt uns **Michael Prätorius**. Er ist jedenfalls der erste deutsche Organist, welcher seine Kunstfertigkeit nicht in handgerechtem Absetzen und mannigfachem Coloriren eines schon fertig gegebenen Tonstücks bewährte, sondern eine einfache Melodie als Aufgabe für neue, selbstständige, schon ursprünglich orgelrechte Sätze benutzte. Zu grösserer Eigenthümlichkeit entfaltet finden wir diese Kunst in der ersten Hälfte des 17. Jahrhunderts durch **Samuel Scheidt**, geb. zu Halle um das Jahr 1587, gest. 1654. Seit ungefähr 1620 stand er als Organist und Kapellmeister im Dienst Christian Wilhelm's, Markgrafen von Brandenburg. Sein Wohnort blieb indess seine Vaterstadt Halle. In seinem Hauptwerk, der *Tabulatura nova*, welche im

Jahre 1624 in drei Theilen erschien, sehen wir das Orgelspiel bereits zu einer selbstständigen Kunst erhoben; es ging nicht dem Tonsatze für Gesang mehr nach; im Gegentheil war jetzt die Hauptaufgabe das Schaffen neuer, im Geiste der Orgel erfundener Sätze. Wir erblicken ein unmittelbares Eingreifen der Orgel bei dem Gottesdienst, so z. B., wenn dem Gesange des Geistlichen am Altar die Orgel antwortet, und nun Vers um Vers der Geistliche — oder auch die Gemeinde — mit der Orgel wechseln, bis zuletzt Orgel und Gesang zusammentönen. Den Gebrauch der unmittelbaren Begleitung des Gemeindegesanges durch den Organisten können wir, als allgemein verbreitet, seit dem Jahre 1637 annehmen. Von Scheidt erschien um 1650 zuerst ein Werk, welches zu diesem Zweck gearbeitet war. Ein zweiter bedeutender Orgelmeister aus der zweiten Hälfte des Jahrhunderts ist **Johann Pachelbel,** geb. zu Nürnberg im Jahre 1653, gest. 1706. Schon früh zeigte derselbe Sinn und Anlage, wie für alles Wissenswürdige überhaupt, so insbesondere für die Tonkunst. Er besuchte die Universität Altdorf, dort zugleich den Organistendienst versehend, begab sich dann nach Regensburg, wo er wegen seiner vorzüglichen Gaben und des hohen Grades ihrer Ausbildung als Mitglied des poetischen Gymnasiums über die gewohnte Zahl der Alumnen aufgenommen wurde, und verweilte daselbst drei Jahre, den Wissenschaften sowie der Tonkunst mit gewohntem Fleisse obliegend. Nach dieser Zeit widmete er sich der Tonkunst, als seinem Lebensberuf. Er bekleidete zu Wien drei Jahre lang, bis 1675, das Amt eines Gehülfen und Stellvertreters des berühmten Organisten zu St. Stephan, Johann Caspar Kerl, wurde dann als Hoforganist nach Eisenach berufen, 1678 als Organist nach Erfurt, wo er zwölf Jahre blieb, bis er auf vortheilhafte Anerbietungen zu einem gleichen Dienst in Stuttgart einging. Von dort wurde er durch die Franzosen vertrieben, man übertrug ihm jedoch bald wieder, im Jahre 1692, das Organistenamt an der Hauptkirche zu Gotha, dem er bis 1695 vorstand. Endlich erhielt er eine Einladung nach Nürnberg als Organist an die Sebalduskirche, woselbst er bis zum Ende seines Lebens blieb. Pachelbel ist einer der vorzüglichsten Organisten seiner Zeit, er war aber auch ein im Fache des geistlichen Gesanges hochgeschätzter Tonsetzer und gehört, nach v. Winterfeld's Bemerkung, zu den Künstlern, deren Spiel mehr durch ihre glückliche Begabung für den Gesang geregelt wird, als zu den allerdings viel häufigeren, bei welchen der Sangmeister unter der Obmacht des Orgelkünstlers steht. Er hat Toccaten, Fantasien, Fugen, Ricercari geschrieben. Jene erstgenannten Stücke zeigen meist die Richtung auf Fingerfertigkeit, die Fantasien führen die Benennung, weil in ihnen keine

Form des Satzes streng festgehalten wird, die letztgenannten sind fugirte Sätze von besonderer Künstlichkeit. Wichtiger noch sind seine Arbeiten über Choralmelodien, als Vorspiele beim Gottesdienst dienend. Ebenso sind von ihm, wie von Scheidt, Arbeiten zum Zweck der Begleitung des Gemeindegesanges vorhanden. Betrachten wir das Verhältniss beider Meister zu einander, so erscheint der Erstgenannte als der bahnbrechende, der Zweite als der auf der Grundlage des schon Geleisteten glücklich gestaltende.

Die Betrachtung des Orgelspiels führt mich sofort zur Betrachtung der Klaviere, der Klaviermusik. Orgel- und Klaviermusik war überhaupt damals noch wenig getrennt, und immer finden wir in einem und demselben Werke beide Zwecke berücksichtigt. Ich folge hier der schon genannten Schrift von C. F. Becker: Die Hausmusik in Deutschland im 16., 17. und 18. Jahrhundert.

Sehr früh schon sind Tasteninstrumente im Gebrauch gewesen, und der Ursprung derselben könnte fast bis in die vorchristliche Zeit verfolgt werden. Aber die Einrichtung derselben war höchst unvollkommen, so dass nur die einfachste Melodie auf denselben vorgetragen werden konnte. Erst als die Harmonie mehr und mehr zur Ausbildung gelangte, erkannte man, wie unumgänglich nothwendig ein Instrument sei, welches allein eine vollständige Harmonie zur Darstellung bringen könne. Die Orgeln gelangten, wie schon früher erwähnt, in Folge davon zuerst zu einer höheren Stufe der Ausbildung, und auch was die Klaviere betrifft, wurden jetzt vielfältige Versuche angestellt, da man natürlich das, was man in der Kirche besass, im Hause ebenfalls, und dies nicht allein in Orgelinstrumenten kleineren Umfangs, Regalen, Positiven, haben wollte. Jetzt wurden die vielfachsten Versuche gemacht; bald wendete man Pfeifen, bald Saiten, bald Bogen von Pferdehaaren an. Klaviere mit zwei und drei Tastaturen wurden verfertigt. Einige bauten Instrumente von grossem Umfang, Andere solche, welche auf dem kleinsten Tische Raum fanden. Bald wurde die Schrankform, bald auch die Flügelform gewählt. Noch vorhandene Schriften lassen uns mit Sicherheit über die Art der Behandlung urtheilen. So ist ein Klavierwerk vom Jahre 1571 vorhanden, welches uns vollständig über das, was damals erreicht war, in Kenntniss setzt. Es führt den Titel: „Orgel oder Instrument Tabulatur. Ein nützlichs Büchlein, in welchem notwendige erklerung der Orgel oder Instrument Tabulatur, sampt der Application, Auch fröliche deutsche Stücklein vnnd Muteten, etliche mit Coloraturen abgesatzt, Desgleichen schöne deutsche Tentze, Galliarden vnnd Welsche Passometzen zu befinden etc. durch Eliam Nicolaum, sonst **Ammerbach** genandt,

Organisten zu Leipzig in S. Thomas Kirchen". Das erste Capitel handelt von den Namen, der Bezeichnung und Lage der Tasten. Zwei Umstände sind hier bemerkenswerth, zunächst der damalige noch sehr geringe Umfang der Tastatur. Der Tonumfang eines Klaviers war damals noch nicht vier volle Octaven; für die Orgeln war derselbe noch beschränkter. Bekannt ist, dass unsere Pianofortes auch erst in neuester Zeit die jetzt übliche grosse Ausdehnung erhalten haben, und dass vor nicht allzu langen Jahren noch eine ganze Octave fehlte. Sodann ist eine sonderbare Grille zu erwähnen, die nämlich, dass in der untersten Octave bei den Orgeln die Töne nicht in der natürlichen Reihenfolge sich befanden, sondern versetzt erscheinen, auch einige ganz ausgelassen waren, z. B. in dieser Weise: C, Fis, D, G, E, Gis, A. Man nannte eine solche Octave die kurze, und noch jetzt soll sich an den meisten Orgeln Böhmens und Oesterreichs diese sinnlose Einrichtung vorfinden. In einem der folgenden Capitel handelt unser Autor von der Fingersetzung. Die Sache ist sehr drollig, und ich will Einiges davon erwähnen. Die Fingersetzung ist bei den meisten Instrumenten durch die natürliche Beschaffenheit derselben bestimmt, bei den Tasteninstrumenten am wenigsten, da die Lage der Tasten so beschaffen ist, dass sie von jedem Finger niedergedrückt werden können. Die Kunst des Fingersatzes ist daher für den gegenwärtigen Klavierspieler Gegenstand eines besonderen Studiums. Wenn nun jetzt als oberster Grundsatz für alle Fingersetzung gilt, dass die möglichst bequeme Applicatur, diejenige, welche die geringste Bewegung und Rückung der Hände verursacht, die beste, wenn es insbesondere Hauptbestreben bei dem gegenwärtigen Pianofortespiel ist, die Finger so zu wählen, dass alle Töne gebunden werden können, und gesund und kräftig zur Darstellung kommen, so scheinen unsere Vorfahren von der entgegengesetzten Ansicht ausgegangen zu sein, indem man sich nichts Verkehrteres und Unpraktischeres, als die Fingersetzung derselben vorstellen kann. Was spätere Zeiten in Bezug auf Applicatur festgesetzt haben, und was, wie es scheint, nicht einfacher sein kann, blieb ihnen völlig fremd und unzugänglich, und das Naturwidrige war bei ihnen das Gewöhnliche. Die C dur-Tonleiter wurde in der rechten Hand aufsteigend mit dem zweiten und dritten Finger, absteigend gleichfalls allein mit dem zweiten und dritten Finger gespielt, nur dass hier bei der Taste, wo man umkehrte, einmal der vierte Finger gebraucht wurde. In der linken Hand wurde die C dur-Tonleiter aufsteigend mit den Fingern 4, 3, 2, 1, absteigend aber wieder allein mit dem zweiten und dritten gespielt. Der fünfte Finger und der Daumen, gerade die wichtigsten, wurden fast gar nicht benutzt. Terzen wurden in beiden Händen mit den Fingern 2 und 4 gegriffen, Quarten, Quinten und Sexten mit 2 und 5, Septimen, Octaven, Nonen, Decimen mit 1 und 5. Völlige 150 Jahre hat sich, wie man für gewiss annehmen kann, diese abscheuliche Fingersetzung erhalten, denn bis zum Jahre 1730 wird man keinen Unterschied gewahr. Der Gegenstand wurde mit grosser Nachlässigkeit behandelt. Michael Prätorius äussert sich darüber: „Ihrer Viele lassen sich etwas sonderliches bedünken und wollen daher etliche Organisten verachten, wegen dessen, dass sie nicht dieser oder jener Application mit den Fingern sich gebrauchen. Welches aber meines erachtens der Rede nicht werth ist: denn es lauffe einer mit den foddern, mitlern oder Hinderfingern hinab oder herauff, ja, wenn er auch mit der Nasen darzu helffen köndte, und machte und brechte alles fein, just und anmuthig ins Gehör; so ist nicht gross daran gelegen, wie oder auf was Maass und Weise er solches zu Wege bringe". Diese Ansicht fällt in das Jahr 1619. Noch zu Anfang des 18. Jahrhunderts wird die Cdur-Tonleiter in der rechten Hand aufsteigend mit den Fingern 2, 3, 4, 3, 4, 3, 4 u. s. f., absteigend mit 4, 3, 2, 3, 2, 3, 2 u. s. f. gelehrt, in der linken Hand aufsteigend mit 4, 3, 2, 4, 3, 2, 1, 2, 1, 2 u. s. f., absteigend mit 1, 2, 3, 4, 3, 4, 3, 4 u. s. f. Um diese Zeit traten zwar die ersten bedeutenden Klavierspieler hervor, D. Scarlatti, François Couperin, Gottlieb Muffat, Händel, Joh. Mattheson, allein der Letztere, der selbst von Händel als Klavierspieler rühmlich anerkannt wurde, lehrt 1735 die Cdur-Tonleiter in der rechten Hand aufsteigend 3, 4, 3, 4 u. s. w. 3, 4, 5, absteigend 5, 4, 3, 2, 3, 2 u. s. f. 3, 2, 1; in der linken Hand aufsteigend 3, 2, 1, 2, 1, 2, 1 u. s. f., absteigend 2, 3, 2, 3 u. s. f., 2, 3, 4. Ein gewisser Mizler beschreibt im Jahre 1740 den Fingersatz mehr unseren Ansichten entsprechend, doch kommen bei ihm auch noch wunderliche Sachen vor, z. B. sollen in der rechten Hand die Töne d, c, h, a mit den Fingern 3, 2, 4, 3 gespielt werden, und erst Sebastian Bach verdanken wir die Begründung des später Ueblichen, insbesondere auch den Gebrauch des ersten und fünften Fingers. Der praktische Theil des Ammerbach'schen Werkes enthält in seinem ersten Abschnitt 44 vierstimmige Choräle und heitere Lieder, der zweite Abschnitt „gemeine gute deutsche Dentze". Zu einem jeden dieser Tänze findet sich ein Anhang in ungeradem Tact, während sie selbst in geradem Tact gesetzt sind, *Proportio* genannt, unserem Trio ähnlich. Der dritte Abschnitt bringt ausländische Tänze, der vierte „colorirte Stücklein", der letzte endlich mehrstimmige, grössere Tonstücke.

Dies ist eine Andeutung über den Zustand der Klaviermusik, zunächst im 16. Jahrhundert. In der unmittelbar folgenden Zeit scheinen wesentliche Fortschritte nicht gemacht worden zu sein. Erst in der zweiten Hälfte des folgenden Jahrhunderts erscheint eine Compositionsform in der Klaviermusik, welche allgemeine Verbreitung und Beliebtheit erlangte, die *Suite*, wörtlich: eine Folge, eine Reihe, da sie aus einer Anzahl, einer Aufeinanderfolge grösserer und kleinerer Tonstücke, meistentheils Tänze, bestand, die früher sehr genau beobachtet wurde. Sie entnehmen hieraus, wie in der Suite das Aneinanderreihen, Gegenüberstellen vereinzelter und in dieser Vereinzelung theilweise abgeschlossener Musikstücke vorwaltend ist. Schon der Name Suite deutet auf die Entstehung dieser Kunstform in Frankreich, obschon dieser, der Name, sich anfangs dort nicht vorfindet, sondern das, was später Suite genannt wurde, unter der Bezeichnung Sonate vorkommt. Man unterschied daselbst zwei Arten, Kirchen- und Kammersonaten. Die letztere bestand aus einem Vorspiel, einer *Allemande*, einer *Pavane, Courante, Gigue, Passacaille, Gavotte, Menuet, Chaconne*. Die Kirchensonate unterschied sich dadurch, dass die Sätze derselben mit Fugen gemischt waren, während die erstere Art eine festbestimmte Reihenfolge hatte. Wer zuerst in Deutschland sich in dieser Form versucht und Suiten herausgegeben hat, lässt C. F. Becker unentschieden. Die frühesten, welche aufgefunden wurden, datiren aus den Jahren 1670—1680, doch ist anzunehmen, dass solche schon vor der zweiten Hälfte des 17. Jahrhunderts, wenn auch nicht unter dem Namen, doch in der angenommenen Form geliefert wurden. Die Suite ist von grosser Bedeutung für jene Zeit gewesen; sie hat sich über hundert Jahre auf ihrem Gebiet als die bedeutendste Kunstform bewährt, und die besten Tonsetzer beeiferten sich, darin Vorzügliches zu leisten. Noch Sebastian Bach und Händel haben Beide derartige Werke geliefert, welche als ausgezeichnet und von bleibendem Kunstwerth anerkannt sind. Die Suite war das einzige Klavierstück jener Zeit, welches dem Musikfreund eine interessante Unterhaltung bot und die Ausbildung der technischen Fertigkeit beförderte. Der fest ausgeprägte Charakter der einzelnen Sätze derselben war der erste Schritt zu einer bedeutsameren, inhaltsvolleren Instrumentalmusik auf weltlichem Gebiet. Denn unsere moderne Sonate ist eine spätere Erfindung. Der Name derselben zwar ist alt und kommt schon im 16. Jahrhundert vor, ohne dass ein bestimmter Begriff damit verbunden gewesen wäre; er wurde zu verschiedenen Zwecken gebraucht, wie u. A. auch aus dem vorhin Gesagten hervorgeht; die Feststellung des Begriffs gehört einer späteren Zeit an. Nach C. F. Becker's Untersuchungen ist die Sonatenform eine deutsche Erfindung, was um so mehr hervorzuheben ist, da aus dieser Form fast die ganze Instrumentalmusik sich herausbildete.

Johann Kuhnau, Cantor an der Thomasschule zu Leipzig, Dienstvorfahr Sebastian Bach's, geb. zu Geising 1667, gest. zu Leipzig 1722, hat aller Wahrscheinlichkeit nach die ersten Sonaten geschrieben, seine erste erschien in Leipzig im Jahre 1695, und bald darauf folgten noch mehrere. Auch Dom. Scarlatti nannte, wie Sie sich erinnern, seine Klavierstücke Sonaten; aber es war dies eben nur ein willkürlicher Gebrauch des Namens, da bei ihm jedes Stück nur aus einem Satze besteht und nur etwa mit dem ersten unserer Sonatensätze verglichen werden kann.

Zum Schluss der heutigen Vorlesung gedenke ich noch eines Instrumentes, welches mehrere Jahrhunderte hindurch, bis auf Sebastian Bach, der selbst noch dafür componirt hat, das beliebteste und fast allgemein verbreitete bei den Dilettanten gewesen ist; es war dies die Laute. Nach der Angabe des M. Prätorius war sie das „Fundament und Initium, von der man hernach auf allen dergleichen besaiteten Instrumenten, als Pandoren, Theorben, Mandoren, Cithern, Harfen, auch Geigen und Violen schlagen und gar leicht das seinige präsentiren kann, wenn man zuvor etwas rechtschaffenes darauf gelernt und begriffen hat". Jahrhunderte hindurch war die Laute in Deutschland ein Lieblingsinstrument der vornehmen Welt, auch der Damen, alle Gesänge der Liebe und Freude wurden damit begleitet. In der äusseren Einrichtung der Guitarre ähnlich, unterschied sie sich u. A. dadurch, dass sie 24 Saiten hatte, von denen 10 nicht durch das Aufsetzen der Finger auf das Griffbret gegriffen, sondern nur gerissen wurden. Die Gründe, dass sie allmählich ausser Gebrauch gekommen ist, lagen theils in der Unvollkommenheit des Baues, namentlich in der Schwierigkeit des Reinstimmens, in der besonderen Art der Notirungsweise für die Laute, theils in äusseren Umständen, in der immer grösseren Ausbildung der Tasteninstrumente und dem Emporkommen der bequemer und leichter zu spielenden Guitarre. Seit der Erfindung des Notendrucks ist eine Unzahl von Compositionen dafür veröffentlicht worden; im 16. Jahrhundert zunächst reine Instrumentalsätze; dann wurde sie zur Begleitung des Gesanges in Anwendung gebracht, und fand auch in den frühesten Opernorchestern bald Eingang, endlich begegnen wir ihr noch in der zweiten Hälfte des vorigen Jahrhunderts. Hiller's Operetten, ohne Worte für die Laute allein eingerichtet, sind vielleicht das Letzte gewesen, was für sie bearbeitet wurde.

Beiläufig erwähne ich noch, dass über die Geschichte der Instrumentalmusik im 16. Jahrhundert neuerdings eine verdienstliche Schrift gleichen Titels von W. J. v. Wasielewski (Berlin, 1878) erschienen ist.

Zehnte Vorlesung.

Der weltliche Gesang. Albert. Verpflanzung der Oper nach Deutschland. H. Schütz. Die Oper in Hamburg. Keiser. Mattheson. Händel. Telemann. Händel und Sebastian Bach. Charakteristik Beider von Rochlitz.

Sie entnehmen aus den Andeutungen am Schlusse der letzten Vorlesung, dass die Instrumentalmusik, wenn auch noch auf sehr untergeordneter Stufe der Ausbildung, schon früh Eingang und Beliebtheit in Deutschland erlangt hatte. Schon früh gewahren wir bei uns eine überwiegende Neigung für Instrumentalmusik, im Gegensatz zu Italien, wo der Gesang stets vorzugsweise gegolten hat. Zu Anfang des 16. Jahrhunderts kannte man schon gegen 50 Instrumente in Deutschland, und ein Jahrhundert später beschreibt M. Prätorius über 100 der verschiedensten Art, welche alle im Gebrauch waren. Auch die in Stein ausgeführten Abbildungen an den Domen der Vorzeit gewähren uns eine Anschauung von der Beschaffenheit der damals gebräuchlichen Instrumente und dem vorhandenen Reichthum.

Zeigt sich auf diese Weise in Deutschland eine überwiegende Neigung für Instrumentalmusik, so dürfen wir uns trotzdem den weltlichen Gesang durchaus nicht als vernachlässigt vorstellen. Schon mehrfach habe ich früher der Schicksale der Melodie gedacht. In den Jahrhunderten des Mittelalters war der einstimmige Gesang allgemein verbreitet und beliebt gewesen. Wie in Italien Gesänge Petrarca's zur Laute gesungen wurden, so besass auch Deutschland seinen Minne- und Meistergesang, seine Volkslieder. Die Wichtigkeit der letzteren geht u. A. aus der Aufnahme derselben in den evangelischen Gemeindegesang hervor. Mit der steigenden Ausbildung der Harmonie jedoch trat auch in Deutschland der einstimmige Gesang zurück. Einstimmige Gesänge der vorangegangenen Zeiten wurden jetzt harmonisirt, und bildeten in dieser Gestalt den Gegenstand der geselligen Unterhaltung.

Aus diesen mehrstimmigen Gesängen erst hat sich in Deutschland das einstimmige Lied wieder herausgebildet, und es zeigt sich hier etwas ganz Aehnliches, wie in Italien, indem man hier anfing, eine Stimme allein singen, die anderen von Instrumenten ausführen zu lassen. C. F. Becker in dem schon genannten Werke hat eine grosse Zahl derartiger Sammlungen namhaft gemacht, bemerkt aber dabei: „Der, welcher hofft, dass die Harmonie nur als Trägerin der sanften Melodie erscheine und so in Eins mit dieser verschmelze, als sei die erstere gar nicht vorhanden, kann hier nur das Widerspiel erkennen. Fast sämmtlich tragen diese Tonstücke, auch die heitersten, etwas Schwerfälliges an sich, und stehen darin selbst den Gedichten nach. Ist auch die Anlage öfters treffend und gut, so wird doch durch die fremdartigen Harmonienschritte, die verwickelte Stimmenführung, und das Ausdehnen der Worte der Eindruck des Ganzen geschwächt, häufig sogar gänzlich verwischt". Wir haben sonach, wie zu erwarten, dieselbe Erscheinung, wie auf dem Gebiet des Kirchengesanges. Endlich begann man diese unbequeme Vielstimmigkeit zu vermeiden und setzte eine einfache Melodie mit einem bezifferten Bass; so entstand allmählich unser heutiges Lied. Unter den Liedercomponisten des 17. Jahrhunderts ist vorzugsweise der vor Kurzem schon einmal erwähnte **Heinrich Albert** zu nennen. Dieser Mann ist es, an den sich die bezeichnete Umbildung knüpft, und den wir als den Schöpfer des späteren Liedes betrachten müssen. Er war geboren zu Lobenstein im Voigtlande im Jahre 1604 am 28. Juni, studirte zu Leipzig Jurisprudenz, später die Musik zu Dresden unter der Leitung seines Oheims Heinrich Schütz, wandte sich 1626 nach Königsberg, erhielt fünf Jahre darauf die Organistenstelle an der Domkirche und starb daselbst am 6. October 1651. In seinen Liedersammlungen finden wir zwar noch viele mehrstimmige Sachen, aber sie sind so eingerichtet, dass z. B. bei den fünfstimmigen nur eine Singstimme, dagegen vier Instrumente erforderlich sind, obschon es unbenommen bleibt, auch sämmtliche Stimmen allein von menschlichen Kehlen ausführen zu lassen. Wichtiger in kunstgeschichtlicher Hinsicht sind jene allein mit einer Generalbassbezifferung versehenen einstimmigen Lieder. Auch das ist bemerkenswerth, dass sich bei Albert schon in weltlichen, nicht eigentlich opernmässigen Gesängen das aus Italien nach Deutschland verpflanzte Recitativ angewendet findet. Das 17. Jahrhundert war überhaupt reich an weltlichen Liedern; sehr viele Sammlungen sind noch vorhanden. Dass von diesen Compositionen indess nur äusserst wenige sich längere Zeit wirklich lebendig erhalten haben, besonders aus der zweiten Hälfte des 17. und der ersten Hälfte des

18. Jahrhunderts, ist der Unbedeutendheit der Texte, der Gesunkenheit der deutschen Literatur in jener Zeit zuzuschreiben. Die mit der Poesie eng verbundene Tonkunst, hier speciell das Lied, konnte erst dann einen höheren Aufschwung nehmen, als die classische Zeit der deutschen Dichter herannahte.

Bevor ich mich nun dem Hauptgegenstand unserer Betrachtung innerhalb des gegenwärtigen Abschnitts wieder zuwende, gedenke ich noch der bedeutendsten und mächtigsten, auch an Folgen reichsten, eingreifendsten, für den erwähnten Hauptgegenstand selbst sehr wichtigen Kunstgattung: der Oper, und der ersten Versuche, diese in Deutschland heimisch zu machen. Dass es Schütz war, durch den zuerst bei uns das musikalische Drama eingeführt wurde, und zwar durch die „Dafne" des Rinuccini, welche im Jahre 1627 (der Angabe Chrysander's zufolge im Jahre 1628) nach der Uebersetzung von Opitz in Torgau zur Darstellung kam, ist schon wiederholt bemerkt worden. Nicht als ob Deutschland früher nicht auch schon dramatische, mit Musik verbundene Darstellungen gehabt hätte; aber es waren dies nur scenische Aufführungen, wie sie auch Italien vor Erfindung der Oper besessen hatte. Nur einen einzigen Titel eines solchen in Deutschland üblichen Singspiels will ich Ihnen nennen: „Ein schönes Singspiel von dreien bösen Weibern, denen weder Gott noch ihre Männer recht können thun. Mit sechs Personen persönlich zu agiren. Durch weiland den ehrbaren und wohlgelahrten Herrn Jacobum Ayrer, Notar publ. und Gerichtsprocuratoren zu Nürnberg seel. Nürnberg 1618". Dergleichen war für das Volk. Glänzenderes, mit Gesängen und Tänzen, war auch gelegentlich an unseren Höfen dagewesen. Jetzt aber drang die Kunde von den prächtigen Vorstellungen in Italien über die Alpen, und man war begierig, Aehnliches bei uns kennen zu lernen. Schütz unternahm es. Leider ist uns die Musik desselben nicht erhalten worden. Der Text befindet sich in den Werken des Dichters Opitz und gewährt uns wenigstens von dieser Seite her eine Anschauung der Beschaffenheit und Einrichtung des Ganzen. Ich gebe Ihnen eine Beschreibung nach der Schilderung, welche Fink in seiner Geschichte der Oper mitgetheilt hat: Zuerst tritt Ovid auf, als Vorredner, und spricht den Prolog. Dann kommen drei Hirten, klagend, dass der Drache im schönen Walde blutgetränkt schnaubt. Echo, womit man damals häufig in der Musik zu spielen pflegte, macht die Trösterin. Apollo singt sichern Trost, da er den Drachen umgebracht habe. Der Chor der Hirten dankt in vier achtzeiligen Strophen. Das ist der erste Act. Im zweiten singen Amor und Venus und Apollo im Wechselgespräch. Apollo verspottet

Amor seines Bogens wegen, der keinen Drachen zu erlegen vermöge. Amor verspricht Rache. Der Chor der Hirten singt einen Preis Amor's in sechs Strophen. Dies ist der zweite Act. Im dritten treten Daphne und Apollo auf. Daphne ist auf der Jagd. Amor hat Rache genommen, denn Apollo hat sich in Daphne verliebt, und macht ihr sein Geständniss. Sie weist aber seine Zärtlichkeit ab und eilt fort. Apollo singt ihr nach, dass sie warten soll, dass er ein Gott ist, ihr folgen werde u. s. w. Der Chor der Hirten singt wieder ein Lied von sechs Strophen zum Preis der Liebe. Im vierten Act halten Amor und Venus Wechselgespräche. Der Chor der Hirten preist aufs Neue die Liebe und beschreibt in mehreren Strophen, dass nicht einmal ein Fisch unverliebt bleibe, und sogar die Kräuter und Elemente unter Amor stehen. Im fünften Act sehen wir nochmals Apollo und Daphne. Die Unerbittliche ruft ihren Vater Peneus, den Flussgott, an. Sie wird in einen Lorbeerbaum verwandelt, was Apollo in langer Rede beklagt; er singt von der Ehre, die er dem Lorbeerbaum gewähren will. Jetzt tanzen Nymphen und Hirten um den Baum und singen ein Lied in zehn sechszeiligen Strophen. In der sechsten Strophe wendet Opitz die Fabel auf Sachsens Preis an, woraus sich, sowie aus dem Titel — „an die hochfürstliche Braut und Bräutigam, bei deren Beilager „Daphne" durch Heinrich Schützen musikalisch auf den Schauplatz gebracht ist worden" — ergiebt, dass das Ganze zur Feier der Vermählung der Tochter des Kurfürsten von Sachsen, Johann Georg's I., mit dem Landgrafen von Hessen-Darmstadt Georg II. bearbeitet worden ist. Jedenfalls war auch in diesem Werke, wie in den italienischen, von eigentlichen Arien, Duetten, grösseren Musikstücken nicht die Rede, sondern es kamen nur recitativische Wechselgesänge und kleine liedmässige Schlusschöre vor. — Hatten nun auch Opitz und Schütz, dem bis jetzt Dargestellten zufolge, während des dreissigjährigen Krieges die Oper nach Deutschland verpflanzt und hier eingeführt, so konnte doch innerhalb dieses Zeitraums unmöglich etwas Namhaftes, Weiterförderndes für dieselbe geschehen. Der erste Versuch, den Schütz machte, steht ziemlich vereinzelt; nur hier und da folgten ähnliche Werke; dem Volke war die Sache fremd geblieben. Die Oper erschien allein an den Fürstenhöfen zur Unterhaltung hoher Gäste und bei besonderen Festlichkeiten. Erholte sich nun auch Deutschland wunderbar schnell von jenen furchtbaren Bedrängnissen, so waren doch nach dem westphälischen Frieden längere Zeit ganz andere Interessen vorherrschend, und eine stetige Entwicklung hätte darum keine entsprechenden äusseren Bedingungen gefunden. Als aber die deutschen Höfe dem Theater ihre Aufmerksamkeit entschiedener zuwendeten, waren ihre Blicke so sehr nach Italien gerichtet, dass sie nur von dort her Componisten und Sänger verschrieben, und die deutschen Künstler ganz vernachlässigten. Je grösser und reicher die Fürstenhäuser waren, desto grösseren Ruhm setzten sie darein, italienische Künstler zu besolden. Bald kam es dahin, dass man nicht allein die italienischen Aufführungen an Pracht zu erreichen, sondern sogar zu überbieten suchte. Wien, Dresden, Stuttgart u. a. Orte thaten sich zu verschiedenen Zeiten hierin besonders hervor. Vor allen waren es die deutschen Kaiser Leopold I. von 1658—1705 und die Nachfolger desselben, Joseph I. und Carl VI., welche, im hohen Grade musikliebend, den Italienern ausserordentliche Summen zukommen liessen. Leopold erklärte, am liebsten während eines Concerts seiner meist italienischen Musiker sterben zu wollen. Italien erkannte den Vortheil, der aus dieser deutschen Ausländerei erwuchs, sehr wohl, so dass man eingestand, Italien sei den Deutschen viel schuldig, weil diese durch Unterstützung italienische Talente in den Stand gesetzt hätten, sich auszubilden. Diese Mode ging auf die kleinsten Höfe über; es wurde eine Ehrensache, italienische Sänger und Kapellmeister zu besitzen, und deutsche Tonkünstler, wollten sie irgend zur Geltung gelangen, mussten sich nach Italien begeben und dort ihre Studien machen. Die Geschichte der Verbreitung der Oper in Deutschland ist daher, wenigstens nach einer Seite hin, längere Zeit hindurch nur eine Fortsetzung der Geschichte der italienischen Oper. Jene Bevorzugung Italiens war wenigstens das beste Mittel, eine nationale deutsche Entwicklung auf diesem Gebiete sogleich im Keime zu ersticken. Wie so oft aber in Deutschland Grosses aus mehr zufälligen Veranlassungen und, wie man zu sagen pflegt, unter der Hand, wenigstens ohne Aufmunterung und Unterstützung durch die Fürsten, sich entwickelt, so geschah es auch hier. Mehrere durch Handel vermögend gewordene Städte begannen das Beispiel der Höfe nachzuahmen, Theater zu erbauen, und musikalische Darstellungen zu veranstalten. Hamburg insbesondere ging hier mit seinem Beispiel voran und steht unter diesen Städten obenan. Dort bildete sich geraume Zeit hindurch ein Mittelpunct für die vaterländische Oper.

Diese für die Geschichte der deutschen Musik sehr wichtigen Vorgänge, deren ich sogleich noch etwas specieller gedenken werde, haben zum ersten Male eine ausführliche Darstellung erfahren in einer Schrift von E. O. Lindner unter dem Titel: Die erste stehende deutsche Oper, Berlin, Schlesinger, 1855. Ich mache bei dieser Gelegenheit auf dieselbe aufmerksam, dort möge man auch des Genaueren sich unterrichten.

Es war zu Hamburg im Jahre 1678, dass zwei angesehene dortige Gelehrte und ein im geistlichen Amt stehender Tonkünstler daselbst eine stehende Opernbühne gründeten: die Licentiaten Gerhard Schott und Lütjens und der Organist Johann Adam Reinken oder Reinike, wie er ebenfalls geschrieben wird. „Sie bauten (erzählt der später noch zu erwähnende Mattheson) ein auf Grund-Hauer liegendes Haus dazu, und brachten die musikalischen Schauspiele, deren zwar schon vorhin eines und anderes bei gewissen Gelegenheiten aufgeführt worden, in einen ordentlichen Gang; da sie denn das Theatrum zum Anfange mit einer geistlichen Materie öffnen liessen, nämlich mit der Opera, genannt „Adam und Eva", in die Musik gebracht von Herrn Kapellmeister Theile. Die Poesie war von dem Herrn Richter, einem kaiserlich gekrönten Poeten." Von Theile wissen wir, dass er ein Schüler Schütz's war und im hohen Alter ums Jahr 1724 in Naumburg gestorben ist. Das Gedicht beginnt mit einem allegorischen Vorspiele, in welchem die vier Elemente auftreten, ihre Macht und Bedeutung gegen einander rühmend, zuletzt den Hamburgern ihr Compliment machend. Das nun folgende Spiel entfaltet sich im Himmel, auf der Erde, im Paradiese und im Abgrund der Hölle. Seine erste Handlung beginnt mit dem Sturze Lucifer's und seiner Genossen, dem sodann die Schöpfung Adam's und der Eva durch Jehovah, welchem der Chor der Himmlischen allezeit zur Seite ist, folgt. Die zweite führt uns in die Hölle, wo die Geister der Finsterniss, voll Neides über die dem Menschen eingeräumte hohe Stelle, seinen Fall beschliessen, der durch Sodi, den listigsten unter ihnen, bewirkt werden soll. Diesen, als Schlange verlarvt, schauen wir im dritten Acte, wie er Adam und Eva berückt. Frohlockend fährt er dann aus dem Garten Edens in Teufelsgestalt herab zur Hölle, wo er mit Lucifer und den Geistern des Abgrunds Triumphlieder anstimmt. Jehovah erscheint nun in dem vierten Acte. Gerechtigkeit und Gnade führen vor seinem Gerichte die Sache der gefallenen Menschen. Der Schluss ist, dass die Gerechtigkeit ein Sühnopfer heische, ohne das der Mensch nicht zu Gnaden könne angenommen werden. Die Engel trauern, weil Niemand unter ihnen dazu genüge. Jehovah deutet das Geheimniss der Erlösung an. Im fünften Acte erfolgt das Gericht über Adam und Eva, sowie über die Schlange. Jene werden aus Eden verstossen, und wir sehen sie dann in ihrem Elend auf rauhem und dornigem Felde, klagend, um Erlösung betend. Hier erscheint ihnen Christus und verkündet Jehovahs Rathschluss, den Gerechtigkeit und Gnade und die Heerschaaren des Himmels mit jenen vereint preisen. — Die Musik dieses Stückes ist uns ebenfalls nicht mehr erhalten; nur das zu Hamburg gedruckte Textbuch. Aus dem gereimten Dialog, den wir uns jedenfalls recitativisch behandelt denken müssen, treten Chor, Duett, Arie in strophischer Liedform heraus.

Nachdem solcher Gestalt ein Anfang gemacht worden war, begegnen wir im Laufe der nachfolgenden Jahre vielen ähnlichen Werken: 1679 „Michal und David" und „Die maccabäische Mutter"; 1680 „Esther"; 1681 „Die Geburt Christi"; 1688 „Die heilige Eugenia oder die Bekehrung der Stadt Alexandria zum Christenthum"; 1689 „Kain und Abel oder der verzweifelnde Brudermörder"; 1692 „Die Zerstörung Jerusalems" u. s. w. Auch Opern weltlichen Inhalts treffen wir sogleich nach Eröffnung des Theaters in fortgehender Folge, abwechselnd mit den geistlichen Stücken. Allerdings fehlte es nicht an Hindernissen, die zu beseitigen, an Schwierigkeiten, die zu überwinden waren. So hatte namentlich ein Theil der Geistlichkeit Aergerniss genommen an diesen Opernbestrebungen und eine Polemik dagegen eröffnet, obschon zu Anfang die Erlaubniss des geistlichen Ministeriums dafür erlangt worden war: der Pastor an einer Kirche Hamburgs, ein Dr. Reiser, schrieb 1681 ein Buch: „*Theatromania* oder die Werke der Finsterniss in den öffentlichen Schauspielen, von den alten Kirchenlehrern und etlichen heidnischen Scribenten verdammt"; ein Cantor Fuhrmann lieferte eine Schrift: „Die an der Kirche Gottes gebauete Satanskapelle", wogegen sich die Textverfasser mit spasshaften Versicherungen vertheidigten, der Eine: er schreibe als Poet und glaube als Christ, ein Anderer: dass er ein christliches Gemüth habe u. s. f.

Als indess die Universitäten Wittenberg und Rostock um Gutachten angegangen worden waren, und diese günstig ausfielen, auch den Mitgliedern der Oper — dies beiläufig erwähnt — der Zutritt zum Abendmahl gestattet worden war, wurde dieser Opposition ein kräftiger Damm entgegengestellt.

Im Jahre 1693 übernahm ein Kapellmeister **Johann Siegmund Kusser** die Operndirection. Dieser war bestrebt, der französischen und italienischen Oper in Hamburg Eingang zu verschaffen, Letzteres insbesondere durch Aufführung von Werken des Kapellmeisters Steffani zu Hannover, eines der vorzüglichsten Meister jener Zeit. Die italienische Manier war für die Hamburger Operisten damals noch etwas Unbekanntes, und Kusser erwarb sich auf diese Weise, sowie durch die hiermit gebotene praktische Reform der Sänger und des Orchesters, grosse Verdienste. Die Werke Steffani's, die hauptsächlich in die letzten

20 Jahre des 17. Jahrhunderts fallen, sind von unverkennbarem Einfluss auf die Entwicklung der Hamburger Oper gewesen.

So vorbereitet, konnte endlich der Mann hervortreten, welcher jenen Bestrebungen ihr bestimmtes Gepräge verlieh, **Reinhard Keiser,** der Mozart der ersten Epoche der deutschen Musik, wie ihn Lindner nennt. Keiser war um das Jahr 1673 in der Nähe von Leipzig geboren und wurde auf der dasigen Thomasschule und Universität gebildet. Er folgte einem Rufe als Operntonsetzer nach Wolfenbüttel, da er schon in Leipzig durch seine musikalischen Talente Aufsehen erregt hatte. Dort trat er 1692 und 1693 mit zwei Opern auf, fand ungetheilten Beifall, und fasste deshalb den Beschluss, auf der Hamburger Bühne, deren Ruhm schon sich zu verbreiten begann, mit ähnlichen Werken sich eine Laufbahn zu eröffnen. Ums Jahr 1694 erschien er dort mit seinem „Basilius", 1697 mit den Opern „Irene" und „Adonis", und fesselte nun auf lange Zeit durch den Zauber seiner Töne die Kundigen und die Menge, sowol durch geistliche wie dramatische Werke. 1703 übernahm er die Pacht und die obere Leitung des Opernwesens. Er componirte in dieser Stellung gegen 116 Opern, neben seinen Werken für die Kirche und anderen Arbeiten. Ein mehrjähriger Aufenthalt in Kopenhagen erwarb ihm den Titel eines königlich dänischen Kapellmeisters. Nach seiner Rückkunft nach Hamburg im Jahre 1728 beehrte man ihn mit der Stelle eines *Cantor cathedralis* und *Canonicus minor* am Dome daselbst. Sein letztes theatralisches Werk fällt in das Jahr 1734, sein letztes geistliches drei Jahre später. Er starb 1739. Keiser hat auch noch ein paar geistliche Opern in der älteren Weise geschrieben, doch macht sich in diesen schon überwiegend Weltliches, zum Theil Frivoles geltend. Schon seit dem Jahre 1688 begannen die geistlichen Stücke dem Gepräge der weltlichen sich zu nähern, und in den ersten Jahren des folgenden Jahrhunderts hatten sie alles Unterscheidende völlig eingebüsst. Keiser war ein reichbegabtes musikalisches Talent, insbesondere, was unter den Deutschen seltener ist, nach der melodischen Seite hin, eine echte Künstlernatur; er entwickelte zuerst eine natürliche Darstellung der verschiedenen Gemüthsbewegungen, und war bemerkenswerth insbesondere auch dadurch, dass bei ihm der Schwerpunct des Schaffens in seiner Thätigkeit für die Oper liegt, während gleichzeitige Tonsetzer die Arbeiten weltlichen Stils immer noch mit einer gewissen Nachlässigkeit behandelten. Gleichzeitige Schriftsteller schreiben ihm die zärtlichsten und lieblichsten Melodien zu, worin ihn Keiner übertroffen habe, eine wahre Unerschöpflichkeit in Erfindungen, sie nennen ihn den grössten Geist seiner Zeit, einen Setzer von Geburt, bei dem nur Lust sei, kein

saurer Schweiss, der den Welschen manchen Ehrenkranz abgewonnen und den Gesang zum vollen Schmuck gebracht habe, nur dass ihm zuweilen Liebe und Wein in den Weg kamen „und die Lust, sich mehr als ein Cavalier, denn als ein Musicus aufzuführen", und ihm darum auch die Fähigkeit abging, „mit der Rechnung fertig zu werden".
Keiser übte seine Kunst als einen reichen Quell des Genusses und Erwerbes: sie gab ihm die Mittel, durch leichte Anstrengungen seinem Hange zu Prunk und Wohlleben nachzugehen. Es that ihm wohl, sich *„le premier homme du monde"* nennen zu hören, „mit verbrämten Kleidern, mit zwei Dienern in Aurora-Liberey" einherzugehen.

So dauerten die Verhältnisse fort bis ungefähr zum Jahre 1728. Endlich aber hatte sich diese erste Glanzepoche der deutschen Oper überlebt, so dass in den 40er Jahren des vorigen Jahrhunderts in Hamburg davon nicht mehr die Rede sein konnte. Die Italiener waren schon längst überall in Deutschland zur Alleinherrschaft gelangt, und jetzt nahmen sie auch Besitz von dieser früher ihnen so gefährlich erscheinenden Stätte. — Nachträglich sei noch bemerkt, dass die oben angeführte Schrift von Lindner in einer Beilage auch 9 bisher ungedruckte Compositionen von Keiser enthält. Sie sind die einzigen neuerdings gedruckten, mit Ausnahme zweier, die ich vor einer Reihe von Jahren als Beilage zur „Neuen Zeitschrift für Musik" veröffentlichte.

Es sind jedoch aus der Zeit dieser Hamburger Opernblüthe noch mehrere andere bedeutende Männer namhaft zu machen; diese kann ich, ohne zwar der Entwicklung speciell zu folgen, hier nicht übergehen, theils weil die Thätigkeit dieser Tonsetzer an sich selbst wichtig und ein so reges, vereintes Streben in Deutschland selten ist, theils auch weil diese Opernwerke den entschiedensten Einfluss auf den kirchlichen Kunstgesang gehabt haben. Neben Keiser war es zunächst der 1681 zu Hamburg geborene, also um 8 Jahre jüngere Johann Mattheson, welcher die Aufmerksamkeit in Anspruch nimmt. Mattheson war ein frühreifes Talent und liess sich schon im neunten Jahre in den Kirchen auf der Orgel, in Concerten mit eigenen Gesängen hören, die er auf dem Flügel selbst begleitete. Seine Stimme gefiel dem schon genannten Mitbegründer der Oper, Gerhard Schott, so sehr, dass er ihn auf die Bühne brachte, wo er bis 1705, fünfzehn Jahre lang, blieb. Im Jahre 1699 betrat er mit der Oper „Die Plejades" die Bühne als Tonsetzer, nachdem er zuvor schon gelehrte Kirchenstücke gesetzt hatte. Noch während seines Bühnenlebens übertrug ihm der britische Gesandte den Unterricht seines Sohnes, und dies wurde die Veranlassung, dass er endlich jenes ganz aufgab. Seine Fertigkeit in neueren Sprachen, sowie seine Rechtskenntnisse, seine Gewandtheit und unermüdliche Thätigkeit erwarben ihm 1706 die Stelle eines Legationssecretärs, die ihm nach dem Tode des Gesandten die Pflicht auferlegte, die Stelle des Residenten selbstständig zu vertreten, was später noch sehr oft vorgekommen ist. Daneben setzte er aber seine Thätigkeit als Tonsetzer fort, trat als musikalischer Schriftsteller und Kritiker auf, und erhielt im Jahre 1715 das *Directorium musicum* und das damit verbundene Canonicat am Dom. Dreizehn Jahre lang stand er in diesem Amte, welches ihm die Verbindlichkeit auferlegte, mit einer ganzen Reihe kirchlicher Werke, namentlich Oratorien, aufzutreten, vor, bis er endlich dasselbe wegen hartnäckiger Schwerhörigkeit aufzugeben gezwungen ward. Er starb, 83 Jahre alt, 1764, sein Andenken in seiner Vaterstadt auch dadurch lebendig erhaltend, dass er der Michaeliskirche daselbst 44000 Mark Hamb. C. zur Erbauung einer Orgel schenkte. — Ein dritter Mann dieses Kreises ist der bald näher zu besprechende **Georg Friedrich Händel**, der jüngste unter den Genannten, der 1703 nach Hamburg kam, „reich an Fähigkeit und gutem Willen", nur dass er „sehr lange, lange Arien und schier unendliche Cantaten setzte, die doch nicht das rechte Geschick oder den rechten Geschmack, obwol eine vollkommene Harmonie hatten", so dass Mattheson, sich seiner annehmend, Veranlassung fand, ihn „durch die hohe Schule der Oper ganz anders zuzustutzen, gegen Eröffnung einiger Contrapunctgriffe". Händel verweilte in Hamburg drei Jahre, bis 1706, und neben vielen anderen Werken für Gesang und Klavier, welche er dort herausgab, brachte er vier deutsche Opern: „Almira", „Nero", „Florindo" und „Daphne" auf die Bühne. — Eine Reihe von Jahren standen diese Meister in Hamburg neben einander, in der That eine Zusammenstellung voll der seltsamsten Contraste. Keiser, lebenslustig, leichtblütig und sinnlich; Mattheson ein Universalgenie, von Winterfeld treffend verglichen mit Claus Zettel dem Weber in Shakespeare's „Sommernachtstraum", welcher am liebsten jede Rolle gespielt, geseufzt und als Löwe gebrüllt hätte; Händel, seiner Kraft bewusst, nach innen gekehrt, eine Welt in sich tragend, das Treiben der Anderen gutmüthig verspottend, bei der zweiten Violine im Orchester angestellt, „mit dürrem Scherz sich stellend, als ob er nicht auf fünf zählen könne", aber auf einmal hervortretend mit aller Kraft, „ohne dass es Jemand vermuthet hätte", — mit Ausnahme natürlich des allwissenden Mattheson, der dies schreibt, — nicht eitel, aber stolz, voll entschiedener Haltung herabblickend auf das Treiben Derer, denen es nur darum zu thun ist, ihre äussere Erscheinung in der Welt geltend zu machen; entschieden, rauh, zufahrend, wenn es gilt, das Höhere der Kunst zu vertreten, mit treffendem Witz selbstgefällige Eitelkeit strafend. — Endlich ist noch, als diesem Kreise angehörig, ein vierter Genosse, **Georg Philipp Telemann**, zu nennen. Dieser war zu Magdeburg im Jahre 1681 geboren, wo sein Vater Prediger war. Er verlor diesen aber in zarter Jugend, und sein früh sich kundgebendes musikalisches Talent wurde von der Mutter bekämpft und unterdrückt, ja diese sendete den Sohn, um ihn jeder künstlerischen Verlockung zu entziehen, auf die Schule nach Zellerfeld, in dem Glauben, „hinter dem Blocksberge wehe kein musikalisches Lüftchen". Unerwartet fand er dort Gönner, welche seine Anlagen zu würdigen wussten und die Ausbildung derselben förderten. Endlich bezog er die Universität zu Leipzig. In Halle hätte er durch „Bekanntschaft mit dem schon damals wichtigen Herrn Georg Friedrich Händel beinahe wieder Notengift eingesogen"; er widmete sich aber, dem Wunsche der Mutter gemäss, beim Beginne seiner Studien mit allem Fleisse der Jurisprudenz, bis endlich seine musikalischen Bestrebungen, welche er sorgfältig verheimlichte, entdeckt wurden und lebhafte Aufmunterung fanden. Durch den Beifall, welchen er erntete, wurde seine Mutter versöhnt; er versuchte sich nun in dramatischen Compositionen für die Bühne von Weissenfels, überliess sich überhaupt seiner Kunst und den Arbeiten in derselben mit durch die lange Entsagung verdoppeltem Eifer, und die Folge davon war, dass er später Organist an der Neukirche zu Leipzig wurde. 1708 nahm er einen Ruf nach Eisenach an, nachdem er sich zuvor im Dienst des Grafen von Promnitz in Sorau befunden hatte, und zeigte sich dort sehr thätig in Compositionen für die Kirche. Vier Jahre später ging er als Kapellmeister nach Frankfurt a. M., und lebte hier längere Zeit in sehr erwünschter Wirksamkeit, die Arbeiten für die Kirche fortsetzend, neue beginnend, so die Compositionen eines damals berühmten Textes, der Passion des Hamburger Rathsherrn Brockes, welche unter ungeheurem Andrang der Zuhörer in einer Kirche aufgeführt wurde. Endlich, im Jahre 1721, rief ihn eine Einladung als Director des musikalischen Chores und Cantor des Johanneums nach Hamburg in eine Stellung, die er bis an seinen Tod bekleidete, obschon auch später noch wiederholte Einladungen von verschiedenen Orten aus an ihn ergingen. Er starb im Jahre 1767. Telemann war einer der fruchtbarsten Tonsetzer. 44 Passionsmusiken, 12 vollständige Jahrgänge von Kirchenmusiken, 40 Opern, an 700 Arien, 600 Ouverturen und andere Instrumentalwerke werden von ihm neben vielen anderen Compositionen aufgezählt. Auch auf dem Gebiet der Kunstlehre finden wir ihn thätig, doch nicht mit gleichem Erfolg wie Mattheson.

So sehr nun auch jeder von den bis jetzt besprochenen Männern ein Anderer war, so verschieden das Ziel, welches sie verfolgten: die Neigung für das musikalische Drama und seine Formen verband dieselben. Darüber war man einig, dass in der Opera, „dem galantesten Stücke der Poesie, die göttliche Musik ihre Vortrefflichkeit am besten sehen lasse", und aus diesem Grunde sollte die Tonkunst in der Kirche durch Uebertragung der Opernformen auf den geistlichen Kunstgesang einer gleichen Vortrefflichkeit, so viel als möglich, theilhaftig werden. Aus diesem Verfahren ging eine neue Gestalt des kirchlichen Kunstgesanges hervor, um so erklärlicher, als die Oper in immer weiteren Kreisen sich zu verbreiten begann, nicht allein auf Hamburg sich beschränkte, und in Folge davon der Einfluss derselben sich mehr und mehr erweiterte. So finden wir z. B., abgesehen von einzelnen Vorstellungen, die zu Halle selbst schon 1679, zu Merseburg 1681 vorkommen, am Hofe zu Weissenfels seit 1682 dieselbe in einer fortlaufenden Reihe. Einflussreicher noch waren die Opern zu Leipzig. Hier wurde nach einzelnen Vorstellungen im Jahre 1685, und später, im Jahre 1693 bei dem Zimmerhofe im Brühl an der Stadtmauer ein Opernhaus in kurzer Zeit erbaut und eine grosse Anzahl Opern, u. A. Werke von Keiser, während der drei Messen aufgeführt. Bis zum Jahre 1720 laufen die Nachrichten hierüber fort. Selbst auf den Gemeindegesang blieb die Oper, diese immer beliebter werdende Kunstgattung, in der man alle Vortrefflichkeit vereinigt zu erblicken meinte, nicht ohne Einfluss, geschweige denn auf die höhere, kunstreichere Kirchenmusik. Die Einwirkung auf den Gemeindegesang war eine bedeutende, aber nur kurze Zeit dauernde; bei weiterer Ausgestaltung der Oper gingen beide Gebiete zu sehr aus einander, um sich noch irgend berühren zu können; die Einwirkung auf den Kunstgesang dagegen war eine grosse, nachhaltige, umgestaltende. Es wurde eine neue Blüthe dieser Kunst, wenn auch in anderer Gestalt und unter veränderten Verhältnissen, hervorgerufen, eine Blüthe, welche, durch Männer wie Schütz zuerst vorbereitet, in den beiden diese Epoche beschliessenden Heroen ihre Vollendung erreichte. Eccard hatte Gebilde in wahrhaft evangelischem Sinne geschaffen, Gebilde, hervorgerufen durch die Entwicklung des Gemeindegesanges. Dagegen erscheinen die Arbeiten von Schütz als Resultat einer neuen Richtung. Schütz bedient sich nicht mehr der Form, welche die Gemeinde dem allgemeinen Kunstgesange zugebracht hatte, der Melodie des Volksliedes, die der Kunstgesang sodann als willkommene Aufgabe ergriff; es ist eine in ihrer concerthaften Ausbildung rein tonkünstlerische, einem fremden Volke entlehnte, aus der lebendigen Entwicklung der Tonkunst innerhalb der evangelischen Kirche nicht hervorgegangene, wenn auch jener Meister im evangelischen Sinne sich derselben bedient. Der Kunstgesang, um die Formen des musikalischen Dramas sich anzueignen, begann in den allgemeinen Umrissen seiner Gestalt um den Beginn des 18. Jahrhunderts die Predigt zum Vorbilde zu wählen. Das Schriftwort, motetten- oder concerthaft gefasst, bildete den Text, Recitative, Arien, Duetten predigten darüber; als Vertreter der Gemeinde blieb das Kirchenlied stehen, im Verlaufe der Zeit immer weniger lebendig eingreifend, im Satze auch bald vernachlässigt, je mehr die theatralischen Formen die Hauptsache wurden, und das Bestreben dahin ging, durch Mannigfaltigkeit ihrer Ausbildung die Hörer zu ergötzen und die eigene Erfindungsgabe und Kunstfertigkeit an den Tag zu legen. Die genannten Hamburger Tonsetzer brachten das in dieser Gestalt Begonnene zu weiterer Entfaltung; man näherte sich immer entschiedener der dramatischen Form, die mit dem Anfang des 18. Jahrhunderts zu siegreicher Geltung gelangte. Der Name Oratorium für diese Werke begegnet uns schon, obgleich man eine derartige Bezeichnung in sehr allgemeiner und schwankender Bedeutung gebrauchte. Händel war in den Jahren seiner Anwesenheit in Hamburg in dieser Weise thätig. Keiser machte zuerst den kühnen Versuch, den erzählenden Evangelisten wegzulassen und die Form so zu gestalten, „dass alles auf einander aus sich selber fliesset, wie in den italienischen sogenannten Oratorien", also rein dramatisch; „es ist ja verhoffentlich keine Sünde, wenn einer im Namen des Evangelisten nicht mitsinget, sondern statt dass dieser saget: die Jünger sprachen den Lobgesang nach dem Abendmahle, solches die Jünger selber thun". Ein anderer wichtiger Fortschritt wurde durch Mattheson vollbracht. Er war es, der Frauen zuerst bei den Aufführungen in der Kirche beschäftigte, denn die damalige Sitte hatte diese noch bei der Ausführung grosser Musikwerke ausgeschlossen. Früher waren geschulte Sängerinnen nicht erforderlich, selbst bis dahin, wo die Arie der Liedform noch nahe stand. Ein Anderes war es bei Aufgaben, wie sie diese Tonsetzer sich stellten; die Leistungen von Knaben mussten als gänzlich unzureichend erscheinen. Datirt doch überhaupt von der Hamburger Epoche her ein Aufschwung des deutschen Kunstgesanges. Mehrere vorzügliche Theatersänger und Sängerinnen werden aus dieser Zeit schon genannt, so namentlich eine Demoiselle Conradi aus Dresden, die später einen Grafen Gruczewski heirathete. Kein Wunder, dass unter solchen Verhältnissen der Gemeindegesang immer mehr zurücktrat, dass der ihm gegenüberstehende Kunstgesang ein sehr bedeutendes Uebergewicht erlangte, dass das Band, welches beide vorher verknüpft hatte, mehr und mehr gelockert und gelöst wurde. Sprach doch Mattheson es offen aus, dass der Gemeindegesang nur etwas Erlaubtes, um der Schwachen und Unwissenden willen Geduldetes sei.

Es bedarf wol kaum einer Erinnerung, was den Kunstwerth der Werke jener vier Hamburger Genossen betrifft. Ueber drei derselben hat die Zeit schon gerichtet, nur Händel steht unsterblich da, obschon natürlich ebenfalls nicht durch jene seiner ersten Entwicklung angehörenden Werke. Keiser zeigt sich in seinen Oratorien nicht anders, wie in seinen Opern. Gleiche Darstellungsformen, auch eine ziemlich gleiche Instrumentation. Reiche Erfindungsgabe, sinnige, melodische Entfaltung, aber geringes Geschick, wo es gilt, glücklich Ersonnenes kunstgemäss zu verflechten. Meister in der Darstellung des Lieblichen, Anmuthigen, Gefälligen, in seinen kirchlichen Werken fromme Gefühle, wie sie die Seele eines gebildeten, geistreichen, aber sinnlichen und genusssüchtigen Weltmannes bewegen, doch durchaus keine Kirchenmusik im alten, hohen Sinne. Keiser erscheint also, nach dieser Seite hin, als ein Mann von leicht erregbarem Gefühl, lebendigem Naturell, aber ohne Tiefe, ähnlich Mehreren, welche die neueste Zeit auf dem Gebiet der Kirchenmusik zu nennen hat. — Mattheson's tonkünstlerische Begabung war eine geringe; er besass Geschick und die Gewandtheit, das, was er unternahm, so auszuführen, dass es den Schein des Bedeutenden gewann. Die Zuversicht, mit der er dies, sowie überhaupt seine Bestrebungen geltend zu machen wusste, täuschte seine Zeitgenossen, insbesondere auch, da er seine Werke als Schriftsteller vertreten konnte. Seine Werke sind dürftig, und nur die Mode gewährte ihnen ein kurzes Scheinleben. — Bedeutender wol ist Telemann. Er besass Empfänglichkeit für alle Eindrücke und ein seltenes Geschick, des Empfangenen sich zu bemeistern; im Wesentlichen war er entschieden der neuen Richtung zugethan und verkannte die Vorzeit; nur hin und wieder zeigen sich, wie unbewusst, lichte, durchdringende Blicke in diese Vorzeit, welche seinen Schöpfungen eine eigenthümliche Weihe verleihen. Er besass grosse, in seiner Zeit ausserordentliche Macht über die Kunstmittel, ungemeine Erfindungs- und Verknüpfungsgabe, beides aber, bei entschiedenem Uebergewicht der Phantasie über das Gefühl, für ihn oft missleitend, seinen sonst scharfen Blick über die Grenzen seiner Kunst täuschend. Endlich, bei erklärter Vorliebe für die kirchliche Tonkunst, finden wir doch kaum irgend ein Werk durchaus kirchlichen Sinnes. — Es war die Aufgabe dieser Männer, die Vollendung der neuen Kunstblüthe vorzubereiten; durch die Aneignung der weltlichen Formen für den geistlichen Kunstgesang aber wurden sie tiefer in das Weltliche verstrickt, als dem Kirchlichen heilsam war; erst Sebastian Bach und Händel, zu deren Betrachtung ich mich nun wende, wussten von dieser Vertiefung in das Weltliche sich zu befreien und die Höhen früherer Kirchlichkeit noch einmal zu erklimmen.

Ich gebe Ihnen zuerst eine Uebersicht des äusseren Lebens beider Männer. Für die Betrachtung des Letztgenannten ist neuerdings durch das erst vor Kurzem Ihnen wieder genannte Werk: G. F. Händel von Fr. Chrysander, von dem bis jetzt zwei Bände erschienen sind, nicht blos ein weit reicheres Material, als vorher zu Gebote stand, herbeigeschafft worden; es ist zugleich durch die in der Hauptsache lobenswerthe Verarbeitung desselben ein Fortschritt in dem Verständniss und der kritischen Würdigung des Meisters geschehen. Als bekannt darf ich voraussetzen, dass auch nach praktischer Seite hin durch eine von der deutschen Händel-Gesellschaft veranstaltete Gesammtausgabe der Werke desselben ein grossartiges Unternehmen begründet wurde (wie früher bereits durch die Bach-Gesellschaft bezüglich Bach's), geeignet, der nachfolgenden Zeit das umfassendste Material zu tiefer eingehenden Studien an die Hand zu geben. In meinen Angaben folge ich natürlich dem genannten Biographen, soweit derselbe bis jetzt seine Forschungen veröffentlicht hat. Was das Weitere betrifft, muss ich zur Zeit noch die früheren Daten beibehalten. Meine Sache ist es nicht, hierüber Untersuchungen anzustellen. Ich habe das Material aufzunehmen, wie es vorliegt, und in kurzem Ueberblick Ihnen vorzulegen. Chrysander aber hat u. A.* auch das Verdienst, die verwirrte Chronologie im Leben Händel's in Ordnung gebracht zu haben, ein Verdienst von Bedeutung, wenn man weiss, wie störend die Unsicherheit in den Jahreszahlen auf dem Gebiete der Musikgeschichte dem Darsteller derselben ist. Denn wenn auch durch die neueren Forschungen bereits Manches gethan ist, so bleibt doch noch immer des Widersprechenden viel zurück. Auch über Seb. Bach haben wir neuerdings in den Werken von C. H. Bitter und Ph. Spitta neue und umfangreiche Mittheilungen erhalten. Zum Schluss der heutigen Vorlesung mag dann noch, nachdem ich Ihnen die Hauptumrisse des Lebens beider Männer dargestellt habe, die vergleichende Charakteristik folgen, welche Fr. Rochlitz im 4. Bande seiner Schrift: „Für Freunde der Tonkunst" aufgestellt hat; ich will mir nicht versagen, diese Ihnen mitzutheilen, da sie in lebendiger, treffender Schilderung sowol das Verschiedenartige wie das Verwandte Beider sehr gut zeichnet.

Georg Friedrich Händel wurde geboren zu Halle am 23. Februar 1685., Er war der Sohn eines fürstlichen Kammerdieners und Amtschirurgus. Seine grosse Begabung und sein reger Eifer für die Tonkunst hatten schon früh sich Bahn gebrochen, ohne jedoch zunächst Aufmunterung zu finden. Es war des Vaters Lieblingswunsch, der Sohn solle Jurist werden, und bereits hochbejahrt, als ihm derselbe geboren wurde, hielt er eigensinnig an dieser Grille fest. Erst die Vorstellungen des Herzogs von Sachsen-Weissenfels brachen diesen Starrsinn insoweit, als nun musikalischer Unterricht erlaubt wurde, während früher alle Uebungen geheimgehalten werden mussten. Der Vater hatte eine Reise dahin unternommen, und war genöthigt gewesen, den Sohn, der damals das 7. Jahr schon zurückgelegt hatte, wider seinen Willen mitzunehmen, da dieser, auf seine früheren Bitten abschläglich beschieden, dem Wagen, worin der alte Händel sass, nachgelaufen war, so dass dieser ihn wohl oder übel aufnehmen musste. In Weissenfels hörte ihn der Herzog, und setzte es durch, dass er jetzt bei dem Organisten Zachau in Halle Unterricht erhielt. Chrysander giebt bei dieser Gelegenheit einige Details über den Zustand der Weissenfelser Musik. Der kunstsinnige Fürst liess derselben eifrige Pflege angedeihen. Die Kapelle nahm den Knaben eines Sonntags mit auf das Orgelchor, und hier fand der Fürst Gelegenheit, ihn zu hören. Bald nach seiner Zurückkunft nach Halle ging der Vater zu Zachau, und jetzt begann demzufolge ein geregeltes Studium. Im Jahre 1696 sehen wir den jungen Händel am kurfürstlichen Hofe in Berlin. Ein Freund des Vaters führte ihn daselbst ein. Man fand sein Klavierspiel bewundernswerth und dies nicht blos in Betracht seiner Jahre. Dort war es auch, wo er die erste Bekanntschaft mit italienischer Musik und mit Italienern machte. Es waren dies Giov. Bononcini, der beste Componist, und Pater Attilio Ariosti, der beste Klavierspieler der musikalischen Kapelle. Der Letztere protegirte ihn, der Erstere dagegen, als er Händel's Begabung erkannt hatte, zeigte Neid und kalte Höflichkeit, und es wurde sonach hier schon der Grund zu jener Feindschaft gelegt, die später in London zwischen beiden Männern bestand. Händel nahm eine Einladung, am kurfürstlichen Hofe zu bleiben, nicht an, und ging zurück nach Halle. Bald darauf, im Jahre 1697, starb auch sein Vater. Die folgenden Jahre vergingen unter Studien mancherlei Art. Getreu den Wünschen des Vaters, bezog er im Jahre 1702 die Universität, in der Absicht, dem Studium der Jurisprudenz sich zu widmen. Natürlich war dabei die Musik niemals vernachlässigt worden. Händel componirte fleissig und bekleidete demzufolge auch eine Zeit lang eine Stellung als Organist in Halle, obschon nur provisorisch, da es keineswegs seine Absicht war, in Halle sich festzusetzen. Seine Wünsche und Neigungen waren zunächst darauf gerichtet, in der Welt sich umzusehen. So verliess er Halle, die juristische Periode war zu Ende, und er begab sich nach Hamburg. Dies geschah im Jahre 1703, im 19. Jahre seines Alters. Die Hamburger Bühne erfreute sich eines weitverbreiteten Rufes, und hier war es daher, wo Händel zunächst seine weitere Ausbildung suchte. Drei Jahre dauerte der Aufenthalt daselbst, bis zum Jahre 1706. Es wurde dies bereits erwähnt, als ich vor Kurzem diesen Gegenstand behandelte. Dort auch machte ich bereits seine wichtigsten Werke, welche in diese Zeit fallen, im Vorübergehen namhaft. Der Dichter Postel schrieb eine Passion für ihn im Jahre 1704. In das Jahr 1705 fallen seine Opern „Almira" — bei welcher Postel und Mattheson ihm berathend zur Seite standen — und „Nero". Die zweitheilige Oper „Florindo und Daphne", gegen Ende des Jahres 1706 geschrieben, kam erst zur Aufführung, als er Hamburg wieder verlassen hatte, und sich bereits ein Jahr in Italien befand. Händel kam nach Hamburg, als eine Fülle von Talenten daselbst thätig war; die Zeit der ersten frischen Blüthe war indess schon vorüber. Seine ausgezeichnete Begabung als Componist, sowie seine Leistungen als Virtuos gewannen ihm viele Freunde und Gönner. Wurden doch die Musiker überhaupt dort in Ehren gehalten, mehr als an den meisten anderen Orten in Deutschland, mehr auch als grösstentheils an den Höfen. Die Pflege der Kunst war dort in die Hände des Bürgerstandes übergegangen, und auch das mochte, bei Händel's Sinn nach Unabhängigkeit, ein Grund mehr gewesen sein, Hamburg zu wählen. Indess musste er doch auch, wie dies bei dem dortigen Kunstleben und dem Charakter desselben entsprechend nicht ausbleiben konnte, allerlei Widerwärtigkeiten erfahren, so dass er sich später zurückzog, und sich hauptsächlich mit Lectionen beschäftigte. So reifte allerdings in ihm der Entschluss, Hamburg wieder zu verlassen. Unter seinen Gönnern befand sich auch der Prinz von Toscana, Bruder des Grossherzogs von Florenz, Giovanni Gaston da Medici, ein grosser Musikfreund und Einer von den Vielen, die damals auf Grund dieser Neigung Hamburg besuchten. Dieser lud ihn dringend ein, Italien zu besuchen, und bot ihm sogar die Mittel zur Reise an. Händel indess wartete, bis er selbst im Stande war, dieselben zu bestreiten, und führte erst dann, als dies der Fall, den angeregten Plan aus. Hamburg trat damit für ihn auf immer in den Hintergrund. Er hatte gelernt, was zu lernen, und die dort zur Ausbildung gelangte Stufe heimischen Kunstlebens überwunden. Im März des Jahres 1707 sehen wir ihn bereits in Florenz. Hier wie überall diente der Virtuos dem Componisten zur Einführung, doch war er sofort auch als solcher thätig. In den Anfang seines Aufenthaltes fällt eine Zahl von Solocantaten. Zu Ostern wollte er auf alle Fälle in Rom sein, und er bereitete sich dafür durch die Composition des Psalms „*Dixit dominus*" vor, die er in Rom vollendete. Sein Aufenthalt daselbst dauerte bei seiner ersten Anwesenheit mehrere Monate, und noch eine Reihe von ähnlichen Werken fand hier ihre Entstehung oder wurde wenigstens umgearbeitet. Die erste Oper, welche er im Herbst des Jahres 1707 für Florenz setzte, war „Rodrigo". Die Aufnahme war eine äusserst günstige und für Händel gewinnbringende. In Venedig weilte er zu Anfang des Jahres 1708 und setzte dort die Oper „Agrippina". Er gewann mit diesem Werke den anderen Componisten einen bedeutenden Vorsprung ab, schon mit der Ouverture. Eine solche Eingangsmusik musste den Zuhörern ganz neu sein, da sie durch die einheimischen Tonsetzer an eine minder gewichtige Art gewöhnt waren; Händel überraschte durch die Macht und Grossheit des Ausdrucks in diesem Falle wie überhaupt. Später ging er wieder nach Rom. Weil Ostern herannahte, arbeitete er ein grösseres Werk für dieses Fest, ein Oratorium „*Resurrezione*", das, als ein Muster der italienischen Oratorienform in jener Zeit, geschichtlich wichtig, künstlerisch von geringerer Bedeutung ist. Wie sehr man aber seine Fähigkeit für oratorische Composition zu schätzen wusste, zeigt die Aufforderung zu einem anderen Werke ähnlicher Art, „*Il trionfo del tempo e del disinganno*", grösser und eigenthümlicher als das vorhergehende, obschon ebenfalls kein bleibendes Kunstwerk, weshalb er auch in viel späteren Jahren zu mehreren Malen umarbeitend auf dasselbe zurückkam. Der Aufenthalt in Italien diente Händel zugleich dazu, ihn mit den vorzüglichsten Künstlern des Landes in Berührung zu bringen. In Venedig verkehrte er mit Lotti, in Rom machte er die Bekanntschaft der beiden Scarlatti, und bestand mit dem Sohne Domenico einen musikalischen Wettstreit als Virtuos. Mit Corelli kam er, wie bereits erwähnt, ebenfalls in Berührung, und so mit vielen anderen. Später, im Juli des Jahres 1708, begab er sich nach Neapel, wie zu vermuthen steht, in Gesellschaft der zuletzt genannten Künstler, von denen Alessandro Scarlatti sich bleibend jetzt dort niederliess, und daselbst bis an seinen Tod im Jahre 1725 seine Hauptwirksamkeit entfaltete, wie ebenfalls bereits erwähnt wurde. Händel war immer sehr fleissig; auch Cantaten für zwei und mehr Singstimmen, sowie Chansons, französische Gesänge, welche, durch einen damals heftig geführten Streit über die Vorzüge der italienischen und der französischen Musik veranlasst, für ihn die Bedeutung von Studien hatten, arbeitete er in Italien. In Venedig zur Carnevalszeit 1710 erneuerte er die alten Bekanntschaften und machte neue mit mehreren angesehenen Hofleuten, Künstlern und Kunstfreunden aus London und Hannover. Seine Absicht war, nach London zu gehen. Der Baron Kielmannsegge und der Kapellmeister Steffani aber nahmen ihn mit nach Hannover. Hannoveraner und Engländer betrachteten sich bei der bevorstehenden Erhebung des Kurfürsten auf den englischen Thron als ein Volk, und man machte ihm bemerklich, dass es vortheilhaft sein würde, vor einer Uebersiedelung nach England Verbindungen in Hannover anzuknüpfen. So verliess Händel, 25 Jahre alt, Italien, wo er seine zweite, höhere, künstlerisch bedeutsame Jugend verlebt und den Grund zu der späteren Reife gelegt hatte, und begab sich nach Hannover, nachdem er den genannten Freunden das Wort gegeben hatte, noch ehe das Jahr vergangen sei, in London einzutreffen. In Hannover erhielt er die Stellung als Kapellmeister. Im Spätherbst des Jahres 1710 langte er in London an, wo er eine ermunternde Aufnahme fand. Was die musikalischen Zustände betrifft, so waren diese im Ganzen noch ziemlich unentwickelt. Er fand weder Virtuosen, mit denen er sich wie in Deutschland und Italien in einen Wettstreit hätte einlassen, noch Componisten, die ihm den Rang hätten streitig machen können, obschon achtungswürdige Talente unter ihnen sich befanden. England, bemerkt Chrysander, hatte eine selbstständige, zum Theil grosse musikalische Vergangenheit, aber keine Gegenwart. Die Anfänge des musikalischen Theaters waren hier denen in Deutschland ziemlich gleich, hatten aber einen schnelleren Fortschritt und gingen tiefer ins Volksthum ein. Zuerst holte man aus Italien und führte auf, was möglich war, blieb aber weit hinter den Vorbildern zurück. Schon im Jahre 1656 kam eine derartige Aufführung vor. Auch die französische Oper hatte Eingang gewonnen und fand an Carl II. einen eifrigen Schützer. Der bedeutendste englische Tonsetzer, der als Vorläufer Händel's betrachtet werden muss, war Henry Purcell, der von 1658 bis 1695 lebte. Der italienischen und der sie verdrängenden französischen Musik gegenüber vertrat dieser den Geschmack seines Volkes. Man ging auf Shakespeare zurück und holte sich dort die Stoffe, wie bei uns aus der Bibel. Purcell setzte eine Reihe solcher Stücke in Musik. Freilich waren es keine eigentlichen Opern, was er gab, sondern gesprochene Dramen mit musikalischen Scenen. (Die erste Oper, welche durchweg gesungen wurde, kam erst im Jahre 1705 in London zum Vorschein.) Chrysander nennt Purcell einen selbstständigen Geist, wie unseren Schütz, wiewol er ebenfalls auf das Vorbild der Italiener hinwies. Obschon in den einzelnen Formen der Oper nicht so geschult wie diese, war er ihnen doch überlegen durch den tiefdramatischen Geist und die einheitliche Gesammtwirkung seiner Werke. Früher hatte England sich überwiegend noch mit eigenen Mitteln versorgt, auch was Spieler und Sänger betrifft. Seit 1690 kamen die Italiener in grösserer Zahl, und wie bei uns wurde jetzt das Nationale und das Fremde durch einander gemengt, so dass in denselben Werken englisch und zugleich italienisch gesungen wurde. Endlich im Jahre 1710 hatten sich so viele Italiener in London angesammelt und so viele Engländer sich die italienische Sprache angeeignet, dass man es wagen konnte, Opern ganz in italienischer Sprache zu singen. Jetzt nun, wo das Interesse an der Oper ein so allgemeines, hoch gesteigertes war, trat Händel auf den Schauplatz, und man empfing ihn, dessen Ruf bereits nach England gedrungen war, bei der Oper mit offenen Armen. Sein erstes Werk für die englische Bühne war die Oper „Rinaldo" im Jahre 1711. Die ganze Arbeit wurde in 14 Tagen beendet, machte aber einen ausserordentlichen Eindruck. Trotz der italienischen Oper hing die Menge doch an Purcell. Erst Händel war im Stande, sie diesem abwendig zu machen, und wir haben hier ein ähnliches Schauspiel, wie wir es später in Frankreich sich wiederholen sehen werden. Auch in Neapel wurde die Oper im Jahre 1718 unter Mitwirkung Leo's aufgeführt. Nach Beendigung der Saison reiste Händel ab und begab sich zurück nach Hannover. Auch seine Vaterstadt besuchte er, und übernahm dort in seiner Familie eine Pathenstelle. In Hannover war es der schon einigemal genannte Kapellmeister Steffani gewesen, der dort für die Kunst eine erfolgreiche Thätigkeit entwickelt hatte. Chrysander hat demselben eine ausführliche Betrachtung gewidmet, und auf diesen beinahe vergessenen Künstler und Staatsmann die Blicke von Neuem hingelenkt. Seine Kunst, bemerkt er, bilde das Mittelglied, durch welches die italienische der des grossen Deutschen die Hand reicht. Steffani war im Venetianischen im Jahre 1655 geboren und starb auf einer Reise im Jahre 1730. Ein *Stabat mater* und eine grosse Zahl von Kammerduetten, welche Kunstgattung durch ihn zu hoher Ausbildung gebracht wurde, werden unter seinen Werken vorzugsweise genannt. Händel schrieb in Hannover mehrere derartige Compositionen und auch eine Anzahl deutscher Lieder. Seine Kapellmeister-Thätigkeit war auf Kammermusik beschränkt, da Opernaufführungen nur zeitweilig stattfanden. Was Instrumentalmusik betrifft, so kamen fast ausschliesslich Werke von Lully zur Aufführung. Ausser der Violine war im Orchester zu Hannover auch die Oboe gut besetzt. Beide Instrumente waren damals unter denen des Orchesters die am weitesten in ihrer Behandlungsweise vorgeschrittenen, und Händel fand deshalb Veranlassung, seine ersten Oboenconcerte zu componiren. — Ende November des Jahres 1712 erscheint sein Name wieder in den Londoner Zeitungen, und zwar bei der Anzeige seiner neuen Oper „Il pastor fido". An diese schloss sich am 10. Januar des folgenden Jahres die Oper „Theseus", die ebenfalls in kurzer Zeit componirt wurde. Für den Geburtstag der Königin Anna am 6. Februar 1713 componirte er eine Ode und gleichzeitig das Utrechter *Te deum* und *Jubilate* in D, das letztere in Deutschland unter der Bezeichnung des 100. Psalms bekannt. Die Königin setzte ihm dafür ein Jahrgehalt von 200 Pfund aus. Dringend aufgefordert, in England zu bleiben, hatte er die Rückkehr nach Hannover ganz vergessen; sein Urlaub war überschritten. Zugleich hatte er mit dem *Te deum* seiner Dienst- und Unterthanenpflicht zuwider gehandelt. Da bestieg sein bisheriger Gebieter, der Kurfürst G e o r g, als G e o r g I. den englischen Thron; H ä n d e l kam dadurch in eine keineswegs angenehme Lage, musste sich zurückziehen und verbergen. Der dienstvergessene Kapellmeister wusste indess auf heitere Weise den König zu versöhnen, als er zu einer Wasserfahrt auf der Themse am 22. August 1715 eine „Wasser-Musik" componirte, welche dem König gefiel, so dass H ä n d e l wieder zu Gnaden angenommen, und sein Gehalt mit einer Zulage vermehrt wurde. Die folgenden Jahre wohnte er meist bei englischen Grossen auf dem Lande in der Nähe von London und wurde von diesen mit Aufträgen beschäftigt. Doch fällt in diese Zeit auch eine Reise nach Deutschland, die er im Gefolge des Königs unternahm. Diese Reise sollte ihn zugleich mit der deutschen Musik noch einmal in unmittelbare Berührung bringen. Er componirte eine Passionsmusik nach den schon einmal erwähnten Worten von B a r t h o l d H e i n r i c h B r o c k e s, die bereits K e i s e r, und, wie schon neulich bemerkt, auch T e l e m a n n bearbeitet hatten. Mit diesem Werke setzte er seinen Fuss, bemerkt C h r y s a n d e r, auf deutsches Gebiet, zog ihn aber schnell wieder zurück. Bald erhob er sich auf einen anderen Standpunct, einen unendlich höheren, der für den Gehalt seiner Kunst entscheidend war, indem er zugleich über die süsslich-sentimentalen deutschen Texte hinausschritt, und an das Bibelwort sich anschloss. Ende des Jahres 1716 erfolgte seine Rückreise nach London. Er lebte hierauf längere Zeit als Musikdirector zu Cannons bei dem Herzog von Chandos, jedoch in durchaus freier Stellung. Dieser Aufenthalt ist wichtig, weil er hier (im Jahre 1717—20) seine 12 Anthems componirte, die eine Vorstufe zu seinen späteren Oratorien bilden. Der Name Anthem (entstanden aus *ant-hymn*) weist darauf hin, dass ursprünglich mit ihm der Wechselgesang des Priesters und der Gemeinde bezeichnet wurde. Später fiel der Begriff des Wechselgesangartigen ganz weg, und es entwickelte sich eine motettenartige Chorform, die durch Purcell und Händel durch Einführung von Sologesängen zwischen die Chöre zur Cantate ausgebildet wurde. Als Texte sind Psalmen zu Grunde gelegt. Bald darauf, im Jahre 1720, sehen wir Händel denn auch mit seinem Oratorium „Esther" hervortreten, das erste Werk dieser Art in England und zu englischen Worten. Vieles aus seiner Passionsmusik nahm er in dieses Werk auf, eine Verfahrungsweise, die Händel überhaupt charakterisirt und die zum Theil überraschend schnelle Abfassung vieler seiner Compositionen erklärt. Er hob aus nur vorübergehenden Zwecken gewidmeten Werken das Bedeutendere heraus, um demselben eine grössere Dauer zu verleihen. Dieses Oratorium bildet den Uebergang zu den späteren Werken dieser Art; es ist, wie eine Oper, noch in Scenen abgetheilt und stellenweise dramatisch und opernmässig gebaut. Zu derselben Zeit und unter denselben Verhältnissen zu Cannons schuf er auch noch ein zweites Oratorium, das Schäferspiel „Acis und Galathea".

Hiermit schliesst der erste Hauptabschnitt im Leben Händel's. Die ganze erste Hälfte desselben ist damit abgethan. Sie steht der grösseren und bedeutenderen zweiten Hälfte gegenüber, die dadurch noch merkwürdiger und anziehender wird, dass der innere Fortgang mit der äusseren Wanderung durch die musikalischen Culturländer gleichen Schritt hält.

Der zweite Band des Chrysander'schen Werkes behandelt die Jahre von 1720 bis 1740, die Zeit der Thätigkeit Händel's bei der italienischen Oper in London. Dieser gewinnt dadurch einen neuen Boden für seine künstlerische Thätigkeit, er tritt dem Gesammtpublicum näher, wie sich denn überhaupt durch diese seine Thätigkeit erst eine musikalische Oeffentlichkeit in England bildet.

Um die soeben bezeichnete Zeit wurde durch Subscription des Königs und Adels die königliche Akademie der Musik errichtet, welche die Bestimmung hatte, stets eine Auswahl der besten Opern auf dem Haymarket-Theater möglichst vollendet darzustellen, und Händel mit der Direction sowie mit dem Engagement eines vorzüglichen Personals beauftragt. Die Vorbereitungen zu diesem Unternehmen fallen in den Winter von 1718—19, und Händel begab sich schon 1719 zu diesem Zwecke auf den Continent. In Düsseldorf gewann er den Sänger Baldassari. In Dresden fand er im Herbst des Jahres 1719 fast alle Berühmtheiten der italienischen Sängerwelt versammelt, doch vermochte er die betreffenden Künstler und Künstlerinnen nicht zu einem sofortigen Antritt eines Engagements zu gewinnen, da dieselben noch contractlich gebunden waren, blos mit Ausnahme der Sängerin Durastanti, welche für den Augenblick besonders erwünscht kam. Die Uebrigen, unter diesen der ausgezeichnete Sänger Senesino, wurden vom 1. October 1721 an für die Akademie gewonnen. Mit der soeben schon bezeichneten Tendenz der Akademie, Alles zu vereinigen, was im Fache der Bühnenmusik zu leisten sei, war engster Anschluss an die italienische Oper von selbst geboten. Ein nationaler Gedanke lag ihr fern. In diesem Sinne wählte man auch noch neben Händel die musikalischen Leiter der Akademie, die Italiener Bononcini, sowie später Attilio Ariosti, dieselben, denen Händel schon in Berlin begegnet war. Diese traten zugleich in Gemeinschaft mit ihm als Componisten auf, und es war dadurch gleich anfangs Veranlassung zu mannigfachen Eifersüchteleien und in Folge davon zu den späteren heftigen Streitigkeiten und Parteikämpfen gegeben. Werke anderer italienischer Tonsetzer wurden ebenfalls mehrfach aufgeführt. So nahmen die Vorstellungen im April des Jahres 1720 ihren Anfang. Händel begann seine Thätigkeit mit der Oper „Rhadamist", in der Senesino sich durch die Arie „*Ombra cara*" den grössten Beifall errang. Händel war jetzt fortwährend für die Oper thätig, und es folgten im Laufe der Jahre neue Werke dieser Gattung in grosser Zahl, „Floridant", „Otto", „Julius Cäsar", u. a. Von der Oper „Mucius Scävola" componirte Händel den letzten Act, Bononcini den zweiten und der Violoncellspieler der Akademie, Filippo Mattei, genannt Pippo, den ersten. Händel gewann den Preis über seine Gegner, trotz der Anfeindungen, denen er ausgesetzt war. Was den künstlerischen Werth dieser Werke betrifft, so unterscheiden sich dieselben äusserlich nicht von dem, was damals in der italienischen Oper Brauch war. Es sind, wie Chrysander sagt, Arienbündel durch Recitativfäden zusammengehalten. Dramatische Concertmusik ist der bezeichnende Ausdruck dafür, nur dass Händel schon damals Bedeutenderes in solcher Weise gab, als seine Zeitgenossen meist zu leisten vermochten. Nicht aber eine tiefere Anschauung vom Wesen der Oper charakterisirt Händel's Werke, es ist mehr die innere Durchbildung, welche denselben eine erhöhte Bedeutung verleiht, und dieselben nicht als blosse Modeproducte von vorübergehendem Interesse, sondern in der That als Vorstufe für seine späteren Oratorien erscheinen lässt. — Es war, wie schon bemerkt, bei der Verbindung so vieler fremdartiger, zum Theil widerspruchsvoller Elemente natürlich, dass Kämpfe mancherlei Art nicht ausbleiben konnten, die endlich in die heftigsten Parteiungen ausarten mussten. Die Italiener arbeiteten gegen Händel, in gleicher Weise trat eine nationalgesinnte, englische Partei gegen ihn auf. Insbesondere arg wurde die Sache, als nun auch unter den Sängern und Sängerinnen Zerwürfnisse ausbrachen und Hof und Publicum lebhaften Antheil an denselben nahmen. Francesca Cuzzoni, welche 1722 ankam, sowie später Faustina Hasse gehören mit dem schon genannten Senesino zu den Hauptcelebritäten, um die sich die Parteien hauptsächlich gruppirten. Beide Sängerinnen waren voller Capricen, namentlich die Erstgenannte, deren Weigerung, eine für sie von Händel componirte Arie zu singen, diesen in den höchsten Zorn versetzte, so dass er jeder Selbstbeherrschung unfähig ausrief: „Dass Sie ein leibhaftiger Teufel sind, weiss ich, aber Sie sollen wissen, dass ich Beelzebub bin, der Teufel Oberster". Dabei ergriff Händel sie, hob sie auf und hielt sie, zitternd vor Wuth, in das offene Fenster, indem er schwur, sie unfehlbar hinunterzuwerfen, wenn sie nicht gehorche, was zur Folge hatte, dass sie schreiend, in Todesangst, Alles versprach, und künftig musterhaft gehorsam gegen Händel war. Ein Streit der beiden Damen, der zu einem Handgemenge auf offener Scene wurde, war es denn schliesslich auch, welcher der Saison ein Ende machte. Diese erste Opernepoche umfasst die Jahre 1720—1728. Die Damen Cuzzoni und Hasse wurden zwar später wieder so weit versöhnt, dass sie neben einander singen wollten, aber die Theilnahme des Publicums war erkaltet, und die regelmässige Jahressubscription kam in der letzten Saison nicht wieder zu Stande. Es war zu spät, dass Händel die Zügel der Oper jetzt allein wieder in die Hände bekam, da seine Rivalen, unfähig, sich ihm gegenüber zu behaupten, sich hatten zurückziehen müssen.

Händel hatte in diesem Zeitraum 12 Opern geschrieben, die überall in Deutschland, Italien, den Niederlanden gegeben wurden. Selbst Frankreich gestattete ihnen, wenn auch nur auf kurze Zeit, Eingang. In dieselbe Zeit fällt auch der Tod des Königs Georg I. Für die Thronbesteigung seines Sohnes Georg II. erhielt Händel den Auftrag, die Chöre über die Krönungstexte neu zu setzen. Er componirte vier dieser Krönungsanthems.

In die Zeit des Aufhörens der Akademie fällt eine Episode, deren Chrysander in einem besonderen Abschnitt ausführlicher gedenkt: die Entstehung der sogenannten Bettler-Opern und Balladen-Singspiele, welche der italienischen Oper und überhaupt der Tonkunst im höheren Sinne für einen Augenblick Halt geboten, indem sie eine bedeutende Concurrenz hervorriefen. Sie waren, wie der angeführte Schriftsteller bemerkt, ein Glied in der Kette oppositioneller Schriften, und mit den grössten satirischen Leistungen der englischen Literatur eng verflochten. So gross war die Beliebtheit derselben, dass in den nächsten zwölf Jahren mehr als hundert Stücke dieser Art entstanden. Der Bettler-Oper gegenüber hatte sich die italienische geleert. Eine neue Akademie wurde gebildet, obschon dieselbe von der früheren wesentlich abwich. Die neue Akademie bestand nur aus Mitgliedern, welche sich zu einer mehrjährigen Subscription verpflichtet hatten, im Uebrigen jedoch, wie es bei der ersteren geschehen war, weder Tonsetzer noch Sänger verschrieben, weder die Werke bestellten, noch die Aufführungen bestimmten. Das Unternehmen ging wesentlich vom Hofe und von dem zum Hofe sich haltenden Adel aus. Händel hatte alles Musikalische zu leiten, und so trat er im Spätsommer des Jahres 1728 seine zweite italienische Reise an, um Engagements einzuleiten. Unter den Sängern, welche er gewann, befand sich Bernacchi, der allerdings nach Chrysander's Angabe mit Senesino sich nicht messen konnte. Ein Ihnen früher über diesen Sänger mitgetheiltes Urtheil lautete freilich günstiger. Die beste Acquisition machte er mit der Signora Strada. Die Vorstellungen begannen Ende des Jahres 1729, und Händel trat jetzt abermals mit einer Anzahl neuer Werke auf. Er componirte in den vier Jahren des Bestehens dieses Unternehmens sechs Opern. Auch Senesino kam später wieder nach London.

Nach und nach wurde der Drang nach dem Besseren ein immer allgemeinerer. Das musikalische Altengland erwachte wieder. Man erkannte die Unbedeutendheit der italienischen Texte und wünschte bessere und diese zugleich in englischer Sprache. Ein nationaler, mit einer höheren Anschauung verbundener Kunsttrieb beginnt Raum zu gewinnen. Bestrebungen solcher Art waren nicht blos von Einfluss auf das Erwachen des Händel'schen Genius in seiner ganzen Grösse, Händel im Gegentheil war denselben bereits vorausgeschritten. Man hatte die Ueberraschung, dass das, was man zu leisten versuchte, eigentlich schon gethan war, dass Händel in „Esther" und „Acis und Galathea" zwei Werke geliefert hatte, an Dichtung und Musik völlig neu, die nur aufgeführt zu werden brauchten, um die Ueberzeugung davon allgemein zu verbreiten. Man zog also diese Werke wieder hervor, zugleich aber auch durch scenische Action auf ein ihnen fremdes Gebiet. Von verschiedenen Unternehmern wurden anfangs mehrfache Aufführungen derselben ins Leben gerufen. Händel nahm die Sache in die Hand, trat an die Spitze dieser neuen Bewegung, und wurde dadurch auf die Bahn des Oratoriums hingeleitet. Er selbst veranstaltete wiederholt Aufführungen, und trug den Anforderungen der Bühne insoweit Rechnung, als zwar eine eigentliche Action nicht stattfand, die Scene aber in malerischer Weise einen passenden Hintergrund darstellte, und Kleider und alle sonstigen Decorationen dem Gegenstand entsprechend gewählt wurden. So wurde im Jahre 1732 „Esther", das andere der in Cannons entstandenen grossen Werke, im Hause eines Hrn. Bernhard Gates von den Knaben der königlichen Kapelle mit Action aufgeführt. Der Chor, bestehend aus den Kirchensängern und den Mitgliedern der königlichen Kapelle, war nach der Weise der Alten zwischen der Bühne und dem Orchester aufgestellt. Darauf wurde es von demselben Personal in dem Gasthause zur Krone und zum Anker wiederholt. Um dieselbe Zeit fand — zu einem wohlthätigen Zweck — eine Aufführung der seit dem Jahre 1714 nicht wieder zu Gehör gebrachten Utrechter Friedensmusik statt, was sich später ebenfalls wiederholte. Eine andere wichtige Veränderung, die ebenfalls im Gefolge solcher Aufführungen Platz griff, verdient hierbei noch eine besondere Erwähnung. Die Solosänger nämlich waren theils Engländer, theils Italiener, waren aber jetzt genöthigt, sämmtlich englisch zu singen. Der Zug zum Erhabenen war jetzt in Händel wie auch auf einen Augenblick in der Mehrzahl der Musikfreunde vorwaltend, und so schritt er auf dem durch „Esther" gebahnten Wege schnell zu einem neuen Werke und componirte „Debora", welches im Jahre 1733 mit englischem Text aufgeführt wurde. Es war dies ein neuer Schritt zur Befreiung von den italienischen Banden. Abgesehen hiervon, so liegt die Bedeutung dieses Werkes wesentlich in den Chören. Das wirklich Neue in „Debora", den Fortschritt zu einer grösseren Vollendung des oratorischen Baues, sieht Chrysander in der chormässigen Charakteristik der feindlichen Volksmassen. In „Esther" erhebt sich die Bedeutung des Kampfes noch nicht über das Persönliche; in „Debora" dagegen kommt überall nur das Allgemeine zur Geltung. — Der Schauplatz des Händel'schen Wirkens für die nächste Zeit war nicht London, sondern Oxford, wo er bei Gelegenheit eines feierlichen öffentlichen Actes im Jahre 1733 „Athalia" aufführte, während das Werk in London erst zwei Jahre später zu Gehör gebracht wurde. — Ein Trauungsanthem componirte Händel im Jahre 1734 zur Vermählung der Princess Royal mit dem Prinzen von Oranien.

Jetzt folgt eine Epoche, wo zwei italienische Operntheater in London neben einander bestanden, ein Zeitraum, welcher die Jahre von 1733 bis 1737 umfasst. Durch die Ihnen soeben bezeichnete grosse Umgestaltung trat die Bedeutung der Solosänger und Sängerinnen mehr und mehr in den Hintergrund. Die Italiener waren genöthigt, englisch zu singen, und mit der vorwiegenden Bedeutung der Chöre und dem Zurücktreten der Action musste natürlich die frühere Bühnenherrlichkeit der Ausführenden mehr und mehr schwinden. Dies empfand namentlich Senesino. Als daher Italiener und englische Patrioten vereint immer entschiedener gegen Händel in die Schranken traten, fasste Senesino den Muth, offen gegen Händel sich aufzulehnen, und die Folge war, dass der Letztere ihm sofort kündigte. Auch Francesca Cuzzoni wurde wieder gewonnen, und ergriff begierig die Gelegenheit, sich an Händel, der sich beständig geweigert hatte, sie wieder zu engagiren, zu rächen. Beide wurden jetzt die Hauptstützen des neuen Unternehmens, und die Folge war, dass sich Händel's Gesellschaft auflöste. Die Mitglieder derselben gingen zum Theil zu den Feinden über. Porpora wurde als Componist und Dirigent des Orchesters gewonnen. Auch Hasse stand unter Händel's Gegnern. Im Sommer 1733 eilte daher Händel aufs Neue nach Italien. Er wagte jetzt in Haymarket eine Oper auf eigene Rechnung zu unternehmen. Händel war so glücklich, neben der Signora Strada den ausgezeichneten Sänger Giovanni Carestini zu gewinnen. Auch die Signora Durastanti kam nach zehnjähriger Abwesenheit wieder, obschon dieselbe den Höhepunct ihrer Künstlerschaft bereits überschritten hatte, und Händel eröffnete sein Theater nun am 30. October 1733. Im Januar 1734 folgte ein neues Werk von ihm, die Oper „Ariadne". Es erschien wünschenswerth, beide Unternehmungen wieder zu vereinigen, da man der Gegenoper ein baldiges Ende weissagte, indess waren die darauf gerichteten Bemühungen vergeblich. Aber auch Händel's Umstände verschlimmerten sich fortwährend, namentlich als der weltberühmte Farinelli, mit dem Adel an der Spitze, dem gegnerischen Unternehmen erhöhten Glanz verlieh, und auch der Hof, durch Familienzwiste veranlasst, fortwährend eine Parteistellung einnahm. Händel verliess Haymarket, und gab seine Vorstellungen in Lincolns-Inn-Fields, später in Coventgarden. Aber mit der Uebersiedelung dahin verschlimmerte sich seine Lage noch bedeutend mehr, da man Haymarket als das rechtmässige königliche Operntheater anzusehen gewohnt war. Er brachte, um noch andere Stützpuncte zu gewinnen, in der Fastenzeit seine Oratorien zur Aufführung, und um auch hier eine Steigerung eintreten zu lassen, führte er öffentliche Orgelconcerte ein. Es geschah dies zum ersten Male zwischen den Abtheilungen der „Esther" im Jahre 1735. Seine Aufführungen wie früher zu füllen, war ihm freilich nicht möglich. Ueberhaupt ist es ein Irrthum, wenn man meint, dass er auch in den späteren Jahren einen durchgreifenden allseitigen Sieg errungen habe. Die Feindschaften von Seite der Italiener und der altenglischen Partei hörten auch später nicht auf. Ein weiterer Verlust erwuchs Händel aus dem Abgange Carestini's, welcher sich durch Farinelli in den Schatten gestellt sah, und nach beendigter Saison England verliess. Auch zwischen ihm und Händel soll es nicht friedlich abgegangen sein, da Carestini ebenfalls anfänglich sich geweigert hatte, eine Arie, mit der er nachher den grössten Beifall erlangte, zu singen. Händel soll ihm bei dieser Gelegenheit u. A. zugerufen haben: „Sie Esel, muss ich nicht besser wissen als Sie, was am besten für Sie zu singen ist. Wenn Sie nicht alle Gesänge singen wollen, die ich Ihnen gebe, so zahle ich keinen Heller". Es würde zu weit führen, die Details noch weiter zu verfolgen. Händel verharrte in seiner Opposition, welche seine Verarmung zur Folge hatte. Die traurigen Erfahrungen, welche er hatte machen müssen, die enormen Anstrengungen, hatten schliesslich seine Gesundheit zerrüttet. Der Schlag rührte ihn, lähmte seine ganze rechte Seite, und auch sogar seine Verstandeskräfte waren momentan in Mitleidenschaft gezogen. Der Gebrauch der Bäder zu Aachen im Sommer des Jahres 1737 stellte ihn wieder her, so dass er mit erneuter Kraft auftreten konnte; aber in den äusseren Verhältnissen wurde dadurch keine Umänderung bewirkt. Der Streit endete in allseitiger Ermattung. Uebersättigung, Ermüdung hatte sich auch des Publicums bemächtigt. Händel blieb zwar der eigentliche Sieger, aber es konnte ihm dies jetzt wenig nützen. Seit 1737 hat er keine selbstständige Opernleitung mehr übernommen. Zuletzt arbeitete er auf Bestellung, ohne directe Beziehung zu den Unternehmungen, hauptsächlich in Rücksicht auf das zu erzielende Honorar. Auch entschloss er sich, obschon nach langem Widerstreben, ein Benefizconcert für sich zu veranstalten, welches ihm eine gute Einnahme brachte. In diese Jahre aber fällt zugleich sein entschiedenes Lossteuern auf sein höchstes Ziel. Den epochemachenden Wendepunct bezeichnet die Composition seines „Alexanderfestes" im Jahre 1736, dessen Aufführung auch ein volles Haus gewährte, und das bei dem grossen Erfolg, welchen es gefunden hatte, schnell allgemeine Verbreitung fand und viele Wiederholungen erlebte. In das Jahr 1737 gehört auch noch das Begräbnissanthem für die Königin Caroline, ebenfalls eine Vorstufe für seine spätere Wirksamkeit.

Hiermit endet dieser Abschnitt. Händel verliess die Bühne. Er ging zwar nicht von derselben ab, er ging nur — wie Chrysander bemerkt, um den Zusammenhang der früheren Schöpfungen mit den späteren zu bezeichnen, — darüber hinaus. Aber die bisherige Epoche war doch damit abgeschlossen. Hiermit endet zugleich der zweite Band des Werkes, dem ich in meinen Angaben gefolgt bin. Was das

Weitere betrifft, muss ich mich demnach noch auf die früheren Angaben beschränken.

Den Gipfel seiner Meisterschaft erreichte Händel in der Sphäre, welcher fortan bis an seinen Tod seine ganze Kraft zugewendet blieb von diesem Zeitabschnitt an. Der „Messias" (1741) eröffnet die Reihe der grössten Schöpfungen, von denen „Samson" (1742), „Semele" (1743), „Judas Maccabäus" (1746), „Josua" (1747) vorzugsweise zu betonen sind. Die Erfolge waren jedoch anfangs auch hier diesen Leistungen, der Bedeutung derselben nicht entsprechend; oft waren die Concerte nur sehr wenig besucht. Bei der zweiten Aufführung des „Messias" war das Haus leer. Der König und Einige seiner Umgebung sollen die einzigen Zuhörer gewesen sein. „Desto besser wird's schallen", meinte Händel. Aber seine Casse litt darunter sehr. Jetzt wendete er sich nach Irland. In Dublin wurde der „Messias" mit Bewunderung aufgenommen. Ueber acht Monate verweilte Händel daselbst mit glücklichem Erfolg, und kehrte dann nach London zurück, wo er von 1742 an noch 17 Oratorien und Cantaten aufführte. Sein letztes Oratorium „Jephtha" setzte er 1751 als ein schon gänzlich Erblindeter, acht Jahre vor seinem am Charfreitag den 14., nach Winterfeld's Angabe am 13. April 1759, erfolgten Tode. Noch eine Woche vorher war die Aufführung eines seiner Werke von ihm selbst geleitet worden; seinem Arzte hatte er wenige Tage vor seinem Ende den Wunsch ausgedrückt, dass es Freitags sein möge, damit er seinem Herrn und Erlöser am Tage seiner Auferstehung begegne. Er ruht in Westminster unter den Grossen der Nation; seine Stätte ist mit einem Marmordenkmal bezeichnet.

Händel unterlag in seiner Wirksamkeit für die Bühne zum Theil unwürdigen, zum Theil wenigstens Gegnern, welche sich an künstlerischer Kraft nicht mit ihm messen konnten. Dessenungeachtet ist sein Fall als eine Nothwendigkeit, als ein verdienter, mindestens als ein nicht blos durch äussere Ereignisse bedingter, zufälliger zu bezeichnen. Es lebte in ihm keine höhere Idee von dem Wesen der Oper, als die damals gewöhnliche, welche durch Italien zur Geltung gebracht war. Auch seine Opern, wie die seiner Zeitgenossen, sind, wie schon erwähnt, eine Kette von Arien und Recitativen, im Ganzen ohne tiefere dramatische Bedeutung. Er hatte damals allein die persönliche höhere Gewalt des Genies voraus, nicht eine tiefere Anschauung von dem Wesen der Oper. Diese persönliche Gewalt des Genies allein war es, welche ihn in einzelnen Leistungen, in einzelnen Arien hoch emporhob und Bedeutenderes aussprechen liess, als seine Zeitgenossen vermochten.

Im Wesentlichen, wie gesagt, bekannte er sich zu der damaligen Richtung, welche die Virtuosität des Sängers zum Mittelpunct des Kunstwerkes machte. Sein Fall war auch ein Glück für die Kunst. Wie mehrere der später noch zu nennenden Meister schuf er das Grösste und Tiefste erst im höheren Alter, nachdem er in seiner Jugend in der Hauptsache der Richtung der Zeit, wenn schon immer mit überwiegend edlerem Streben, Raum gegeben hatte. Es war nicht ein äusserer Zufall, es war innere Nothwendigkeit, welche diese Wendung hervorrief. Auch die Uebersiedelung nach England ist nicht als ein äusserliches und gleichgültiges Ereigniss zu betrachten. Deutschland war zu eng und kleinbürgerlich. Händel bedurfte dieser grossartigen Umgebung in England, um seine Kräfte zu entfalten; England bot damals vorzugsweise den geeigneten Boden für seine Wirksamkeit. Gross und mächtig, wie er war, über das Gewöhnliche hinausgehend, kolossal, wenn auch mitunter etwas bärenhaft, konnten ihm verkümmerte Naturen, wie sie das deutsche Leben gewöhnlich zeigt, konnte ihm deutsche Engherzigkeit nicht zusagen. Dabei ist auch das religiöse Moment nicht ausser Acht zu lassen. Auch in dieser Beziehung bot England gerade damals das ihm Entsprechende.

Johann Sebastian Bach war geboren am 21. März 1685 zu Eisenach, ein Sohn des dasigen Hof- und Stadtmusikus **Johann Ambrosius Bach**. Obgleich diese Familie durch mehrere Generationen der Tonkunst zugethan gewesen, treten uns doch hervorstechende Erscheinungen darin nicht entgegen. Als Curiosität wird berichtet, dass der Vater Bach's einen Zwillingsbruder von so ausserordentlicher Aehnlichkeit hatte, dass Beider Frauen nur an der Kleidung die Männer unterscheiden konnten. Schon im zarten Alter, als der Knabe kaum das zehnte Jahr erreicht hatte, traf ihn das Geschick, die Eltern zu verlieren. Er wurde der Obhut seines ältesten Bruders, **Johann Christoph**, Organisten zu Ohrdruff, anvertraut, und erhielt von diesem die erste Anleitung zum Klavierspiel. Bald hatte er sich aller ersten Uebungsstücke bemeistert, an denen sein Bruder ihn heranzubilden hoffte, und wünschte Grösseres. Allein sein Bruder versagte ihm dies, insbesondere ein Buch, das Ziel seiner Wünsche, worin sich Orgel- und Klavierstücke von **Froberger, Kerl, Pachelbel** befanden. Zwar wusste der Kleine Rath zu schaffen. Das Buch war nur in Papier geheftet, und befand sich in einem mit Gitterthüren verschlossenen Schranke; seine Händchen langten leicht hindurch, er ergriff das Buch und schrieb es in der Zeit von sechs Monaten in mondhellen Nächten ab; aber kaum hatte er seine Arbeit beendet, als der Bruder die List entdeckte, und ihm die Abschrift grausamer Weise wieder wegnahm. Seine Anstrengung hatte ihm nicht nur Nichts genützt, sondern legte auch wahrscheinlich den Grund zu seiner späteren Augenkrankheit und dem damit zusammenhängenden Tode. — Die häuslichen Verhältnisse seines Bruders gestalteten sich bald so, dass es Sebastian wünschenswerth erscheinen musste, sich selbstständig ein Fortkommen zu suchen. Es fügte sich, dass er, im Besitze einer ungemein schönen Sopranstimme, im Jahre 1700 im Chor der Michaelisschule zu Lüneburg Aufnahme fand. Doch kündigte sich bald darauf der Bruch der Stimme durch das eigenthümliche Phänomen an, dass mit seinen Soprantönen gleichzeitig die tiefere Octave sich hören liess. Acht Tage lang, bei Reden und Singen, dauerte diese Doppelstimme, dann war nicht allein sein Sopran, sondern die Singstimme überhaupt verloren. Wol mochte dies eine Veranlassung sein, jetzt dem Klavier und der Orgel verdoppelten Eifer zu widmen. Von nicht unerheblichem Einfluss auf Bach's musikalischen Bildungsgang wurde Georg Böhm, Organist an der Johanniskirche in Lüneburg. Um den Organist J. A. Reinken zu hören, wanderte Bach zuweilen nach Hamburg, und die herzogliche Kapelle zu Celle, meist aus Franzosen bestehend, gab ihm Gelegenheit, den damaligen französischen Geschmack kennen zu lernen. Im Jahre 1703 finden wir ihn als Hofmusikus in Weimar, im Sommer desselben Jahres als Organist in Arnstadt, hier zuerst in Besitz eines Instrumentes, welches ihm einen Spielraum für sein Genie gewährte. Sein Eifer wurde natürlich dadurch noch mehr entzündet, um so mehr, da er doch hauptsächlich auf Selbststudium angewiesen war. Um den hochgeschätzten Organisten Buxtehude in Lübeck zu hören, nahm er einen vierwöchentlichen Urlaub und scheute sich nicht, den Weg in rauher Jahreszeit, 50 Meilen weit, zu Fuss zu machen, blieb auch länger als ihm gestattet war, über ein Vierteljahr lang, im Verborgenen Zuhörer desselben, dann erst nach Arnstadt zurückkehrend. 1707 berief ihn die thüringische Reichsstadt Mühlhausen als Organist. An beiden Orten war er bestrebt, die Kirchenmusik im Geiste des ihm vorschwebenden höheren Ideals zu reformiren, stiess jedoch dabei auch vielfach auf Widerspruch, so dass Conflicte, selbst mit den vorgesetzten Behörden, nicht ausblieben. Von Mühlhausen reiste er im folgenden Jahre nach Weimar, und fand Gelegenheit, sich bei Hofe hören zu lassen. Allgemeine Bewunderung und der Antrag einer Stelle als Hof- und Kammerorganist, die er sofort annahm, war die Folge. Dort verweilte er neun Jahre, seit 1715 mit dem Titel eines herzoglichen Concertmeisters. Auch mit Halle wurden eine Zeitlang Unterhandlungen gepflogen, die sich jedoch zerschlugen. Sein Ruhm als Orgelkünstler war jetzt schon ein weit verbreiteter; ein Vorfall im Jahr 1717 trug dazu bei, diesen noch zu erhöhen. Um diese Zeit befand sich der königlich französische Hoforganist J. L. Marchand in Dresden, und war bei Hof als Klavierspieler mit so grossem Beifall aufgetreten, dass ihm ein Engagement mit bedeutender Besoldung angeboten wurde. Bei einem zufälligen Aufenthalte in Dresden hatte auch Bach Gelegenheit, vor Künstlern und Kunstfreunden sich hören zu lassen. Es entspann sich ein lebhafter Streit, welcher von Beiden der Grössere sei. Eine starke Partei aus den Hofkreisen stand, da der Kurfürst französische Kunst sehr liebte, auf Marchand's Seite, während für Bach vorzugsweise die deutschen Künstler der Hofkapelle eintraten. Dieser wurde endlich durch seine Freunde angegangen, Marchand zu einem Wettstreite herauszufordern. Er that dies, nachdem ihm Gelegenheit verschafft war, seinen bei Hofe spielenden Gegner unbemerkt zu hören, auf schriftlichem Wege, indem er sich bereit erklärte, auf jede ihm von Marchand gestellte Aufgabe einzugehen, vorausgesetzt, dass dieser seinerseits ein Gleiches verspreche. Marchand nahm die Ausforderung an, Tag und Stunde wurden festgesetzt, eine glänzende Gesellschaft hatte sich in dem Hause eines nicht genannten angesehenen Mannes (wahrscheinlich des musikliebenden Ministers Grafen Flemming) versammelt. Bach war gegenwärtig, Marchand dagegen erschien nicht; man erkundigte sich und erfuhr, dass derselbe „bei früher Tageszeit mit der geschwinden Post aus Dresden verschwunden sei". Er war im sicheren Vorgefühl seiner Niederlage dem Kampfe aus dem Wege gegangen; Bach spielte nun allein. — Um eben diese Zeit erhielt er eine Einladung von dem Fürsten von Anhalt-Cöthen, einem grossen Musikfreund, als Kapellmeister. Er nahm dieselbe an, und blieb in dieser Stellung sechs Jahre, nur mit der Unterbrechung einer Reise nach Hamburg im Jahre 1720, wo er zu allgemeiner Bewunderung als Orgelspieler auftrat. Endlich, im Jahre 1723, trat Bach in das Amt ein, in welchem er bis an seinen Tod verharrte. Der vor Kurzem genannte Kuhnau war am 25. Juni 1722 gestorben; Bach folgte ihm am 30. Mai 1723 als Cantor und Musikdirector zu Leipzig. An diesem Tage führte er die erste Musik in der Nicolaikirche auf; zugleich wurde ihm, wenn auch nur theilweise, das Directorium der Musik in der akademischen Kirche übertragen. Bald nach dem Antritt des neuen Amtes starb auch der Fürst von Cöthen; das frühere, trotz Bach's örtlicher Entfernung von Cöthen noch bestehende Verhältniss hätte also jedenfalls eine Störung erlitten. Hier in Leipzig entfaltete nun Bach bekanntlich die Hauptthätigkeit seines Lebens. Eine kräftige Unterstützung seiner Wirksamkeit fand er durch den Superintendent Salomon Deyling, einen

Mann, dessen von den Zeitgenossen rühmlichst gedacht wird. Dieser und Bach waren 27 Jahre hindurch bestrebt, soviel sie vermochten, die kirchliche Feier zu beleben, Predigt und Kunstgesang in Verbindung zu bringen, überhaupt den Gottesdienst zu schmücken. Das Verhältniss an der Thomasschule zu den Rectoren derselben war dagegen nur kürzere Zeit ein günstiges. Einer derselben, Johann Matthias Gessner, war sein Freund, der spätere Johann August Ernesti jedoch schätzte die Tonkunst gering. Mannigfache Reibungen, wie sie in solchen Verhältnissen an Schulen sich häufig und auch noch gegenwärtig finden, mögen vorgekommen sein. Es scheint, dass der sächsische Hof in der Absicht ihm 1736 den Titel eines königlich polnischen und kurfürstlich sächsischen Hofcompositeurs beilegte, um Bach in seiner Stellung dem Rector gegenüber zu heben. Unser Meister war nach allen Seiten hin thätig. Im Jahre 1727 führte er ein Werk zum Geburtstage des Kurfürsten, der in Leipzig anwesend war, auf. Die Feier der Uebergabe der Augsburgischen Confession 1730 gab ihm ebenfalls Gelegenheit, mit seiner Kunst hervorzutreten. Um das Jahr 1736 finden wir wöchentlich zwei Concerte in Leipzig, deren einem, welches an jedem Freitag Abends von 8—10 Uhr, während der Messen auch Dienstags, im Zimmermann'schen Kaffeehause auf der Katharinenstrasse statthatte, Bach vorstand. Die Ausführenden waren meist Studirende, deren Rohheit man durch Kunstübung zu mildern suchte. Die Mitwirkung derselben war aber auch nothwendig, denn mit den übrigen Kräften, welche zu Gebote standen, sah es sehr misslich aus. In dem „Entwurf einer wohlbestallten Kirchenmusik", einer Eingabe, welche Bach 1730 machte, fordert er zu einer vollständigen Kirchenmusik 56 Personen, 36 Sänger und 20 Instrumentisten. Unter seinen Thomanern befanden sich jedoch nur 17 als Sänger zu Gebrauchende, und Instrumentisten hatte er nur 8, 4 Stadtpfeifer, 3 Kunstgeiger und 1 Gesellen, „von deren Qualitäten und musikalischen Wissenschaften etwas nach der Wahrheit zu erwähnen" ihm die Bescheidenheit nicht gestattete. Bach konnte nur wirken durch ehrenden Beifall, Zuvorkommenheit, Eifer für die Sache, denn die Mittel, welche die Stadt aufwandte, waren sehr gering. Auch Conflicte mit der vorgesetzten Behörde, wie sie in ähnlicher Weise schon früher vorgekommen waren, wiederholten sich. Bach's Streben war eben ein höheres, das nicht ausreichend verstanden und gewürdigt wurde, der Endzweck desselben, den Forderungen der Kirche an die Musik im weitesten Sinne Genüge zu leisten. — Noch will ich erwähnen, dass damals in Leipzig eine musikalische Gesellschaft bestand, welcher Bach als Mitglied beitrat. Der Gründer derselben war Lorenz Christoph Mizler, der seit

1738 hier eine musikalische Zeitschrift unter dem Titel „Musikalische Bibliothek" herausgab. — Im Jahre 1747 erfuhr Bach eine Auszeichnung, welche seine letzten Lebensjahre verschönte. Er wurde von Friedrich dem Grossen nach Potsdam eingeladen. Der König hatte wiederholt seinen Wunsch, ihn kennen zu lernen, gegen Bach's zweiten Sohn Philipp Emanuel, der in dessen Diensten stand, geäussert. Friedrich empfing ihn sogleich bei seiner Ankunft, führte ihn im Schlosse herum, und zeigte ihm die aufgestellten Silbermann'schen Pianofortes; Sebastian musste alle versuchen und sich in freier Phantasie auf ihnen hören lassen, in Gegenwart der Kapellisten, welche sich der Wanderung angeschlossen hatten, auch ein ihm gegebenes Fugenthema musste er bearbeiten, dessen nähere Ausführung er dem König in dem Werke „Musikalisches Opfer" darbrachte. Diese Reise war der letzte Lichtpunct in seinem Leben; denn nun folgten Kummer und Leid. Dass seine Augen schon in früher Jugend gelitten hatten, habe ich erwähnt; später war diese Schwäche noch durch anhaltendes Arbeiten, namentlich durch eigenes Graviren seiner Werke in Kupfer, vermehrt worden. Erblindung war zu befürchten, und so musste zu einer Operation geschritten werden, welche zweimal missglückte, wirkliche Erblindung zur Folge hatte, und auch die feste Gesundheit Bach's durch den Gebrauch gewaltsamer Arzneimittel erschütterte. Ein sechsmonatliches Siechthum folgte, und endlich der Tod, am 30. Juli 1750, nach anderen Angaben am 28. desselben Monats, Abends ein Viertel auf neun Uhr. Bis zu seinem Lebensende war er ununterbrochen thätig gewesen, und hatte, wie Händel, die Ideen, die ihn beschäftigten, in die Feder dictirt. Bach hatte in zwei Ehen gelebt und zwanzig Kinder erzeugt; in der ersten Ehe zwei Töchter und fünf Söhne, darunter Wilhelm Friedemann und Carl Philipp Emanuel, bekannt unter den Namen des Halleschen und Hamburger Bach; in der zweiten Ehe sieben Töchter und sechs Söhne, darunter Johann Christoph Friedrich, der Bückeburger, und Johann Christian, der Londoner.

Ich beschliesse die heutige Vorlesung mit der schon erwähnten Charakteristik Händel's und Bach's von Fr. Rochlitz.

„Die Lebensgeschichte Händel's und Bach's, auch nur so geschrieben, wie wir die erste von Burney, die zweite von Forkel besitzen, gewährt, besonders die eine der anderen gegenübergestellt, ein grosses Interesse; sie gewährt es selbst Denen, die sonst an Musik und Musikern wenig Antheil nehmen, wenn sie nur mit Sinn zu lesen wissen, was nicht immer mit Sinn ausgesprochen, sondern nur ehrlich und fleissig berichtet worden ist.

Händel und Bach, geboren fast in einem Momente, Beide in hohen Mannesjahren verstorben, kräftig und thätig fast bis zum letzten Lebenshauche, Beide Sachsen, Beide auch an Körper grosse, gewaltige, eisenfeste Männer. Bei Beiden drängt sich das eminente Musiktalent schon in frühen Kinderjahren unwiderstehlich hervor; Beide erlangen schon in der Knabenzeit, und gar nicht nach dem gewöhnlichen Gange menschlicher Dinge, einen gründlichen und strengen Unterricht im Theoretischen und Praktischen ihrer Kunst, Beide von ausgezeichneten Organisten, und Beide, um gleichfalls ausgezeichnete Organisten zu werden. Beide gelangen später, und wieder nicht nach gewöhnlichem Lauf der Dinge, zu einem viel mehr umfassenden, höheren Beruf, werden weit und breit berühmt, auch von verschiedenen der grössten Fürsten ihrer Zeit achtungsvoll ausgezeichnet; Beide erkennen das dankbar, lassen sich aber dadurch auch nicht um ein Haar von der Art ihrer vorherigen Kunstthätigkeit verlocken. Beide zieht es nach allen würdigen, damals üblichen Gattungen und Formen ihrer Kunst, Beide arbeiten auch für alle, aber Beide eignen und widmen sich vor Allem dem Erhabenen, Grossen, Reichen, Vollgesättigten, und zwar am liebsten, dieses angewandt auf religiöse Gegenstände und für religiöse Zwecke. Beide sind Männer — streng rechtlich, gradaus, und mit Geist und Seele auch ihrem Christenglauben anhangend, Beide sogar Letztes in höheren Lebensjahren nach gewissen halbdunkeln, aber grossartigen Ansichten dieses Glaubens, doch aber entziehen sich Beide darum keineswegs ihren weltlichen oder bürgerlichen Verhältnissen und Geschäften. Beide erblinden im Alter, ohne deshalb ihrer Kunst, sogar auch dichtend, untreu zu werden; Beide entschlafen ruhig und gottergeben, von ihren Zeitgenossen wenig verstanden, aber geehrt und respectirt, erst von der Nachwelt gefasst und gehuldigt —— nicht wenig Aehnliches; und doch so gänzlich verschieden.

Händel's unruhiger, leidenschaftlicher Geist, der von früh an hinaus zum Weiten und Fremden drängte, warf ihn schon als Jüngling ins Gewühl der Welt, und er gefiel sich darin bis über die Hälfte seines Lebens; er gefiel sich darin, mochte es da zu streiten oder zu lieben, zu erobern oder zu behaupten gelten. Alles, was über das Gewöhnliche hinausgeht, was Menschen ergreift, Menschen beherrscht, wollte er kennen lernen, wie im Leben, so in seiner Kunst; von Allem Gewinn ziehen für Geist und Charakter, ohne sich irgend Einem zu unterwerfen. Er mochte immer am liebsten mit Massen des Volks, unter dem er lebte, zu thun haben; gern auch mit Grossen, die ein Volk regieren; ihn selbst regieren sollten aber weder die Einen noch die Anderen; dafür wollte er jedoch freiwillig ihnen mit aller Treue dienen. An Allem und mit Allem wollte er sich versuchen, im Leben und in seiner Kunst; Alles in eigene Erfahrung bringen. Er liess nicht ab und setzte es durch, wie kaum irgend Einer seines Gleichen; er machte die vielfältigsten Erfahrungen, höchst freudige und höchst schmerzliche. Nun erst, in gesättigter Fülle der Manneskraft, fing er an, Abrechnung zu halten, Abrechnung mit sich und den Dingen; und nun wählte er, was seinem gesammten Wesen am vollkommensten sich eignete, und blieb fortan ihm treu bis zum Tode, erreichte aber auch darin, nur sich selbst gleich, was Keiner, weder vor noch nach ihm, erreicht hat. — Er blieb unvermählt, starb reich und ruht in der Westminsterabtei unter prachtvollem Monumente. Sein Leben hat durchaus etwas Heroisches.

Dagegen Bach! Seit diesem nur erst das Glück widerfahren, als Organist angestellt zu sein in — Arnstadt, mit siebenzig bis achtzig Thalern jährlichen Gehalts, so fand er seine Ansprüche erfüllt. Er bewarb sich um keinen höheren Posten, sondern folgte nur jedem Rufe, der ungesucht ihm zukam, um ihn als ein Geschenk der Vorsehung ansehen zu können. In jedem neu erlangten Amte war nur sein Streben, es aufs Möglichste zu erfüllen. Diesem bequemte er sogar seine dichterischen Gaben an. So schrieb er als Organist Orgelstücke, als weimarischer Kirchencompositeur Psalmen und geistliche Cantaten, als Musikdirector der Hauptkirchen Leipzigs seine grossen vielstimmigen, schwierigen, gelehrten Werke; jene Werke, welche so oft uns in den Fall setzen, dass der äussere Sinn, durch welchen diese Kunst eingeht — ist er auch äusserst geübt — nicht mehr ausreicht, sondern dass wir, soll Jedes an ihnen gefasst und gewürdigt werden, wie bei den Hauptwerken antiker Bildhauerei einen zweiten zu Hülfe nehmen müssen — hier den Tast-, dort den Gesichtssinn. — Nicht selten verlangten Könige und Fürsten ihn zu hören: dann ging er hin, bescheidentlich, that ihren Willen, und kehrte ebenso bescheidentlich, auch vollkommen zufrieden, in sein enges Haus zurück. Dass er der grösste Orgelvirtuos der Welt sei, musste er wol wissen: es war allzu offenbar und auch überall eingestanden; dass Virtuosität auf der Orgel damals eben das war, was vom Praktischen in der Musik hervorzuheben und reich zu belohnen, besonders in Frankreich, England und Holland, zu guter Sitte und feinem Ton gehörte, das wusste Jedermann — ohne allen Zweifel er auch, gleichwol ist ihm niemals auch nur der Gedanke oder Wunsch gekommen, einen Fuss über sein Vaterland hinauszusetzen. — Er lebte von früh an verheirathet, erzeugte eine ganze Colonie von Kindern, starb arm und ruht auf unserem Friedhofe, Niemand weiss, wo? — Sein Leben hat durchaus etwas Patriarchalisches".

Die Verschiedenheit Beider als Künstler im Grossen und Ganzen bezeichnet Rochlitz sehr treffend mit folgenden Worten:

„Was Händel zu bearbeiten sich vorgesetzt, das ward vor ihm im vollesten Maasse lebendig; er sah es, als eben in der Welt vorgehend: und wie es so war, wie es so vorging, in Tönen darzustellen; dass es auch vor dem empfänglichen und achtsamen Zuhörer lebendig, anschaulich, vorgehend würde, und der Zuhörer es gleichsam mitdurchlebte: das war sein regstes Bestreben, das sein herrlichstes Eigenthum, wie es Keiner ihm gleich, ja auch nur ähnlich, besessen hat. Dieses sein Eigenthum vollkommen geltend zu machen und durch die Wirkung bewährt zu sehn, gelang Händel'n auch dadurch, dass er daran genug hatte — nichts weiter hinzuthat, nicht daran künstelte, sondern nur aufs Treffendste und Entschiedenste es darlegen wollte; dass er lieber z. B. all seine Kunstgelehrsamkeit verleugnete, um nicht etwa durch Ueberladung des Bildes oder durch Zerstreuung der Interessen des Zuhörers seinem Hauptstreben zu schaden. Ist dieses Verleugnen schwierig — überall, und eine Art Opfer, der guten Sache dargebracht: so ist es auch um so verdienstlicher, und geschieht es bei solchen Ausmalungen in Tönen nur allzuleicht, dass man des Einzelnen nicht satt wird und sich im Kleinen verliert: so ist es um so preiswürdiger, dass Händel, was er ergreift, stets im Grossen fasst und also, doch aber ohne Eintrag der Bestimmtheit, ausbreitet. Dagegen, was Bach zu bearbeiten übernahm, wurde allerdings auch lebendig — aber in ihm; er fühlte es in seinem bewegten Gemüth; und wie er es da fühlte — eben Er, wie er war —, also in Tönen es auszudrücken, dass es auch in dem Gemüthe des empfänglichen, achtsamen Zuhörers lebendig würde und er es mitfühlte: das war sein regstes Bestreben. Hieraus ergab sich nun ganz natürlich, dass er für diesen seinen Zweck gar nicht genug oder doch nie zu viel glaubte thun zu können; ausser, wo ganz besondere Veranlassungen ihn zu Abweichungen und Beschränkungen seiner selbst bewogen."

Dies sind die Worte von Rochlitz. Sie sind geeignet, wie gesagt, durch ihre Anschaulichkeit Ihnen das Bild beider Männer näher vor Augen zu stellen.

In der nächsten Vorlesung haben wir Beiden und den Werken derselben noch eine etwas eingehendere Betrachtung zu widmen.

Elfte Vorlesung.

Händel und Sebastian Bach. Charakteristik Beider. Allgemeine Betrachtungen über das richtige Verständniss insbesondere Bach's und die moderne Ueberarbeitung älterer Werke. Der Wendepunct in der Geschichte der deutschen Musik.

Nachdem ich in der letzten Stunde das Bild Bach's und Händel's in den allgemeinsten Umrissen Ihnen gezeichnet habe, kommt es heute darauf an, demselben noch eine etwas genauere Ausführung zu geben.

Schon während der Zeit seines Hamburger Aufenthaltes hatte sich Händel, wie Sie wissen, in der dramatischen Bearbeitung geistlicher Stoffe versucht. Zwischen diesen ersten Anfängen und den späteren Meisterschöpfungen liegt eine längere Reihe von Jahren, welche Händel fast ausschliesslich seiner Thätigkeit im Fache der Oper widmete. Es war dies ein Durchgangspunct für ihn, es war eine Entwicklungsstufe, welche er durchlaufen musste, um ausreichend vorbereitet und mit Erfahrungen ausgerüstet seine Lebensaufgabe zu erfassen. Auch nicht mit einem Male hat Händel die spätere Richtung eingeschlagen; seine ersten Oratorien stehen noch in näherem Zusammenhange mit seinen theatralischen Arbeiten. Dieser Umstand ist von entscheidendster Wichtigkeit für die Auffassung und Beurtheilung der Händel'schen Werke sowol, wie des Oratoriums überhaupt. Das Oratorium ist, meiner Ansicht nach, entschieden als eine Vorstufe für die spätere Oper zu betrachten. Es entstand zu einer Zeit, wo die Oper zum höheren, bleibenden Kunstwerth sich noch nicht emporgeschwungen hatte, wo dieselbe nur ein flüchtiges Product der Mode war. Der tiefere Geist nun bemächtigte sich dieser Form, um das, was auf der Bühne auszusprechen noch unmöglich war, hier zur Erscheinung zu bringen. Nehmen wir hinzu, dass damals noch die religiöse Anschauung das gesammte Dasein durchdrang, dass alles Grössere und Tiefere diesem Boden entkeimte, so erhellt zugleich, warum vorzugsweise biblische Gegenstände seinen Inhalt bildeten. Man suchte alles über das Gewöhnliche Hinausgehende vorzugsweise in dieser Sphäre; der freie, weltliche Standpunct für das musikalische Drama war noch nicht gefunden, jener Standpunct, auf welchem das heitere Bühnenspiel zugleich eine eben so entsprechende Offenbarung des absoluten Geistes ist. Die Oratorien, als geistliche musikalische Dramen der Bühne bestimmt, sollten durch erhöhte Wirksamkeit des Chores einen Ernst, eine Feierlichkeit erhalten, die sie von den Producten der Mode auf diesem Gebiet, von den Darstellungen weltlichen Inhalts, so grossartige einzelne Scenen darin sich auch hin und wieder, namentlich bei **Händel**, vorfanden, unterscheide, zugleich der Tragödie der Alten nähere. Die Oratorien vertraten in jener Zeit, wo es noch keine grosse, heroische Oper gab, diese Gattung. Um das Bühnenspiel zu ersetzen, bemerkt v. **Winterfeld**, wurde es nun Aufgabe des Tonmeisters, seine Tonbilder um so schärfer, anschaulicher auszugestalten, wobei ihm nebenher zu Statten kam, dass er, in den Chören zumal, Manches nun kunstreicher und breiter ausführen durfte, als es die Raschheit einer Bühnenaufführung erlaubt haben würde, als es überhaupt auch in solcher Gestalt in dem Gedächtniss der Sänger und Spieler hätte haften können. Daher in **Händel's** folgenden, wenn auch durch seine Dichter dramatisch gefassten Oratorien, bei vielen Chören und anderen Gesängen jene **epische** Breite, ein Wort, das hier keineswegs als Tadel ausgesprochen sein, sondern eine wahrhaft neue Art von Schöpfungen, eine neue Gattung, bezeichnen soll, die in rein musikalischer Beziehung natürlich nun ein weit Grösseres gewährt, als bei dem Zusammenwirken aller Künste möglich gewesen wäre, und dadurch für die fehlende Bühnenmalerei, den Prunk der Aufzüge und Kleidungen, den Zauber der grösseren Mannigfaltigkeit entschädigen muss. **Händel** wurde so nach einer Seite hin gedrängt, welche ihm ursprünglich noch ziemlich fern gelegen hatte. Diese Oratorien waren auch etwas ganz Anderes, als was man früher unter diesem Namen bezeichnete. Die Mehrzahl der Händel'schen Werke stellt uns Begebenheiten aus den Büchern des Alten Testaments in dramatischer Form dar; andere, wie „Semele", „Acis und Galathea", „Hercules", neigen sich der Oper zu; wieder andere, wie das „Alexanderfest", bilden eine Mittelgattung; zwei Werke aber treten der Form zufolge vor allen anderen heraus: „Israel in Aegypten" und die Krone seiner Schöpfungen: der „Messias". Diese Werke ruhen nicht auf freien Dichtungen, sondern bestehen aus einer Reihe grossartig zusammengestellter Schriftsprüche. Hier hat sich **Händel** am weitesten von dem opernartigen Ursprung des Oratoriums entfernt, hier hat er am Entschiedensten das kirchlich-religiöse Gebiet betreten, hier hat er auf das Bestimmteste das Wesen der neuen, ursprünglich ihm ferner liegenden Richtung ergriffen.

Betrachten wir jetzt das Bild Händel's, wie es sich uns dem eben Mitgetheilten zufolge darstellt, so erblicken wir eine Persönlichkeit voll gewaltiger Kraft, wesentlich zugewendet dem Grossen und Erhabenen, wie es in den Geschichten des Alten und Neuen Testaments zur Erscheinung gekommen ist; eine Persönlichkeit aber, die nicht mehr umgrenzt wird von dem kirchlich-religiösen Standpunct im engeren Sinne, nicht ausschliesslich diesem sich hingiebt, im Gegentheil eine rein menschliche Persönlichkeit, für die das kirchlich-religiöse Element nur noch den Hintergrund bildet. Alle höhere menschliche Kraft ruht auf jener Basis. Dies der Grund der zum Theil noch vorhandenen kirchlichen Färbung. Auch die Geschichten des Alten Testaments mit überwiegend weltlichem Inhalt umgab damals noch ein gewisser religiöser Nimbus. Händel schritt jedoch innerlich schon aus dieser Sphäre heraus und hat darum keine Kirchenmusik im engeren, specielleren Sinne geschrieben. Er führte die Tonkunst heraus aus dieser ihrer Abgeschlossenheit, und machte das dort Gewonnene zum Ausdrucksmittel für eine edlere Weltlichkeit. So, möchte man sagen, leiht er der ganzen aus den kirchlichen Schranken befreiten, in freier Anbetung sich neigenden Menschheit seine Stimme. Daher das Gesunde und Urkräftige in ihm, das Grosse und Mächtige, das Typische; es ist, als ob sich die Brust erweitere bei seinen Tönen. Das angeblich Kirchliche liegt in der Grösse und Gewalt, womit er seinen Gegenstand erfasst, in der Hoheit, womit er auch rein Weltliches ergreift, es ist die höhere Wahrheit des Weltlichen, die er zur Geltung bringt, das Ewige darin, während vorher dieses Gebiet überwiegend nur das Vergängliche, Modische abgespiegelt hatte. Händel hatte durch die eigenthümlichen Phasen seiner Entwicklung hindurch endlich den ihm gemässen Ausdruck gefunden; diese Form ist ihm eigenthümlich; sie ist die Offenbarung seiner Persönlichkeit. Selbst im „Messias" ist er nicht streng kirchlich; wohl aber darf man sagen, aus keinem anderen Grunde, als weil er die enger gezogenen Grenzen strenger Kirchlichkeit darin schon durchbrochen, weil er eine Höhe der Anschauung erreicht hat, vor der jede Schranke fällt. Es ist die ewige That der Erlösung dargestellt in ewigen Tönen, in einer Weise, die von jeder Besonderheit der Auffassung befreit, sich über die Beschränktheit einer Zeitepoche erhebt, eine „Cantate des gesammten Menschengeschlechts", für alle Zeit dieselbe. Wir erblicken sonach die Eigenthümlichkeit Händel's in dieser Weltliches und Geistliches versöhnenden Richtung, wir sehen durch ihn den Schritt vollbracht zur wahrhaft grossen Oper hin, aber wir finden ihn durch äussere Veranlassung auf einen anderen Weg gedrängt, wodurch er sich eine ebenfalls neue und einzige Stellung erringt. Was ihm in Hinblick auf seine grossen Nachfolger, zunächst auf Gluck, fehlt, das ersetzt er durch den sich zum Epos hinneigenden Stil seiner Werke, durch die über alle Bühnenschranken weit hinausragende Erhabenheit seiner Darstellung.

Welche Folgerungen sich an diese Bestimmungen knüpfen, dies hier auszusprechen, ist noch nicht der Ort. Nur so viel sei erwähnt, dass ich allerdings das Oratorium als eine Kunstgattung betrachte, welcher, wenigstens in der früheren Gestalt, eine Zukunft nicht bevorsteht. Das Oratorium hat die Bestimmung, in der Oper aufzugehen, wie es auch im geschichtlichen Fortgang der Fall gewesen ist. Soll diese mehr epische Richtung der dramatischen der Oper gegenüber noch bestehen, so hat die alte Form wesentliche Umgestaltungen zu erleiden, bedingt durch den rein weltlichen Inhalt, den das Oratorium in der Gegenwart vorzugsweise sich zu eigen machen muss. Ich deute dies hier nur an, da ich später noch einmal darauf zu sprechen komme.

Betrachten wir jetzt, bevor ich weiter gehe, zunächst Bach.

Zeigte sich der eben besprochene Meister zu der ihm vorausgegangenen Entwicklung auf dem Gebiet der protestantischen Kirchenmusik in einer bei weitem freieren, auch fremde Einflüsse in sich aufnehmenden Stellung, so erblicken wir bei seinem grossen Nebenmanne, der uns jetzt beschäftigt, im Gegensatz hierzu, einen innigen Anschluss an das Vorausgegangene, nicht blos insoweit, als er fremde Einwirkungen von sich abweist, nicht blos insoweit, als er von dem Geiste der deutschen Vorzeit ausschliesslich genährt erscheint; Bach beschliesst die bisher besprochene Entfaltung, er ist als letztes Glied dieser Kette zu betrachten, er tritt unmittelbar ein in die Entwicklung, und dies nicht allein als kunstreich ausgestaltender Tonsetzer, nach welcher Seite hin er vorzugsweise gekannt ist, auch als Sänger geistlicher Liedweisen, und erfasste demnach die Aufgabe ganz im Geiste der früheren Künstler auf dem Gebiet des evangelischen Kirchengesanges. v. Winterfeld im dritten Bande seines Werkes hat darüber ausführliche Untersuchungen angestellt, und bezeichnet ihn als den Urheber einer grossen Anzahl von Singweisen, die, wenn sie auch nicht mehr das Volksmässige, wie in den früheren Jahrhunderten, besitzen, doch das Streben nach allgemeiner Verständlichkeit zeigen, ein das Gemeingefühl Vieler ansprechendes, die Verbreitung der Weisen sicherndes Element enthalten. Von seiner Thätigkeit als Setzer giebt er in seinen „vierstimmigen Choralgesängen", welche am frühesten, in den Jahren 1765 und 1769, erschienen, zuletzt im Jahre 1843 von C. F. Becker wieder herausgegeben worden sind, einen Beleg. Hier, bei der harmonischen Entfaltung geistlicher Liedweisen, gewinnen wir ebenfalls die Anschauung, „in welch wirksamem Zusammenhange er mit seiner Vorzeit gestanden, dass er sie künstlerisch durchschaut, mit Freiheit auf ihren Vorbildern fortgebaut hat", so dass Zelter mit Recht gegen Goethe sagen konnte, dass von Luther bis auf Sebastian Bach die echte Tradition der Kirchentöne sich fortgepflanzt habe. Nur nach Seite der rhythmischen Ausgestaltung hin lässt sich nicht ein Gleiches sagen; „hier erweckt er nicht, wie dort, den Geist seiner Vorzeit, zugleich der reichen Mannigfaltigkeit der Mittel sich bedienend, die ihm seine Gegenwart bietet; er empfängt die auf ihn fortgeerbten Melodien als ein Gegebenes, wie der Geschmack seiner unmittelbaren Vorgänger sie zugestutzt hat, doch mit dem Vorbehalte, selbst im Geschmack seiner Zeit und nach Maassgabe eigener Kunstzwecke an ihnen zu modeln. Bis zu seinen Tagen hin war der vormalige Reichthum rhythmischer Verhältnisse in den alten geistlichen Melodien ganz dem Gedächtniss der Mitlebenden entschwunden, zumal jener rhythmische Wechsel, der ein so eigenthümliches Leben ihnen verliehen hatte". Bach dichtete, was diese Aufgaben betrifft, nach v. Winterfeld's Ausdruck, im Geiste einer ihm schon fremden Zeit, in einem Geiste, der nicht ein zuerst in ihm erwachter, ein schon angeeigneter war; er steht diesen Aufgaben gegenüber mit reicheren Kunstmitteln, dem Gewinn eines Jahrhunderts, aber nicht mehr in dem früheren lebendigen Zusammenhange. Bemerkenswerth aber ist, dass er weit mehr als viele seiner Vorgänger auch in seinen kunstreicheren Werken dem Choral Zugang gestattete, und es deutet auch dies auf ein wieder überwiegendes innigeres Verständniss der Vorzeit. — Ich habe im Verhältniss zu den mir gesteckten Grenzen dieser Thätigkeit Bach's etwas ausführlicher gedacht, weil sie die am wenigsten gekannte, diese Resultate des oft genannten ausgezeichneten Forschers weiteren Kreisen noch gar nicht zugänglich sind. — Ein Gebiet, worauf die Meisten bei weitem heimischer, betreten wir, wenn wir Bach's allgemeine Wirksamkeit auf dem Gebiete der protestantischen Kirchenmusik betrachten. Hier sind es zunächst dessen acht- und fünfstimmige Motetten, seine Cantaten für verschiedene Sonn- und Festtage, diese in so grosser Anzahl, dass mehrere Jahrgänge aus denselben zusammengestellt werden könnten, seine erst in neuerer Zeit allgemeiner bekannt gewordenen grossen Passionsmusiken nach Matthäus und Johannes, endlich seine fünfstimmige Messe in H-Moll, ob-

Diese Messe ist unter allen derartigen Werken das grösste, eines der grössten des Meisters überhaupt. Leipzig hatte in jener Zeit Manches aus dem Gottesdienste der alten Kirche beibehalten, und so erklärt sich wol, wie Bach zu dem lateinischen Text der Messe kam, obschon die Composition bei ihrem grossen Umfang kaum zur Aufführung beim Gottesdienst geeignet war. Das *Kyrie* und *Gloria* hat er ausserdem 1733 für den Dresdner Hof componirt, um den Titel eines kurf. sächs. Hofcompositeurs zu erlangen, und dieser Umstand war demnach eine zweite Veranlassung für ihn. Bei weitem mehr als Händel aber ist Bach in allen Gattungen thätig gewesen, in einer Ausdehnung, dass uns erst in neuerer und neuester Zeit diese Fülle mehr und mehr zugänglich geworden ist. Händel beschränkte sich in seiner reiferen Zeit vorzugsweise auf das Oratorium; wir besitzen auch treffliche Instrumentalwerke von ihm, aber doch von weit geringerer Ausdehnung. Bach hat sich nach allen Seiten hin wirksam erwiesen, überall gross und bedeutend, das Alte abschliessend, für Neues die Bahn brechend. In allen Gebieten ist er von Einfluss und thätig gewesen. Wir besitzen von ihm Werke für Klavier, Orgel, Violine, Klavier und Violine, Orchester, Concerte für einen, zwei, drei Flügel, Suiten für Orchester u. s. w. Dem Instrumentbau sogar wendete er seine Aufmerksamkeit zu, so wie auch an seinen Werken sich zuerst in umfassenderer Weise die musikalische Theorie entwickelt hat. Was die Passionsmusiken betrifft, so sind diese durch das musikalische Drama jener Zeit entstanden, sie haben sich an ihm heraufgebildet, obschon lange vor Bach derartige Werke Eingang gefunden hatten. Hier aber finden wir unter dem Einfluss des neu Entstandenen die Fortbildung der älteren Form. Die ersten Passionsmusiken datiren aus der zweiten Hälfte des 16. Jahrhunderts. v. Winterfeld giebt die Beschreibung eines derartigen Werkes von einem gewissen Bartholomäus Gese vom Jahre 1588. Die Passion desselben nach Johannes beginnt mit einem fünfstimmigen Chor: „Erhebet eure Herzen zu Gott, und höret das Leiden unsers Herrn Christi, wie es St. Johannes beschrieben hat", worauf dann die evangelische Erzählung im Choraltone, einstimmig durch den Tenor vorgetragen, folgt. Aus ihr treten selbstständig hervor die Reden Christi, von den gewöhnlichen vier Chorstimmen vorgetragen, die Worte des Petrus und Pilatus dreistimmig, die der Mägde und Knechte zweistimmig, durch zwei Soprane, durch Alt und Tenor, die Volkschöre fünfstimmig; ein fünfstimmiger Chor schliesst das Ganze. Weiter schon war, wie Sie sich erinnern, Heinrich Schütz gegangen. Noch in dem Todesjahre desselben, 1672, erschien ein Passionswerk von dem preussischen Kapellmeister Johann Sebastiani, in welchem wir zum ersten Male geistliche Lieder in den biblischen Bericht eingeflochten sehen. Endlich erscheinen, auf diese Weise vorbereitet, Bach's Werke dieser Art. Die Passion nach Matthäus ist die reifere und vollendetere. Schon vorausgegangen war dieser höchst wahrscheinlich die nach Johannes. Jene wurde am Charfreitage des Jahres 1729 zum ersten Male in Leipzig aufgeführt, und Bach zeigt sich darin in einer Hoheit, dass dieses Werk als der Culminationspunct des protestantischen Bewusstseins zu betrachten ist. Es ist der Ernst und die Tiefe der Ueberzeugung darin, die Macht und Energie des Charakters, das Erfülltsein von der Sache, in einem Grade, dass diese Eigenschaften wol bei keinem anderen Tonkünstler, mit Ausnahme Beethoven's, — bei dem Letzteren natürlich auf weltlichem Gebiet — in solcher Grösse zur Erscheinung gekommen sind. Auch Bach's Passionsmusik zwar erscheint nicht gänzlich frei von modischen Bestandtheilen jener Zeit, sie zeigt auch die Mängel der Stufe der Kunstentwicklung, der sie angehört; überall aber bricht der Geist siegreich hindurch, das Vergängliche in das Reich des Ewigen emporhebend.

Untersuchen wir, wie ich es schon bei Händel gethan habe, jetzt zunächst die allgemeinste Bezeichnung des Bach'schen Wesens, so gewahren wir, dem weltlicheren Händel gegenüber, des Ersteren entschiedenere Kirchlichkeit. Während dort zwar das religiöse Element stets den Mittelpunct der gesammten Persönlichkeit bildet, tritt es doch nicht so sehr hervor, dass sich Händel ausschliesslich darauf beschränkt zeigt. Bach gehört entschiedener diesem Kreise an; es ist vorzugsweise das kirchlich-religiöse Element, welches bei ihm vorwaltet. Bach, berührt vielleicht von jenen religiösen Bewegungen, die kurz vor ihm und ganz in seiner Nähe von Spener und dessen Genossen ausgegangen waren, durchlebt in sich den Process des religiösen Bewusstseins, das, was den Gläubigen beschäftigt, wenn er durchdrungen ist von dem ewigen Inhalt des Christenthums, wenn er nach der Wiedergeburt im Glauben ringt; das Weltliche, das wir bei ihm gewahren, erscheint an ihm äusserlicher, nicht mit dem innersten Mittelpunct seiner Persönlichkeit verschmolzen; es erscheint nicht, wie bei Händel, in seiner Wahrheit und Berechtigung, im Gegentheil nur als ein vergänglicher, modischer Bestandtheil. Bach, diese ureigene Natur, unterlag hierin den Einflüssen seiner Zeit, und zwar fast mehr als Händel, es ist jene altfränkische Zierlichkeit und Galanterie, jene Mode vergangener Tage, es sind zum Theil französische Einflüsse, welche bemerkbar sind. Bach hat, wie schon erwähnt wurde, jene grosse Epoche beschlossen, er ist das letzte Denkmal der mächtigen Glaubenskraft der Vorfahren. Seine geschichtliche Stellung aber als letztes Glied dieser Kette lässt ihn kaum noch als vollständigen, ganz entsprechenden Ausdruck jenes alten, in ursprünglicher Kraft hervorgetretenen religiösen Gemeingeistes betrachten. Bach ist zu subjectiv, als dass er ein treuer Spiegel der Gesammtheit sein könnte, auch zu wenig populär; er hat den alten Geist zur Erscheinung gebracht, soweit dies in einer im Ganzen nicht günstigen Zeit möglich war, in einer Zeit, welche zu viel Gemachtes, aller Ursprünglichkeit Entfremdetes besass, um der Boden für Schöpfungen zu sein, welche nach jeder Seite hin eine ewige Jugend sich bewahren sollen. Händel hatte vor Bach den grossen Vortheil voraus, dass er in der Nation, in deren Schoosse er seine unsterblichen Werke schuf, gesündere Elemente vorfand, nicht das philisterhaft Beengte, in trockenem Formalismus Untergegangene, wie damals in Deutschland. Bach ist eine Nachblüthe auf dem gewaltigen Stamm der Vorzeit; aber er hat die Elemente, welche ihm die Vorzeit bot, überwiegend nur in seine mächtige Persönlichkeit aufgenommen, diese damit erfüllend, nährend, er zeigt sich der Gesammtheit entfremdet, durchaus esoterisch; er ist der Schlussstein der Entwicklung, aber auf dem Boden ausschliesslicher Kunst, und einen objectiven Inhalt in überwiegend subjectiver Weise aussprechend.

Nachdem ich so, wie ich glaube, das Entscheidendste im Charakter beider Männer vergleichend angegeben habe, kommt es darauf an, ihnen im Einzelnen noch etwas näher zu treten.

Bach hat an der Orgel sich herangebildet, von dieser seinen Ausgangspunct genommen; dies verleiht seinen gesammten Kunstleistungen ihren bestimmten Charakter. Händel hat zwar gleichfalls diesen Ausgangspunct genommen, bald aber ganz entgegengesetzten Einflüssen sich hingegeben. Bach's Thätigkeit war dem entsprechend eine mehr nach innen gekehrte, seine vorwaltende Neigung eine grüblerische Versenkung; sein Leben ein inneres. Händel wendete sich früh nach aussen, den Menschen und der Beobachtung derselben zu, ringend und kämpfend, die mannigfaltigsten Eindrücke in sich aufnehmend. Bach's Verständniss erschliesst sich daher nur von innen heraus. Es ist nicht die äussere, sinnliche Klangwirkung, welche für sich allein zu fesseln vermag. Dem inneren Sinn erst geht das Grossartige der Gestaltung auf, durch das Innere hindurch geht der Weg zum Aeusseren. Händel ist plastisch, er gewährt der sinnlichen Seite der Kunst ihr Recht, und von dem Aeusseren gelangen wir zum Inneren. Bach, als ächter Deutscher, war dem instrumentalen Element überwiegend zugeneigt, er schrieb später für seinen Thomanerchor, für zwar musikalisch, aber nicht eigentlich kunstgebildete Sänger. Händel widmete sich früh schon dem Gesange, und verkehrte bald mit den grössten Sängern und Sängerinnen der Welt. Darum erblicken wir bei Händel als hervorstechenden Grundzug jene Popularität im grossen und hohen Sinne, die Fähigkeit, auf Massen zu wirken, die mehr augenblickliche Eingänglichkeit und Eindringlichkeit. Bach zeigt sich als Gegensatz; er ist nicht eingänglich, minder sangbar, er ist der am wenigsten populäre aller Tonsetzer. In Bach gelangte jene, einst von den Niederländern begründete, in Deutschland fortgebildete Richtung zu ihrem Abschluss, sein Geist erwachte unter dem Tongewebe contrapunctisch verbundener Stimmen; er bezeichnet die Spitze dieser Entwicklung. Händel steht mit dem einen Fusse in Italien; er ist innerhalb dieser Epoche die Spitze der schon früher charakterisirten italienisch-deutschen Richtung. Bach charakterisirt darum der Mangel äusserer Schönheit, wie sie Italien besitzt, Händel zeigt sich berührt von dem Zauber dieses Landes. Bach und Händel sind die Culminationspuncte ihrer Zeit innerhalb ihrer Kunst, nach den entgegengesetzten Seiten gewendet, der Eine das Haupt des Nationalen, der Andere Repräsentant jener universellen Verschmelzung der Stile, auf die ich schon in der die Geschichte der deutschen Musik eröffnenden Betrachtung als eine Hauptbestimmung zur Erfassung des deutschen Geistes hinwies. Händel bewegt sich in allgemein menschlichen Stimmungen, in den Stimmungen der Massen; was in der Brust eines religiösen, aber gesunden, freisinnig männlichen Volkes sich regt, das hat er ausgesprochen, mit einer Urkräftigkeit und Gesundheit, dass es durch die Jahrhunderte schallt; Bach spricht nur sich aus, sein religiöses Gemüth, er vergräbt sich immer tiefer in sich hinein, und kann sich nicht genug thun, um diese Tiefe zu erschöpfen. Händel leiht der ganzen Menschheit seine Stimme, Bach ist nur insoweit allgemein, als Jeder diesen Process des religiösen Bewusstseins in sich durchlebt. Händel in seinen Gestaltungen zeigt schon eine Vorahnung des späteren Kunstideals, Bach hat nur religiöse Zwecke vor Augen, und die Kunst steht bei ihm noch ausschliesslich im Dienst der Kirche. Händel ist objectiv, episch, Bach subjectiv, lyrisch. Bach's Natur neigt überwiegend dahin, zur abgeschlossensten Besonderheit sich auszubilden, das Gewöhnliche, zur Hand Liegende abzuweisen, ein jedes Werk bis in das Kleinste und Einzelnste hin auszugestalten. Händel arbeitet mehr aus dem Vollen und Ganzen, richtet seine Blicke überwiegend auf die Gesammtwirkung. Das eigenthümliche Verhalten aller Derer, welche an den Werken Beider Antheil nehmen, liegt zum Theil hierin begründet.

Der Verehrer Bach's fühlt sich zu immer neuem Forschen angeregt, in einen Kreis nie endender Thätigkeit hineingezogen, alle seine Kräfte sind in Anspruch genommen, immer Tieferes glaubt er zu entdecken, und so geschieht es leicht, dass einem Solchen das Einfache und Populäre seicht und geringhaltig erscheint, weil es fasslich ihm entgegentritt, weil er das Verständniss nicht zu erringen braucht: dass ein Solcher demnach in ein durchaus schiefes Verhältniss der gesammten Kunst gegenüber geräth. Händel bietet zu solchen Verirrungen keine Veranlassung. Wie ihn selbst die lebendige Wechselbeziehung zu einer grossartigen Umgebung, in der er stand, vor solcher Einseitigkeit schützte, so gewährt er auch dem Hörer einen unmittelbaren, allgemeineren, vielseitigeren Kunstgenuss. Auch die Stellung beider Meister bei ihren Lebzeiten scheint eine dem entsprechende gewesen zu sein. Bach war überwiegend doch wol nur als Orgelspieler bewundert; seine grossen Gesangswerke haben jedenfalls nur eine geringere Verbreitung und Anerkennung, ausser bei dem kleinen Kreise der Eingeweihten, gefunden; dem Volke ist er stets fremd geblieben. Händel stand schon in früheren Jahren der Gesammtheit des Publicums gegenüber, und als er später mit seinen Oratorien einmal durchgedrungen war, wurde er mehr und mehr der Gegenstand der Verehrung des gesammten Englands. Beide Männer endlich sind Meister ihrer Kunst, Beide in eminenter Weise. Beiden aber ist diese gewaltige Kunst nie Zweck, stets nur Mittel zum Zweck. Sie sind so weit entfernt, damit zu prunken, dass sie allein damit hervortreten, wo es die Nothwendigkeit der Sache erfordert, und es sind Missverständnisse einer späteren Zeit, einer Zeit, welche diesen Geist nicht zu fassen vermochte, wenn insbesondere Bach als Mann der Kunstgelehrsamkeit, als trockener Contrapunctist, betrachtet wurde. Bach besitzt Alles. In der Gewohnheit dieses Besitzes ergreift er überall nur das Gehörige und Nöthige. Jene Kunst war der nothwendige und entsprechende Ausdruck für den Geist jener Zeit, und es ist deshalb eine ganz unstatthafte Thätigkeit der Abstraction, Form und Inhalt trennen zu wollen.

Auch in den Schicksalen beider Meister nach ihrem Tode zeigt sich bemerkenswerthe Aehnlichkeit. Erst der neueren und neuesten Zeit war es vorbehalten, Beide in ihrer unermesslichen Bedeutung erkennen und schätzen zu lernen. Händel wurde durch die Bemühungen Hiller's und Mozart's in Deutschland zuerst allgemeiner bekannt und erlangte seit dieser Zeit eine immer weiter verbreitete Anerkennung. Bach, einer ganz anderen Weltanschauung angehörig, als die war, welche bald nach seinem Tode Geltung gewann, hat erst in neuester Zeit in weiteren

Kreisen ein besseres Verständniss, eine mehr entsprechende Auffassung gefunden. Wie es eine Zeit gab, wo die Dome des Mittelalters als Erzeugnisse eines barbarischen Kunststandpunctes völlig ignorirt wurden, so geschah es auch Bach, dessen Werke mit jenen Domen viel Gemeinschaftliches haben, dass man seiner nicht mehr gedachte. Den Bemühungen von Marx und Mendelssohn insbesondere haben wir es zu danken, wenn die Gegenwart eine alte Ungerechtigkeit wieder gut zu machen angefangen hat; diese Männer sind unermüdlich thätig gewesen, durch Aufführungen, erneute oder erste Ausgaben, sowie durch die Schrift das allgemeinere Verständniss zu vermitteln.

Ich beschliesse hiermit die Charakteristik Bach's und Händel's. Unmöglich würde es sein, einen Reichthum, wie ihn beide Künstler uns vor Augen legen, in dieser gedrängten Darstellung zu erschöpfen. Die Hauptpuncte jedoch, auf die es bei der Würdigung derselben ankommt, glaube ich Ihnen bezeichnet zu haben. Jetzt soll es zunächst noch meine Aufgabe sein, verschiedene durch das Bisherige gebotene Betrachtungen anzuschliessen, auf die Lösung einiger sich uns darbietenden Fragen hinzuarbeiten.

Im Fortgang der Geschichte geschieht es stets, dass die folgende Epoche, in ihrem Wesen oft sehr verschieden, ja entgegengesetzt, die unmittelbar vorausgegangene negirt, und es erst einer späteren, abermals erhöhten Stufe vorbehalten bleibt, die Extreme auszugleichen, jedes derselben als Entwicklungsmoment zu begreifen. So lange noch im Leben der Völker, wie des Einzelnen, in rascher Folge der Bewegung ein im Schoosse der Zukunft verhülltes Ziel zu erstreben ist, wird Alles, was dahin führt, zurückgesetzt, vergessen; erst bei Erreichung des Zieles, erst da, wo die geschichtliche Bewegung, wenigstens augenblicklich, Halt macht, erscheint die Möglichkeit, den durchlaufenen Weg zu überblicken, die einzelnen Stadien abzugrenzen, ihre Bedeutung zu ermessen. Die Gegenwart bezeichnet, was Musik betrifft, einen solchen Moment, einen solchen Halt- und Wendepunct. So ist jetzt wenigstens in Bezug auf Bach und Händel das erreicht, dass alle tiefer gebildeten Musiker und Musikfreunde die Bedeutung derselben im Allgemeinen anerkennen. Geschieht dies, was den Ersteren betrifft, zur Zeit noch bald in überwiegend hohem Grade, bald wieder in nicht ausreichender, demnach immer noch schwankender Weise, so liegt der Grund davon in der bezeichneten Eigenthümlichkeit des Meisters, und auch die Ursachen einer einseitigen Vertiefung und Ueberschätzung sind schon angegeben. Ich trete damit den ausserordentlichen Leistungen Bach's nicht entfernt zu nahe, ich tadle allein jene ausschliessliche Versenkung in die Kunstschöpfungen dieses Mannes, welche, in dem Streben, allen Ruhm auf den Scheitel eines Einzigen zu häufen, den Blick trübt und befangen macht, und die Verdienste anderer gleich grosser Meister verkennen lässt. Bach ist gross und unsterblich in der vorhin bezeichneten Stellung, was aber die freie Entfesselung des Geistes betrifft, wie sie durch die späteren Meister bezeichnet wird, so ist er nicht über die ersten Anfänge hinausgekommen, und in diesem Sinne, auf weltlichem Gebiet, ist es richtig, wenn sein Verhältniss zum nachfolgenden Jahrhundert, wie schon einmal erwähnt wurde, durch das der ägyptischen zur griechischen Kunst bezeichnet wird. Eine weitere Ursache solcher Einseitigkeit, dass die Bedeutung des Meisters wol in den allgemeinsten Umrissen festgestellt ist, die nähere Bestimmung aber häufig vermisst wird, liegt in dem Durcheinander der Ansichten auf musikalischem Gebiet, auf das wir später noch ausführlicher werden zu sprechen kommen, in der so ganz heterogenen Bildung der Musiker, der alles Gemeinschaftliche so gar sehr fehlt. Da nirgends noch die Principien der Beurtheilung festgestellt sind, so ist es eine natürliche Folge, wenn die Ansichten über die wichtigsten Kunsterscheinungen so weit auseinandergehen. Auch die Anerkennung Bach's beim grossen Publicum ist eine noch sehr schwankende, nähere Vertrautheit wird selbst bei den ernsteren Freunden der Kunst vermisst, und man begnügt sich meistens mit jenem kalten Respect, der die Sache auf sich beruhen lässt. Auch hier liegen die Ursachen zum Theil in der Eigenthümlichkeit Bach's, zum Theil aber in einem Vorurtheil, welches die Musiker immer genährt haben, ohne zu wissen, wie sehr sie nicht blos Bach, wie sehr sie der Stellung der Tonkunst überhaupt, der Gesammtheit gegenüber, schadeten. Noch immer gilt Bach überwiegend als gelehrter Contrapunctist, noch immer sprechen die Musiker es aus, dass ohne nähere Vertrautheit mit jenen künstlichen Formen so wie überhaupt der Tonkunst, so zumeist Bach nicht nahe getreten werden könne. Ist nun auch dieser Ansicht eine einseitige Wahrheit und Berechtigung durchaus nicht abzustreiten, so beruht dieselbe, in dieser Ausschliesslichkeit gefasst, doch wesentlich auf einem Verkennen des Verhältnisses der Technik eines Tonstücks zum Geist desselben, auf einem Verkennen des Verhältnisses der Form zum Inhalt. Von den Musikern wird leicht die Form mit dem Inhalt verwechselt, wird leicht die Form zur Hauptsache gemacht und der Geist ganz vernachlässigt, das Verständniss der Form als das einzig den Eingang Vermittelnde gefasst. Solcher Einseitigkeit gegenüber ist zu sagen, dass das Verständniss des Musikers durchaus nicht ein specifisch verschiedenes ist, wie die Dilettanten glauben und wie so viele Musiker, um sich in einen gelehrten Nimbus zu hüllen, absichtlich verbreiten; das Verständniss des Musikers ist ein bewussteres durch die Einsicht in die Mittel des Ausdrucks, durch die Einsicht in die Art und Weise, wie ein bestimmter Inhalt zur Darstellung gekommen ist; so wenig aber die Schönheit des menschlichen Körpers für den Empfänglichen eine geringere ist, weil er mit der Knochen- und Muskelstructur, wodurch diese wunderbaren Biegungen und Linien hervorgebracht werden, nicht ganz vertraut, ebensowenig darf das Verständniss des Tonwerks durch eine nicht ganz specielle Kenntniss seiner Technik leiden. Der Geist ist das Ursprüngliche, den Ausdruck, wodurch er zur Erscheinung kommt, seine Form, Schaffende; die Form ist das Secundäre, und kann erschöpfend eigentlich nur aus dem Inhalt erkannt werden. Jedenfalls hat es demnach seine eben so grosse Berechtigung, wie die hier in ihrer Einseitigkeit bestrittene Ansicht, wenn ich sage, dass es hauptsächlich der Geist Bach's selbst ist, welcher das Verständniss erschwert, dass es sich eben so sehr um eine allgemein geistige Vorbereitung handelt, um ihm nahe zu treten. Es ist diese tiefe, vergangenen Zeiten angehörende Religiosität, welche einem im Weltlichen aufgehenden Geschlecht, bei einem zerstreuten und unruhvollen Leben, nur als ein verschlossenes Buch vorliegt; es ist dieser grossartige Ernst, diese Strenge, welche bei so Vielen kaum noch ein Organ des Verständnisses findet. Mit demselben Recht, mit dem daher technische Vorbildung bei selben verlangt wird und verlangt werden muss, darf auch eine allgemein geistige Vorbereitung gefordert werden. Man hat sich mit dem religiösen Schoosse der Vorzeit vertrauter zu machen, man hat diese Entwicklung dahin führenden Bewusstseins in sich zu reproduciren, um Empfänglichkeit erst dadurch zu bringen. Beide Seiten müssen gleich sehr berücksichtigt werden, wenn vollständige Vertrautheit erzielt werden soll. So lange man nur das contrapunctische Gerüst sieht, wird auch das bisherige Vorurtheil nicht schwinden. Die Musiker aber haben, wie gesagt, ausserordentlich geschadet, indem sie, statt die Leute zur Betrachtung des Bildes einzuladen, dasselbe nur noch mehr in die Ferne gerückt haben.

Während ich bisher eine Vergangenheit Ihnen darstellte, welche ausnahmsweise in der Gegenwart wieder zum Leben erweckt wird, so reiche ich jetzt zum ersten Male Künstler, die dem Leben der Gegenwart nahe stehen, deren Werke noch einen integrirenden Bestandtheil unserer öffentlichen Musikaufführungen bilden. Noch mehrere andere Fragen bieten sich uns in Folge davon dar, welche hier zum ersten Male ihre Erledigung fordern. Dies Alles zugegeben, erwidert man, zugegeben auch, dass man unser schnell bewegtes, unruhvolles, leicht aufgereiztes Leben und Wesen auf Momente beseitigt, dass man sich in die epische Breite Händel's, in den mystischen Tiefsinn Bach's, in diese, schnell wechselnde Affecte gänzlich ausschliessende Welt versenkt habe; liegt nicht dessenungeachtet in den Werken Bach's und Händel's selbst Etwas, was sie uns mit Recht entfremdet; enthalten sie nicht Veraltetes, nur der Mode jener Zeit Angehöriges, was uns zurückstösst; sind wir wirklich allein im Unrecht, wenn wir uns nicht damit befreunden können; müssen wir uns nicht zum Theil der Errungenschaften eines höheren Standpunctes entäussern, um auf sie eingehen zu können, und erscheint es nicht gerechtfertigt, wenn wir jene Werke zum Theil umgestalten, verändern, um sie unserer Zeit entsprechend zu machen? Hierauf diene Folgendes zur Antwort: Die Frage nach dem Veralten oder Nichtveralten früherer Tonwerke ist eine auf unserem Gebiet vielfach angeregte, selten genügend beantwortete, eine Frage, welche eine grosse Rolle spielt, so dass jeden Augenblick von dem Veralten einer früheren Tonschöpfung gesprochen wird. Auch die Frage nach der theilweisen Umgestaltung früherer Werke ist vielfach aufgeworfen und ganz verschiedenartig, ja entgegengesetzt beantwortet worden. Ich versuche Folgendes festzustellen: Bleibend sind alle Werke der Kunst, in denen die Epoche derselben ihren auf dieser Stufe möglichen, vollendeten Ausdruck gefunden, in denen das Wahre, was sie anstrebte, das Beste, was sie besass, seinen Culminationspunct erreicht hat. Dies ist das Wesen der Classicität, dies ist charakteristisch für Werke, welche, einer nothwendigen Entwicklungsstufe des Menschengeschlechts angehörig, für ewige Zeiten als von gleicher Gültigkeit bezeichnet werden müssen. Im Gegensatz hierzu theilen alle Schöpfungen das Schicksal des Veraltens, welche nicht den Culminationspunct einer Epoche bezeichnen, welche zu ihm hin- oder von demselben herabführen, Werke demnach, welche den Vorstufen der Kunst angehören, oder als eine Nachblüthe zu betrachten sind, Werke, denen das Ziel nur erst ein geahntes ist, welche die Erreichung nur vermitteln, oder solche, in denen schon die höchste Aufgabe einer Epoche überschritten wurde, die das schon Gelöste durch Ueberhäufung der Mittel noch ein Mal lösen wollen. Derartige Schöpfungen sind allein für die Kunstgeschichte von Bedeutung; sie haben allein für den Geschichtsschreiber Interesse, um die Epochen des Aufblühens und des Verfalls zu erkennen, und den wirklichen Höhepunct nach seinem wahren Wesen zu erfassen. — Dies sind die allgemeinsten Gesichtspuncte. Näher aber bedarf die Natur des Classischen der Bestimmung, dass die Epoche, aus der es hervorgeht, selbst schon die Stellung der höchsten Blüthe in der geschichtlichen Entwicklung eines Volkes einnehmen muss. Auch vorübergehende Werke können der höchste Ausdruck einer Zeit sein, und doch eben nur vorübergehende Bedeutung haben, wenn diese Zeit selbst nur einen Durchgangspunct bezeichnet, wenn diese Zeit selbst nur den Vorstufen angehört, oder als eine Nachblüthe im Leben eines Volkes zu betrachten ist. Jede Zeit findet demnach zwar ihren höchsten Ausdruck in irgend einer Erscheinung der Kunst oder Wissenschaft, aber diese Erscheinungen sind verschieden, je nach dem Werth der Epochen, welche sie abspiegeln. Das Classische ist dies dann, wenn es, als der höchste Ausdruck seiner Zeit, eine solche zur Darstellung bringt, die das Leben und die geistige Entfaltung eines Volkes in den höchsten und gesteigertsten Momenten in sich birgt; das classische Kunstwerk enthält den Kern einer Nation, die geistige Substanz derselben, und bringt diese in ihrer vollendetsten Gestalt zur Erscheinung. So sind die classischen Werke aller Zeiten die Denkmale der geistigen Entwicklung des Menschengeschlechts, die Grenzsteine, welche die Stadien derselben abmarken. Alles dasjenige aber geht unter im Strome der Zeiten, was solche Höhepuncte vermittelt; nur die Spitzen der fernen Gebirge sind dem Auge sichtbar, nicht das, was zu ihnen hinauf- oder von ihnen herabführt. — Noch eine Bestimmung ist dem Gesagten hinzuzufügen, um dasselbe zum Abschluss zu bringen. Wurde bis jetzt von dem Classischen im Gegensatz zu dem vorübergehenden Charakter aller Uebergangsmomente ewige Dauer ausgesagt, so ist die Bezeichnung insoweit einzuschränken, als auch das Classische nicht für alle Zeiten einer gleichen Lebendigkeit in dem allgemeinen Bewusstsein theilhaftig bleibt. Auch das Classische wird überwunden, wird zur blossen Entwicklungsstufe herabgesetzt, wird im Fortgang der Geschichte als überwundener Standpunct betrachtet. Diese Bestimmung ist nicht ohne Schwierigkeit, sie ist in neuester Zeit vielfach missverstanden worden, und ich wähle daher sogleich ein Beispiel. Homer, Sophokles sind classisch, sie bezeichnen nach verschiedenen Seiten hin das Höchste in der Entwicklung des griechischen Geistes. Alle nachfolgenden Geschlechter kehren zu ihnen zurück als zu der ersten, herrlichsten Blüthe desjenigen Volkes, welches in seiner geschichtlichen Stellung selbst einen solchen Höhepunct der Entwicklung bezeichnet. Die Werke der Genannten sind Schöpfungen von ewiger Dauer, sie sind der vollendetste Ausdruck des menschlichen Geistes auf einer bestimmten Stufe seiner Entfaltung; sie bezeichnen eine Stufe, welche alle Späteren wieder durchlaufen, in sich reproduciren müssen. Aber diese Werke sind durchaus nicht mehr der adäquate Ausdruck unseres Bewusstseins, wir sind durchaus nicht mehr im Stande, in ihnen gänzlich aufzugehen, und darin unsere höchste Befriedigung zu finden; unser Bewusstsein ist durch den Reichthum der nachfolgenden Entwicklung ein unendlich vertiefteres, und jene Werke gehören in diesem Sinne einem überwundenen Standpunct an. Der grosse Unterschied besteht demnach darin, dass das Classische im Fortgang der Zeiten zwar ebenfalls zur Entwicklungsstufe herabgesetzt erscheint, als solche aber ein nothwendiges und ewiges Glied in der Geschichte des menschlichen Fortschritts bezeichnet, das wirklich Veraltende dagegen dem allgemeinen Bewusstsein entzogen ist, und nur für den Forscher vorübergehendes Leben und vorübergehende Bedeutung gewinnt. — Wenden wir das Gesagte auf Händel und Bach an, so ergiebt sich uns leicht, dass die Werke derselben in dem bezeichneten Sinne als classisch zu betrachten sind. Händel und Bach sind die Spitzen, sind die Vollender einer ganzen, grossen Epoche, welche in ihnen ihren höchsten Ausdruck gefunden hat. Sind sie dies vielleicht nicht in dem ganz eminenten Sinne, wie die vorhin genannten Dichter, so liegt der Grund zum Theil in dem Wesen ihrer Zeit, den damaligen Verhältnissen, namentlich in Deutschland, welche ihnen nicht so allseitig günstige Bedingungen darboten, wie es in Griechenland oder in England zu Shakespeare's Zeit der Fall war, zum Theil in dem Umstand, dass italienische Einflüsse im 17. Jahrhundert sich geltend gemacht und die protestantische Kunst von ihrem ursprünglichen Ziele abgelenkt hatten, zum Theil endlich in der Stellung der Tonkunst zum Leben überhaupt. Mehr fast als alle anderen Künste hat die Musik bisher von den Einflüssen der Mode zu leiden gehabt, und nur selten ist es ihr gelungen, ganz unabhängig von derselben das Ewige rein und ungetrübt zur Darstellung bringen zu können. Aber Bach und Händel als Classiker theilen das Schicksal auch des Classischen, später zur Entwicklungsstufe herabgesetzt zu werden, und hierin liegt der Grund, wenn sie der Gegenwart als nicht mehr unmittelbar angehörig betrachtet werden müssen. Auch in ihnen findet das gegenwärtige Bewusstsein nicht mehr seinen höchsten adäquaten Ausdruck, und das letztere ist darum nicht durchaus rechtlos, im Gegentheil gar sehr berechtigt, wenn es nicht sogleich in ihnen zu Hause ist, nicht sogleich und unmittelbar sich mit ihnen befreunden kann. Schon muss das gegenwärtige Bewusstsein zu ihnen als zu einer früheren Entwicklungsstufe zurückkehren, und eine lebendige Anschauung ihres Geistes reproducirend vermitteln. Sind wir auch nicht so weit entfernt, dass das, was diese Männer erfüllte, uns gänzlich fremd wäre — es bildet in der That gegenwärtig noch ein wesentliches Moment unseres Inneren —, so ruht doch unser Ideal auf ganz anderen Grundlagen; das, was ihnen das Höchste war, ist erreicht, und auf neuen

Wegen wurde schon längst die Lösung neuer Aufgaben unternommen. — Untersuchen wir endlich die Frage nach der Berechtigung einer Modernisirung jener Werke, so ergiebt sich uns nach dem Vorausgegangenen mit Leichtigkeit die Antwort. Nur dann würde eine Modernisirung zulässig erscheinen, wenn das betreffende Werk noch unserem eigenen Standpunct angehört, wenn wir uns auf der Spitze der Entwicklung befinden und eine zu dieser hinführende Schöpfung höheren Anforderungen gemäss umgestaltet werden soll. Bach und Händel dagegen bezeichnen Beide eine abgeschlossene, von der unserigen weit verschiedene Epoche, und treten uns mit der Berechtigung als Classiker, als der vollendetste Ausdruck ihrer Zeit entgegen. Sind sie nicht überall frei von den damaligen Einflüssen, von Einwirkungen der Mode, so überwiegt doch das Ewige in ihnen in so hohem Grade, dass jenes diesem gegenüber verschwindet. Eine Modernisirung ihrer Werke muss darum, streng genommen, als eine Barbarei bezeichnet werden; nicht das kann hier erreicht werden, dass man, wie in dem zuvor angegebenen Falle, zur Erscheinung bringt, was ein Künstler beabsichtigte, in Folge der Mängel seiner Zeit aber nicht erreichte, im Gegentheil, man leiht ihnen nur einen der durch sie bezeichneten Stufe gänzlich fremden Ausdruck. Vom Princip aus sind demnach derartige Bearbeitungen, wenn sie das Wesen und die Eigenthümlichkeit des Werkes angreifen, gänzlich von der Hand zu weisen. Ein Anderes aber ist es, mit Vorsicht und Geschmack offenbar nur der Mode Angehöriges abzustreifen, oder zu ergänzen, wenn dies, wie z. B. bei Händel, durch Nichtbenutzung der Orgel geboten erscheint. Auch die Rücksicht auf äussere Verhältnisse kann Manches entschuldigen. Zeigt sich ein Publicum so durchaus anders gewöhnt, so durchaus flüchtig und frivol, dass ohne bedeutende Kürzungen und Auslassungen ein solches Werk gar nicht zur Aufführung gebracht werden könnte, so sind diese entschieden vorzuziehen. Es ist besser, eine Tondichtung unter derartigen Umständen, als gar nicht zu Gehör zu bringen, nur habe man stets das Bewusstsein gegenwärtig, dass dies nicht Verbesserungen, sondern nur Accommodationen, der Schwäche gegenüber, sind. Das Höhere bleibt immer, die Denkmale der Vorzeit unangetastet zu lassen, und aus dem Geiste ihrer Zeit zu begreifen. Einem überwiegend gebildeten Publicum gegenüber, einem Publicum, welches im Stande ist, sich seiner unmittelbaren Subjectivität zu entäussern, ist dieser Standpunct geltend zu machen; für die grosse Menge, die nur im Augenblicke lebt, die Nichts kennt, als was ihre Zeit ihr bietet, sind Concessionen am Orte. Dies ist, wie ich glaube, die entscheidende Lösung der Frage.

Wir befinden uns jetzt am Schlusse der ersten grossen Epoche der deutschen Musik. Schon in der siebenten Vorlesung, als ich Ihnen einen vorläufigen Ueberblick über das noch zu durchlaufende Gebiet gab, deutete ich darauf hin, dass jetzt bei uns derselbe Wendepunct eintrat, wie in Italien nach den Zeiten Palestrina's um das Jahr 1600. Die Epoche des erhabenen Stils erreicht ihre Endschaft, die des schönen beginnt. Auch das habe ich schon ausgesprochen, dass an Sebastian Bach und die Familie desselben, ähnlich wie in Italien an A. und D. Scarlatti, vorzugsweise dieser Umschwung sich knüpft. Bald naht die Zeit, wo auf allen Gebieten, in Wissenschaft, Poesie und Kunst, Staat und Leben, eine grosse Umgestaltung sich geltend machte. Ein höheres Geistesleben erwachte in Deutschland. Friedrich der Grosse und Joseph II., genährt durch die namentlich in Frankreich aufkeimenden neuen Ideen, bemühten sich, an die Stelle des historisch Gewordenen, Principlosen, an die Stelle der alten Unordnung im Staat allgemein vernünftige, rechtliche Bestimmungen treten zu lassen, und Deutschland aus seiner Erstarrung und Verknöcherung zu befreien. Die weltumgestaltende That der französischen Revolution, dieses Weltgericht über die Vergangenheit, folgte zu Ende des Jahrhunderts, und führte auf weltlichem Gebiet das durch, was der Protestantismus auf kirchlichem gethan hatte. Die alte Religiosität verschwand allmählich. Kant, der grosse Vorkämpfer des Rationalismus, erschien. Das gesammte innere Leben wurde ein anderes. Blieb früher jede Empfindung auf den Umkreis des Kirchlichen beschränkt, und zeigten sich die Herzen ausschliesslich erfüllt von religiösen Gefühlen, so trat jetzt ein freier bewegtes Leben, traten freiere, weltliche Regungen an die Stelle. Die kirchlichen Schranken wurden durchbrochen, der alte Dogmatismus gestürzt, der Mensch lernte sich als Mensch erfassen. Vor Allen waren es die Männer der Sturm- und Drangperiode, die Männer jener Schule, aus der endlich Goethe überwältigend, siegreich hervortrat, die theils durch eigene Schöpfungen, theils durch das tiefere Verständniss Shakespeare's, welches sie verbreiteten, das so lange durch starre Formen geknechtete deutsche Herz entfesselten, die winterliche Eisdecke, welche jede rein menschliche, jede warme Frühlingsempfindung unterdrückte, sprengten. Wissenschaftliche, künstlerische Begeisterung trat an die Stelle der religiösen. War bis dahin der Protestantismus Träger des fortschreitenden Geistes gewesen, so wurden es jetzt Kunst und Wissenschaft. An die Stelle dogmatischer Gebundenheit trat ein freies Waltenlassen des Genius auch in der Kunst, an die Stelle des Dogmatismus Sebastian Bach's die freie Genialität der späteren Meister. Die Tonkunst folgte dieser Umbildung der allgemeinen Weltanschauung, die classische Oper Gluck's, ermöglicht, vorbereitet durch die grossen Schöpfungen Händel's, trat in das Leben, die moderne Instrumentalmusik wurde geboren. Alles Vorausgegangene hatte hingedrängt auf diese dramatische Entfaltung; die epische Würde und Haltung. die epische Ganzheit, wie wir sie noch bei Händel erblicken, löste sich auf in ein mannigfach nuancirtes, vielfach bewegtes, affectvolleres Seelenleben. An die Stelle der Objectivität der Vorzeit trat die Subjectivität der Neuzeit. Die Epoche der kirchlichen Tonkunst ist damit im Wesentlichen beschlossen; die Herrschaft der weltlichen Musik beginnt. So hoch die vorausgegangenen Jahrhunderte im Kirchlichen das letzte Jahrhundert überragen, so hoch steht das letztere auf weltlichem Gebiet über jenen.

Wir gelangen jetzt zu den wichtigsten Gegenständen unserer Betrachtung, zu der Gegenwart und dem, was in unmittelbarem Zusammenhange mit derselben steht, zu dem, wofür alles Bisherige als Vorbereitung und Einleitung diente. Meine Betrachtung wird aus diesem Grunde auch — bei dem Reichthum des aufzunehmenden Materials — eine andere. Galt es bisher, in grösseren Gruppen Ihnen die hervorstechendsten Erscheinungen vorzuführen, so verfolge ich in den nächsten Vorlesungen zuerst nur die Spitzen der Entwicklung bis herab auf die Gegenwart, und lasse sodann diesen Hauptwendepuncten das Speciellere, auf Mozart und Beethoven die Schulen Beider, folgen.

Zwölfte Vorlesung.

Erste Anfänge der französischen Musik: die französische Oper. Cambert. Lully. Weiterer Fortgang: Gluck und Piccini.

Bevor ich mich zu den in der letzten Vorlesung bezeichneten Gegenständen wende, ist es nothwendig, unsere Blicke nach Frankreich zu richten, um jetzt auch dieses Land in den Kreis der Darstellung aufzunehmen.

Frankreich hat nicht, wie Italien und Deutschland, eine gleich umfassende und geordnete Entwicklung durchlaufen; es tritt bei weitem später mit selbstständiger Bedeutung auf. Wenn jene Länder mit der Blüthe der Kirchenmusik begannen, so unterscheidet sich Frankreich dadurch wesentlich, dass ihm eine kirchliche Tonkunst von höherem Werth fast gänzlich mangelte. In der Epoche Josquin's, um das Jahr 1500, zeichneten sich einige Schüler desselben aus, doch fanden dieselben ihre Heimath überwiegend in Italien. Seit dem Jahre 1530 waren in Paris und Lyon grosse Druckereien thätig, und es traten jetzt Componisten auf, deren Chansons, Motetten und Messen an diesen Orten gedruckt wurden. Auch aus späterer Zeit werden noch viele Titel und Namen genannt, ohne dass jedoch ein grösserer Ruf und grössere Kunstbedeutung sich daran knüpfte; es scheint sogar, als habe die Tonkunst dort Rückschritte gemacht. So dauerten die Verhältnisse fort bis in das 17. Jahrhundert. Man war von der alten Schule des höheren Contrapuncts längst abgefallen, ohne in den neuentstandenen Gattungen den Italienern nachzueifern. Nur etwas Eigenthümliches besass der französische Hof schon seit Ludwig XIII., es waren dies die „*Vingt-quatre Violons du Roy*", (Violinen und Violen von verschiedenen Dimensionen), für welche einige Tonsetzer eine Art von Kammerstücken geliefert hatten, Werke indess, welche nur die Kindheit der Kammermusik unter einem wenig musikalischen Volke beweisen können. Erst nach Erfindung der Oper finden wir Gelegenheit, von Frankreich Wesentlicheres zu berichten. Die Oper hatte daselbst später als' in Deutschland Eingang gewonnen. Der Cardinal-Minister Mazarin war der Erste, der dieselbe nach Frankreich verpflanzte. Es geschah dies im Jahre 1645, wo zum ersten Male vor dem Hofe von einer italienischen Operngesellschaft eine Aufführung veranstaltet wurde. Lange zuvor schon hatte man zwar theatralische Aufführungen gekannt. Insbesondere war es eine Gattung unter dem Namen: Ballet, in welchem neben der Hauptsache, dem Tanze, auch gesungen und gesprochen wurde; es war dies aber Alles so unkünstlerisch wie möglich, ohne allen Geschmack bunt Zusammengestelltes enthaltend. Selbst diese Belustigungen des Hofes aber mussten erst von einem Italiener einigermaassen in Ordnung gebracht werden. Die erste Opernaufführung wurde in dem bezeichneten Jahre von einer italienischen Gesellschaft vor dem Hofe in Petit-Bourbon veranstaltet. Das Stück hiess „La finta Pazza", Text von Giulio Strozzi. „Man kann sich jedoch", sagt Schmid in dem im Eingange dieser Vorträge genannten Werke über Gluck, „von dem damaligen Geschmack einen Begriff machen, wenn man erfährt, dass der erste Act dieses Singspiels mit einem Tanze von Affen und Bären, der zweite von Straussen und der dritte von Papageien geschlossen wurde." Zwei Jahre später gab eine bessere, ebenfalls von Mazarin verschriebene Gesellschaft die Oper „Orpheus und Eurydice" von Peri, mit ausserordentlichem Beifall. Dieser Erfolg der Italiener spornte einige Franzosen an, Aehnliches zu versuchen, doch so, dass man sich streng an das von den Ersteren gegebene Vorbild hielt. Ein gewisser Abbé Perrin dichtete in französischer Sprache ein Hirtenspiel „La Pastorale", ein gewisser **Robert Cambert**, Organist an der Kirche St. Honoré und später Surintendant der Musik der Königin Anna von Oesterreich, der Mutter Ludwig's XIV., unterzog sich der Composition desselben, und wurde dadurch der erste Franzose, der eine eigentliche Oper in Musik setzte. Es geschah dies im Jahre 1659. Mazarin, der diese neue Gattung sehr liebte, liess das Stück mehrmals vor Ludwig XIV. in Vincennes aufführen und ermunterte die Verfasser zu weiterer Thätigkeit. Erfreut über den glücklichen Erfolg ihres ersten Versuches schritten Perrin und Cambert zur Composition der Oper „Ariadne". Durch den Tod Mazarin's indess wurden die Fortschritte des lyrischen Dramas um zehn Jahre aufgehalten. Perrin erhielt endlich im Jahre 1669 ein königliches Privilegium, welches ihm gestattete, öffentliche Musik- und Opernvorstellungen zu geben. Er verband sich mit Cambert, dem Marquis de Sourdéac, welcher dem

Maschinenwesen vorstand, und einem Finanzmeister, richtete ein öffentliches Theater in der Mazarinstrasse ein, und engagirte Musiker, Sänger und Tänzer; — Tänzerinnen gab es noch nicht, man verkleidete die Jüngsten als Frauen. Im März 1671 brachten diese Männer die erste öffentliche Vorstellung vor dem Volke zu Stande. Die Oper hiess „Pomone", und war nichtssagend, mit leeren Wortspielen und Zweideutigkeiten angefüllt, machte aber so grosses Glück, dass sie acht Monate hinter einander täglich gegeben wurde, und dem Dichter allein einen Gewinn von 30,000 Fr. einbrachte. Uneinigkeiten indess entstanden bald unter diesen ersten Opernunternehmern. Dies benutzte ein schlauer Italiener, Lully, der schon früher in Paris angekommen war, sich bei Hofe einzuschmeicheln gewusst hatte, und unterdess königl. Oberkapellmeister geworden war, so dass es ihm gelang, das Opernprivilegium auf sich zu übertragen, indem er Perrin, den Beleidigten, beredete, dasselbe an ihn abzutreten. Lully liess ein anderes Theater einrichten, engagirte einen anderen Dichter und begann seine Vorstellungen schon im November des Jahres 1672. Cambert war darüber so entrüstet, dass er Frankreich ganz verliess und sich mit seinen Werken nach England wendete.

Jean Baptiste (Giovanni Battista) **Lully** war geboren im Jahre 1633 zu Florenz, wurde aber 1644 von dem Herzog von Guise mit nach Paris genommen, zum Dienst bei der Nichte des Königs, die sich indess wenig für ihn interessirte und ihn beim Küchenpersonal als Küchenjunge beschäftigen liess. Der intelligente Knabe jedoch, der schon in Florenz auf der Guitarre zu klimpern liebte, lernte für sich Lieder und Tänze auf der Violine, erregte dadurch die Aufmerksamkeit, und erhielt nun ordentlichen Unterricht; bald machte er sich durch kleine Tonstücke, welche er componirte, beliebt. Ludwig XIV., der ihn begünstigte, gab ihm zuerst eine Stelle in der Kapelle, und vertraute ihm dann die Leitung einer neu für ihn gestifteten Musikertruppe an, die man „*les petits Violons*" nannte, zum Unterschied von jenen schon erwähnten älteren berühmten „*vingt-quatre Violons*". Sogleich entbrannte auch sein Ehrgeiz, und sein Streben war darauf gerichtet, es diesen vorzuthun, ihren Ruhm zu verlöschen. Er componirte für seine Leute Symphonien, Trios, suchte überhaupt Alles hervor, wodurch diese glänzen konnten. Im Jahre 1658 trat er in einen höheren Wirkungskreis. Er machte Musik zu einem der Ballette, welche für den Hof erfunden wurden, in denen der König selbst tanzte und zu denen selbst Molière Texte liefern musste. So wusste er nach und nach immer mehr die Aufmerksamkeit auf sich zu ziehen, und so konnte es bei seinem Naturell nicht fehlen, dass er allmählich zu den höchsten Ehrenstellen gelangte, und endlich Generalintendant der königlichen Musik wurde.

Lully war listig, verschlagen, einschmeichelnd und keck verwegen, von Ehrgeiz angespornt; alle Mittel galten ihm recht, wenn es sich darum handelte, seine Pläne durchzusetzen. Ein seltsames Gemisch widersprechender Eigenschaften zeigt sich in seinem Charakter: Bedientennatur, Niedrigkeit, Härte, Gemeinheit, und auf der anderen Seite wieder nicht allein Talent, sondern auch Geist. Er wird von einem Zeitgenossen als ein kleiner Mann geschildert von üblen Zügen und vernachlässigtem Aeusseren, mit kleinen, rothgeränderten Augen, die man zuerst kaum finden konnte, die aber in düsterem Feuer glühten und Funken von Geist und Bosheit sprühten, im Gesicht Spasshaftigkeit und über die ganze Figur etwas Bizarres und stets Unruhe verbreitet. Derselbe Mann, der den Ersten des Hofes unverschämt gegenübertreten konnte, wenn er den König auf seiner Seite wusste, der sich von seinem Uebermuth zu den kecksten Streichen hinreissen liess, derselbe trug einst, als er des Königs Gunst schwanken sah, kein Bedenken, in Molière's „eingebildetem Kranken" die Rolle des Pourceaugnac zu spielen, vor Aerzten und Apothekern am Ende die Flucht zu ergreifen und endlich, um den König zum Lachen zu reizen, in den im Orchester befindlichen Flügel zu springen, so dass dieser in Stücke ging, — trug kein Bedenken, die Rolle des gemeinsten Possenreissers zu übernehmen. In welcher Weise er ein solches Benehmen entschuldigte, zeigt eine Antwort, welche er dem Kriegsminister gab, als er zum Secretär des Königs ernannt worden war. Louvois tadelte ihn, dass er sich in Würden dränge, die ihm nicht gebührten, da er doch Nichts sei als ein Possenreisser, Nichts habe als das Talent eines Lustigmachers. „Wie gern würden Sie ein solcher sein", erwiderte er, „wenn Sie das Talent dazu hätten, oder würden Sie sich als Kriegsminister weigern, auf den Befehl des Königs zu tanzen?" Dabei war er heftig und tyrannisch; spielte ein Violinist falsch, so geschah es wol, dass er wüthend auf ihn zurannte, ihm das Instrument aus den Händen riss und ihm auf dem Rücken zerschlug. Kam er dann wieder zu sich und erkannte seine Ueberellung, so bat er den Beleidigten höflich um Entschuldigung, lud ihn zu Tische und bezahlte das Instrument über den Werth. Auch noch in späteren Jahren gab er einen traurigen Beweis von derselben Haltungslosigkeit. Mlle. le Rochois, die grösste theatralische Künstlerin der damaligen Zeit, hielt durch Unpässlichkeit die Aufführung einer seiner letzten Opern „Armide" auf. Gedrängt und eingeschüchtert durch Lully, musste sie gestehen, dass sie Mutter sei; sie zeigte zur Entschuldigung ein Eheversprechen vor, welches ihr der Geliebte auf eine Spielkarte geschrieben hatte. Ein Fusstritt war die für die Unglückliche nur zu folgenreiche Antwort des hier sich in seiner ganzen Rohheit zeigenden Directors. — Lully heirathete die Tochter des damals noch in hohem Ansehen stehenden Cambert, und dieser kluge Schritt war ihm sehr förderlich zur Erreichung seiner Absichten und Pläne. Ich habe schon erwähnt, dass er das Opernprivilegium auf sich zu übertragen wusste; zugleich erhielt er die königliche Vergünstigung, welche den übrigen Pariser Theatern verbot, mehr als zwei Stimmen und sechs Geigenspieler zu gebrauchen. Er eröffnete das neue Theater mit dem Stücke „*Les fêtes de l'Amour et de Bacchus*"; das Gedicht war von Philippe Quinault. Jetzt verband er sich mit dem Genannten, der ihm die Dichtungen zu seinen Opern lieferte. Für jedes Textbuch zahlte er ihm 4000 Livres. Gehoben von glücklichen Erfolgen, arbeitete Lully mit Quinault die Oper „Kadmus und Hermione", die erste 1673 aufgeführte *Tragédie lyrique* des französischen Theaters. Da zu dieser Zeit Molière gestorben war und die Truppe desselben nicht beisammen blieb, so erhielt Lully das Theater im Palais royal. Die erste Oper von Quinault und Lully auf demselben war „Alceste". Hierauf folgten „Theseus", „Le carnaval", „Atys", „Isis", „Psyche", „Bellerophon" u. m. a., im Ganzen 19 Opern. Als er noch an seiner letzten Oper arbeitete, erkrankte er. Der Beichtvater erschien und kündigte ihm sogleich an, dass er nicht eher Absolution seiner Sünden erwarten dürfe, bevor er nicht wenigstens seine neueste Oper ins Feuer geworfen habe. Lully überlegte eine Zeit lang, liess die Stimmen seiner letzten Oper bringen und vor den Augen des Beichtvaters verbrennen. Als er sich, jedoch nur auf kurze Zeit, wieder erholt hatte, besuchte ihn ein Freund und redete ihn an: „Ei, ei, Baptist, ich höre, dass Du Deine neue, schöne Oper ins Feuer geworfen! Du bist ein Narr gewesen, dass Du Dich von einem träumenden Jansenisten hast bewegen lassen, das schöne Werk zu vernichten!" — „Still", antwortete Lully, „ich wusste, was ich that; dort im Schranke daneben liegt noch unverletzt die Partitur." Beim Dirigiren hatte er sich einst die Fussspitze verwundet. Diese an sich unbedeutende Verletzung zog, bei seinem vielfach aufgeregten und ausschweifenden Leben, den Tod nach sich. Eine Entzündung hatte sich eingestellt, die sich endlich über den ganzen Körper verbreitete. Lully liess sich, so wird erzählt, aus dem Bett bringen und auf Asche legen, hing eine Schnur um den Hals und declamirte dabei, was nur von einem reuigen Sünder, der Busse thut, erwartet werden kann, sang sein Sterbelied auf das Wehmüthigste und endete so, im letzten Augenblick noch Schauspieler, am 22. März des Jahres 1687. Lully hatte sich selbst eine Kapelle und ein Marmordenkmal errichten lassen, und hinterliess ein Vermögen von 630,000 Lv.

Dies ist der seltsame Gründer der französischen grossen Oper, jedenfalls für Frankreich von grosser Bedeutung, obschon seine Leistungen einen höheren Werth durchaus nicht beanspruchen können. Eigenthümlich ist denselben die Verbindung von Tänzen und Chören mit der Handlung, ein Vorzug, dessen die italienische Oper entbehrte, eigenthümlich die declamatorische Behandlung der Singstimme, obschon dieselbe eigentlich mehr eine Psalmodie als Recitation zu nennen ist, und nur selten durch kurze, auf keinerlei Weise ausgeführte ariose Sätze oder durch kurze Ritornelle sich unterbrochen zeigt, im Ganzen ohne Geist und Leben. Dramatischer Ausdruck und Charakteristik ist darin nicht zu finden. Lully las wiederholt seine Texte, so dass er sie auswendig lernte, declamirte dieselben, bis die musikalischen Accente hörbar wurden, und ging dann erst an das Klavier. Hier spielte er nun so lange, bis er glaubte, das Rechte gefunden zu haben; er dictirte dann meist das so Gefundene einem seiner Mitarbeiter und Schüler in die Feder. Diese Art des Componirens lässt das Uebergewicht, welches er dem Text einräumte, erkennen. Bei Alledem war er im höchsten Grade eigensinnig gegen seine Dichter; immer und immer wieder mussten ganze Scenen umgearbeitet werden; so konnte es nicht fehlen, dass doch endlich aus dem vielfachen Probiren und Suchen ein Resultat hervorging. Eine seiner wichtigsten Neuerungen bestand auch darin, dass er statt der bisher gewöhnlichen Knaben Tänzerinnen auftreten liess; es geschah dies im Jahre 1681. Auch das ist bemerkenswerth, dass er zuerst die Blasinstrumente in das Opernorchester eingeführt hat. Quinault brachte in seine Texte, obschon er an der ganzen Einrichtung der italienischen Oper im Wesentlichen des Inhalts, der Wahl der Gegenstände und der Oekonomie Nichts geändert hatte, eine bessere Haltung, einen sinnreicheren Zusammenhang. Bei Alledem war es Lully mit seinen Bestrebungen durchaus Ernst, so Widersprechendes auch von ihm auszusagen ist; nicht blos mit seinen eigenen Arbeiten quälte er sich unablässig, in seiner gesammten Thätigkeit zeigte er den grössten Eifer und die grösste Sorgfalt. Die Zeitgeschichte spricht sich darüber in folgender Weise aus: Lully war nicht nur in der Kunst, Opern zu setzen, sehr ausgezeichnet, sondern er verstand auch vollkommen die Kunst, sie zur Darstellung zu bringen und die Aufführung zu leiten. Sobald ihm jugendliche, mit guter Stimme begabte Talente, von deren Ausbildung sich Etwas erwarten liess, begegneten, sorgte er sogleich mit bewunderungswürdiger Vorliebe zuerst für ihren Unterricht; dann lehrte er ihnen selbst, wie sie eintreten, und auf dem Theater gehen sollten, und dann, wie sie ihren Geberden und Bewegungen den gehörigen Anstand zu geben hatten. So hat er die grössten Schauspieler und die berühmtesten Schauspielerinnen gebildet, als die Beaumavielle, die Dumesny, die Mlle. de Saint-Christophe und die berühmte Rochois, welche das eigentlich wahre Muster aller grossen Schauspielerinnen gewesen ist, die man seither auf dem Pariser Operntheater gesehen hatte. Ferner wollte er, dass die Sänger in den Recitativen ohne alle Läufe und Verzierungen sängen, und überhaupt in den Darstellungen seiner Opern zeigen sollten, dass er sie dem französischen Lustspiele, und zwar in der Weise der Champmeslé, nachzubilden beabsichtige. Nachdem er diese berühmte Schauspielerin ihre Rollen vortragen gehört und seinem Gedächtnisse tief eingeprägt hatte, lehrte er seine Zöglinge die Vortheile kennen, wie sie ihrer Stimme Anmuth, Wohlklang und Kraft, Eigenschaften, welche man von der Kehle eines Sängers erwartet, abgewinnen könnten, um dem Zwecke, welchem er sie zu widmen gesonnen sei, vollkommen zu entsprechen. Bei den Proben, die er selbst vornahm, duldete er nur die nöthigen Personen, nämlich den Dichter, den Tonsetzer und ähnliche. Er rügte die Fehler seiner Schauspieler, trat nahe vor dieselben hin und hielt die Hand über die Augen, um seiner Kurzsichtigkeit nachzuhelfen und ja Nichts zu übersehen, was seinen Tadel verdiene und einer Verbesserung bedürfe. Für sein Orchester besass er ein so feines Ohr, dass er im fernsten Hintergrunde des Theaters jeden Violinspieler, der einen falschen Griff gethan hatte, sogleich herauskannte. Wenn er derartige Ungehörigkeiten vernahm, sagte er sogleich: „Das waren Sie, so steht es nicht in Ihrem Parte". Bei seinen Vorstellungen wurden fast ebensoviel Tanzstücke als andere Musikstücke eingeschaltet. Er änderte den Eingang des Ballets, erfand Schritte und Gruppirungen, wie sie gerade dem Gegenstande entsprachen und wie es der Ausdruck verlangte, oder inwiefern es die Nothwendigkeit erforderte. Er tanzte nicht selten seinen Tänzern selbst vor, um ihnen das Begreifen seiner Absichten zu erleichtern. Endlich wusste es Lully auch dahin zu bringen, dass seine Schauspieler ihn sowol liebten als fürchteten. Er machte sie verbindlich, ohne Widerrede jede Rolle anzunehmen, die er ihnen zutheilte, und genoss wirklich ein fast bewunderungswürdiges Ansehen in diesem tonkünstlerischen Staate.

Um Lully als Tonsetzer richtig zu beurtheilen, muss man die Zeitverhältnisse, muss man seine Umgebung in Anschlag bringen. Die Oper konnte damals Nichts sein als eine Hoffestlichkeit. An höhere, künstlerische Bedeutung, an Wahrheit des Ausdrucks wurde nicht gedacht. Sie zum wahrhaften Kunstwerk zu erheben, war erst einer späteren Zeit vorbehalten; am Hofe Ludwig's XIV. war sie Nichts als eine geistreiche Maskerade, deren Hauptzweck die Verherrlichung der Fürsten. Bei allen Mängeln Lully's jedoch lebte in ihm die Grundrichtung der französischen Nation, die er, wenn auch noch in höchst unvollkommener Weise, zum Ausdruck brachte. Noch lange Zeit nach seinem Tode beherrschten seine Opern das französische Theater, und wol ein volles Jahrhundert hindurch stand er im höchsten Ansehen. Klug war es von ihm, dass er sich öfters beliebter Tanz- und Liedweisen bediente und sie in Tänzen und Chören verwendete; er wurde dadurch populär und trat dem allgemeinen Verständniss näher. Seine Ouverturen wurden so geschätzt, dass sie selbst in Italien Eingang fanden. Die moderne Ouverture, bemerkt Schelle in seiner Schrift: „Der Tannhäuser in Paris und der dritte musikalische Krieg", hatte dadurch ihre erste Anlage gewonnen. Auch in Deutschland waren dieselben beliebt, und an manchen Orten, wie z. B. in Hannover, gab es Kapellen, welche vorzugsweise diese Werke zur Darstellung brachten. Fink in seiner Geschichte der Oper giebt davon eine ausführliche Beschreibung. Des Rühmlichen ist freilich nicht viel zu berichten; die Instrumentalmusik befand sich damals überhaupt noch auf der Stufe der Kindheit. Beiläufig sei erwähnt, dass Lully in späteren Jahren auch Kirchensachen geschrieben hat. Fassen wir das Gesagte zusammen, so ist nicht zu verkennen, dass trotz alles äusserlich Berechneten durch Lully eine neue Richtung der dramatischen Musik angebahnt wurde. Es war, dem freien melodischen Ergehen der Singstimme in Italien gegenüber, die Richtung auf Wortausdruck. Die Aufgabe der italienischen Oper war es, den musikalischen Stoff in seinem ganzen Umfange durchzubilden. Die französische Schule hatte das Musikdrama im engeren Sinne zu ihrem Gegenstand. Das Recitativ gewann an declamatorischer Wahrheit und Mannigfaltigkeit der Ausdrucksweise, die Arie an eigentlichem Charakter. Hier musste das Wort in den Vordergrund treten. Geschah es auch in höchst untergeordneter Weise, so wurden in Wahrheit doch die Bestrebungen Gluck's dadurch vorbereitet. Schon das war ein grosser Gewinn, dass auf die Texte mehr, als bis dahin gewöhnlich, Rücksicht genommen wurde, dass der dramatische Tonsetzer nicht mehr als der ausschliesslich Herrschende erschien, im

Gegentheil die Aufgabe jetzt in einem engeren Anschluss an den Dichter bestand. Bewusstlos und zum Theil wol nur in Folge seiner Schwäche als Tonsetzer hat Lully der italienischen Oper gegenüber eine neue Richtung der theatralischen Musik, die eigentlich dramatische, dadurch eingeleitet. So, wie gesagt, wurde er und sein Nachfolger Rameau, auf den ich nachher noch zurückkomme, auf lange Zeit hinaus Herrscher im Gebiet der Oper, bis später die Italiener und Gluck eine neue Wendung herbeiführten.

Betrachten wir jetzt die Entwicklung der Oper, soweit dieselbe bis zu dem Zeitmoment, wo wir uns befinden, in Europa gediehen war.

Italien hatte im Laufe von beinahe zwei Jahrhunderten das, wozu durch die erste Erfindung der Grund gelegt war, weiter entfaltet, anfangs langsam, dann in immer rascherem Laufe der Stufe der Vollendung zuführend, welche auf diesem Standpunct der Kunstentwicklung überhaupt und bei diesem Princip möglich war. Es ist sehr Bedeutendes auf diesem Gebiet geleistet worden, aber alle jene Werke sind jetzt vergessen, und die Schöpfer derselben kaum noch dem Namen nach gekannt; die umfassendere und tiefere Lösung der Aufgabe, welche Deutschland vollbracht, hat jene Anfänge, allerdings zum Theil mit Unrecht, der Vergessenheit überliefert. Sie wissen, dass der allgemeine Charakter der modernen italienischen Oper auch in jenen Werken wiederzufinden ist. Italien ist sich im Wesentlichen sehr gleich geblieben, und dasselbe Princip, welches in den gegenwärtigen Kunstschöpfungen dieses Landes zur Erscheinung kommt, hat auch jene früheren Werke hervorgerufen. Nur im Aeusseren, in der Häufung der Orchestermassen, in dem Gebrauch grösserer, complicirterer Formen sind grosse Umgestaltungen durch die spätere Rückwirkung Deutschlands hervorgerufen worden; was das Wesentliche betrifft, so ist in der italienischen Oper immer ein lyrisches, dramatischem Fortschritt hinderliches Ausströmen der Empfindung, ist schöne künstlerische Sinnlichkeit im Gegensatze zu der überwiegend geistigen Richtung der deutschen Musik herrschend gewesen.

Die Oper auf einen freieren geschichtlichen Standpunct zu heben und von den engen nationellen Schranken Italiens zu befreien, die Lösung der Aufgabe auf einer höheren Stufe zu vollbringen, war, nach dem Vorgange Frankreichs, die Bestimmung Deutschlands. Italien ist gross gewesen dadurch, dass es allen anderen Völkern eine Zeit lang erfindend voranging, Deutschland immer durch die umfassendere und tiefere Ausbildung, welche es diesen Erfindungen angedeihen liess.

Unser Vaterland hatten die Gräuel des dreissigjährigen Krieges zu sehr niedergedrückt, als dass es gleichzeitig mit Italien einer Thätigkeit, deren Gedeihen die heiterste Behaglichkeit voraussetzt, sich hätte zuwenden können; es versäumte, wie Ihnen aus der vor Kurzem gegebenen Darstellung schon bekannt, anfangs die selbstständige Entwicklung der neuen Erfindung und musste sich mit einigen Versuchen begnügen. Als aber die deutschen Höfe sich wieder zu erholen begannen, war ihr Augenmerk so sehr auf Italien gerichtet, dass sie nur von dorther Sänger und Componisten beriefen, und die deutschen Künstler ganz vernachlässigten. Man wollte das Neue unmittelbar fertig und vollendet besitzen, nicht erst im eigenen Vaterlande mühsam heranbilden; höhere Kunstzwecke überhaupt konnten da nicht Geltung erhalten, wo man nur an Zerstreuung und Sinnenlust dachte. So konnte es geschehen, dass die italienische Oper längere Zeit hindurch zur ausschliesslichen Herrschaft in Deutschland gelangte, hier völlig heimisch wurde und das Nationale niederdrückte und verdrängte, dass in unserer Kunstentwicklung ein fremdes Element wesentlicher Bestandtheil wurde. Ich habe indess schon von eigenthümlichen Anfängen auch bei uns berichtet, welche, wesentlich auch auf die Kirchenmusik von Einfluss, allmählich eine Umgestaltung bei uns hervorriefen. Jetzt, nach so viel gegebenen Mitteln, bedurfte es nur eines allgemeinen geistigen Aufschwunges, um die nationale Oper mit einem Male ins Leben treten zu sehen.

 Diesen Aufschwung brachte die zweite Hälfte des vorigen Jahrhunderts, brachten die neuen Ideen, welche von Frankreich herüber kamen, brachte die beginnende Staatsumwälzung, dieser grosse Sonnenaufgang in der Geschichte, brachte Klopstock, der zwar in seinen grösseren Dichtungen für uns jetzt langweilig, in seinen Freiheitsoden ein Heros, eine unsterbliche Gestalt ist, brachten überhaupt jene grossen Männer, welche jetzt schnell nach einander erschienen. So wurde es möglich, dass alle Strahlen in einem neuen Brennpunct sich concentrirten, dass Deutschland sich zusammenfassen und seine Eigenthümlichkeit nun auch in der Oper ausprägen konnte. Italien hatte den Anfang gemacht, hatte einer herben, kirchlichen Erhabenheit gegenüber die Kunst in die Welt eingeführt und eine schöne Sinnlichkeit zur Erscheinung gebracht. Jetzt galt es, auf diesem Boden und mit solcher Errungenschaft in die Tiefen des Geistes hinabzusteigen, und jenen blühenden Formen, jener schönen Sinnlichkeit, Wahrheit des Ausdrucks charakteristisches und dramatisches Leben einzubilden, und so die Aufgabe auf höherer Stufe, mit umfassenderen Mitteln, überhaupt universeller zu wiederholen; es galt zunächst, das, was bis dahin noch mangelte, das Neue, Italien energisch gegenüberzustellen. Dies war die That Gluck's.

Christoph Willibald Ritter v. **Gluck** war geboren am 2. Juli 1714 zu Weidenwang in der Oberpfalz. Seine Erziehung war nur eine gewöhnliche, wie sie bei den Verhältnissen seiner Familie an einem kleinen Orte nicht anders sein konnte. Die Begabung für Musik aber sprach sich schon früh aus, und so kam es, dass er bald ziemlich gut vom Blatte singen lernte, ja dass er später auch die Violine und das Violoncell besonders fertig und geschmackvoll zu spielen verstand. Als Gluck für die Gymnasialstudien herangereift war, schickte ihn der Vater, damals Forstmeister auf der fürstl. Lobkowitz'schen Herrschaft Eisenberg, nach dem unfern gelegenen Städtchen Kommotau, wo der junge Christoph zwischen den Jahren 1726 und 1732 den Studien oblag. Dort war es auch, wo er einigen Unterricht im Klavier- und Orgelspiel empfing. Von hier begab sich Gluck nach Prag, um sich in den verschiedenen Fächern weiter auszubilden. Da jedoch die Unterstützung seines Vaters immer spärlicher wurde, so sah er sich bald in der Lage, seinen Unterhalt durch die Tonkunst allein zu suchen. Er ertheilte Unterricht im Gesang und auf dem Violoncell und sang und spielte in den verschiedenen Kirchen der Hauptstadt. Später besuchte er auch die grösseren Städte des Landes und gab Concerte auf dem Violoncell. Im Jahre 1736 sehen wir ihn in Wien. Hier fand er in dem Hause der fürstl. Lobkowitz'schen Familie gastliche Aufnahme und Unterstützung. Der lombardische Fürst von Melzi, der ihn singen und spielen gehört hatte, ernannte ihn zu seinem Kammermusikus, nahm ihn mit nach Mailand und übergab ihn dort dem Kapellmeister Giovanni Battista Sammartini zur weiteren musikalischen Ausbildung. Nach einem vierjährigen eifrigen Studium trat Gluck als Operntonsetzer auf. Seine erste Oper war „Artaserse" von Metastasio, die 1741 in Mailand zur Aufführung gelangte. Der Erfolg, den dieselbe gewonnen hatte, wurde Ursache, dass nun bald zahlreiche Einladungen an ihn ergingen. So schrieb er in der Zeit von vier Jahren noch drei Opern für Mailand, zwei für Venedig, andere für Cremona, Turin. Im Jahre 1745 begab sich Gluck in Gesellschaft seines Gönners, des Fürsten F. Ph. v. Lobkowitz, über Paris nach London, von wo er eine Einladung erhalten hatte. Dort kam am 7. Januar 1746 seine Oper *„La caduta de' Giganti"* zur Aufführung, die indess kein ungewöhnliches Glück machte und nur fünf Vorstellungen erlebte. Händel tröstete Gluck, indem er ihm sagte: „Ihr habt Euch mit der Oper nur zu viel Mühe gegeben; das ist aber hier nicht wohl angebracht; für die Engländer müsst Ihr auf irgend etwas Schlagendes und so recht auf das Trommelfell wirkendes sinnen". Dieser Rath soll Gluck auf den Einfall gebracht haben, zu den Chören dieser Oper Posaunen zu setzen, und nun soll auch dieselbe grösseren Beifall geerntet haben. Bald darauf, am 4. März desselben Jahres, kam ein früheres Werk, die Oper „Artamene", mit bei weitem grösserem Erfolg zur Aufführung. Gegen Ende des Jahres 1746 kehrte Gluck über Hamburg nach Deutschland zurück, und wurde, jedoch nur für kurze Zeit, mit einem ansehnlichen Gehalt in die kurfürstliche Kapelle zu Dresden aufgenommen. Verschiedene Ursachen bestimmten ihn, seine Stellung zu verlassen und nach Wien überzusiedeln. Diese Stadt wählte er von nun an zu seinem bleibenden Aufenthaltsort.

Sein kurzer Aufenthalt in London und vorher in Paris hatte für ihn die heilsamsten Früchte getragen. Schon früher hatte er hin und wieder in seinen Opern nach einer den Zeitgenossen fremden, höheren Wahrheit des Ausdrucks gestrebt. Mächtig angeregt von Händel's und Rameau's Werken, begannen jetzt mehr und mehr jene Ideen in ihm zu keimen, welche ihn später befähigen sollten, die ersten unsterblichen Leistungen auf dem Gebiet der Oper zu geben. Eine eigenthümliche Erfahrung in London hatte vorzugsweise noch dazu beigetragen. Er war aufgefordert worden, ein Pasticcio, d. h. ausgesuchte Musikstücke aus schon componirten Werken zu einem neuen lyrisch-dramatischen Gedicht zusammenzustellen. Gluck kam dieser Aufforderung nach und wählte zu diesem Zweck diejenigen Stücke aus seinen Opern aus, die stets mit dem grössten Beifall waren aufgenommen worden. Allein schon bei der ersten Vorstellung dieses Quodlibets musste er mit Erstaunen wahrnehmen, dass dieselben Gesänge, welche in den Opern, für die sie geschrieben waren, die grösste Wirkung hervorgebracht hatten, hier, in Verbindung mit anderen Worten, ganz wirkungslos blieben. Diese Thatsache zwang ihn zu dem Schlusse, dass jedem wohlgelungenen Tonstücke ein der Situation entsprechender Charakter innewohne, und dass nur in diesem Charakter der Grund der höheren Wirkung liege. So bereitete sich in Gluck allmählich die spätere Umwandlung vor.

Zu Anfang des Jahres 1748 treffen wir ihn bereits in Wien. Hier zeigt er sich verschiedenartig beschäftigt, eine Reihe von Jahren hindurch auch in der Thätigkeit als Kapellmeister, von hier aus unternahm er seine zahlreichen Reisen, hier verheirathete er sich auch. Er war endlich zu der Ueberzeugung gelangt, dass Metastasio's Werke, obgleich ausgestattet mit dichterischen Schönheiten, dennoch nicht geeignet wären, jene Wirkungen hervorzubringen, deren ein musikalisches Drama fähig sein. müsse, insbesondere auch, so lange den Chören kein grösserer Antheil an der Handlung zuerkannt werde. Gluck eröffnete seine Ideen einem damals in Wien lebenden begabten Dichter und Freunde, der Geist und Kenntnisse genug besass, auf dieselben mit Leichtigkeit eingehen zu können. Es war dies Raniero di Calzabigi aus Livorno, damals k. k. Rath. Gluck fand bei ihm ein entgegenkommendes Verständniss. Es galt, dramatische Wahrheit und Folgerichtigkeit, dramatische Charakterzeichnung zu ermöglichen, es kam darauf an, soweit es für jene Zeit und auf jenem Standpunct zu erreichen war, die Oper zum einheitsvolleren poetisch-musikalischen Kunstwerk zu erheben, überhaupt das zu vollbringen, was man bei Erfindung der Oper eigentlich erstrebt, aber nicht ins Werk zu setzen vermocht hatte. Lange Jahre des Irrens waren nothwendig gewesen, um endlich die neue Einsicht reifen zu lassen; Gluck würde früher nicht diese Energie der reifsten Manneskraft besessen haben, nicht diese eiserne Beharrlichkeit des Willens. Hatte er auch früher schon nach Höherem gestrebt, so haftete er doch bis dahin im Ganzen an der stereotyp gewordenen Opernform der Italiener, er wandelte in den Fusstapfen Jomelli's und Pergolese's. Wir erklären uns hieraus, wie bis dahin der Name Gluck unter der Menge der Tonsetzer zwar mit grosser Anerkennung genannt wurde, aber ohne jene höhere Geltung, die er später erringen sollte; wir erklären uns hieraus, wie Gluck später selbst sein früheres Leben als völlig verloren und nichtig bezeichnen konnte: mit Recht allerdings den späteren grossen Leistungen gegenüber, mit Unrecht, da er erst die Verirrung gründlich kennen gelernt haben musste, bevor er als Reformator auftreten konnte.

Ich habe Ihnen die Betheiligung Gluck's dargestellt entsprechend der bisher allgemein verbreiteten Ansicht. Ich darf indess nicht verschweigen, dass Schelle dem Dichter Calzabigi einen grösseren Antheil an der Reform beimisst, als Gluck, bemerkend, dass Letzterer erst viel später sich klar geworden sei. Der erste Anstoss sei sonach von einem Literaten und Dichter ausgegangen, der Ruhm des Musikers aber habe später den des Librettisten verschlungen. Gewiss sei es indess, dass Gluck trefflich mitgewirkt habe.

Jetzt kam es darauf an, nicht mit einem Male allem bis dahin Ueblichen den Krieg zu erklären, im Gegentheil, mit Vorsicht die neue Bahn zu betreten, um das Publicum an die Reform zu gewöhnen. „Orpheus und Eurydice" bot hierzu einen glücklichen Stoff. Den bis dahin anerkannten Vorrechten der Sänger konnten bei der Natur dieses Stoffs noch Concessionen gemacht werden. Calzabigi bearbeitete deshalb denselben. Die Oper wurde am 5. October 1762 zum ersten Male in Wien aufgeführt, zuerst italienisch, später auch deutsch. Anfangs mit getheiltem, später mit entschiedenerem Beifall. In den Chören namentlich tritt das neue Princip entschieden hervor. Es ist ein ausserordentlicher Unterschied zwischen diesen Chören und denen der damaligen italienischen Oper. Bei Gluck ist Alles schlagend, charakteristisch, von einer Wahrheit, wie sie die erstaunte Welt bis dahin in der Oper noch nicht vernommen hatte. Auf diese Weise wusste Gluck zu vermitteln, den Widerspruch der entschiedenen Freunde des italienischen Princips zu mildern und sich Bahn zu brechen für die grossen Leistungen, welche nun folgen sollten. Zunächst folgten zwar nur einige kleinere Arbeiten, vorzugsweise für den Hof, u. A. ein Stück, worin die Erzherzoginnen auftraten. Aber er konnte nun schon entschiedener sein Princip geltend machen. Er verband sich aufs Neue mit Calzabigi und componirte die Oper „Alceste", die, Ende des Jahres 1767 aufgeführt, anfangs zwar nur einen getheilten Beifall erhielt, später aber allgemein anerkannt wurde. Im Jahre 1769 erschien die Partitur dieser Oper im Druck. Gluck stellte derselben eine Dedication an den Grossherzog von Toscana voran, und es zeigt dieselbe, dass er sich des neuen Princips jetzt vollständig bemächtigt hatte. Er hat darin das, was er zu erreichen bestrebt war, mit einer Klarheit ausgesprochen, wie selten ein Künstler vermocht hat.

„Als ich es unternahm", schreibt Gluck, „die Oper „Alceste" in Musik zu setzen, war meine Absicht, alle die Missbräuche, welche die falsch angebrachte Eitelkeit der Sänger und die allzu grosse Gefälligkeit der Componisten in die italienische Oper eingeführt hatten, sorgfältig zu vermeiden; Missbräuche, die eines der schönsten und prächtigsten Schauspiele zum langweiligsten und lächerlichsten herabgewürdigt haben. Ich suchte daher die Musik zu ihrer wahren Bestimmung zurückzuführen, das ist: die Dichtung zu unterstützen, um den Ausdruck der Gefühle und das Interesse der Situationen zu verstärken, ohne die Handlung zu unterbrechen, oder durch unnütze Verzierungen zu entstellen. Ich glaubte, die Musik müsse für die Poesie das sein, was die Lebhaftigkeit der Farben und eine glückliche Mischung von Schatten und Licht für eine fehlerfreie und wohlgeordnete Zeichnung sind, welche nur dazu dienen, die Figuren zu beleben, ohne die Umrisse zu zerstören. Ich habe mich demnach gehütet, den Schauspieler im Feuer des Dialogs zu unterbrechen, und ihn ein langweiliges Ritornell abwarten zu lassen oder ihn plötzlich mitten in einer Phrase bei einem günstigen Vocale aufzuhalten, damit er entweder in einer langen Passage die Beweglichkeit seiner schönen Stimme zeigen könne, oder abzuwarten, bis das Orchester ihm Zeit lasse, Luft zu einer langen Fermate zu schöpfen. Auch glaubte ich nicht über die zweite Hälfte einer Arie rasch hinweggehen zu dürfen, wenn gerade diese vielleicht die leidenschaftlichste und wichtigste ist, nur um regelmässig **viermal** die Worte der Arie wiederholen zu können; eben so wenig erlaubte ich mir die Arie dort zu schliessen, wo der Sinn nicht schliesst, nur um dem Sänger Gelegenheit zu verschaffen, seine Fertigkeit im Variiren einer Stelle zeigen zu können. Genug, ich wollte alle jene Missbräuche verbannen, gegen welche der gesunde Menschenverstand und der wahre Geschmack schon so lange vergebens kämpften. Ich bin der Meinung, dass die Ouverture den Zuhörer auf den Charakter der Handlung, die man darzustellen gedenkt, vorbereiten und ihm den Inhalt derselben andeuten solle; dass die Instrumente immer nur im Verhältniss mit dem Grade des Interesses und der Leidenschaft angewendet werden müssen, und dass man vermeiden solle, im Dialog einen so grossen Zwischenraum zwischen Recitativ und der Arie zu lassen, um nicht, dem Sinn entgegen, die Periode zu unterbrechen und den Gang und das Feuer der Scene am unrechten Orte zu stören. Ferner glaubte ich einen grossen Theil meiner Bemühungen auf die Erzielung einer edlen Einfachheit verwenden zu müssen; daher vermied ich es auch, auf Kosten der Klarheit mit Schwierigkeiten zu prunken; ich habe niemals auf die Erfindung eines neuen Gedankens irgend einen Werth gelegt, wenn er nicht von der Situation selbst herbeigeführt und dem Ausdruck angemessen war. Endlich glaubte ich zu Gunsten des Effects selbst die Regel opfern zu müssen. Dies sind die Grundsätze, die mich geleitet haben! Glücklicher Weise entsprach die Dichtung meinem Vorhaben aufs Herrlichste. Als der berühmte Verfasser der „Alceste", Herr v. Calzabigi, meinen Plan eines lyrischen Dramas durchführte, hat er alle blühenden Schilderungen, alle unnützen Bilder, alle kalten und wortreichen Sittensprüche durch kräftige Leidenschaften und anziehende Situationen, durch die Sprache des Herzens und eine stets abwechselnde Handlung ersetzt. Der Erfolg rechtfertigte meine Ansichten, und der allgemeine Beifall in einer Stadt, wie Wien, führte mich zu der Ueberzeugung, dass Einfalt und Wahrheit die einzigen richtigen Grundlagen des Schönen in den Werken der Künste sind. Ich habe überdies, ungeachtet des wiederholten Ansinnens der ausgezeichnetsten Personen, den Druck der „Alceste" zu beschleunigen, das ganze Wagniss meines Unternehmens, mit den tief eingewurzelten Vorurtheilen in offenen Kampf zu treten, sehr lebhaft empfunden, und deshalb den Entschluss gefasst, mich mit dem mächtigen Schutz Eurer Königlichen Hoheit zu waffnen und um die Gnade zu bitten, meiner Arbeit Höchstdero erlauchten Namen, welcher schon längst alle Stimmen des erleuchteten Europa für sich gewonnen hat, voraussetzen zu dürfen. Der grosse Schützer der schönen Künste, der Beherrscher eines Volkes, das mit ihm den Ruhm theilt, nicht nur jene der Unterdrückung entrissen zu haben, sondern auch selbst die grössten Muster in einer Stadt hervorzubringen, welche zuerst das Joch des gemeinen Vorurtheiles gebrochen hat, um sich den Weg zur Vollkommenheit zu bahnen: nur ein solcher Fürst kann die Reform des edelsten der Schauspiele, in welchem alle schönen Künste gleichen Antheil haben, erfolgreich unternehmen. Sollte dieses gelingen, so wird auch mir der Ruhm erblühen, den ersten Stein zum grossen Bau gelegt zu haben. Mit diesem öffentlichen Zeugnisse des erhabenen Schutzes habe ich die Ehre" etc. etc.

Nach der „Alceste", im Jahre 1769, lieferte Gluck die Musik zu der Oper „Paris und Helena", welche jedoch keinen so mächtigen und nachhaltigen Eindruck in den Gemüthern der Zuhörer hinterliess, auch wegen der Natur des Gegenstandes nicht hinterlassen konnte. Den einmal angenommenen Grundsätzen indess ist er auch in diesem Werke gefolgt. Gluck liess ein Jahr später auch die Partitur dieser Oper im Druck erscheinen und widmete sie dem Herzog von Braganza. Er hatte, insbesondere von Norddeutschland aus, sehr viel bittere Kritiken erfahren müssen, weil man noch unfähig war, seine Ideen zu fassen. Sein Erfolg war bis dahin immer nur noch ein getheilter, weit entfernt von einem vollständigen Siege. Auch in Wien hatte er eine mächtige Opposition an Hasse und Metastasio. Er nahm daher Veranlassung, in dieser Dedication sich darüber auszusprechen.

„Wenn ich Eurer Hoheit", heisst es dort, „diese meine Arbeit widme, bin ich weniger bemüht, einen Schützer, als einen Richter zu finden. Nur ein gegen die Vorurtheile der Gewohnheit bewaffneter Geist, eine zureichende Kenntniss der erhabenen Lehren der Kunst, ein sowol nach grossen Mustern als nach den unveränderlichen Grundsätzen des Schönen und des Wahren gebildeter Geschmack sind es, die ich in meinem Maecenas suche, und in Eurer Hoheit vereinigt antreffe. Nur in der Hoffnung, Nachahmer zu finden, entschloss ich mich, die Musik der „Alceste" herauszugeben, und glaubte mir schmeicheln zu dürfen, dass man sich beeifern würde, die von mir eröffnete Bahn zu verfolgen, um die Missbräuche zu zerstören, die sich in die italienische Oper eingeschlichen und sie entwürdigt haben. Ich habe mich jedoch überzeugt, dass meine Hoffnung vergeblich gewesen ist. Die Halbgelehrten, die Kunstrichter und Tonangeber, eine Classe von Menschen, die unglücklicher Weise sehr zahlreich ist, und zu allen Zeiten dem Fortschritte der Künste tausendmal nachtheiliger war, als die Unwissenden, wüthen gegen eine Methode, welche, wenn sie sich begründet, ihre eigene Anmaassung zu vernichten droht. Man hat geglaubt, nach unvollkommen einstudirten, schlecht geleiteten und noch schlechter ausgeführten Proben sogleich absprechen zu können; man hat in einem Zimmer die Wirkung berechnet, welche die Oper auf der Bühne hervorbringen könnte! — Ist das nicht der Scharfsinn jener griechischen Stadt, welche ganz in der Nähe die Wirkung mehrerer Bildsäulen, die für hohe Säulen bestimmt waren, berechnen wollte? — Einer dieser überspannten Kunstfreunde, deren Seele ihren Sitz nur in den Ohren hat, wird manche meiner Arien zu rauh, manche Passage zu hart oder zu wenig vorbereitet finden; er bedenkt aber nicht, dass, in Beziehung auf die Situation, eine Arie oder Passage gerade diesen erhabenen Ausdruck verlangte und dadurch den glücklichsten Gegensatz bildete. Ein Pedant in der Harmonie wird ferner hie und da eine geniale Nachlässigkeit oder einen falschen Eindruck bemerken wollen und sich für berufen halten, das Eine wie das Andere als unverzeihliche Sünden gegen die Geheimnisse der Harmonie zu erklären, worauf sich bald eine Menge vereinigen wird, diese Musik als barbarisch, wild und überspannt zu verdammen. Den übrigen Künsten geht es in dieser Hinsicht nicht viel besser; man urtheilt über sie mit eben so wenig Gerechtigkeit und Einsicht, und Eure Hoheit werden davon leicht den Grund errathen: denn je mehr man nach Vollkommenheit und Wahrheit strebt, desto nothwendiger werden die Eigenschaften der Richtigkeit und Genauigkeit. Die Züge, welche Raphael von den übrigen Malern unterscheiden, sind in manchen Fällen kaum bemerkbar. Leichte Abweichungen in den Umrissen zerstören die Aehnlichkeit eines Caricaturkopfes nicht, aber sie verunstalten das Antlitz einer schönen Gestalt gänzlich. In der Musik will ich nur ein Beispiel anführen, es ist die Arie aus der Oper „Orfeo": *„Che farò senza Euridice"*. — Nähme man damit nur die geringste Veränderung entweder in der Bewegung oder in der Art des Ausdruckes vor, so würde sie eine Arie für das Marionetten-Theater werden. In einem Stücke dieser Gattung kann eine mehr oder weniger gehaltene Note, eine Verstärkung des Tons, eine Vernachlässigung des Zeitmaasses, ein Triller, eine Passage u. dergl. den Effect einer Scene gänzlich zerstören. Wenn es sich nun darum handelt, eine Musik nach den von mir aufgestellten Grundsätzen durchzuführen, so ist die Gegenwart des Tonsetzers eben so nöthig, als die Sonne den Schöpfungen der Natur. Er ist die Seele und das Leben derselben; ohne ihn bleibt Alles in Unordnung und Verwirrung: allein er muss gefasst sein, allen Hindernissen zu begegnen, wie man Menschen begegnet, welche, ungeachtet sie Augen und Ohren haben, dennoch unbekümmert um die Beschaffenheit derselben sich berufen fühlen, über die schönen Künste zu urtheilen, blos, weil sie nur mit Augen und Ohren begabt sind: denn die Wuth, gerade über Dinge, die man am wenigsten versteht, schnell abzusprechen, ist ein gewöhnlicher Fehler der Menschen. Ja, einer der grössten Philosophen dieses Jahrhunderts hat es in jüngster Zeit gewagt, über die Musik zu schreiben und seine Ideen als Orakelsprüche mit der Ueberschrift zu veröffentlichen: *„Sogni di Ciechi e Fole di Romanzi"*. Eure Hoheit werden das Drama des „Paris" bereits gelesen und dabei bemerkt haben, dass es der Einbildungskraft des Tonsetzers jene starken Leidenschaften, jene grossartigen Gemälde, jene tragischen Situationen nicht darbietet, welche in der „Alceste" die Gemüther der Zuschauer erschüttern und zu ernsten Affecten Gelegenheit bieten. Hier wird man dieselbe Kraft und Stärke in der Musik eben so wenig erwarten, als man in einem im hellen Licht gemalten Bilde weder dieselbe Kraft des Halbdunkels, noch dieselben grellen Gegensätze fordern würde, die der Maler nur bei einem Gegenstande anwenden kann, der ihm zur Wahl eines beschränkten Lichtes allein Raum gewährt. In der „Alceste" handelt es sich um ein Weib, das nahe daran ist, ihren Gemahl zu verlieren, den zu retten sie Muth genug besitzt, um unter den schwarzen Schatten der Nacht in einem schauerlichen Haine die Geister der Unterwelt heraufzubeschwören, und die noch in ihrem letzten Todeskampfe für das Schicksal ihrer Kinder zittern und von einem angebeteten Gatten sich gewaltsam trennen muss. Im „Paride" handelt es sich jedoch um einen liebenden Jüngling, der mit der Sprödigkeit eines zwar edlen, aber stolzen Weibes zu kämpfen hat, und diese endlich mit allen Künsten erfinderischer Leidenschaft besiegt. Darum habe ich mir Mühe gegeben, einen Farbenwechsel zu ersinnen, den ich in den verschiedenen Charakteren des Phrygischen und Spartanischen Volksstammes aufsuchte, indem ich dem unbeugsamen und rauhen Sinn des Einen den zarten und weichen des Anderen gegenüberstellte. Darum glaubte ich, dass der Gesang, der in meiner Oper lediglich die Stelle der Declamation vertritt, in der Helena der ihrer Nation angeborenen Rauhheit nachahmen müsse; ebenso dachte ich, dass, weil ich diesen Charakter in der Musik festzuhalten suchte, man mir es nicht zum Fehler anrechnen würde, wenn ich mich je zuweilen bis zum Trivialen herabgelassen habe. Will man die Spur der Wahrheit verfolgen, so darf man nie vergessen, dass nach Maassgabe des vorliegenden Gegenstandes selbst die grössten Schönheiten der Melodie und Harmonie zu Mängeln und Unvollkommenheiten werden können, wenn man sie am unrechten Orte gebraucht. Ich erwarte von meinem „Paride" keinen besseren Erfolg, als von meiner „Alceste", insofern es die Absicht betrifft, in den Tonsetzern die gewünschte Veränderung hervorzubringen; doch alle schon längst vorhergesehenen Hindernisse sollen mich keineswegs abschrecken, zur Erreichung meines guten Zweckes neue Versuche zu machen. Erhalte ich nur die Zustimmung Eurer Hoheit, dann werde ich mit zufriedenem Gemüthe mir stets sagen können: „*Tolle Syparium; sufficit mihi unus Plato pro cuncto populo*". Ich habe die Ehre mit tiefster Ehrfurcht zu sein" etc. etc.

Im Jahre 1769 wurde Gluck nach Parma zu einer fürstlichen Vermählungsfeier berufen und verherrlichte diese durch seine Kunst. In demselben Jahre lernte Salieri ihn kennen. Unter Gluck's Protection kam die erste Oper desselben zur Aufführung. Sie gefiel und Salieri's Glück war gegründet. Von nun an unterbreitete derselbe jedes seiner Werke dem Urtheile Gluck's. — Jetzt, nach diesem Aufschwunge künstlerischer Thätigkeit, lebte der Letztere einige Jahre hindurch in möglichster Zurückgezogenheit. Er componirte Lieder und Oden von Klopstock, auch einige Scenen aus dessen „Hermannsschlacht", eines seiner Hauptwerke, das leider der Nachwelt entzogen ist, weil es der Tonsetzer nicht niedergeschrieben hat. Aber schon war er mit neuen Plänen beschäftigt, da die Erfolge seiner letzten Werke ihn keineswegs zufriedengestellt hatten. Er sah ein, dass er seine Pläne niemals ganz verwirklichen würde, wenn er dazu nicht ein vortreffliches tragisches Gedicht, ein prachtvolles Theater und vorzügliche Darsteller benutzen konnte. Dies Alles hoffte er in Paris zu finden. Er besprach sich deshalb mit dem Attaché der französischen Gesandtschaft in Wien, Bailly du Rollet, einem kunstsinnigen Manne, der Gluck's Bekanntschaft schon vor Jahren gemacht und nun in Wien die besten Opern desselben gehört hatte. Bailly du Rollet wählte im Einverständniss mit dem Tonsetzer Racine's „Iphigenie in Aulis" und bearbeitete dieselbe als Operngedicht. Jetzt wendete sich Gluck nach Paris und erreichte endlich, wiewol nach vielen vergeblichen Bemühungen, durch Vermittlung der Dauphine Marie Antoinette, unterstützt auch durch die Bemühungen Maria Theresia's und Joseph's, seine Absicht. — Im Spätsommer des Jahres 1773 begab sich Gluck mit seiner „Iphigenie in Aulis" nach Paris. Seine Gattin und seine Adoptivtochter und Nichte Marianna begleiteten ihn. Dort angekommen, erschrak er zwar nicht wenig über die barbarische Beschaffenheit des französischen Gesanges, über jene zahllosen Mängel und üblen Gewohnheiten, die auch Anderen schon zum Bewusstsein gekommen, u. A. von Jean Jacques Rousseau schon früher hart getadelt worden waren. Aehnliches begegnete ihm in Bezug auf die Orchesterkräfte. Er musste die grösste Mühe anwenden, um die Ausführenden seinen Zwecken dienstbar zu machen. Ausgerüstet indess mit unerschütterlicher That- und Willenskraft, wusste er alle Hindernisse zu beseitigen, so dass endlich die erste Aufführung am 19. April 1774 stattfinden konnte. Bei der ersten Vorstellung wurden viele Stücke mit rauschendem Beifall begrüsst, der Schluss jedoch kalt aufgenommen. Doch schon nach der zweiten Vorstellung erfreute die Oper sich eines günstigeren Erfolges, der sich fortwährend steigerte, obschon Parteiungen entstanden und hartnäckige Kämpfe sich vorbereiteten. Gluck schritt nun sogleich zur Umarbeitung seines „Orpheus", der am 2. August desselben Jahres aufgeführt und mit Entzücken aufgenommen wurde. Mit Ruhm belohnt und mit Gold überhäuft kehrte Gluck nach Wien zurück, um auch seine übrigen Opern für die französische Bühne einzurichten. Er reiste über Strassburg, wo er die Freude hatte, eine kurze Zeit in Klopstock's Gesellschaft zu verleben. Bei diesem Zusammentreffen hörte der Letztere Gluck's Nichte und mehrere Compositionen aus seiner „Hermannsschlacht". Es geschah dies zu Anfang des Jahres 1775. Am 11. August desselben Jahres wurde Gluck's Operette „*La Cythère assiégée*" in Paris aufgeführt. Dieses Stück brachte indess nur eine geringe Wirkung hervor; wahrscheinlich hatte man in des Tonsetzers Abwesenheit nicht den zur Aufführung desselben nothwendigen Fleiss angewendet.

Gluck hatte in Paris die Dichtung zu der Oper „Roland" von Quinault empfangen, um sie in Musik zu setzen. Nach Wien zurückgekehrt, arbeitete er nicht nur fleissig an diesem Werke, sondern auch an desselben Dichters „Armida", ebenso richtete er seine Oper „Alceste" für die Pariser Akademie der Musik ein. Später ging er wieder nach Paris und brachte seine „Alceste" am 23. April 1776 zur Aufführung. Bei der ersten Vorstellung fiel indess diese Oper nicht nur gänzlich durch, sie wurde geradezu ausgezischt. Um dieselbe Zeit empfing Gluck aus Wien die Nachricht, dass seine Nichte einen Tag vor der Aufführung gestorben sei. Der schlimme Erfolg der „Alceste" war indess nur ein momentaner, die Einsichtsvolleren schrieben die Ursachen der linkischen Dichtung, insbesondere der Unbedeutendheit der Entwicklung zu. Man suchte das Unpassende ein wenig zu entfernen, und das Werk fand dann einen gleichen Erfolg wie die früheren.

Eine Reihe von Jahren war auf diese Weise verflossen, und Gluck hatte in Paris festen Fuss gefasst. Trotz alledem aber war er noch keineswegs der unumschränkte Herrscher im Reiche der Tonkunst. Es gab dazumal drei Parteien in Paris.

Auf Lully war in Frankreich **Jean Philippe Rameau**, geboren zu Dijon am 25. September 1683, gefolgt. „Er war schon mehr als ein reifer Mann", bemerkt Schelle in seiner vorhin genannten Schrift, „ein Fünfziger, als ihm der Zutritt zur Bühne gestattet wurde. Ein geschickter Meister auf Klavier und Geige, ein tüchtiger Orgelspieler, vor allem aber berühmt als erster Theoretiker seines Landes, war er im Besitz aller technischen Mittel, die ihm sein Jahrhundert darbot. Seine reichen Kenntnisse, verbunden mit einer bedeutenden Phantasie und festem Charakter, setzten ihn in den Stand, die Oper nach allen ihren Beziehungen gründlich durchzubilden. Schon seine ersten Versuche auf dem Gebiet der dramatischen Musik, „Samson" und „*Hippolyte et Aricie*", zeigen nach Form und Conception einen unendlichen Abstand zwischen den Opern seiner Vorgänger. Dasjenige Feld indess, auf welchem der Fortschritt am sichtbarsten hervortrat, waren die Arie und der Instrumentalsatz. Grossartig namentlich tritt sein Wirken auf dem Gebiet des letzteren hervor, dessen Vater er im wahren Sinn des Worts genannt werden kann." Rameau hatte die durch Lully begründete Richtung fortgesetzt, obschon er bereits den Stil und zwar nicht selten auf Kosten des Worts musikalisch erweitert hatte, so dass sich selbst ausgedehntere Coloraturen bei ihm vorfinden, wiewol er eigentlich gegen das Italienische gestimmt war.

Er schrieb, von einer Reise nach Italien zurückgekehrt, die vorhin genannte Oper „*Hippolyte et Aricie*", welche mit Beifall aufgenommen wurde. Dadurch aufgemuntert, liess er, der ein hohes Alter erreichte, eine grosse Anzahl ähnlicher Werke, unter diesen „Zoroaster" und „Castor und Pollux", folgen. Im Jahre 1752 musste er es indess erleben, dass eine italienische Operngesellschaft ihm seine Erfolge streitig machte, so dass eine grosse Partei sich jetzt der italienischen Oper zuwendete. Auch früher hatten bereits Parteiungen bestanden. Schon seit dem Tode Lully's hatte sich in den Schichten der guten Gesellschaft eine Partei zu Gunsten des italienischen Geschmacks gebildet, welcher von nationaler Seite her mit dem hartnäckigsten Widerstande begegnet wurde. Sobald jedoch Rameau in der Oper festen Fuss gefasst hatte, nahm der Streit eine coteriehafte, persönliche Färbung an. Lully's und Rameau's Anhänger, die bis dahin zum Theil einander auch gegenübergestanden hatten, vereinigten sich jetzt, indem dieselben gemeinschaftlich gegen die Italiener Opposition machten. Schon jetzt begann demnach der berühmte Musikstreit, der später durch Gluck und Piccini noch gesteigert werden sollte. Die Parteien erhielten die Namen der Buffonisten und Antibuffonisten. Eine Gesellschaft italienischer Sänger hatte in

Paris die Erlaubniss erhalten, im Saale der Grossen Oper komische Opern aufzuführen, und wurde deshalb „Les Bouffons" genannt. Sie versammelten sich allabendlich im Opernsaale, wo die Einen standhaft verdammten, was die Anderen in den Himmel erhoben. Der Erfolg indess war lange Zeit hindurch ein schwankender, so dass jede der Parteien abwechselnd sich eines momentanen Sieges erfreuen konnte. Die Franzosen hatten eben einen Vortheil errungen, als Rousseau auftrat und sich entschieden auf die Seite der Italiener stellte, indem er mit Recht die Mängel der französischen Musik bekämpfte. Dies hatte zur Folge, dass dadurch die letztere gefördert, dass mannigfache Fortschritte angebahnt wurden. Es erschienen jetzt die vorzüglicheren, geläuterten Schöpfungen eines Duni, Philidor, Monsigny, Grétry u. s. w., den Sinn für gute Musik im Bereiche des Französisch-Nationalen weckend.

Es gab demnach dazumal drei Parteien in Paris, die Anhänger Lully's und Rameau's, die Italiener, endlich die Anhänger Gluck's. Gluck stand schon auf der Höhe seines Ruhmes, als die Freunde des Italienischen, die Comtesse Du Barry, die Geliebte des Dauphins, an der Spitze, es durchgesetzt hatten, dass einer der gefeiertsten italienischen Operntonsetzer, Piccini, nach Paris berufen wurde. Dieser, ein Neapolitaner und Schüler des neapolitanischen Conservatoriums, L. Leo's und Durante's, war einer der bedeutendsten Meister jener Zeit. Seine Opern, deren er eine grosse Anzahl geschrieben, wurden in allen Hauptstädten Europas gegeben. Nachdem er das Conservatorium verlassen hatte, weilte er vorzugsweise in Rom und Neapel, der Liebling des Publicums. Als er nach Paris kam, war ihm ein grosser Ruf schon vorausgegangen. Die glänzenden Erfolge eines seiner Werke, seiner „*Bonne fille*", der Umstand, dass Grétry sich seinen Schüler nannte, hatten ihn besonders gehoben. So betrat er im Jahre 1776 Paris. Man übergab ihm dasselbe Gedicht, welches auch Gluck in Musik zu setzen übernommen hatte, die Oper „Roland" von Quinault. Dies wurde daher der Grund, dass Gluck von der Ausführung dieser Aufgabe absah. Piccini fand, protegirt vom König, grosse Erfolge mit seinen Werken, so namentlich sogleich mit seiner ersten Oper „Roland", und die natürliche Folge war, dass der alte Streit nun erst recht erwachte, nun erst in sein höchstes Stadium trat.

Am 23. September 1777 fand die erste Aufführung der Gluck'schen „Armida" statt. Auch hier wurden die ersten Vorstellungen gleichgültig aufgenommen, nach und nach aber gewann das Werk einen immer günstigeren Boden.

Endlich aber sollte der entscheidende Moment kommen. Dies war der Fall im Jahre 1779. Schon am 30. November 1778 war Gluck wieder in Paris angelangt, um seine „Iphigenie in Tauris" zur Aufführung zu bringen. Am 18. Mai des folgenden Jahres wurde diese Oper zum ersten Male gegeben und gewann einen so grossen Erfolg, wie keines der früheren Werke Gluck's in Frankreich. Gluck hatte mit seiner „Iphigenie in Tauris" noch eine andere Operndichtung „Echo et Narcisse" zur Composition mit nach Paris genommen. Dieses Werk wurde fünf Monate später aufgeführt, erhielt aber nur einen geringen Beifall. Die Aufnahme des vorausgegangenen war der glänzendste Moment, so dass sich diesem gegenüber eine „Iphigenie" von Piccini, welche am 23. Januar 1781 zur Darstellung kam, nicht halten konnte.

So hatte, sagt Schelle, während ganz Europa sich den Sirenenklängen der italienischen Musik beugte, diese in Paris das Bollwerk gefunden, an dem sich ihre Macht brechen sollte, und der genannte Autor findet darin einen Beweis für die eigene Mission der französischen Kunst. Auch die Bedeutung des Bouffonenkriegs, bemerkt derselbe, beruhe auf dem Wesen und der Mission der französischen Oper.

Die letzte Zeit seines Lebens verbrachte Gluck wieder in Wien. Er litt an den unglücklichen Folgen eines Schlagflusses. Im Jahre 1783 wurde er von der Pariser Akademie der Musik aufgefordert, einen Componisten vorzuschlagen, der die Fähigkeit besitze, nach den von ihm aufgestellten Grundsätzen zu arbeiten. Gluck schlug Salieri vor, und dieser schrieb demzufolge für Paris die Oper „Les Danaïdes", welche Gluck zu componiren abgelehnt hatte. Das Werk wurde 1784 gegeben, und als Verfasser desselben erschienen anfangs Gluck und Salieri gemeinschaftlich auf dem Titel. Später, nach einer bedeutenden Anzahl von Vorstellungen, erklärte Gluck in einem Pariser Journal, dass Salieri der alleinige Verfasser sei.

Gluck starb am 15. November 1787 in Folge eines Diätfehlers und hinterliess seiner ihn überlebenden Gattin ein grosses Vermögen.

Vielfach hat man gefragt, wie es gekommen, dass Gluck so ausserordentlichen Beifall in Paris gefunden hat, und die erklärenden Ursachen in Nebenumständen gesucht. Die nächsten Ursachen liegen ohne Zweifel theils in dem Grossen, in dem Ausserordentlichen der Kunstschöpfungen selbst, theils in den eigenthümlich gestalteten, schon angedeuteten Verhältnissen, in die er mit der entscheidenden That eintreten konnte. Wie der Vogel in den Zweigen singt, um zu singen, so hatte Italien gesungen in einem freien, melodischen Ergehen der Singstimme, ohne Rücksicht auf besonderen, charakteristischen Ausdruck, und Italien hatte so der Melodie eine formelle, sinnlich schöne Vollendung gegeben. Gluck, seinem allgemeinen Standpuncte, seinem Princip dramatischer Wahrheit im Ausdrucke zufolge, musste den Inhalt der Worte in ihrer Besonderheit seinen Melodien einprägen und den Verlauf derselben demzufolge bestimmen, musste dieselben zwischen jene frei für sich bestehende Gesangsmelodie, welche nur die Grundstimmung in sich aufnimmt und dann unabhängig vom Texte sich ergeht, und die gewöhnliche Declamation stellen, musste den rhetorischen Accent in seinen musikalischen Schaffensprocess aufnehmen. Dies aber war es, was dem französischen Wesen gemäss war, was schon Lully zur Geltung gebracht hatte. Lully hatte in ähnlicher Weise Gluck in Frankreich vorgearbeitet, wie Purcell in England Händel's Vorgänger geworden ist. Es war nicht nur ein Kampf um Persönlichkeiten, es handelte sich nicht — wie auf dem Gebiet der Tonkunst so oft — um persönliche Eitelkeit und Anmaassung. Wenn das Publicum kein anderes Interesse zu haben schien, als sich über Gluck und Piccini zu streiten, so war dies ein Kampf um Principe, ein Kampf um die Weltherrschaft des Italienischen auf der einen und des Deutsch-Französischen auf der anderen Seite. Dem bis dahin allein geltenden italienischen Princip trat jetzt ein neues, geistig bedeutenderes, welches den Aufschwung der Oper zu wahrhafter Kunstbedeutung zur Folge hatte, gegenüber. Was wir später vereinigt erblicken, und was in dieser Vereinigung den ersten grossen Höhepunct auf dem Gebiet der Oper bezeichnet, trat hier zunächst noch geschieden, ja feindlich gesondert auf. Es galt zunächst der bis dahin allein herrschenden italienischen Richtung gegenüber die deutsch-französische selbstständig herauszuarbeiten, in ihrer Geschiedenheit und Sonderung geltend zu machen. Gluck war berufen, dieser Aufgabe sich zu unterziehen, und dieselbe zu lösen. Er steht mit dem einen Fusse in Frankreich, mit dem anderen in Deutschland, und hat dem entsprechend auf den Fortgang der Oper in beiden Ländern den mächtigsten Einfluss gehabt. Was seit der Erfindung der Oper nur eine Täuschung gewesen war, wurde durch ihn zum ersten Male zur Wahrheit, die Oper ward zum Kunstwerk erhoben, das griechische Drama — ein bis dahin immer umsonst Erstrebtes — zum ersten Male auf diesem Gebiet lebendig, wenn auch immer noch nicht im strengen und eigentlichen, im höchsten Sinne, so doch wenigstens insoweit, als es jener Zeit überhaupt möglich war.

Hat man dies anerkannt, dann ist es allerdings auch erlaubt, auf Nebenumstände hinzudeuten. Schon hatte in Frankreich jene Umbildung der Ansichten begonnen, welche in wenigen Jahren zur weltumgestaltenden That werden sollte, und Gluck's heroische Schöpfungen fanden darum einen verwandteren Boden. Die grossen Dichter der französischen Nation hatten ausserdem das Interesse an heroischen Stoffen, wie sie Gluck bearbeitete, geweckt, und auf diese Weise mittelbar die neue Richtung angebahnt.

Auch vom Glück — man hat dieses Wortspiel gemacht — wurde Gluck begünstigt, und man kann hinzufügen, dass der Sieg ihm ohne die Vereinigung mehrerer glücklicher Umstände schwerer geworden sein würde. Ein Glück war es für ihn, dass die Königin Marie Antoinette, die als Erzherzogin in Wien seine Schülerin gewesen war, seine Partei nahm, ein Glück, dass J. J. Rousseau für ihn kämpfte, bekennend, Gluck habe seine ganze Theorie zerstört und alle seine Ideen geändert, ein Glück, dass überhaupt die geistreichsten Männer und Frauen, so die Gräfin v. Genlis, Voltaire, sich lebhaft interessirten, nicht, wie es so häufig noch bis herab auf die neueste Zeit geschehen ist, das Musikalische, als ihrer unwürdig, zur Seite liegen liessen. Was Rousseau betrifft, so wurde schon vorhin zwei Mal auf diesen Umstand hingedeutet. Rousseau hatte früher der französischen Sprache sowol wie der Nation alles Musikalische abgesprochen; Gluck dagegen schätzte das Französische hoch, höher als das Italienische. Das letztere hielt er bei der Häufung der Vocale mehr als jede andere Sprache geeignet, Passagen und reiche Gesangsfiguren zu tragen; in dem Französischen fand er mehr Klarheit und Kraft, grössere Angemessenheit für dramatischen Ausdruck. Rousseau war durch die That widerlegt, und ehrlich genug, dies einzugestehen.

Anders verhielt es sich mit der Aufnahme der Gluck'schen Werke in jener Zeit in Deutschland. Es kamen dieselben zwar auch hier keineswegs ohne allen Erfolg zur Aufführung. So wurde z. B. „Iphigenie in Tauris" im Jahre 1781 zum ersten Male in Wien mit dem ausserordentlichsten Beifall gegeben; diese Siege waren im Ganzen aber doch mehr nur vereinzelter Natur, und in Berlin z. B. bedurfte es weit längerer Zeit, bevor Gluck's Schöpfungen und das darin ausgesprochene Princip zur Geltung kamen. Der norddeutschen Opposition gedachte ich schon weiter oben im Vorübergehen. Insbesondere war es der als Geschichtschreiber bekannte Forkel, welcher durch die bornirte Kritik, welche er lieferte, seinen übrigen Verdiensten wesentlich Eintrag gethan hat. Das Verdienst, in Deutschland über Gluck zuerst die Augen geöffnet zu haben, gebührt namentlich J. F. Reichardt. Bemerkenswerth aber ist es, dass die grossen Dichter und Schriftsteller jener Zeit Gluck's Verdienste früher zu schätzen und in ihrem ganzen Umfange anzuerkennen verstanden, als die Musiker, und es ist diese Thatsache ein neuer, trauriger Beleg für die nur zu häufig wahrnehmbare

Unlust der Letzteren, auf Neues einzugehen. **Schmid** in dem angeführten Werke giebt mehrere interessante Mittheilungen, was die Urtheile damaliger Schriftsteller über **Gluck** betrifft. **Klopstock** war es, der den Ausspruch zu dem seinigen machte, **Gluck** sei der einzige Poet unter den Musikern. **Gluck** aber war es auch, der von sich selbst sagte, dass er, sobald er componire, zu vergessen suche, dass er Musiker sei. Aehnliche Urtheile, wie das von **Klopstock**, besitzen wir u. A. von **Herder** und **Wieland**, und was die Sache an sich ohne weitere Beziehung auf **Gluck** betrifft, auch von **Lessing**. Die Aussprüche sind von grosser Wichtigkeit, und Sie erlauben mir daher, Ihnen dieselben mitzutheilen. Hören wir zunächst **Wieland**: „Endlich haben wir die Epoche erlebt, wo der mächtige Genius eines **Gluck** das grosse Werk der musikalischen Reform unternommen hat, das, wofern es jemals zu Stande kommen kann, nur durch einen Feuergeist, wie der seinige, bewirkt werden musste. Der grosse Success seines „Orpheus", seiner „Iphigenia" würde Alles hoffen lassen, wenn nicht unüberwindliche Ursachen gerade in jenen Hauptstädten Europas, wo die schönen Künste ihre vornehmsten Tempel haben, sich seinem Unternehmen entgegensetzten. — Künste, die der grosse Haufe blos als Werkzeuge sinnlicher Wollüste anzusehen gewohnt ist, in ihre ursprüngliche Würde wieder einzusetzen und die Natur auf einem Throne zu befestigen, der so lange von der willkürlichen Gewalt der Mode, des Luxus und der üppigsten Sinnlichkeit usurpirt worden: — ist ein grosses und kühnes Unternehmen! Aber zu ähnlich dem grossen Unternehmen **Alexander's** und **Cäsar's**, aus den Trümmern der alten Welt eine neue zu schaffen, um nicht ein gleiches Geschick zu haben! — Eine Reihe von **Glucken** (so wie zum Project einer Universal-Monarchie eine Reihe von **Alexandern und Cäsarn**) würde dazu erfordert, um diese Oberherrschaft der unverdorbenen Natur über die Musik, diesen einfachen Gesang, der, wie Mercur's Schlangenstab, die Leidenschaften erweckt oder einschläfert und die Seelen ins Elysium oder in den Tartarus führt, diese Verbannung aller Sirenenkünste, diese schöne Zusammenstimmung aller Theile zur grossen Einheit des Ganzen auf dem lyrischen Schauplatze herrschend und fortdauernd zu machen. **Gluck** selbst, bei allem seinem Enthusiasmus, kennt die Menschen und den Lauf der Dinge unter dem Monde zu gut, um so Etwas zu hoffen! Schon genug, dass er uns gezeigt hat, was die Musik thun könnte, wenn in diesen unseren Tagen irgendwo in Europa ein **Athen** wäre, und in diesem Athen ein **Perikles** aufträte, der für das Singspiel thun wollte, was jener für die Tragödien des **Sophokles und Euripides** that!" — **Herder** spricht sich in

Beziehung auf Gluck's Princip wie folgt aus: „Der Fortgang des Jahrhunderts wird uns auf einen Mann führen, der — diesen Trödlerkram werthloser Töne verachtend — die Nothwendigkeit einer innigen Verknüpfung rein menschlicher Empfindungen und der Fabel selbst mit seinen Tönen einsah. Von jener Herrscherhöhe, auf welcher sich der gemeine Musicus brüstet, dass die Poesie seiner Kunst diene, stieg er hinab und liess, soweit es der Geschmack der Nation, für die er in Tönen dichtete, zuliess, den Worten, der Empfindung, der Handlung selbst seine Töne nur dienen. Er hat Nacheiferer, und vielleicht eifert ihm bald Jemand vor: dass er nämlich die ganze Bude des zerschnittenen und zerfetzten Opern-Klingklanges umwirft, und ein Odeum aufrichtet, ein zusammenhangend lyrisches Gebäude, in welchem Poesie, Musik, Action, Decoration Eines sind". —

Entschiedener ferner, als es Lessing in den nachstehend mitgetheilten Worten thut, kann man das Gluck'sche Princip nicht anerkennen. Er sagt: „Die Vereinigung willkürlicher auf einander folgender Zeichen mit natürlichen auf einander folgenden hörbaren Zeichen ist unstreitig unter allen möglichen die vollkommenste, besonders wenn noch dieses hinzukömmt, dass beiderlei Zeichen nicht allein für einerlei Sinn sind, sondern auch von ebendemselben Organe zu gleicher Zeit gefasst und hervorgebracht werden können. Von dieser Art ist die Verbindung der Poesie und Musik, so dass die Natur selbst sie nicht sowol zur Verbindung, als vielmehr zu einer und derselben Kunst bestimmt zu haben scheint. Es hat auch wirklich eine Zeit gegeben, wo sie beide zusammen nur eine Kunst ausmachten. Ich will indess nicht leugnen, dass die Trennung nicht natürlich erfolgt sei, noch weniger will ich die Ausübung der einen ohne die andere tadeln; aber ich darf doch bedauern, dass durch diese Trennung man an die Verbindung fast gar nicht mehr denkt, oder wenn man ja noch daran denkt, man die eine Kunst nur noch zu einer Hülfskunst der anderen macht, und von einer gemeinschaftlichen Wirkung, welche beide zu gleichen Theilen hervorbringen, gar Nichts mehr weiss". — Sie sehen, jene Männer hatten eine viel deutlichere Einsicht in die Aufgabe der dramatischen Musik, als die Tonsetzer, und dies bis herab auf die neueste Zeit; eine deutlichere Einsicht auch, als jene französischen bei dem Kampfe in Paris betheiligten Schriftsteller, denen der Kernpunct der grossen hierher gehörigen Fragen nicht zum Bewusstsein gekommen ist.

Gluck gehört auf dem Gebiete der dramatischen Tonkunst zu den Männern, welche die höchste Auszeichnung verdienen. Fast keiner — seinen grossen Nachfolger R. Wagner ausgenommen — hat so wie er seine Blicke einzig und allein auf das Ewige gerichtet, und, jede Mode verachtend, nur das für alle Zeiten Gültige zur Darstellung zu bringen gesucht. Fast bei keinem Tonkünstler ausser ihm zeigt sich eine solche energische Consequenz, eine solche eiserne Beharrlichkeit des Willens, ein solch hohes, bewusstes Kunststreben, und es ist grossentheils nur dem stets erneuten Andringen des alten Opernprincips, dem Umstande, dass man bald nach ihm den von ihm betretenen Weg wieder zu verlassen begann, zuzuschreiben, wenn Gluck noch nicht allgemein im grösseren Publicum die Stellung einnimmt, welche ihm gebührt, die Stellung eines der grössten Künstler aller Zeiten.

Mit einer Befriedigung, welche spätere Opern nur selten zu gewähren vermögen, mit dem Bewusstsein, wirklich ein Kunstwerk vor uns zu haben, können wir noch jetzt der Aufführung Gluck'scher Opern beiwohnen. Der grosse Verstand Gluck's ist es, sein Alles überschauender Blick, welcher diese Befriedigung erweckt. Wenn die späteren grossen Operncomponisten weit mehr als Gluck Phantasie und Empfindung beschäftigen, so ist doch fast keiner, welcher diese Mässigung, diese Beherrschung, diesen stets auf das Ganze gerichteten Blick, diese verständige Klarheit zeigte. Gluck hat zuerst Charaktere geschaffen im dichterischen Sinne, durch bestimmte Umrisse begrenzte Gestalten musikalisch dargestellt, und die Musik zu solcher Schärfe der Charakteristik zugespitzt. Mit grosser Meisterschaft weiss er gleich beim Beginn seiner Dramen das Wesentliche, den inneren Kern jeder Persönlichkeit zur Darstellung zu bringen, durch das ganze Stück hindurch diese Eigenthümlichkeit consequent zu entfalten und bis zur Vollendung zu entwickeln. Mit grosser Meisterschaft weiss er die Instrumente zu vertheilen, und den verschiedenen Charakteren ihrer Eigenthümlichkeit gemäss beizuordnen, so dass, während spätere Componisten von dem ganzen Orchester fortwährend mehr oder weniger Gebrauch machen, hier bei Gluck im Gegentheil eine kunstvolle Vertheilung, ein kunstvolles Aufsparen bis zum rechten Moment sich zeigt, — eine Mässigung, welche nicht rühmend genug hervorgehoben werden kann. Mit grosser Meisterschaft endlich gestaltet Gluck jede Erfindung, jede Instrumentalfigur dem Plane des Ganzen gemäss. Aus Allem spricht eine grosse, überschauende, das ganze Werk bis in jede Einzelheit durchdringende Intelligenz, eine unerschütterliche Consequenz. Hatten die Opernformen vor Gluck eine feste, unbewegliche, von dem Inhalt unabhängige Gestalt gewonnen, so dass die innere Seele der Dichtung nicht mehr zur Erscheinung kommen konnte, so hat Gluck darin eine neue Wendung herbeigeführt, indem er über Manier und Formalismus hinaus schritt und die Gestaltung lediglich von dem Gange der Sache abhängig machte. In jenem früheren blos musikalischen Rahmen dramatisches Leben zu entwickeln, war unmöglich; Gluck erkannte die Nothwendigkeit, Alles in Fluss zu bringen, mit Arien, Recitativen, Chören zu wechseln, wie es der Augenblick gebot, ohne erst jeden Satz rein musikalisch auszuführen, und zu einem bestimmten Abschluss zu bringen. Gluck endlich hat sich nicht auf die Trivialitäten gewöhnlicher Operntexte beschränkt; er hat sorgfältig gewählt, und mächtige Leidenschaften von wirklich substantiellem Gehalt, Vater-, Mutter-, Gatten-, Geschwisterliebe, männlichen Muth, Kühnheit, Zorn zur Darstellung gebracht. Er hat alle diese Seelenregungen, diese Leidenschaften mit einer Naturwahrheit dargestellt, dass der Sinn und das Interesse für seine Schöpfungen nie untergehen kann.

Es ist jedoch weniger die schöpferische Phantasie, welche Gluck's Charaktere in das Leben gerufen hat, es ist ein mehr verständiges Erkennen, und die Gestalten desselben zeigen darum eine gewisse Monotonie, einen gewissen Mangel an Lebenswärme; es fehlt ihnen jene liebens- und bewunderungswürdige Beweglichkeit, jene Geschmeidigkeit und Mannigfaltigkeit, welche Mozart's Dichtungen auszeichnet. Gluck's Seele ist nur von Ernst erfüllt, und seine Gestalten tragen darum eine und dieselbe Färbung, eine gewisse antike Grossartigkeit; man hat sie Marmorbildern verglichen, plastisch genannt, wie jene Marmorbilder, aber auch kalt und unbeweglich, wie jene. Es war Gluck nicht gegeben, jenes Zauberreich der Phantasie zu betreten, welches Mozart und seine Nachfolger erschlossen haben, jene Kunstvollendung und classische Abgeschlossenheit zu erreichen, welche Resultat schöpferischer Phantasie und tiefen Kunstverstandes zugleich ist. Gluck hat allerdings das, was er beabsichtigte, in Folge des Standpunctes seiner Zeit, in Folge des Mangels an Vorgängern, oftmals nicht befriedigend zur Erscheinung zu bringen vermocht, und es ist dieser Umstand bei seiner Beurtheilung wesentlich in Anschlag zu bringen. Es ist oftmals eine unvermittelte Kluft zwischen dem, was er beabsichtigte, und dem, was er zur Darstellung gebracht hat: hat man jenes erkannt, so ist Alles gross und bedeutend; hält man sich an das, was gegeben ist, so fühlt man sich öfters unbefriedigt. Aber auch dies in Betracht gezogen, so ist doch bei ihm keineswegs noch jene Fülle und freie, schöpferische Thätigkeit der Phantasie, welche die spätere Zeit charakterisirt. Gluck steht nach alledem vor uns als einer der grössten Künstler, was das Streben nach dem als einzig wahr erkannten Ziele, was Grösse und Adel der Gesinnung, tiefes Denken, Verstand in der Entwerfung und

Consequenz in der Ausführung seiner Schöpfungen, als ein Muster der Nacheiferung, was sein Princip betrifft, als ein Vorbild für die Gesinnung; — betrachten wir das Geleistete, so müssen wir dem Nachfolger Mozart in Bezug auf die soeben namhaft gemachten Seiten die Siegespalme reichen, unbeschadet der Grösse Gluck's, welche ihn in Einigem, was Hoheit, Adel, strenge, ernste Seelenschönheit betrifft, **unübertroffen** erscheinen lässt.

Es sind griechische Thränen, welche in Gluck's Werken vergossen werden; es ist eine jungfräuliche Frische und Herbheit in diesen Charakteren, im Gegensatz zur entwickelten Sinnlichkeit des Weibes in Mozart; es weht eine frische Morgenluft in den Werken Gluck's, welche nicht ganz frei ist von Kälte, während Mozart in der warmen Mittagssonne einer ganz entfesselten Freude und Wonne steht. Jener schafft nur in Gemeinschaft mit dem Dichter, dieser aus sich selbst, aus der Fülle der Phantasie heraus. Gluck wäre verloren, wenn er solche Trivialitäten, wie die Mozart'schen Texte im Einzelnen zeigen, wenn er keine hohen, tragischen Empfindungen auszudrücken hätte; Mozart hat seine Charaktere vollständig aus der Fülle des Herzens und der Phantasie heraus geschaffen; sie stehen uns darum menschlich näher, und Leporello, Zerline, Osmin, Blondchen und viele andere wären für Gluck unmöglich. Gluck ist die noch unaufgeschlossene Knospe, Mozart die in reichster Fülle entfaltete Blume. Die damalige Oper culminirt in zwei Gipfeln, Gluck und Mozart; Beide haben in gewisser Hinsicht das Höchste geleistet, je nachdem man den Gesichtspunct feststellt. Während indess Mozart die Aufgabe zum Abschluss brachte, und in dieser Hinsicht unbestreitbar die höhere Bestimmung erfüllte, hat er zugleich schon — ich sage dies unbeschadet der Verehrung, die wir dem Herrlichen schuldig sind — dem Sinken der Kunst vorgearbeitet, und zu dem späteren Rückgang die Veranlassung gegeben. Er steht zurück gegen Gluck in mehr als einer Beziehung. Bei diesem ist hohes Bewusstsein von der Würde der Sache und künstlerischer Ernst überwiegend; Mozart besass nicht diese strenge Haltung, dieses philosophische Bewusstsein. Weit entfernt zwar, ein genialer Naturalist zu sein, dachte er viel, und gerade das schöne Gleichgewicht von Reflexion und unmittelbar schaffender Naturkraft ist das Bezaubernde in seinen Schöpfungen; aber er dachte nur innerhalb seiner Kunst, nur musikalisch, und es mangelte ihm jenes davon getrennte, im Hintergrunde thronende, ausdrückliche theoretische Bewusstsein von der hohen Bedeutung der Kunst und des schaffenden Genius, die Rücksicht, jede Schöpfung neben ihrer augenblicklichen Bestimmung zugleich so zu gestalten, dass sie unmittelbar auch der Unsterblichkeit geweiht war. Mannigfache Zugeständnisse, welche er dem Zeitgeschmack machte, waren die Folge, und die hohe Anschauung Gluck's von der Oper ging bei ihm zum Theil verloren. Alles, was das Genie zu geben vermag, sehen wir bei ihm in reichster Fülle vorhanden, und die tiefste Begeisterung für die Sache zeigt sich im Wesentlichen; an strenger Haltung aber und Unterordnung alles Zufälligen unter die ewige Idee steht er Gluck nach. Wenn bei diesem Alterndes sich zeigt, so ist die Ursache der Standpunct seiner Zeit und die minder ausserordentliche Begabung; bei Mozart, welcher überall das Vollendete hätte geben können, haben wir die Anschauung, dass es Concessionen gegen den Zeitgeschmack, dass es eine minder hohe Ansicht von der Sache überhaupt war. Durch die geschichtliche Mission Deutschlands zur italienischen Musik hingedrängt, entfernte er sich wieder von der hohen geistigen Schönheit Gluck's, und gestattete dem sinnlichen Element in seinen Werken zweiten Ranges, „Titus" z. B., allzu grossen Einfluss, verliess überhaupt die strenge dramatische Gestaltung Gluck's und machte dieselbe hin und wieder von äusseren Einflüssen abhängig. Seine überwiegend musikalische Natur endlich liess ihn zum Theil in Texten Befriedigung finden, welche im Ganzen allerdings vortrefflich, musikalisch reichen Stoff boten, im Einzelnen jedoch, in der dichterischen und dramatischen Gestaltung, sehr Vieles zu wünschen übrig liessen. Mozart machte dadurch die Oper zu einer musikalischen Schöpfung, während sie bei Gluck, wie es sein soll, eine dichterisch-musikalische gewesen war. Die moderne Textvernachlässigung, die schiefe Wendung, welche der Begriff der Oper in späterer Zeit erhalten hat, der Umstand, dass die Musik und die musikalischen Formen in der Oper das Uebergewicht erlangten, nicht aus der inneren Nothwendigkeit des Textes heraus geschaffen waren, dass Herkommen und Gewohnheit entschieden, haben in ihm wieder ihren Urheber gefunden. Die Hoheit seines Genies hielt die Werke vorzugsweise auf jener Höhe, welche wir bewundern, weniger Bewusstsein, weniger ein stets in allen Theilen auf das Ewige und Unvergängliche gerichtetes Streben. Mozart bezeichnet, wie dies bei allen Genien, welche auf dem Culminationspunct stehen, der Fall ist, den Wendepunct, das letzte Ersteigen des Gipfels, und das erste Hinabgehen von demselben. So tragen die Momente höchster Reife und Entwicklung im Reiche alles Lebendigen zugleich den Keim des Todes in sich, und die höchste Entfaltung ist zugleich die beginnende Vernichtung. Dies ist das Resultat, welches wir festhalten müssen, um den weiteren

Fortgang der Oper zu begreifen, und zu den endlichen Resultaten meiner Darstellung zu gelangen.

Mit diesem Hinblick auf Mozart, der uns nun bald näher beschäftigen wird, schliesse ich die heutige Vorlesung. Mozart ist das grösste Resultat, welches Gluck gehabt hat; durch ihn wurde Mozart möglich, und die kunstgeschichtliche Bedeutung Gluck's ist zunächst auch nur im Hinblick, wie auf das, was ihm vorausgegangen war, so auf den Letzteren, seinen grossen Nachfolger, zu erfassen. Eine weitere Perspective noch wird sich uns eröffnen, wenn wir erst den Fortgang der Entwicklung bis herab auf die Gegenwart verfolgt haben. Dann wird sich zeigen, dass Gluck nicht vollständig aufgeht in Mozart, dass, so zu sagen, ein Bruchtheil übrig bleibt, was zur Fortbildung durch R. Wagner den Impuls gegeben hat. Jetzt hat uns des eben Genannten Auftreten in den Stand gesetzt, noch bestimmter dem von Gluck Geleisteten und Gewollten seine Stellung anzuweisen, das Erreichte sowol als das noch Fehlende zu bezeichnen. Mozart, das ist das Wichtigste in dieser Beziehung, hat die specifisch musikalische Seite zur höchsten Entfaltung gebracht, und wir sehen darum im weiteren Fortgang bis herab auf die Gegenwart diese Seite vorzugsweise ausgebeutet. Von unserem Standpunct aus indess, der im weiteren Verlauf immer mehr seine Begründung erhalten wird, erscheint dieser ganze Abschnitt mehr nur als eine grossartige Episode. Wagner greift zurück, knüpft an Gluck an, unterstützt dabei durch den ganzen Reichthum des durch die specifisch musikalische Entwicklung seit Mozart Gewonnenen. Das ist überhaupt das Entwicklungsgesetz auf dem Gebiet der Oper, dass zuerst immer das einzig richtige Princip der Einheit und Gleichberechtigung der Künste in der Oper ergriffen und aufgestellt wird, dies Letztere natürlich immer mit der Einschränkung, dass auf der Musik vorzugsweise der Accent ruht. Dann folgen Ablenkungen, Vertiefungen nach der specifisch musikalischen Seite hin: so in Italien nach Erfindung der Oper, so nach den Zeiten Gluck's. Ist die erstrebte Vertiefung gewonnen, ist eine neue Seite musikalisch herausgebildet, so erfolgt der Rückgang auf das ursprüngliche Princip der Einheit der Künste, des innigeren Anschlusses der Musik an die Poesie, und man strebt nach neuer Verwirklichung desselben auf immer höherer Stufe.

Nachdem wir die Anfänge höherer Kunstleistungen in Frankreich, und sodann das, was Deutschland und Frankreich vermittelte, die Schöpfungen Gluck's, betrachtet haben, betreten wir in der nächsten Vorlesung wieder ausschliesslich das deutsche Gebiet, um dem Umschwunge der Kunst hier zu folgen.

Gluck ist der erste Repräsentant der Epoche des schönen Stils in Deutschland, der erste Repräsentant des Umschwunges in der zweiten Hälfte des vorigen Jahrhunderts. Auf die grosse Kirchenmusik der Vorzeit folgt, durch ihn hervorgerufen, die classische Höhe der Oper. Wir haben jetzt zunächst die Oper in Deutschland, die italienische sowol wie die vaterländische, weiter sodann die Entstehung der modernen Instrumentalmusik, das Hervorgehen dieser dritten, wichtigsten Musikgattung ins Auge zu fassen.

Dreizehnte Vorlesung.

Die italienische Oper in Deutschland: Hasse. Naumann. Graun. Die deutsche, insbesondere komische Oper, die Operette und das Melodram. G. Benda. Schweitzer. Hiller. Dittersdorf. Reichardt. Wenzel Müller. Erster Aufschwung der Instrumentalmusik. Emanuel Bach. Friedemann Bach. J. Haydn.

Gluck hatte den entsprechenden Boden für seine Schöpfungen in Paris gefunden; wirkten auch dort viele äussere Umstände mit, ihm Bahn zu brechen, fand sich wol auch dort nur im kleineren Kreise ein adäquates Verständniss, so waren doch ausreichende Beziehungen vorhanden, welche die Ursachen seiner Erfolge wurden und ein geneigtes Entgegenkommen von Seiten des Publicums vermittelten. Von Deutschland konnte dies in jener Zeit noch nicht gesagt werden. Deutschland war zu philisterhaft und hausbacken, um diese von einer ganz anderen Höhe des Standpuncts aus entworfenen Schöpfungen zu verstehen, ja nur äusserliche Anknüpfungspuncte finden zu können; noch zu wenig kunstgebildet, um hier, wo es sich nicht blos um musikalische Beurtheilung, wo es sich im Gegentheil um höheres Kunstverständniss überhaupt handelte, schon die nothwendigen Voraussetzungen dafür zu besitzen. Zwar bemerkte ich in der vorigen Vorlesung, dass Gluck's Bestrebungen durch den Umschwung der Zeiten hervorgerufen waren, dass er zuerst den Geist der Neuzeit zur Erscheinung brachte; ein Anderes aber ist es, ob dieser Geist schon in die Massen eingedrungen ist, oder nur erst am fernen Horizont erscheint. Dies Letztere war in Bezug auf Gluck der Fall. Gluck stand in seiner Zeit auf einsamer, noch unerkannter Höhe; er hatte nur erst das neue Opernprincip aufgestellt, aber ohne dass dasselbe schon hätte Eingang gewinnen können; er war, eine imposante Macht, dem bis dahin Herrschenden gegenübergetreten, aber er hatte dasselbe noch nicht besiegt, noch nicht gänzlich beseitigt.

Fragen Sie aber, welches die Opernzustände zu seiner Zeit in Deutschland waren, so dient hierauf zur Antwort, dass wir als herrschend im Publicum zwei Richtungen bezeichnen müssen, die italienische, welche noch jetzt zahlreiche und begabte Vertreter hatte und von den Höfen begünstigt wurde, sodann eine im engeren Sinne national-deutsche, welche in den Kreisen des Volkes gehegt und gepflegt wurde.

Was die erstgenannte Richtung betrifft, so finden hier drei Männer vorzugsweise ihre Stellung, wichtig genug, um in unserer Darstellung nicht übergangen zu werden, die beiden Dresdner Kapellmeister **Hasse** und **Naumann** und der Berliner **Graun**. Die genannten Künstler sind es gewesen, welche die italienische Richtung in Deutschland der Hauptsache nach zum Abschluss gebracht haben, und als die letzten Repräsentanten derselben zu bezeichnen sind. Begegnen uns später noch italienische Opern von italienischen Operngesellschaften dargestellt in Deutschland, so war dies etwas Vereinzeltes und reine Sache der Willkür, der Liebhaberei der Fürsten, ohne principielle Berechtigung, während bis zu den Zeiten der Genannten eine solche Berechtigung, eine innere Nothwendigkeit, vorhanden war.

Ich theile Ihnen in Kürze das Bemerkenswertheste über die Genannten mit.

Johann Adolph Hasse war geboren im Jahre 1699 in Bergedorf in der Nähe von Hamburg und fand seine erste künstlerische Ausbildung daselbst, wo er als Tenorist am Theater vorzüglich Gelegenheit hatte, Keiser's Opern zu studiren. Der Wunsch, sich eine gründliche theoretische Ausbildung zu verschaffen, führte ihn 1724 nach Italien. Sein gutes Glück brachte ihn bald in einer Gesellschaft mit A. Scarlatti zusammen; sein vorzügliches Klavierspiel und sein liebenswürdiges, bescheidenes Benehmen zogen die Aufmerksamkeit des Greises auf ihn, in dem Grade, dass derselbe, den Wunsch des jungen talentvollen Mannes bemerkend, diesem sich selbst zum Lehrer anbot. Fleiss und Eifer des Schülers waren nun so gross, dass Scarlatti ihn bald seinen lieben Sohn nannte und das innigste, liebevollste, bis zum Tode des Lehrers fortdauernde Verhältniss sich zwischen Beiden bildete. Bald machte Hasse durch seine Compositionen grosses Aufsehen in Italien, und zahlreiche Einladungen ergingen an ihn. So kam er 1727 nach Venedig, wo er für Kirche und Theater componirte, mit solchem Glück, dass er der Liebling des ganzen Publicums, insbesondere der Damen, wurde. Zu derselben Zeit war die schöne, geistvolle Faustina Bordoni, eine der grössten Sängerinnen, von London nach Venedig zurückgekehrt. Der Ruf des „*caro Sassone*", wie Hasse die Italiener nannten, zog auch die Aufmerksamkeit dieser Dame auf ihn. Man veranstaltete, um Beide bekannt zu machen, eine glänzende Gesellschaft, und Faustina schied aus derselben mit dem Entschluss, Hasse zu ihrem Gemahl zu erwählen. Jetzt componirte dieser für Faustina, seine Gattin, und sie, die vorher sich zurückgezogen hatte, trat wieder öffentlich auf. Der glänzende Hof August's, Königs von Polen und Kurfürsten von Sachsen, wünschte Beide an die grossartige, ausgezeichnete Oper nach Dresden. Hasse wurde zum Oberkapellmeister ernannt und seine Gattin als erste Sängerin engagirt. Beide fanden in ihrer neuen Wirksamkeit die glänzendsten Erfolge. Bald jedoch gewann der Kurfürst ein näheres Interesse für Faustina, sie wurde fürstliche Geliebte, und Hasse erhielt einen nicht gewünschten Urlaub nach Italien. Lange Jahre verweilte der unglückliche Reisende daselbst und kam nur hin und wieder einmal zum Besuch nach Dresden. So wenigstens war die bisherige Annahme, und Rochlitz in dem Charakterbilde „Faustina Hasse" in seiner Schrift „Für Freunde der Tonkunst" erzählt diese Dinge ausführlicher. Wenn ich Ihnen dies mittheile, darf ich indess die Bemerkung nicht übergehen, dass man neuerdings die ganze Erzählung in Frage, das Verhältniss Faustinens zum Kurfürsten gänzlich in Abrede gestellt hat. Es geschah dies in einem ausführlichen Aufsatz der „Leipziger Zeitung". Auf diesen verweise ich, was jene Angelegenheit betrifft. Chrysander jedoch in seinem später erschienenen zweiten Bande der Biographie Händel's spricht dasselbe aus wie Rochlitz, nur noch in bedeutend verstärktem Grade, den Lebenswandel dieser Frau überhaupt als einen höchst sittenlosen bezeichnend. Später wurde Hasse nach London berufen, als die früher erwähnten Streitigkeiten mit Händel ausbrachen. Dort feierte er grosse Triumphe und erlebte einen vollständigen Sieg über Händel, ohne sich jedoch dieses Sieges zu erfreuen. Sein eigenes widerstrebendes Gefühl, als Händel's Gegner zu stehen, die innere Ueberzeugung von der Grösse desselben, der momentan mehr der Parteisucht unterlag, machten ihn unempfindlicher gegen alle Vortheile, so dass er sich bald entfernte und nie wieder nach London zurückkehrte. Er begab sich nach Dresden, wo sich unterdess Faustinens Verhältnisse geändert hatten, und befand sich nun eine Reihe von Jahren hindurch in der erwünschtesten Wirksamkeit. Die nach Beendigung des siebenjährigen Krieges in Sachsen nothwendig werdenden Einschränkungen hatten endlich die Pensionirung Beider zur Folge. Sie gingen nach Wien, endlich nach Venedig, wo Hasse im Jahre 1783 starb. — Hinsichtlich seines Werthes als Künstler sind natürlich die Urtheile seiner Zeit und die der Gegenwart sehr verschieden. Es gilt dies von den genannten Tonsetzern überhaupt, die, zu ihrer Zeit hochberühmt, jetzt nur ihr Andenken noch durch einige Hauptwerke lebendig erhalten haben. Die frühere Zeit pries die zahlreichen Werke Hasse's, unter denen sich allein über 50 Opern befinden, überaus hoch. Bleibenden Werth besitzt, wie damals stets, nur das für die Kirche Geleistete. Am berühmtesten ist sein *Te deum*, das noch jetzt alljährlich in Dresden aufgeführt wird. Hasse ist durch und durch Italiener, er theilt die Vorzüge und die Mängel seiner Schule. Dieselbe Schönheit der Melodie, dieselbe durchsichtige Klarheit, aber auch dieselbe Kälte und überwiegend formelle Natur, welche die weniger gelungenen Werke jener Schule charakterisirt. Man braucht, um dieses Urtheil bestätigt zu finden, nur die Sammlung Hasse'scher Arien zur Hand zu nehmen, welche J. A. Hiller unter dem Titel: „Meisterstücke des italienischen Gesanges" herausgegeben hat. Schöne, gesangreiche Melodien zeigen sich überall, aber nur wenige lassen einen tieferen Ausdruck erkennen; die meisten sind überwiegend formell und im Ganzen ziemlich steif. K. C. F. Krause in seinen „Darstellungen aus der Geschichte der Musik" nennt Hasse den Correggio für die Kirchenmusik. „So wie dieser grosse Maler", bemerkt er, „den Himmel selbst voll Liebe und Freude, des innigsten, zartesten Gefühls in lieblichen Gestalten, in Licht und Farbe schildert, so weiss Hasse durch innig-schöne Töne das Gemüth mit dem Vorgefühl der seligen Freude des Himmels zu trösten und zu erfüllen." Sein *Te deum* ist glänzend und äusserst dankbar für die Stimmen, nicht ohne katholische Innigkeit, nicht ohne diesen eigenthümlichen Zauber, die nachhaltigere Kraft aber, der wahrhaft höher Aufschwung mangelt.

Minder ausschliesslich den Italienern zugeneigt zeigt sich **Johann Gottlieb Naumann**, geboren zu Blasewitz bei Dresden im Jahre 1741, der mehr eine die Stile der beiden Länder vermittelnde Stellung einnimmt. Naumann steht unserer Zeit noch näher, und die interessanten, fast romanhaften Lebensschicksale desselben sind allgemeiner bekannt. Er musste sich aus den untergeordnetsten, zum Theil widerwärtigsten Verhältnissen emporarbeiten und gelangte erst spät zu einer seinem Talent angemessenen, dann aber auch äusserst glänzenden Stellung. Sein Vater war ein schlichter Bauer zu Blasewitz. Schon der Besuch der Kreuzschule zu Dresden war mit Mühseligkeiten verbunden. Er hatte einen so weiten Weg zu machen, dass er zum Mittagsessen nicht nach Hause zurückkehren konnte; er pflegte dasselbe, welches in einem Stück Brod bestand, auf den Stufen der Frauenkirche zu verzehren. Schon damals hatte er die grösste Freude an der Musik; unterrichtet wurde er darin von dem Schulmeister des Dorfes, und als dieser nicht mehr genügte, vom Cantor der Kreuzschule. Nach dem Willen der Mutter sollte er das Schlosserhandwerk erlernen. Er wurde wirklich zu einem Meister in die Lehre gethan und von diesem zuerst in einer finstern Werkstätte mit Glasstossen beschäftigt. Diese Arbeit war ihm so unerträglich, dass er endlich davonlief. Nun musste er zur Strafe das Vieh hüten. Hier aber war er glücklicher, denn er konnte sich nun ungestört seinen Phantasien überlassen. Endlich gab seine Mutter nach, und es wurde ihm erlaubt, sich für das Schulmeisteramt vorzubereiten. Jetzt konnte er seinen Neigungen schon ungestörter leben. Ein schwedischer Musiker, der nach Italien ging, trug ihm endlich an, ihn dahin mitzunehmen. Dies ward nach langem Widerstreben der Eltern endlich angenommen, und Naumann war dadurch dem Ziele seiner Wünsche wieder einen Schritt näher gebracht. Hatte er nun auch hier zwar anfangs mit grossen Widerwärtigkeiten zu kämpfen, so gelang es ihm doch endlich, in Padua lange Zeit Tartini's Unterricht zu benutzen, sowie später in Bologna den des berühmten Pater Martini. Endlich kehrte er, nachdem er schon in Italien mit grossem Beifall als Operntonsetzer aufgetreten war, in sein Vaterland zurück und erhielt jetzt eine feste Stellung als Kirchen-, später als Kammercomponist, obschon er bald darauf und zu verschiedenen Malen nach Italien ging. Im Jahre 1776 erhielt er eine Einladung nach Stockholm, wo er die ganze Kapelle regenerirte, die Oper „Amphion", neben seiner „Cora" wol sein bestes Werk, schrieb, und überhaupt dort dem Zustande der Kunst einen höheren Schwung gab. Zwei Mal verweilte er dort; bei dem zweiten Aufenthalt schrieb er das letztgenannte Werk, welches sich neben Gluck's „Alceste" und Piccini's „Orlando" hielt. Auch von Kopenhagen kam an ihn eine Einladung, sowie nach Berlin. Die Triumphe im Auslande hatten die günstigste Rückwirkung auf seine Geltung in Dresden. Er wurde mit einem bedeutenden Jahrgehalt zum Ober-Kapellmeister daselbst ernannt, so dass seine Stellung jetzt eine der glänzendsten war, die überhaupt ein deutscher Tonkünstler eingenommen hat. Im October 1801 fand er seinen Tod, indem er auf einem Spaziergange im Grossen Garten bei Dresden vom Schlage gerührt wurde. — Auch von Naumann gilt, was von Hasse und anderen Tonkünstlern schon öfters gesagt wurde: nur seine kirchlichen Werke enthalten Bleibendes, während seine Opern ausschliesslich der Zeit angehörten; Gluck ist der erste Unsterbliche auf diesem Gebiet. Für die Kirche ist er sehr thätig gewesen; er hat allein 27 grosse Messen und 10 geistliche Oratorien gesetzt. Zu bedauern ist, dass die Werke, als

Eigenthum der katholischen Kirche zu Dresden, eine weitere Verbreitung nicht gefunden haben. Sein „Vater unser", nach Klopstock, hat ihn vorzugsweise in weiteren Kreisen bekannt gemacht. Unter seinen Oratorien sind die ungedruckten „Gli Pellegrini" das berühmteste, das Finale darin halte ich für eine seiner schönsten Schöpfungen. Das Tiefe, Gemüthreiche, Innige, Herzliche ist darin vorwaltend, eine ergreifende Frömmigkeit. Naumann liegt die Genialität von Bach und Händel, diese Hoheit und Erhabenheit fern. Das einfach Herzliche, klar Begonnene, das Verständige in der Anwendung der Kunstmittel ist seine Eigenthümlichkeit. Seinen schönen Gesang hat er nach dem Muster Italiens gebildet, aber er hat dabei seine deutsche Individualität nicht geopfert.

Der dritte Künstler dieser Reihe ist **Carl Heinrich Graun**, ein Sachse, im Jahre 1701 geboren, der seine erste Bildung auf der Kreuzschule in Dresden erhielt. Sehr geschätzt als Sänger, kam er im Jahre 1725 an Hasse's Stelle als Tenorist nach Braunschweig. Er wurde dort, da er sich auch schon als Componist auszeichnete, trotz seines Engagements als Sänger zum Vice-Kapellmeister ernannt. Im Jahre 1735 erhielt er einen Ruf von Friedrich dem Grossen. Er nahm denselben an, obschon man ihn nur ungern scheiden sah. Als Friedrich König geworden war, ernannte dieser ihn zum Kapellmeister. In dieser ehrenvollen Stellung, ausgezeichnet durch die Gunst, durch die Freundschaft des Königs, blieb er bis an seinen Tod im Jahre 1759. Hier war er rastlos thätig, in allen Fächern der Tonkunst, besonders auch in der Oper. Fast in jedem Jahre wurden neue Opern aufgeführt, bei denen der König zum Theil selbst dichterisch betheiligt war. Ausserdem schrieb er für sich selbst grössere Gesangssachen. Sein Hauptwerk auf kirchlichem Gebiet ist sein „Tod Jesu" nach Ramler. Dies wurde das berühmteste kirchliche Werk aus der zweiten Hälfte des vorigen Jahrhunderts. Es ist in einer Menge von Ausgaben erschienen und bis herab auf die Gegenwart aufgeführt worden. Noch giebt es Städte, wo es alljährlich aufgeführt wird, weil wohlhabende Leute Legate dafür aussetzten, damit diese Musik nicht in Vergessenheit gerathe und den Seelen der Menschen nicht entzogen würde. — Ich werde auf das Werk zurückkommen, sobald ich über die Kirchenmusik aus der zweiten Hälfte des vorigen Jahrhunderts zu sprechen Gelegenheit habe.

Wie schon im Eingange erwähnt, gedenke ich jetzt noch einer dritten Richtung, der eigentlich deutschen Oper, an die sich auch die Blüthe der komischen Oper und der Operette anschliesst. Neben der Oper Italiens und Frankreichs — denn auch für die letztere, für Lully namentlich, waren in Deutschland schon Einige in die Schranken getreten, so der früher genannte Hamburger **Telemann** — neben **Gluck**, hatte sich diese Richtung geltend gemacht, und wurde die Vertreterin des Nationalen. R. **Keiser** hatte eine erfolgreiche Anregung gegeben, und das Feld der dramatischen Musik wurde von verschiedenen Tonsetzern angebaut. Am bemerkenswerthesten sind die Werke aus der zweiten Hälfte des vorigen Jahrhunderts, namentlich die, welche der Sphäre der komischen Oper angehören. Deutschland hat hierin sogar Hervorstechendes geleistet, und es ist nur die Ungunst späterer Zeiten gewesen, wodurch die Entwicklung abgebrochen wurde, wodurch Deutschland auf diesem Gebiete ebenso wenig als auf dem des Lustspiels erreicht hat, was es der ursprünglichen Anlage des Volkes gemäss hätte erreichen können.

In der ersten, noch mehr in der zweiten Hälfte des vorigen Jahrhunderts zeichnete sich die Familie **Benda**, sowol in der Virtuosität, namentlich auf der Violine, als in Compositionen aus. Als Tonsetzer auf dramatischem Gebiet war es insbesondere der gothaische Kapellmeister **Georg Benda** (1721—95), welcher sich hervorthat. Auch er hatte zwar Italien besucht und italienische Opern zur Aufführung gebracht, dabei aber das Deutsche nicht vernachlässigt. 1776 erschien sein „Dorfjahrmarkt"; später „Romeo und Julie", „Der Holzhauer" u. a. Mehr noch als diese Operetten hatte ein anderes Werk desselben Mannes, das erste deutsche Melodrama, „Ariadne auf Naxos", im Jahre 1774 Aufsehen erregt. In dieser neuen Gattung hatte sich früher schon in Frankreich **Rousseau** mit seinem „Pygmalion" versucht; allein Benda kannte das Stück nicht und bildete, was das Musikalische betrifft, das seinige nach eigener Ansicht. „Ariadne" fand auf allen deutschen Bühnen Eingang und Beifall, wurde sogar in das Italienische und Französische übersetzt, und veranlasste die Berufung des Componisten nach Paris. Die Melodramen wurden jetzt Mode, und neue Werke dieser Art folgten sehr bald, insbesondere erfreute sich die spätere „Medea" **Benda's** eines grossen Beifalls. — Auf dem Gebiete der grossen Oper zeichnete sich insbesondere **Anton Schweitzer** (1737—87), gleichfalls ein Gothaer, aus; er componirte die Opern „Rosamunde" und „Alceste" nach den Dichtungen von **Wieland**. Die letztere namentlich ist beachtenswerth, sie wurde in Druck gegeben und gewann grossen Erfolg. Auf dem Gebiete der Operette war es der bekannte **Johann Adam Hiller** (1728—1804), Cantor an der Thomasschule zu Leipzig, der um diese Zeit der Liebling des Publicums geworden war. Dieser kränkliche, hypochondrische Mann würde wahrscheinlich gar nicht daran gedacht haben, solche Compositionen zu schreiben, wenn ihn nicht der Schauspieldirector Koch in Leipzig darum ersucht hätte. Hiller ging auf die Wünsche desselben ein, verband sich mit dem Dichter Christian Felix Weisse in Leipzig, und so brachten Beide vereint zuerst im Jahre 1764 die „verwandelten Weiber" auf das Theater. Unter der ausgezeichneten Schauspielergesellschaft Koch's befanden sich nur wenige leidliche Sänger; so musste Hiller vorzugsweise dem Einfachen, Liedmässigen sich bequemen. Damit aber hatte er gerade den rechten Ton, den Nagel auf den Kopf getroffen. Die Werke beider Männer und insbesondere die darin befindlichen Lieder machten ausgezeichnetes Glück, so dass fast jedes Jahr, als einmal die Bahn gebrochen war, eine neue Operette folgen konnte. Am entschiedensten griff die „Jagd" in das Leben ein; sie wurde das ausgesprochenste Lieblingsstück ihrer Zeit in dieser Gattung. Interessant ist die Dedication an die Herzogin Anna Amalia von Weimar, welche der Dichtung vorgedruckt ist, und bezeichnend für den damaligen Stand der Dinge. Es heisst darin:

> Wenn unsre deutsche Schauspielkunst
> Nicht eines Fürsten Schutz, nicht eines Höflings Gunst
> Durch ganz Germanien sich kaum zu rühmen wusste;
> Bald Gallien durch Witz, bald Welschland durch Gesang,
> Wo sie kaum athmete, sie wiederum verdrang;
> Wenn man das kleinste Lob der armen Kunst versagte,
> Sobald sie sich nur zu gefallen wagte:
> Was Wunder, dass sich nie ihr Lob
> Zu jener Bühnen Stolz erhob?
> Dass Deutschlands Dichter selbst Kothurn und Soccus scheuten,
> Und jeden Schritt, den sie darauf gethan, bereuten?

Die Stellung der deutschen Kunst der ausländischen gegenüber ist in diesen Worten deutlich ausgesprochen. Hiller's Musik ist höchst einfach, treuherzig, volksmässig, ohne irgend Ansprüche zu machen, in ihrer Art aber trefflich, und ganz den damaligen enggemüthlichen, patriarchalischen Zuständen in Deutschland entsprechend. Von dieser Beschaffenheit sind auch die Texte, mitunter etwas derb, nicht eben zart. Man war aber damals, wenn auch hausbackener und philisterhafter, so doch im Ganzen noch gesunder und kräftiger. — Um dieselbe Zeit nahm auch die Kunst des Gesanges in Deutschland einen höheren Aufschwung. Es ist um so mehr der Ort, hier daran zu erinnern, als es eine Schülerin Hiller's, Gertrud Elisabeth Mara, geborene Schmeling, war, welche zuerst zu allgemeiner Anerkennung als Gesangskünstlerin auch im Auslande gelangte. Fr. Rochlitz hat über Beide, über

Hiller sowol wie über dessen Schülerin, in dem öfters genannten Werke interessante Mittheilungen gegeben. Neben **Hiller** verdient auch noch der Gothaer **Ernst Wilhelm Wolf** (1735—92) in Weimar eine Erwähnung. Seine Thätigkeit fällt in die siebziger Jahre des vorigen Jahrhunderts. Diese Blüthe der komischen Oper blieb indess nicht auf Norddeutschland beschränkt; bald wurde namentlich Wien die Hauptstätte derselben. Hier war es insbesondere der ausgezeichnete Carl Ditters, später **Ditters v. Dittersdorf**, welcher Werke von mehr als vorübergehendem Interesse schuf. Dittersdorf, geboren 1739, kam, nachdem er schon in seinem zwölften Jahre als reisender Violinvirtuos Glück gemacht hatte, als Page in die Dienste des Herzogs von Hildburghausen. Er bildete sich hier musikalisch weiter, entfloh aber wegen einiger dummen Streiche, und erhielt auf Empfehlung seines wohlwollenden Fürsten eine Anstellung am Wiener Hofburg-Theater. Hier hatte er das Glück, des Umgangs Metastasio's und Gluck's zu geniessen. Mit dem Letzteren verweilte er sogar eine Zeit lang in Italien. Bei seiner Rückkehr im Jahre 1764 ernannte ihn der Bischof von Grosswardein zum Hofkapellmeister. Er trat jetzt mit einer italienischen Operette „*Amore in Musica*" auf. Im Jahre 1770 kam er auf einer Reise durch Deutschland zu dem Fürst-Bischof von Breslau und gewann dessen Gunst in so hohem Grade, dass dieser ihn seltsamer Weise zum Forstmeister, später zum Landeshauptmann von Freienwaldau ernannte, den päpstlichen Orden vom goldenen Sporn, sowie den Adel ihm verschaffte. Dittersdorf aber fühlte sich unbehaglich in seiner glänzenden Lage, benahm sich unklug, kam in zerrüttete Verhältnisse, und sah sich endlich durch den Tod des Bischofs im Jahre 1797 seiner Stütze beraubt. So starb er in Dürftigkeit im Jahre 1799. Dittersdorf's Hauptwerk „Doctor und Apotheker" wurde 1786 in Wien zuerst gegeben, und fand dort, sowie in ganz Deutschland, unermesslichen Beifall. Wir besitzen eine grosse Reihe ähnlicher Werke von ihm, unter denen ich nur an „Hieronymus Knicker" zu erinnern brauche. Dittersdorf hat auf komischem Gebiet das Grösste in Deutschland geleistet, und noch jetzt bewähren seine Werke, hie und da aufgeführt, ihre Wirkungsfähigkeit. Erscheinen auch in unserer Zeit die Arien zum Theil veraltet, so sind es doch insbesondere die Ensemblestücke, die Finales, welche die ursprüngliche komische Kraft des Tonsetzers zeigen. „Doctor und Apotheker" war die erste deutsche komische Oper mit ausgearbeiteten Finales. Wie Mozart, war es Dittersdorf gegeben, die einzelnen Personen, wo sie vereinigt auftreten, charakteristisch zu scheiden. In der That erinnert Dittersdorf in mehr als einer Beziehung an Mozart, so durch seine treffliche Instrumentation. Auch seine Opernbücher verdienen Lob. Nehmen wir zu allen diesen Vorzügen noch hinzu, dass die Stoffe unmittelbar dem Leben des Volkes entnommen, dass sie ein treuer Spiegel desselben sind, so erklärt sich wol die ausserordentliche Beliebtheit in jener Zeit. Wien wurde der Lieblingssitz der komischen Muse und hat, auch unter veränderten Verhältnissen, am längsten in Deutschland diese Neigung gepflegt. Fragen Sie aber, wie es gekommen, dass dieser Aufschwung auf eine so kurze Zeitepoche sich beschränkt, so ergiebt sich die Antwort aus dem Hinblick auf die durch die napoleonischen Kriege plötzlich ernster werdenden Zeitverhältnisse. Die alte Lust und Heiterkeit, die Behaglichkeit des Daseins verschwand und machte entgegengesetzten Stimmungen Platz. Die Zeit der Fremdherrschaft in Deutschland war nicht der Moment, wo der Sinn für das Komische weitere Geltung und Entwicklung finden konnte. Hierzu kam die Herrschaft Frankreichs auch in der Kunst. Als aber endlich die ausländischen Einflüsse besiegt waren, ist es nicht wieder zu der früheren Heiterkeit gekommen; die Stimmung blieb ernst und gedrückt. Das war für die Werke des vorigen Jahrhunderts so günstig gewesen, dass damals, bei aller Beschränktheit, die Zustände sich politisch freier zeigten, dass jenes unglückselige Misstrauen, welches jede frische Kraft zernagt, noch nicht Platz gefunden hatte. Das Lustspiel und in seinem Gefolge auch die komische Oper, kann nur gedeihen, wenn kein einengender Druck den Aufschwung und den Ausbruch der Laune hemmt. Das Lustspiel bedarf der Pressfreiheit, und da wir diese nicht besitzen, so sind wir auch noch nicht zu einem wirklichen Lustspiel gekommen, einem Lustspiel, welches sich die Aufgabe stellt, wie sie Platen ausspricht: „Volk und Mächtige zu geisseln". — Ich nenne von den Operntonsetzern des vorigen Jahrhunderts noch **Johann Friedrich Reichardt** (1752—1814), auch in unserer Zeit als musikalischer Schriftsteller und Liedercomponist gekannt und geschätzt. Reichardt war seit 1775 Kapellmeister in Berlin und zunächst für die grosse Oper thätig. Anfangs an Hasse und Graun sich anlehnend, war er später einer der Wenigen, welche den Bahnen Gluck's folgten. Er hat sich dann aber auch im Singspiel versucht, und namentlich die Goethe'schen Texte bearbeitet. — Einer der beliebtesten und fruchtbarsten Tonsetzer auf komischem Gebiet für das Volk war endlich der 1767 in Mähren geborene **Wenzel Müller**, Dittersdorf befreundet und von ihm gefördert. Er hat mehr als 200 Stücke dieses Genres geliefert. H. W. Riehl in seinen „Musikalischen Charakterköpfen, erste Folge", einem Buche, das neben vielem Einseitigen auch manches Bemerkenswerthe und Anregende, manche neue und eigenthümliche Anschauung enthält, nennt ihn den „grössten Bänkelsänger, den die Geschichte der deutschen Musik aufzuweisen hat"; er spendet ihm damit, da er das Wort im guten Sinne gebraucht, ein grosses Lob. Ich wende mich nun zu dem zweiten Hauptgegenstande unserer heutigen Betrachtung.

Die Instrumentalmusik ist ganz eigentlich das dem modernen Geiste Entsprechende. Früher war die Kunst gebunden an das Wort, insbesondere an religiöse Texte. Den bis dahin ungeahnten Regungen, welche sich jetzt Bahn brachen, der entfesselten Leidenschaft, dem freien Ergehen des Subjects dient die Instrumentalmusik als Organ des Ausdrucks. Erblicken wir in dem Entwicklungsgange der Tonkunst überhaupt die Bewegung vom Objectiven zum Subjectiven, von Darstellung eines allgemeinen Inhalts und allgemeiner Zustände zur Entfaltung alles dessen, was die besondere Welt des Einzelnen bildet, so ist die Instrumentalmusik die subjectivste Kunstgattung, und sie erscheint darum auch am spätesten auf classischer Höhe. Auf die Kirchenmusik folgt die Oper, und an diese schliesst sich die Instrumentalmusik in ihrer Vollendung.

Unsere Blicke werden jetzt auf die Familie Bach zurückgelenkt. Die kunstgeschichtlich wichtigsten Söhne Sebastian's habe ich Ihnen schon namhaft gemacht. Jetzt tritt uns vor allen Emanuel Bach entgegen, als Derjenige, an den sich die Entstehung der modernen Instrumentalmusik knüpft, als der erste Repräsentant der Neuzeit auf diesem Gebiete. Händel zeigte sich dem vocalen, Sebastian Bach dem instrumentalen Elemente überwiegend zugeneigt. Dem entsprechend schliesst sich, sehr bedeutsam, auch im weiteren Fortgange die Oper, überhaupt die Gesangsmusik, vorzugsweise an den Ersteren, während die Instrumentalmusik von dem Letzteren ihren Ausgangspunct nimmt.

Interessant ist es, zu sehen, wie das Genie Sebastian Bach's, wenn der Ausdruck erlaubt ist, in den Söhnen sich theilt, wie der Vater alle Seiten in sich zusammenfasst, die Söhne dagegen zwar reich, aber einseitiger begabt sind, die einseitigere Begabung indess gerade die Ursache der Weiterbildung der Tonkunst wurde. Neben Emanuel erscheint als der reichstbegabte Friedemann Bach. Besass der Letztere die Tiefe, das Grüblerische seines Vaters ohne dessen Ehrenfestigkeit und Gediegenheit, ohne dessen ernste Haltung, so hatte Emanuel mehr das Klar-Verständige ohne jene Eigenschaften, und zeigt sich darum mehr als Künstler im modernen Sinne. **Wilhelm Friedemann Bach,** der älteste Sohn Sebastian's, war geboren zu Weimar im Jahre 1710. Der Leipziger Thomasschule zu seiner Bildung übergeben, zeigte er treffliche Anlagen, so dass seine Lehrer Ausgezeichnetes von ihm hofften.

Später studirte er Jurisprudenz, fühlte sich aber unter den Wissenschaften vorzugsweise zur Mathematik hingezogen, eine Neigung, welche sich bei dem Grüblerischen und Tiefsinnigen zugewendeten Tonkünstlern häufig findet. In Musik wurde er von dem Vater unterrichtet und hatte es im Theoretischen und Praktischen schon früh so weit gebracht, dass dieser, nicht leicht befriedigt, auch nach dieser Seite hin Hervorstechendes von ihm erwartete. Im Jahre 1733 wurde er nach Dresden als Organist an die Sophienkirche berufen. Später begab er sich als Musikdirector und Organist nach Halle; er hat von diesem Aufenthalt den Namen des Halle'schen Bach erhalten. Friedemann Bach hat den Erwartungen, welche man von ihm hegte, nicht entsprochen, entsprochen zwar in dem Sinne, als er Meister seiner Kunst war, so dass Emanuel von ihm urtheilte, er allein sei im Stande, ihren grossen Vater zu ersetzen, nicht aber insoweit, um eine bleibende kunstgeschichtliche Bedeutung zu erlangen. Die Ursache lag in seinem unglücklichen Naturell, in einem Missverhältniss seiner Kräfte. Hoch begabt, scheinen ihm die Eigenschaften des Charakters, welche eine solche Begabung erst zu fruchtbringender Entfaltung bringen können, gemangelt zu haben. Seine aus fortwährender Versenkung in seine Kunst hervorgegangene Zerstreutheit würde man entschuldigt haben, wenn er nur einigermaassen bemüht gewesen wäre, dieselbe zu beseitigen oder zu mildern; aber auch in dieser Beziehung hat er keinen Versuch gemacht, und er wanderte lieber von Halle fort, sein Amt verlassend, als er einmal von seinen Vorgesetzten ernstlich zur Rede gestellt wurde. Andere Eigenschaften entstanden jedoch aus dieser Versenkung in sich, welche nicht zu entschuldigen waren. Sein Charakter wurde finster, menschenfeindlich, zurückstossend, zanksüchtig, er verhärtete sich in sich und betrachtete in anmaassendem Künstlerstolz die Welt und die Verhältnisse derselben geringschätzig. Zuletzt wurde er gehasst, ja von seinen eigenen Brüdern verachtet, und hat sich dem Trunke ergeben. Er starb zu Berlin im Jahre 1784. Die Kunstgeschichte nennt ihn nur, um eine untergegangene Grösse zu bezeichnen, sie nennt ihn als ein Glied dieser ausgezeichneten Künstlerfamilie; von bleibender Bedeutung ist er nicht, auch sind nur wenige seiner Werke herausgegeben und bekannt geworden. Was man von Friedemann Bach hoffte, hat der jüngere Bruder Emanuel geleistet, er, der anfangs nicht einmal zum Musiker bestimmt war. **Carl Philipp Emanuel Bach** war, geboren zu Weimar 1714, der zweite Sohn Sebastian's. Er wurde von diesem ausdrücklich nicht der Tonkunst, sondern, wie soeben erwähnt, den Wissenschaften gewidmet. Die beste und bequemste Vorbereitung dafür fand sich bei der Uebersiedelung nach Leipzig. Emanuel besuchte ebenfalls die Thomasschule, später die Universitäten zu Leipzig und Frankfurt a. d. O., und sollte nach Beendigung dieses Cursus mit einer reichen livländischen Familie eine Reise durch England, Frankreich und Italien antreten, als ihm ein Ruf von Friedrich dem Grossen, damaligen Kronprinzen, zukam, worin er aufgefordert wurde, eine musikalische Stellung zu übernehmen. Seine Beschäftigung sollte darin bestehen, Friedrich's Flötenspiel auf dem Flügel zu begleiten. Bald gewann er, der nun die wissenschaftliche Laufbahn aufgegeben hatte, die Gunst seines Monarchen, und die Folge war, dass er eine sehr angenehme Stellung erhielt, als Friedrich zur Regierung gelangte. So vergingen die Jahre in erfreulicher Thätigkeit. Später nahm jedoch Bach's Zufriedenheit ab. Der König, mit ganz anderen Interessen beschäftigt, vernachlässigte seine Musiker. Bach nahm daher im Jahre 1767 einen Ruf nach Hamburg als Musikdirector der Hauptkirchen an, und lebte dort bis an seinen Tod im Jahre 1788, vertraut mit den vorzüglichsten Männern, auch mit Klopstock, in äusserst ehrenvoller, einflussreicher Thätigkeit. Er hat, wie schon früher erwähnt, von diesem Aufenthalte den Namen des Hamburger Bach erhalten. Betrachten wir jetzt die Bedeutung desselben als Tonsetzer, seinen Einfluss auf die Entwicklung der Kunst. Ein scheinbar zufälliger Umstand, den auch Fr. Rochlitz in seiner Schrift „Für Freunde der Tonkunst", in einem Artikel über Emanuel Bach, nachdrücklich hervorhebt, zeigt sich hier von grossem Einfluss. Sebastian Bach hatte bei dem musikalischen Unterricht dieses Sohnes einen anderen Weg eingeschlagen. In der Meinung, in ihm einen Dilettanten zu bilden, der die Kunst nur zu seiner Freude und Erholung betreibe, hielt er ihn fern von dem streng Schulmässigen, von dem, was in der Musik jener Tage feststehende Manier geworden war. Möglichst vollkommenes Klavierspiel und möglichst entwickelte Fertigkeit im freien Phantasiren schienen Sebastian Bach für einen Dilettanten das Wesentlichste. Dadurch aber rief der Vater unbewusst in dem Sohne eine ganz neue Richtung hervor. Denn dieses tägliche Ueben in freier Phantasie hielt den Geist des Sohnes frei, gestattete seiner Individualität unbeschränktes Spiel und entschiedenen Einfluss, entschiedeneren, als bis dahin an irgend einem deutschen Tonkünstler zu bemerken war, entschiedeneren, als die gelehrten gleichzeitigen Meister ohne Nachtheil für ihre Kunst und Würde zugestehen zu dürfen glaubten. Die Bevorzugung des Klaviers auf Kosten der Orgel leitete ausserdem immer mehr zum Weltlichen hin, war überhaupt auf Emanuel Bach's künstlerischen Charakter von wesentlich bestimmender, nachhaltiger Wirkung. Nehmen wir nun hierzu noch ein dieser Richtung entsprechendes Naturell, sanguinische Beweglichkeit, aufgeweckten Sinn, der sich in der Jugend in der Lust zu allerlei neckischen Streichen zeigte, Behendigkeit, ein leicht aufgeregtes, oft wandelbares Wesen, jedoch ohne Nachtheil für das Tiefere, so ist erklärt, wie sich in Emanuel Bach eine Richtung ausprägen konnte, welche, entsprechend dem allgemeinen geistigen Umschwung in der zweiten Hälfte des vorigen Jahrhunderts, im Gegensatz zu der alten Objectivität den eigenen Geist und die eigene Gefühlsart des Künstlers zur Darstellung brachte, und so die moderne Instrumentalmusik unmittelbar einleitete, die Basis wurde, auf welcher das spätere, grosse Gebäude derselben sich erhob. Emanuel Bach's Compositionen, besonders die für das Klavier, enthalten neben Vielem, was der alten Schule angehört, ganz unumwunden und unbefangen dieses Neue; sie bringen in Fülle Merkmale jenes leichten, neckenden, leicht aufgeregten Wesens, welches vorhin schon erwähnt wurde. Je höher Emanuel sich in gereiften Jahren stellen lernte, um so höher lernte er auch diese Eigenthümlichkeit schätzen, da gerade sie es war, worin ihn später Kenner und Publicum bewunderten. Mit dem Leben vertrauter als Sebastian, durch Umgang, Verhältnisse und allseitige, gediegene Bildung geglättet, das Feine und Gewandte des höheren geselligen Lebens sich aneignend, war er im Stande, zu der grossartigen Gediegenheit und Festigkeit des Vaters noch gefälligen Glanz, feinere, bewegtere Wendungen hinzuzubringen, und er ist durch diese Verbindung, dadurch, dass das Wechselnde, Vielgestaltige der Individualität auf diesem Hintergrunde erscheint, der Begründer der modernen Richtung der Tonkunst, im weiteren Sinne des Wortes der Begründer der romantischen Richtung derselben, der unmittelbare Vorläufer Joseph Haydn's geworden. Dass er es gewesen ist, welcher die Sonatenform zuerst zu höherer künstlerischer Bedeutung erhob — sein Hauptwerk sind seine „Sonaten für Kenner und Liebhaber" —, ist schon erwähnt worden. So gross hierdurch sein Einfluss ward, so gross war derselbe auch, was Klavierspiel betrifft. Er ist als der erste durch nachhaltige Bedeutung ausgezeichnete Lehrer für dieses Instrument zu bezeichnen. Sein „Versuch über die wahre Art, das Klavier zu spielen" brach die Bahn, und enthält so Vorzügliches, dass derselbe noch in der Gegenwart aller Beachtung werth ist. Mozart hatte, als er wenige Jahre vor seinem Tode in Hamburg war, Bach fleissig besucht, und urtheilte über ihn, nachdem er ihn einige Male in freien Phantasien gehört: „Er ist der Vater, wir sind die Bub'n. Wer von uns was Rechtes kann, hat von ihm gelernt; und wer das nicht eingestehet, der ist ein . . . . Mit dem, was er macht, kämen wir jetzt nicht mehr aus: aber wie er's macht, da steht ihm Keiner gleich". Sie entnehmen aus alledem, welche ausgezeichnete Stellung Emanuel Bach in der Geschichte der Kunst einnimmt. Nur auf dem Gebiete der Gesangscomposition war er weniger glücklich. Der Beweglichkeit seines Wesens, der grossen Freiheit, mit der er zu schreiben gewohnt war, legte die angemessene Behandlung der Worte einigen Zwang auf. Wenn dessenungeachtet seine Hauptwerke auch aus der Sphäre, worin er das Vorzüglichste geleistet hat, jetzt den Meisten unbekannt sind, so theilt er — in dem neulich schon besprochenen Sinne — das Schicksal aller Derer, welche eine neue Epoche beginnen. Die bedeutenderen Leistungen der Nachfolger lassen die ersten Anfänge vergessen; für die Kunstgeschichte aber sind solche Anfänge von grösster Wichtigkeit. — Als ich über Sebastian Bach sprach, nannte ich ausser den jetzt besprochenen noch zwei Söhne desselben, den Bückeburger und den Londoner Bach. Um das Bild dieser Familie zu vervollständigen, mögen diese hier noch im Vorübergehen eine Erwähnung finden. Beide sind von geringerer Bedeutung; der Erstgenannte nahm sich Emanuel zum Muster, der zweite war Modecomponist und entfernte sich am weitesten von der künstlerischen Hoheit seines Vaters, auch im Leben am weitesten von dessen bürgerlicher Ehrenfestigkeit. Er war ein Mann des Salons und hinterliess, obschon er viel verdiente, eine grosse Schuldenlast. In Mozart's Leben werden wir ihm noch einmal begegnen.

Sie erblicken jetzt die Entwicklung so weit gediehen, dass nun bald der erste Höhepunct der zweiten Epoche, der des schönen Stils, erstiegen werden konnte. Noch ein wichtiger Schritt indess war zu thun. An Gluck's Leistungen auf dem Gebiete der Oper konnten sich unmittelbar die Mozart's in gleicher Sphäre anschliessen. Jenes indess, was Emanuel Bach gegeben hatte, war noch nicht ausreichend, dass unmittelbar ähnliche Schöpfungen auch in der Instrumentalmusik hätten folgen können. So Bedeutendes Gluck und Emanuel Bach auch schon auf dem Gebiete der Orchestercomposition producirt hatten, so war doch dadurch die Instrumentalmusik noch nicht zu einer der Oper analogen Höhe gebracht worden. Noch eine Stufe war zu ersteigen, bevor Mozart und weiterhin Beethoven, allseitig vorbereitet, erscheinen konnten. Dies geschah durch J. Haydn, und unsere Betrachtung leitet uns daher unmittelbar auf diesen.

Joseph Haydn war geboren am 31. März 1732 in dem Dorfe Rohrau in Niederösterreich an der Grenze von Ungarn. Sein Vater war ein Wagner und übte in jenem Dorfe die Profession aus. Auf der Wanderschaft, als Handwerksgesell, hatte derselbe ein wenig Uebung auf der Harfe sich zu verschaffen gewusst. Er setzte als Meister in Rohrau zur Erholung nach der Arbeit die Beschäftigung mit diesem Instrumente fort, indem er gewöhnlich den Gesang seiner Frau begleitete. Der junge Joseph war bei diesen Uebungen zugegen, und die ersten Eindrücke, die er von der Aussenwelt erhielt, die ersten Eindrücke, welche in ihm hafteten, waren daher vorzugsweise Töne; sein Geist erwachte unter Melodien. Jene Lieder hatten sich so tief in sein Gedächtniss geprägt, dass er sich derselben noch im spätesten Alter erinnerte. Die erste Anregung für Musik war gleichzeitig mit dem Erwachen seines Bewusstseins überhaupt. Sechs Jahre alt gab man den Knaben zu einem Verwandten, einem Schulmeister aus dem benachbarten Haimburg. Hier erhielt derselbe Unterricht in den gewöhnlichen Schulkenntnissen, im Singen, und was für den späteren Instrumentalcomponisten das Wesentlichste war, fast auf allen Blas- und Saiteninstrumenten, sogar im Paukenschlagen. — „Ich verdanke es diesem Manne noch im Grabe", sagte Haydn später oftmals, „dass er mich zu so vielerlei angehalten hat, wenn ich auch dabei mehr Prügel als zu essen bekam." Empfohlen durch seine gute Stimme und durch seine Geschicklichkeit, kam er einige Jahre später als Chorknabe an die Stephanskirche in Wien, wo er bis in sein 16. Jahr blieb. Der in Haimburg begonnene Unterricht wurde hier etwas genauer und gründlicher fortgesetzt, ohne dass jedoch Haydn eigentliche Anleitung in der Composition erhalten hätte. Seine Vorbildung beschränkte sich auf Unterweisung im Praktischen und eigene Compositionsversuche, mit denen er früh hervortrat. Als der Bruch der Stimme erfolgte, erhielt er seine Entlassung; er war der Dürftigkeit preisgegeben, da er nicht die geringste Unterstützung von seinen armen Eltern erhalten konnte. Mitwirkung in den Orchestern und bei Nachtmusiken gewährte ihm seinen Unterhalt. Er bewohnte ein armseliges Dachkämmerchen ohne Ofen, wo der Regen eindrang. „Wenn ich aber", erzählte er später, „an meinem alten, von Würmern zerfressenen Klavier sass, beneidete ich keinen König um sein Glück." Um diese Zeit fielen ihm die sechs ersten Sonaten von Emanuel Bach in die Hände. „Da kam ich nicht mehr von meinem Klavier weg, bis sie durchgespielt waren, und wer mich gründlich kennt, der muss wissen, dass ich dem Emanuel Bach sehr Vieles verdanke, dass ich ihn verstanden und fleissig studirt habe. Bach liess mir auch selbst einmal ein Compliment darüber machen." Haydn's Leben ist bis weit herauf in die späteren Jahre eine ununterbrochene Folge von Mühseligkeiten und steten Entbehrungen gewesen; erst spät nahm sein Geschick eine bessere Wendung, nahm zugleich seine schaffende Thätigkeit den höchsten Aufschwung. Haydn wurde zuerst im Jahre 1759 bei einem Grafen Morzin als Musikdirector angestellt, schon im folgenden Jahre aber trat er in gleicher Eigenschaft in die Dienste des Fürsten Esterhazy, wo er dreissig Jahre lang blieb. In dieser Stellung thätig, lebte er meist in Eisenstadt in Ungarn, abgeschlossen, nur für die Kapelle dieses Fürsten thätig, nur zwei bis drei Wintermonate in Wien zubringend, in einer äusserlich beschränkten, aber für die Ausbildung seines Genius sehr günstigen Lage. „Niemand in meiner Nähe konnte mich an mir selbst irre machen, und so musste ich Original werden." Er hatte hier zahlreiche Kräfte zu seiner Disposition und konnte Erfahrungen sammeln. Schon vorhin wurde bemerkt, dass Haydn sich frühzeitig in eigenen Compositionen versucht hatte. Achtzehn Jahre alt, componirte er sein erstes Quartett, nicht viel später seine erste Oper „Der krumme Teufel", eine Satire auf den hinkenden Theaterdirector Affligio, die auch deswegen nach dreimaliger Aufführung verboten wurde; als Musikdirector im Dienste des Grafen Morzin seine erste Symphonie. Die Entstehung dieser Werke war stets eine rein zufällige; durch äussere Veranlassungen wurde er dahin geführt. — Wir haben bis jetzt zwei Epochen in Haydn's Leben durchlaufen, die erste seiner kümmerlichen Existenz, zugleich seiner Lehrjahre, die zweite, welche durch den Aufenthalt beim Fürsten Esterhazy bezeichnet wird. Im Jahre 1790 starb dieser Fürst, und mit diesem Todesfall beginnt die dritte, wichtigste Epoche. Erst jetzt trat er in die grosse Welt ein, wurde in weiteren Kreisen bekannt und erlangte eine ausgezeichnete persönliche Stellung; zugleich nahm seine gesammte künstlerische Thätigkeit den höchsten Aufschwung. Die Werke, welche wir kennen, und die sein Andenken bei der Nachwelt lebendig erhalten werden, sind erst in dieser Epoche seines Schaffens entstanden. Ein gewisser Salomon aus Cöln, damals in London bei dem Professional-Concert in Hanover-Square engagirt, hatte sich schon öfters brieflich an Haydn gewendet und ihn nach London eingeladen; Haydn hatte aber stets die Einladung abgelehnt. Salomon befand sich gerade in Deutschland, um neue Mitglieder zu engagiren, als er die Todesnachricht des Fürsten erfuhr. Sogleich eilte er nach Wien und trat bei Haydn mit den Worten ein: „Machen Sie sich reisefertig, in vierzehn Tagen gehen wir mit einander nach London". Haydn sträubte sich anfangs gegen den Vorschlag, berief sich auf seine Unkenntniss der englischen Sprache und auf seine Unerfahrenheit im Reisen. Aber bald wurden diese Einwendungen beseitigt. Salomon stellte so günstige Bedingungen, dass nun mit einem Male die äussere Lage des bis dahin immer noch bedrängten Tonkünstlers eine andere Wendung nahm. Zu Ende des Jahres 1790 traten Beide die Reise nach London an. Haydn rechnete die Jahre, welche er in London zubrachte, zu den erfreulichsten seines Lebens. Das Glück begünstigte ihn, und Haydn erfuhr, was Wenigen vergönnt ist: er wurde geehrt, höher fast als Händel, seine europäische Berühmtheit ging von hier aus, und das hohe Alter, welches er erreichte, gewährte ihm die Möglichkeit, diesen Ruhm noch zu erleben und die Früchte desselben zu geniessen. In England eröffnete sich für ihn in der That eine neue Welt, hier begann die Zeit seiner Ernte, und zugleich, wie schon erwähnt, die seiner grössten Schöpfungen. Hier hat er seine noch jetzt anerkannten Symphonien und Quartette, die ersten classischen Leistungen auf dem Gebiete der Instrumentalmusik, geschrieben; seine beiden bedeutendsten Oratorien aber, die „Schöpfung" und die „Jahreszeiten", nach seiner Rückkehr, als er in Wien privatisirte. Haydn führte über seinen Aufenthalt in England selbst ein Tagebuch. Diese uns durch den sächs. Legationsrath Griesinger in der Biographie des grossen Tonkünstlers mitgetheilten Notizen (Allg. musik. Zeitung vom Jahre 1809) betreffen zwar nur Aeusserlichkeiten; aber es ist daraus ersichtlich, wie sehr sein Londoner Leben verschieden war von dem früheren beim Fürsten Esterhazy, und wie Haydn's Kräfte durch die Anerkennung, welche er fand, gehoben und gesteigert werden mussten. So hatte der arme Musikant allmählich zu den höchsten Kreisen der europäischen Gesellschaft sich emporgearbeitet. Haydn wiederholte öfters, dass er in Deutschland erst von England aus berühmt geworden sei. Der Werth seiner Werke war anerkannt; aber laute, enthusiastische Huldigungen folgten erst nach seiner Rückkehr. Jetzt, nach einem zweimaligen Aufenthalt in London, kaufte er sich in Wien ein Haus und lebte, zurückgezogen von allen Geschäften, fortan nur der Composition. Die „Schöpfung" componirte er im Jahre 1797, die „Jahreszeiten" wurden zum ersten Male 1801 aufgeführt. Haydn war 69 Jahre alt, als er die Liebe von Hannchen und Lucas gesungen hatte. Sie gewahren bei ihm, wie bei den vorausgegangenen Meistern, bei Händel, bei Gluck, die höchste Schöpferkraft fast im Greisenalter. Die Naturen des vorigen Jahrhunderts zeigen eine weit grössere Zähigkeit und Festigkeit, als das gegenwärtige Geschlecht, wo derartige Beispiele kaum noch vorkommen dürften. Wie das vorige Jahrhundert im Vergleich mit der Gegenwart überhaupt einen saftreicheren Boden besass, wie damals die Lebenskraft nicht so schnell, als in unserer Zeit, durch stete Aufregungen, durch die Unruhe des gesammten Lebens, verzehrt wurde, so erblicken wir überhaupt eine nachhaltigere Schöpferkraft, einen minder schnell versiechenden Born der Productivität. Durch die beiden genannten Oratorien setzte Haydn seinem Ruhm die Krone auf. Aus allen Ländern kamen ihm fortan bis an seinen Tod die ehrenvollsten Beweise der Anerkennung. Endlich unterlag seine Körperkraft. Hochverehrt und allgemein geliebt, sich seiner zurückgelegten Laufbahn freuend, lebte er noch mehrere Jahre, wie ein Vater unter seinen Kindern, in Wien. Er starb während der Belagerung Wiens am 31. Mai 1809. — Dies sind einige Hauptpuncte aus dem einfachen, aber ansprechenden Leben des grossen Tonkünstlers. Einfach bürgerlich, ehrbar, noch ganz in der Weise des vorigen Jahrhunderts, mit dem Volke, aus dem er hervorgegangen war, sympathisirend, natürlichen Behagens voll, welches sich bis zum Ausdruck argloser Schalkhaftigkeit steigerte, ein Sohn seines Vaterlandes, sich ergehend in behaglicher österreichischer Gemüthlichkeit und Herzensheiterkeit, kindlich fromm, glücklich in der Beschränkung und entfernt von aller fortreissenden Leidenschaft, so zeigt sich uns sein Wesen. Haydn hat in seinem langen Leben ausserordentlich viel Musik gemacht. Griesinger theilt uns ein nicht einmal vollständiges Verzeichniss mit: 118 Symphonien, 83 Quartette, 24 Trios, 19 Opern, 5 Oratorien, 15 Messen, 163 Compositionen für das Baryton, das Lieblings(saiten)instrument Esterhazy's, 44 Klaviersonaten u. s. f. finden sich darin notirt. Viele dieser Werke gehören indess, wie Ihnen schon aus dem bisher Dargestellten ersichtlich, der Zeit seiner Entwicklung an: das Wichtigste fällt in die letzte Epoche, in die Zeit von 1790 an, in die Zeit demnach, wo Haydn, der Vorgänger Mozart's, zugleich wieder das durch diesen Geleistete für eigene Steigerung und Weiterbildung benutzen konnte. Seine Opern sind Gelegenheitswerke und haben eine weitere Verbreitung nicht gefunden; auch lag ihm, dem es nur darauf ankam, sein unschuldsvolles Gemüth auszusprechen, das Dramatische fern. Ueber die Bedeutung seiner kirchlichen Werke werde ich später noch zu sprechen Gelegenheit haben. Seine Religiosität war Naturreligion, er war fromm, aber weit entfernt, streng Kirchliches in sich aufzunehmen und zur Darstellung zu bringen. Haydn ist der Anfangspunct für die Neuzeit, er ist der Grund und Boden, auf welchem Mozart und die umfassende Schule desselben sich erheben konnten. Er hat die moderne Zeit eröffnet durch sein von allen positiven Stimmungen der Kirche, von aller Ueberlieferung abgewendetes, heiteres, nur von einem kindlich unschuldsvollen Inhalt erfülltes Gemüth. Es ist die frische, natürliche Empfindung, welche in ihm hervortrat, mit historischer Nothwendigkeit hervortreten musste, um eine in der Darstellung des rein Menschlichen wurzelnde

Kunst zu begründen. Er ist der erste Repräsentant jenes freien, von aller Ueberlieferung und Autorität abgewendeten Geistes, welcher gleichzeitig, wie in allen Gebieten, so namentlich auf dem der Poesie zur Erscheinung kam. Die Instrumentalmusik ist die diesem Geiste entsprechende Kunstgattung, und so sehen wir in Haydn Denjenigen, der dieselbe zuerst zur selbstständigen Kunst emporhob. Seine Schöpfungen in dieser Sphäre sind das Wichtigste und Hervorragendste, was er gegeben hat; neben diesen seine beiden Oratorien. Tiefbedeutsam ist dabei, gerade in diesem Moment, die Wanderung der Tonkunst von Nord- nach Süddeutschland. Der früheren Richtung hatte mehr das norddeutsche Wesen entsprochen. Jetzt, wo es darauf ankam, die entfesselte Empfindung auszuströmen, den Inhalt des Herzens auszusprechen, der Phantasie immer grösseren Spielraum zu gestatten, zeigt sich sogleich Süddeutschland, Oesterreich, eine ganze Epoche hindurch als die Heimath der Tonkunst.

Wir haben jetzt die vor-Mozart'sche Epoche abgeschlossen und sind auf dem Puncte angelangt, die durch Mozart bewirkte Umgestaltung der Tonkunst, die Einflüsse derselben auf die ganze civilisirte Welt zu betrachten. In Mozart kommt die bisherige Entwicklung, nicht blos der deutschen, nein, der europäischen Musik zu ihrer Concentration und ersten höchsten Blüthe. Jetzt waren die Mittel gegeben, jetzt die Kunst so weit gesteigert, um unmittelbar auf diesen nächsten Culminationspunct hinführen zu können. Die Voraussetzungen, die Grundlagen dieser Zuspitzung sind durch das geboten, was die gesammte Tonkunst bis dahin erreicht hatte. Was seit Jahrhunderten erstrebt worden war, gelangte jetzt zur Vollendung und zum Abschluss. Die italienische Musik hatte, soweit es auf dieser Stufe und bei diesem Princip möglich war, ihre classische Höhe erreicht. Es war der Zauber sinnlicher Schönheit, den dieses Land vorzugsweise zur Erscheinung gebracht hatte. Italien war erfindend vorangegangen, ohne indess diesen Erfindungen die entsprechende Steigerung und Fortbildung geben zu können. Daneben hatte sich in der deutschen Musik eine grosse geistige Macht, Tiefe des Ausdrucks und der Charakteristik offenbart. Beide Länder hatten damit begonnen, den würdigsten Inhalt, den Inhalt der Religion, ein Allen Gemeinsames, ein Objectives, durch Töne zur Darstellung zu bringen. Die Entwicklung subjectiver Mannigfaltigkeit war darauf gefolgt, und mit dieser Wendung war unmittelbar die Bahn für die gesammte neuere Kunst gebrochen worden. Italien hatte zunächst die Oper mehr nach der lyrischen Seite hin ausgebildet; Händel war dieser Richtung mit seiner überwiegend epischen Natur gegenübergetreten. Gluck blieb es vorbehalten, auf der Grundlage des bis dahin Geleisteten die Wendung zum Dramatischen hin zu vollbringen. Wir erblicken Frankreich eintretend in die allgemeine Bewegung; Deutschland aber hatte innerhalb seiner Grenzen vielfach disparaten Elementen Raum gegeben. Alle Kunstmittel waren bis zu möglichster Höhe der Ausbildung gesteigert, zuletzt sahen wir noch die Entstehung der dritten, wichtigsten Kunstgattung, der Instrumentalmusik, in Deutschland. Dies sind die Resultate aller Bestrebungen, Resultate, welche nothwendig waren, um die Schöpfungen des grössten specifisch musikalischen Genies, um Mozart möglich zu machen. Jetzt naht die Zeit, wo über alles bis dahin Erreichte Abrechnung gehalten wird, wo es sich über seine Brauchbarkeit zu dem grossen Bau aller Nationen ausweisen muss. Betrachten wir den durchlaufenen Weg, so erkennen wir als leitendes Princip, dass es bis dahin darauf angekommen war, jede Nationalität nicht nur, sondern auch jede besondere Kunstgattung, jeden Kunststil, jede Richtung für sich, getrennt von allen anderen, herauszuarbeiten, gesondert zur Selbstständigkeit zu führen, allein und geschieden von allem Uebrigen zur Geltung zu bringen. Jedes Land hatte seine besondere Aufgabe von dem Geist der Geschichte erhalten, jede Richtung ihre besondere Mission. Jetzt naht die Zeit der Ernte, jetzt der Moment, wo ein Universalgenie alles Vereinzelte zu einem grossen, organischen Ganzen zusammenfassen sollte. Diese That Mozart's haben wir in der nächsten Vorlesung näher zu betrachten.

www.ingramcontent.com/pod-product-compliance
Lightning Source LLC
Chambersburg PA
CBHW031337230426
43670CB00006B/355